Italien · Der Süden
Apulien · Basilikata · Kalabrien · Kampanien

Eva Gründel • Heinz Tomek

Inhalt

Das beste Stück vom Stiefel

Der Mezzogiorno	10
Tip Was Sie nicht versäumen sollten	14
Kleine Landeskunde	15
Die vier Regionen auf einen Blick	15
Landschaft und Natur	18
Vegetationsvielfalt: Mediterran bis alpin	18
Fauna: Was Jäger verfehlt haben	18
Thema Nationalparks als Umwelt-Oasen	19
Umwelt: Dantes Inferno ist nicht mehr weit	20
Wirtschaft: Die Kluft wird breiter	23
Ungleiche Brüder oder: Wer profitiert von wem?	23
Mafia: Die Filialen einer Weltfirma	26
Gesellschaft	30
Ein Himmelreich für Männer: Märtyrer, Asketen, Missionare	30
Mamma mia, was ist bloß mit den Frauen los?	34
Geschichte	39
Glück: Dreitausend Jahre Kampf um den Platz an der Sonne	39
Thema Verachtung für *terroni*: Rassismus gegen den Süden	44
Zeittafel: Daten und Taten	47
Thema Briganten und Banditen: Rebellen gegen den Einheitsstaat	48
Kunst und Kultur	51
Essen und Trinken: Tägliches Fest der Sinne	55
Thema Mors tua, vita mea – Dein Tod, mein Leben	60

Reisen in Süditalien

Kampanien

Neapel: Das Tor zum Süden   66
    Das Königreich des Möglichen   66
    Thema   Die Straße der
         kleinen Hoffnung   67
    Im Herzen des historischen Zentrums   70
    Rund um die Altstadt   79
    Sänger, Fußballer und Dichter   88
    Thema   Fußball in Neapel:
         Himmelblaues Fieber   89
    Weitere Sehenswürdigkeiten   90

Inseln im Golf   91
    Capri: Das Boot ist voll   91
    Capri-Spaziergang   95
    Ischia: Nicht daheim und doch zu Hause   97
    Procida: Ungeküßtes Dornröschen   101

Von Herrschern, Sklaven und Sibyllen   104
    Die Provinz Caserta   104
    Phlegräische Felder:
    Letzte Grüße aus der Unterwelt   106

    Thema   Wo die alten Römer baden gingen   108

Wunder der Antike – Geschenke der Natur   111
    Herculaneum: Vom Lavastrom begraben   112
    Thema   Momentaufnahme aus alten Zeiten   114
    Pompeji: Zeitreise in die Antike   114

    Rundgang   119

    Tip   Ungelöste Rätsel der Mysterienvilla   120

    Sorrent: Gartenparadies und
    Verkehrshölle   122
    Amalfitana: Himmelsleiter aus Asphalt   123

Tempel, Kathedralen und Klöster   130
    Salerno: Ankerplatz der Invasoren   130
    Die Rosen von Paestum   133

Inhalt

Cilento: Alte Männer und das Meer	136
Padula-Kloster: Escorial als Vorbild	140

Basilikata

Basilikata: Die große Unbekannte — 144
  Die Höhlenmenschen von Matera — 144
  Dichter, Fürsten und Beamte — 151

Thema Sprüche-Macher Horaz:
  Sternstunden der Dichtkunst — 152

Tip Maratea: Paradies bis auf Widerruf — 157

  Anwalt der Verdammten:
  Auf den Spuren von Carlo Levi — 160

Thema Die ›Kaiserlichen Tische‹
  von *Metapont* — 166

  Pisticci und Metaponto — 166

Apulien

Jenseits von Eden: Tavoliere und Gargano — 170
  Lebhaftes Foggia –
  beschauliches Manfredonia — 170

Thema Pizzomunno – Jüngling aus Stein — 172

  Panoramatour durch
  eine Ferienfabrik — 173

Tip Taucherdorado Tremiti-Inseln — 176

  Erzengel Michael und Padre Pio:
  Konkurrenzkampf am Gargano — 177

  Von Lucera nach Troia — 180

**Levantiner, Kathedralen und
eine Kaiserkrone** — 182
  Bari: »Wir sind alle Levantiner«
  Normannen: Die Architekten Gottes — 186

Thema Die Schlacht von Cannae:
  Triumph der Strategie — 190

  Castel del Monte: ›Kaiserkrone aus Stein‹ — 192

Thema Wie sehen Sie sich selbst,
  Kaiser Friedrich? — 196

  Auf den Spuren der Romanik — 199

Löwen, Zwergenhäuser und Tropfsteine	201
Von Altamura bis Gioia del Colle: In Reich der steinernen Monumente	201
Trulli-Land: Schrebergärten in Olivenhainen	203
Thema Bukolische Idylle unter spitzem Dach	208
Von Martina Franca nach Conversano	211
Am Absatz des Stiefels	213
Tarent: Stahl statt Gold	213
In den Schluchten der Murge	217
Thema Mann aus Apulien: Hollywoods erster Herzensbrecher	219
Brindisi: Aufbruch zu neuen Ufern	220
Lecce: Barockjuwel in biederer Fassung	221
Der Lebensbaum von Otranto	225
Salento: Ein kleines Stück vergessenes Glück	226
Thema Selig die Armen im Geiste: Der ›fliegende Mönch‹ von Copertino	232

Kalabrien

Küstenorte und Bergstädtchen Nordkalabriens	236
Vom Wallfahrtsort Páola ins sagenumwobene Cosenza	236
Rauhes Bergland zwischen Montalto Uffugo und Papasidero	240
Thema Opernleidenschaft und Realität: Der ›Strafakt Bajazzo‹	240
Thema Giotto der Vorgeschichte	243
Die Zedernküste	243
Durch das Herz der Sila Grande	246
Die Griechenstadt Crotone	246
In der Sila Greca	250
Thema *Sybaris:* Schlaraffenland auf Zeit	252
Tip Schwefelbad in der Nymphengrotte	256

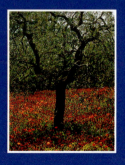

Inhalt

In Rotkäppchens Sommerfrische	257
Badevergnügen am Golf von Santa Eufemia	257
Thema Autostrada del Sole: Völkerverbindendes Betonband	260
In der Sila Piccola	260
Über Tiriolo und Catanzaro zum Golf von Squillace	263
Thema Cassiodorus: Mittler zwischen den Zeiten	264
Südkalabrien:	
Rund um das Aspromonte-Massiv	266
Entlang dem Golf von Gioia	266
›Krieger von Riace‹: Entwicklungshelfer aus der Antike	269
Thema Reggios Bergamotten: Ein Duft erobert die Welt	271
Thema Sprachinseln in den Bergen: Griechen, Albaner, Franzosen	276
Vom Griechen-Commonwealth zum Reich der Byzantiner	276
Thema Aspromonte oder: Rauhe Wirklichkeit zwischen schroffen Felsen	282

Tips und Adressen

Inhaltsübersicht	289
Adressen und Tips von Ort zu Ort	291
Reiseinformationen von A bis Z	334
Abbildungs- und Quellennachweis	345
Register	346

Verzeichnis der Karten und Pläne

Kampanien
Stadtplan Neapel	72/73
Capri	96
Ischia und Procida	98
Von Caserta bis Pozzuoli	104
Von Neapel bis Salerno	111
Ausgrabungsplan Herculaneum	113
Ausgrabungsplan Pompeji	118/119
Von Salerno bis Padula	130
Ausgrabungsplan Paestum	134

Basilikata
Rundfahrt Basilikata	146/147

Apulien
Gargano	171
Von Bari zum Castel del Monte	183
Stadtplan Bari	185
Von der Küste ins Trulli-Land	202/203
Der Stiefelabsatz	214/215
Stadtplan Tarent	216
Stadtplan Lecce	222

Kalabrien
Nordkalabrien	237
Stadtplan Cosenza	239
Die Sila Grande	247
Vom Golf von Santa Eufemia in die Sila Piccola	259
Die Stiefelspitze	268/269

An der Costa Amalfitana ▷

**Das beste
Stück vom
Stiefel**

Der Mezzogiorno

Die vier südlichsten Regionen der Apenninenhalbinsel – Apulien, Kampanien, Basilikata und Kalabrien – gehören zu den ältesten Kulturlandschaften der Welt. An den westlichen Außenposten der *Magna Graecia,* Großgriechenlands, blühte eine hochentwickelte Zivilisation, als man im Norden noch gleichsam ›auf den Bäumen saß‹. Um so trauriger stimmt die tiefe Kluft, die sich mitten in Italien zwischen dem – heute – reichen Norden und den arm gewordenen Vettern im Süden aufgetan hat. Der offen gezeigte Rassismus einer glücklicherweise kleinen Minderheit, die von einem Nordstaat Padanien träumt und den ungeliebten Mezzogiorno – so der geographische Begriff für Süditalien (samt Sizilien und Sardinien) – seinem Schicksal überlassen möchte, scheint in Zeiten eines zusammenrückenden Europa anachronistisch. Kalabresen auf Arbeitsuche in Mailand, Turin oder Verona müssen sich nach wie vor nicht selten erniedrigende Behandlung gefallen lassen. Denn auch im eigenen Land hält sich beharrlich das Klischee vom unterentwickelten Süden als einem Teil der ›Dritten Welt‹, als Klotz am Bein eines modernen Industriestaates, als Faß ohne Boden, in dem die Geldströme aus Rom und Brüssel versickern. Doch Bestechung, Korruption und andere negative Begleiterscheinungen der Politik sind keine Spezialität des Mezzogiorno, ebensowenig die Mafia, mag sie auch aufgrund der gesellschaftlichen Entwicklung im Süden stärker verwurzelt sein.

Daß Süditalien dabei ist, seine traditionelle Lethargie und seinen jahrhundertealten Fatalismus abzuschütteln, sich seiner großen Vergangenheit

bewußt zu werden und in eine Zukunft als bedeutende Europaregion zu blikken, beweist das Beispiel Neapel. Was Antonio Bassolino, 1993–2001 Bürgermeister, in der Hauptstadt Kampaniens an kultureller und wirtschaftlicher Wiedergeburt zustande gebracht hat, grenzt an ein Wunder. »Wir wollen nicht jammern, daß wir hier keine Autofabriken haben wie in Turin, sondern uns auf das besinnen, was wir an Einmaligem und Schönem besitzen, nämlich ein Potential, ein Kulturerbe, das einzigartig in der Welt ist.« Mit solchen Appellen riß der inzwischen zum Präsidenten der Region Kampanien aufgestiegene Politiker der postkommunistischen Partei PDS die Bürger mit. Obwohl noch viel Arbeit zu leisten ist, zählt Neapel heute wieder zu den schönsten Städten nicht nur Italiens. Die einstige Chaos-Metropole ist zur Boom-town geworden. Mit ihren Kommunalobligationen wagte sie sich sogar an die New Yorker Börse, wo innerhalb kürzester Zeit 150 Mio. € hereinkamen. Damit konnte Bassolino den Fuhrpark der öffentlichen Verkehrsmittel erneuern und ergänzen.

Jede der vier Festlandregionen Süditaliens hat ihren ausgeprägten Charakter, keine gleicht der anderen. Das gilt für die landschaftlichen Schönheiten ebenso wie für die kulturellen Schätze, den kulinarischen Bereich ebenso wie für das Temperament der Bewohner. Apulien und Kampanien – seit dem 19. Jh. Ziel kulturbeflissener Reisender aus dem Norden und dennoch nach wie vor voll unentdeckter Reize. Basilikata und Kalabrien – das weitgehend unbekannte Italien, eine wildromantische Landschaft aus Traumküsten, hohen Bergen, tiefen

Markt in der Altstadt von Neapel

Schluchten und fruchtbaren Ebenen, zum Teil bereits geschützt durch drei große Nationalparks.

Wer **Kampanien** bereist, das Land, das stets im Brennpunkt des historischen Geschehens stand und erst nach der Einigung Italiens in der 2. Hälfte des 19. Jh. zu Unrecht an den Rand gerückt wurde, kommt um die uralte, aber dennoch herrlich vitale Hauptstadt Neapel nicht herum. Hier konzentrieren sich Höhepunkte der europäischen Kultur auf engstem Raum, seien es die griechischen und römischen Schätze des Archäologischen Museums, neben Athen und Kairo sicherlich das bedeutendste der Welt, seien es die Kirchen, Klöster und Palazzi entlang der Spaccanapoli, jener schmalen Gasse in der Altstadt, in der man auf drei Kilometern drei Jahrtausende Geschichte erleben kann. Neapel ist aber auch die Stadt der Farben und Gerüche auf den Märkten, der fröhlichen, temperamentvollen – und auch sympathisch schlitzohrigen – Menschen, des scheinbar chaotischen Verkehrs, der Gegensätze von Arm und Reich. Für einen Fremden gibt es kaum etwas Kurzweiligeres, als Neapolitaner im Gespräch zu beobachten, das nicht nur mit Worten, sondern auch mit einem facettenreichen Spiel an Gebärden, Gesten und Handzeichen geführt wird. Neapel ist anders, gewiß. Aber man spürt, daß hier das beste – weil menschlichste – Stück vom Stiefel beginnt.

Kampanien mit den weltberühmten Ferieninseln Capri und Ischia war schon bei den alten Römern ein beliebtes Urlaubsziel. Im vulkanischen Gebiet der Phlegräischen Felder herrschte in der Antike ein reger Kurbetrieb, hier suchten Kranke Linderung ihrer Leiden. Wie die Menschen im 1. Jh. lebten, kann man in den wohl einzigartigen Ausgrabungsstätten von Pompeji und Herculaneum, zwei nach einem Ausbruch des Vulkans

Vesuv verschütteten Städten, nachvollziehen. Und die besterhaltenen griechischen Tempel findet man nicht etwa in Griechenland, sondern in Paestum südlich von Salerno. Weitere Hauptanziehungspunkte sind in Kampanien vor allem die Halbinsel von Sorrent sowie die Costa Amalfitana, ein 30 km langer Küstenabschnitt, der zweifellos zu den schönsten der Welt zählt. Im Landesinneren gibt es – um nur einige Höhepunkte abseits der touristischen Trampelpfade aufzuzählen – in Caserta das ›italienische Versailles‹, in Capua ein römisches Amphitheater, von dem einst der berühmte Sklavenaufstand des Spartakus ausging, in Benevent den mächtigen Trajansbogen und in Padula die gewaltige Kartause San Lorenzo zu entdecken.

Apulien ist die Region der Normannenkathedralen und Trulli, prächtiger Barockbauten, malerischer Städtchen und schöner Seebäder entlang einer 760 km langen Küste. Die Normannen, zunächst Abenteurer und Eroberer, reihten in diesem paradiesisch fruchtbaren Gartenland als Architekten Gottes Kathedrale an Kathedrale, angefangen von Otranto über Andria, Molfetta, Bitonto, Bisceglie, Barletta und Ruvo bis Troia, Altamura und Bari. Als ›Krone Apuliens‹ gilt Castel del Monte, das imposante Jagdschloß des Stauferkaisers Friedrich II., ein architektonisches Juwel von höchster Harmonie. An ein Zwergenland erinnern die putzigen Trulli, gemauerte Rundhäuser mit spitzen Dächern, die man in der Gegend von Alberobello und Locorotondo findet. Barocker Baukunst in heiterer, verspielter Form begegnet man in dem Städtchen Lecce, während sich Sonnenhungrige an den weiten Stränden – abwechselnd Klippen und Sand – zwischen der Halbinsel Gargano und dem Absatz des Stiefels, dem Capo Santa Maria di Leuca, aalen.

Trulli in der Umgebung von Alberobello

Die gebirgige **Basilikata** führt die Statistiken als ärmste Region Italiens an. Zwar wütet schon längst nicht mehr die Malaria, in den nach dem Zweiten Weltkrieg von den Bewohnern aus bitterer Not teilweise verlassenen Ortschaften ist längst schon da und dort bescheidener Wohlstand eingezogen, doch wird der wirtschaftliche Abstand zwischen dem Norden und der Basilikata immer größer. Um so wichtiger sind für die kleine Region zwischen Tyrrhenischem und Ionischem Meer die Einnahmen aus dem Fremdenverkehr, der sich bisher allerdings noch in Grenzen hält. Hier kann der Reisende noch beinahe exklusiv die Sehenswürdigkeiten besichtigen, das Stauferschloß von Melfi etwa, Venosa, die Geburtsstadt des römischen Dichters Horaz mit dem aus dem 11. Jh. stammenden Kloster Abbazia della Trinità, die Stadt Matera mit den uralten Höhlenwohnungen, *sassi* genannt, dichte Wälder, einsame Bergseen und zwei höchst unterschiedliche Küstenstreifen, ein flacher, feinkörniger Sandstrand am Ionischen und die pittoreske Costa Maratea am Tyrrhenischen Meer, ein absoluter Geheimtip für Individualisten. Massentourismus bleibt in der Basilikata bis auf weiteres ein Fremdwort.

Kalabrien schließlich, bis zum Bau der Eisenbahn in der 1. Hälfte des 20. Jh. und auch noch nach dem Zweiten Weltkrieg eine kaum zugängliche, wegen zahlreicher Räuber und Banditen auch sehr gefährliche Region, ist ein waldreiches Gebirgsland mit 800 km langen Küsten. Seine höchste Erhebung, der Monte Pollino, erreicht 2267 m. Nahmen in früheren Zeiten die Besucher Siziliens via Neapel – wie Johann Wolfgang von Goethe – noch die Mühen der christlichen Seefahrt auf sich, um dem ›wilden Süden‹ auszuweichen, so kann man heute auf dem hervorragend ausgebau-

ten Straßennetz auch abseits der in den 70er Jahren errichteten *Autostrada del Sole* selbst das kleinste Bergnest Kalabriens mühelos erreichen. Eine gewisse Kurvenfestigkeit muß man freilich voraussetzen, um die ständige Berg- und Talfahrt unbeschadet zu überstehen.

Wer Kalabrien nur der südlichen Sonne wegen bereist, findet am Golf von Squillace an der ionischen Seite kilometerlange Sandstrände mit ausgezeichneter touristischer Infrastruktur – von der kleinen Hotelpension bis zum großen Clubdorf. Internationales Flair strahlt der Badeort Tropea am Tyrrhenischen Meer aus, familienfreundliche Quartiere bietet die Riviera dei Cedri mit den Hauptorten Práia a Mare, Diamante und Belvedere Marittima. Leider wurden speziell im Süden der Region riesige Küstenabschnitte mit billigen Apartmenthäusern verschandelt, traurige Betonskelette zeugen von mafiosen Bauspekulationen.

Wenn die Sonne unbarmherzig vom Himmel brennt, flüchtet man in die Kühle der Berge. Ob im rauhen Aspromonte-Massiv oder in den Wäldern der Sila – Kalabrien bietet sich zum Wandern an, ein Paradies für alle, die Einsamkeit suchen.

Der Kulturtourist wird natürlich nicht die weltberühmten Bronzestatuen der ›Krieger von Riace‹ im Museum von Reggio di Calabria versäumen, ebensowenig die Cattolica in Stilo, einen byzantinischen Kirchenbau aus dem 10. Jh., den Codex Purpureus, eine unschätzbar wertvolle Evangelienhandschrift aus dem 6. Jh. im Diözesanmuseum von Rossano, sowie das vorbildlich restaurierte mittelalterliche Städtchen Gerace mit einer grandiosen Kathedrale, dem größten Sakralbau Kalabriens, um nur einige der vielen kulturellen Sehenswürdigkeiten dieser Region anzuführen.

Einleitung

Richtig Reisen Tip

Was Sie nicht versäumen sollten

- Neapels Spaccanapoli: 3000 Jahre Geschichte auf 3 km (s. S. 70)
- Pompeji und Herculaneum: Antike wird wieder lebendig (s. S. 111)
- Costa Amalfitana: 30 km Traumküste (s. S. 123)
- Paestum: Griechische Tempel im Bestzustand (s. S. 133)
- Höhlenwohnungen in Matera: Studios statt Slums (s. S. 144)
- Castel del Monte: Monumentale ›Kaiserkrone Apuliens‹ (s. S. 192)
- Alberobello: Metropole des Trulli-Landes (s. S. 203)
- Lecce: Verspieltes Juwel barocker Baukunst (s. S. 221)
- Kathedrale von Otranto: Beispielgebender Normannenbau (s. S. 225)
- Costa Maratea: Paradies bis auf Widerruf (s. S. 157)
- Krieger von Riace: Männer zum Staunen (s. S. 269)
- Cattolica von Stilo: Byzantinisches Kleinod (s. S. 283)

Kleine Landeskunde

Die vier Regionen auf einen Blick

Kampanien *(Campania)* steht mit 13 595 km^2 flächenmäßig an zwölfter Stelle in der Liste der 20 italienischen Regionen, belegt mit knapp 5,6 Mio. Einwohnern jedoch (nach der Lombardei mit Mailand) den zweiten Platz in der Bevölkerungsstatistik. Das Ballungszentrum Neapel mit rund 3 Mio. Menschen stellt das am dichtesten besiedelte Gebiet Italiens dar (2580 Einwohner pro km^2 in der Provinz Neapel gegenüber dem Landesdurchschnitt von nur 191). In der Stadt Neapel selbst leben offiziell 1,3 Mio. Menschen, inoffiziell um einiges mehr.

Die Region nimmt den 350 km langen Küstenstreifen entlang des Tyrrhenischen Meeres zwischen dem Fluß Garigliano im Norden und dem Golf von Policastro im Süden ein und teilt sich in zwei große Gebiete: die vorwiegend ebene Küstenlandschaft mit einigen Erhebungen vulkanischen (Vesuv, Monte Roccamonfina) und sedimentären Ursprungs (Monte Lattari) und das bergige Landesinnere mit verschiedenen Gebirgsmassiven, zwischen denen sich größere Flußbecken oder Ebenen befinden. Dazu kommen drei Inseln im Golf von Neapel (Procida, Ischia, Capri). Für Statistiker: 34,6 % der Region sind Berg-, 50,8 % Hügelland, der Rest Ebene. Politisch setzt sich Kampanien aus fünf Provinzen zusammen: Napoli, Avellino, Benevento, Caserta und Salerno. Industrie (vor allem Elektrotechnik, Metall, Chemie) und Landwirtschaft (Tomaten, Kartoffeln, Erbsen, Wein, Oliven und Tabak) sind neben dem Tourismus die wirtschaftlichen Säulen der Region.

Apulien *(Puglia,* 19 347 km^2, 4 Mio. Einwohner) umfaßt den Stiefelabsatz inklusive Sporn. Abgesehen von der Po-Ebene ist Apulien die flachste Region Italiens (54 % Ebene gegenüber 23 % im italienischen Durchschnitt und nur 1 % Bergland gegenüber 35 %). Sie erstreckt sich mit Ausnahme der bergigen Halbinsel Gargano und der niedrigen Küstengebiete bei Tarent und Foggia auf einem ebenen, verkarsteten Kalkplateau in rund 400 m Höhe. Die Breite des Stiefels beträgt in Apulien 130 bis 170 km, dementsprechend günstig ist der Zugang zum Meer: Keine apulische Stadt ist weiter als 75 km von der Küste entfernt.

Historisch war Apulien in drei Teile gegliedert: Im Norden die Capitanata und deren ausgedehnte Schwemmebene des Tavoliere mit dem Gargano als gebirgigem Fortsatz, daran anschließend die Murge, seit den Zeiten der Normannen auch Terra di Bari genannt, und im Südosten die Salentinische Halbinsel, der Salento, auch als Terra di Otranto bekannt. Heute ist Apulien – mit der Hauptstadt Bari (360 000 Einwohner) – in fünf Provinzen aufgeteilt: Foggia, Bari, Brindisi, Taranto und Lecce.

80 % der Bodenfläche werden landwirtschaftlich genutzt, aber mehr als 90 % der Bevölkerung wohnen in Städten. Angebaut werden Mais, Hafer, Tabak und sehr viel Gemüse, vor allem Artischocken, Kohl, Fenchel und Kürbis, sowie Oliven und Wein. Die Viehzucht ist eher unbedeutend, dagegen spielt der Fischfang nach wie vor eine erstaunlich große Rolle. Den industriellen Schwerpunkt des Agrarlandes bildet na-

Landeskunde

15

turgemäß die Verarbeitung von Lebensmitteln, während die vom Norden aufgezwungenen Stahl- und Chemiewerke zum gesundheitsgefährdenden Umweltrisiko wurden.

Nur selten wird man in dem aus Kalkgestein gebildeten Land einen Fluß zu sehen bekommen, mit Ausnahme des Fortore und des Ofanto fließen die meisten Wasserläufe vorwiegend unterirdisch. Auf dem Hochplateau der Murge und an einigen steilen Küstenabschnitten führte die geologische Situation zu großartigen Karstphänomenen wie Dolinen, Höhlen und Grotten.

Die **Basilikata** *(Basilicata)*, das alte Lukanien, ist mit 9992 km² und 620 000 Einwohnern in 131 Gemeinden der beiden Provinzen Potenza und Matera die kleinste Region des Mezzogiorno. Der größte Teil der Fläche sind Gebirge, zwei Zehntel Hügelland, ein Zehntel ist Flachland. Die Region gliedert sich in den westlichen, bis zu 2000 m hohen gebirgigen Teil, zu dem auch der nur 25 km lange, wildromantische Abschnitt der Costa Maratea am Tyrrhenischen Meer gehört, den zentralen hügeligen Teil, das trockene, karge, durch Bodenerosion zum Teil unfruchtbar gewordene Gebiet um Matera (Murge) und die flache Küste am Ionischen Meer. Eine nennenswerte Industrie gibt es in der Basilikata nicht. Rentable Erträge aus der Landwirtschaft (Gemüse, Obst, Weinbau) werden lediglich in einigen wenigen modernen Betrieben an der Ionischen Küste erzielt.

Mehrmals hat die Region ihren Namen gewechselt. Die Faschisten führten die alte Bezeichnung Lukanien wieder ein, doch wurde schließlich 1947 in der Verfassung erneut der Name Basilikata festgelegt. Er leitet sich vom *basilikos,* dem byzantinischen Verwalter des Rechts, ab. Die Bewohner nennen sich aber nach wie vor *lucani.* Hauptstadt der Region ist Potenza (70 000 Einwohner).

Kalabrien *(Calabria,* 15 080 km², 2,1 Mio. Einwohner) nimmt die südliche Spitze der Apenninenhalbinsel zwischen dem Tyrrhenischen und dem Ionischen Meer – Küstenlänge insgesamt mehr als

Im Aspromonte-Massiv

800 km – ein. Die Ebenen machen nur einen Bruchteil der Gesamtfläche aus, der Hauptteil besteht aus einzelnen Berggruppen mit meist abgeflachten Plateaus, die von tiefen, schluchtartigen Tälern durchzogen sind. Von den 409 Gemeinden befinden sich 387 auf Hügeln oder im Gebirge.

Die Berge Kalabriens verbinden sich im Norden der Region mit der Kette des Apennin durch den 2248 m hohen Monte Pollino, der sich in südlicher Richtung entlang des Tyrrhenischen Meeres mit der Cantena Costiera (zwischen 1300 und 1500 m) fortsetzt. Im Osten erhebt sich das Hochplateau der Sila (Monte Botte Donato, 1928 m), im Süden nach der mit nicht mehr als 30 km schmalsten Stelle Kalabriens, dem Isthmus von Catanzaro zwischen den Golfen von Santa Eufemia und Squillace, folgt die Gebirgskette der Serre (bis 1400 m), die schließlich mit der letzten Erhebung der Halbinsel, dem Aspromonte-Massiv (Montalto, 1955 m), verbunden ist.

Versuche, Kalabrien mit Schwerindustrie zu ›beglücken‹, scheiterten kläglich, wie zum Beispiel ein gigantisches Stahlwerk bei Gioia Tauro, das niemals in Betrieb ging. Land- und Forstwirtschaft (48 % landwirtschaftliche Nutzfläche, 28 % Wald) stellen daher die Lebensbasis der Kalabresen dar, wobei insbesondere in den drei großen Ebenen von Sibari, Lamezia Terme und Gioia Tauro mit modernen Anbaumethoden hervorragende Ernteerträge (Oliven, Zitrusfrüchte, Wein) erzielt werden. Für den zunehmenden Tourismus von größter Bedeutung sind die kalabrischen Nationalparks Sila Grande, Sila Piccola, Aspromonte und Pollino mit insgesamt rund 35 000 ha geschützter Fläche. Die fünf Provinzen Kalabriens sind Cosenza, Catanzaro, Crotone, Vibo Valentia und Reggio di Calabria. Hauptstadt ist Catanzaro (100 000 Einwohner).

Landschaft und Natur

Vegetationsvielfalt: Mediterran bis alpin

Süditalien besitzt eine besonders artenreiche Vegetation, nicht zuletzt auch aufgrund seiner geologischen Beschaffenheit. Das Spektrum reicht von mediterranen Pflanzen an den Küsten und in den Ebenen bis zu alpinen Gewächsen in Höhenlagen um 1500 m. Vereinfachend läßt sich sagen, daß im Mezzogiorno nahezu alles wächst, was auch im Norden grünt und blüht – und dazu noch eine ganz gehörige Menge mehr. So lassen dichte Tannen-, Fichten- und Buchenwälder in den Gebirgsregionen fast vergessen, daß man sich im Süden Europas befindet. Nur wenige hundert Meter tiefer aber bietet bereits die *Macchia* ein für Nordländer ungewohntes Bild: Stechpalmen und Oleaster (Wildform des Olivenbaums), Mastixsträucher (degenerierte Pistazienbäume) und Mäusedorn, Ginster, Myrte, Lavendel und noch vieles mehr verflechten sich zu einem undurchdringlichen, immergrünen Buschwald, der seinen Namen dem französischen Wort für Zistrose – *maquis* – verdankt.

In der Nähe des Meeres wiederum finden sich vorwiegend Olivenhaine und Agrumengärten. Wie ein Ohrwurm drängt sich Goethes »Kennst Du das Land …« auf: Hier blühen die sehnsuchtsvoll beschworenen Zitronen wirklich, während »im dunklen Laub die Goldorangen glühen«. Ihr betäubender Duft wetteifert mit den zarten, weißen Blüten des Jasmin, der für den südöstlichen Küstenabschnitt Kalabriens, die Costa dei Gelsomino – Jasminküste, Pate stand. Zu den landschaftsbestimmenden Gewächsen zählen weiter Zypressen, Pinien, Platanen, Lorbeer, Oleander, Tamarisken, Mimosen, Eukalyptus, Hibiskus, Opuntien, Agaven, Aloen und nahezu alle bekannten Palmenarten. Äpfel, Birnen, Pfirsiche, Aprikosen und Kirschen gedeihen unter der heißen Sonne des Südens ebenso prächtig wie Feigen, Granatäpfel, Maulbeeren, Japanische Mispeln oder gar Bananen und Kiwis.

Fauna: Was Jäger verfehlt haben

Der Wildbestand außerhalb der Nationalparks und anderer Schutzgebiete ist äußerst mager, dafür sorgen schon die unzähligen Hobby-Jäger, die in der Jagdsaison im Frühherbst auf alles schießen, was da kreucht und fleucht. In den geschützten Wäldern der Sila und des Pollino hat man erfolgreich Wölfe angesiedelt, die sich prächtig entwickeln. Selbstverständlich muß kein Mensch Angst vor dem ›bösen Wolf‹ haben, die Tiere sind äußerst scheu und lassen sich nicht einmal in größerer Entfernung blicken. In den Nächten freilich ist ihr durchdringendes Geheul deutlich zu vernehmen, im Winter kann man ihre Spuren im Schnee verfolgen. Auch Wild wie Rehe, Hirsche und Wildschweine haben fast ausschließlich in den Nationalparks, in unzugänglichen Schluchten und Karstgebieten Überlebenschancen, ebenso Wildkatzen, Dachse, Wiesel und Fischotter, Füchse, Stachelschweine, Hasen und Eichhörnchen.

Unter den zahlreichen Vogelarten sind Schwarz-, Rot- und Mauerspecht,

Nationalparks als Umwelt-Oasen

Die größten Nationalparks Süditaliens findet man in Kalabrien, dort stehen insgesamt mehr als 350 000 ha Bergland unter strengstem Naturschutz. Sie stellen für die bedrohte Fauna und Flora wahre Oasen und überdies ein unschätzbares Kapital im Werben um Touristen dar. Dem Parco Nazionale della Calabria gehören vier Gebiete an: Sila Grande, Sila Piccola, Aspromonte und Pollino.

Die Sila Grande in der Provinz Cosenza umfaßt ein 7099 ha großes Territorium, das von den Flüssen Trionto und Cecita im Norden, Lese im Osten, Neto im Süden sowie vom Lago Cecita im Westen begrenzt wird. Herzstück ist der dichte Wald der Foresta della Fossiata mit dem Pettinascura (1708 m) als höchstem Berg. Die Sila Piccola (5687 ha) in den Provinzen Catanzaro und Crotone setzt sich aus den umfangreichen Waldgebieten von Roncino-Buturo und Gariglione zusammen und reicht vom Val Timpone Morello bis zum 1682 m hohen Gipfel des Petto di Mandria.

Am Rande des Nationalparks gibt es im Winter gepflegte Skipisten. Im Aspromonte-Massiv (Provinz Reggio di Calabria) wurden 76 000 ha zum Nationalpark erklärt. Das geschützte Gebiet befindet sich rund um den 1955 m hohen Montalto. Regionalgrenzen überschreitet der Pollino-Nationalpark zwischen der Basilikata und Kalabrien, mit 192 565 ha größter Italiens. Am Pollino findet sich eine der reichhaltigsten Pflanzenwelten Süditaliens. Hier wächst zum Beispiel noch die Panzerföhre *(pinus leucodermis)*, ein äußerst seltenes Eiszeitrelikt, das seinen Ursprung im Balkan hat. Die übrige Vegetation der Nationalparks setzt sich aus Mischwald (Buchen, Kastanien, Schwarzkiefer) und mediterranem Buschwald *(Macchia)* zusammen. Zu den geschützten Tieren gehören Wölfe, Wildschweine, Adler, Geier, Bussarde, Falken und die vom Aussterben bedrohten Schwarzspechte.

(S. Kapitel »Naturschutzgebiete« in den Reiseinformationen von A bis Z, S. 340)

Bedrohte Pflanzen, aber auch Mimosen und Hibiskus wachsen in den Nationalparks

Meise, Eichelhäher, Eule, Falke, Habicht, Sperber, Geier, Königsbussard und Königsadler bemerkenswert. Vögel werden nur in Norditalien und auf der Insel Malta in Massen mit Netzen gefangen und verspeist, in Süditalien allerdings gerne abgeschossen. In Lagunen, Flußmündungen und an den wenigen noch kaum erschlossenen Steilküsten wurden von Umweltaktivisten Vogelschutzgebiete eingerichtet. Sollte sich Italien einmal zur Abschaffung der sinnlosen Jagdknallerei entschließen, wäre eine Wiederherstellung des natürlichen Gleichgewichtes in der Natur absehbar.

Umwelt: Dantes Inferno ist nicht mehr weit

»Dieser Wald von Masten, Röhren und Flammen, diese Trauben von Glühbirnen an metallischen Schäften, diese großen, flach auf dem Gras liegenden Zylinder des petrochemischen Werkes bieten einen wunderbaren Anblick. Anstatt die Landschaft mit den Oliven und dem Meer zu stören, vervollständigen diese klaren, kalten Linien das Bild, so wie die kubistische Malerei die impressionistische zur Vollendung bringt, anstatt sie zu zerstören.« Diese Sätze stammen nicht etwa aus der Feder eines besonders zynischen Satirikers. Allen Ernstes pries solcherart der 1929 geborene Franzose Dominique Fernandez, Professor für italienische Literatur, in seinem 1969 erschienenen Buch ›Süditalienische Reise‹ die rücksichtslose Industrialisierung im Mezzogiorno. Daß für das Eisenhüttenwerk von Italsider bei Tarent 20 000 Olivenbäume gefällt und für die Chemiefabriken von Brindisi Artischockenfelder, viermal so groß wie die Fläche der Stadt, geopfert werden mußten, bezeichnete der blind

fortschrittsgläubige Autor als »wahren Segen«.

Mit seiner Meinung stand er damals freilich keineswegs allein. Fachleute und Medien beteten die ›industrielle Revolution‹ als Allheilmittel für die Nöte des Südens an. Sie würde, so prophezeite etwa der *Corriere della Sera,* das soziale Antlitz der Regionen, die jahrhundertelang nur von Landwirtschaft, Schiffahrt und Handel lebten, »von Grund auf verändern«. Der Jubel ist inzwischen längst verklungen, die Euphorie in Resignation übergegangen: Katzenjammer statt Eisenhammer. Die Stahl- und Zementwerke, Chemieunternehmen, Raffinerien und Automobilfabriken, unter dem Schlagwort ›Entwicklungshilfe‹ bei Neapel und am Rande der apulischen Städte Bari, Brindisi und Tarent mit gigantischem finanziellem Aufwand aus dem Boden gestampft, kommen meist aus den roten Zahlen nicht heraus. Und das bißchen Wohlstand, das sie den Menschen bescherten, die das Glück hatten, dort eine Arbeitsstelle zu finden, mußte teuer erkauft werden: mit der Zerstörung von Gesundheit, Umwelt und alten sozialen Strukturen.

»Von Grund auf verändert« haben sich die Landschaften rund um die qualmenden und stinkenden Industrie-Ungetüme in der Tat. Sie bieten weitgehend ein Bild der Verwüstung. Riesige Agrarflächen liegen brach, seitdem Hunderttausende, den Verlockungen der tarifvertraglich geregelten Fließbandarbeit erlegen, Haus und Hof verließen. Die Probleme verlagerten sich in die Städte und ihre trostlosen, häßlichen Satellitensiedlungen. Der Teufelskreis von Arbeitslosigkeit, sozialem Elend, Gleichgültigkeit, Drogen, Kriminalität, Hoffnungslosigkeit und Abhängigkeit von der Mafia zieht sich immer enger zusammen. Wilde Mülldeponien, von

Schlaglöchern übersäte Straßen, die ins Nichts führen, verkümmerte Bäume und Sträucher mit abgestorbenen, von Abgasen schwarzen Blattresten; innerhalb weniger Jahre verfallene und zu Slums verkommene Wohnhäuser inmitten einst grüner, heute staubig-schmutziger Wiesen; Flüsse, Bäche und Kanäle – übelriechende, mit tödlichen Giften gefüllte Kloaken, die ungefiltert ins Meer fließen; verpestete Luft, die den azurblauen mediterranen Himmel verdunkelt: Dantes Inferno ist nicht mehr weit.

Umweltschutz ist in Italien erst seit Anfang der 90er Jahre ein heißes politisches Thema. Zuvor waren Katastrophenmeldungen über Meeresverschmutzung, über Baumsterben und den Verfall von Kunstwerken mit Gelassenheit hingenommen worden.

Dabei war der Mezzogiorno einmal so etwas wie ein ökologisches Musterland. Zu Beginn des 13. Jh. erließ Kaiser Friedrich II. die wahrscheinlich ersten Umweltgesetze der Geschichte und sorgte auch penibel für deren Einhaltung. Der Staufer, mit 37 Jahren nach einem siegreichen Kreuzzug und der Versöhnung mit dem Papst auf dem Höhepunkt seiner Macht, ersann in seinen Residenzen in Foggia und im waldreichen Bergland von Melfi kluge Regeln zum Wohle der Allgemeinheit, unter diesen auch strenge Bestimmungen zur Reinhaltung von Luft und Wasser. Er sei »gesonnen, die durch göttlichen Ratschluß gewahrte Gesundheit der Luft durch Unsere eifrige Sorge, soweit Wir es vermögen, zu erhalten«, dekretierte er und verfügte, »daß keiner in den irgendeiner Stadt oder Burg benachbarten Gewässern in einer Entfernung von einer Meile oder weniger Flachs oder Hanf wässern darf, damit nicht dadurch, wie Wir sicher wissen, die Beschaffenheit der Luft verdorben wird«. Der Herr-

›Müllentsorgung‹ in Neapel

scher bestimmte ferner, was mit Abfällen oder Kadavern geschehen solle, wie Grabstätten anzulegen und Schlachthäuser zu errichten seien.

Die Folgen der Industrialisierung sind verheerend, wie zum Beispiel am Golf von Neapel, wo mitten in das am dichtesten besiedelte Gebiet Europas Hunderte von Betrieben gepflanzt wurden. Die Sterblichkeitsraten liegen aufgrund von Lungenkrebs und anderen Erkrankungen der Atemwege weit über dem italienischen Durchschnitt. Das gilt auch für die Industriezone von Tarent. Immer mehr Unternehmen werden von den Behörden als ›risikolos‹ eingestuft, so daß keine Chance besteht, die Giftküchen zu schließen oder wenigstens durch den Einbau von Filtern zu entschärfen. Fragen der Rentabilität und soziale Probleme spielen dabei natürlich eine große Rolle. Zur Verpestung der Luft tragen auch die Millionen Fahrzeuge bei, die sich oft im Schrittempo durch die vielfach zu engen Straßen und Gassen Süditaliens quälen. Zwar werden neue Autos heute mit Abgaskatalysatoren ausgerüstet, die Zahl alter Fahrzeuge, oft abenteuerliche ›Rostschüsseln‹, ist aber immer noch sehr hoch. Eine leichte Verbesserung der Lage am Golf von Neapel bringt die Stillegung und Demontage des riesigen Stahlwerks von Bagnoli, an dessen Stelle in den nächsten Jahren auf einer Fläche von 2,2 Mio. m^2 der größte Freizeitpark Süditaliens entstehen soll. Damit erhalten die Neapolitaner endlich auch einen Zugang zum Strand. Ehe sie aber dort das kühle Naß genießen können, muß die Wasserqualität entscheidend verbessert werden. Denn bisher ist das Baden im Meer vor Neapel aus gesundheitlichen Gründen verboten. Dennoch stürzen sich Tausende von Jugendlichen an heißen Tagen sogar im unmittelbaren Hafengebiet in die schmutzigbraune Brühe und tauchen nach Muscheln, die dann möglicherweise in der nächstliegenden Trattoria serviert werden.

Nicht überall ist zum Glück die Wasserqualität so katastrophal wie im Golf von Neapel oder bei Tarent, sonst wäre der Fremdenverkehr in der Region wohl schon längst ruiniert. Die EU veröffentlicht alljährlich eine Mittelmeerkarte, aus der die sauberen Strände ersichtlich sind. Dabei schneidet Süditalien – wie das Gebiet von Otranto am Stiefelabsatz – gar nicht so schlecht ab. Der Zeitpunkt des totalen Umkippens der mediterranen Fauna und Flora scheint aber in greifbare Nähe gerückt angesichts der Tatsache, daß zu den an den Gestaden des Mittelmeers lebenden 130 Mio.

Menschen Jahr für Jahr 100 Mio. Touristen kommen.

Langsam begreifen auch die Menschen im Süden, daß die Ressourcen der Natur, ihre Regenerationsfähigkeit einmal zu Ende gehen könnten. Aber nur radikales Umdenken wird den tödlichen Kreislauf aus Ignoranz, Unbekümmertheit, Dummheit, Rücksichtslosigkeit, unsozialem Verhalten und krimineller Mentalität stoppen. Noch ist nicht alles verloren, denn auch in Süditalien findet man, von den Industriezonen abgesehen, nach wie vor relativ saubere Strände und Küsten und im Landesinneren eine ökologisch heile Welt. Kluge Gemeindeväter wissen, welch kostbares Erbe sie verwalten, kurzsichtige Kommunalpolitiker bauen auf das schnelle Geld und mit häßlichen, nur in den Sommermonaten bewohnten Apartmentsilos buchstäblich auf Sand. Außerhalb der Saison stimmt der Anblick riesiger Geisterstädte, mit ihren herabgelassenen Rolläden blinden Zyklopen gleich, unendlich traurig. Leider säumen phantasielose Betonhochhäuser weite Küstenabschnitte Kalabriens, aber auch Apuliens, insbesondere des vor Jahrzehnten noch paradiesisch unberührten Gargano. Diese zu Stein gewordenen Spekulationssünden sind Mahnmale einer irregeleiteten Entwicklungs- und Fremdenverkehrspolitik, deren negative Auswirkungen die nachkommenden Generationen zu tragen haben werden.

Süditaliens Städte – so charmant und interessant sie in ihren alten Zentren auch sein mögen – verkommen mehr und mehr zu urbanen Wüsten. Nach einer Untersuchung der Universität Bari liegt die Metropole Apuliens in der Grünflächenstatistik am untersten Ende. Nur 0,2 m^2 Grünland stehen den Baresen pro Einwohner im städtischen Bereich zur Verfügung. Auch die Neapolitaner können sich mit knapp 1 m^2 im Grünen nicht gerade austoben. (Im Vergleich dazu: Die Zahlen betragen in Los Angeles 154, in Stockholm 100, in München 20 und in Wien 11 m^2 pro Kopf der Bevölkerung.)

Die Vision vom »stummen Frühling«, der endgültige Abschied vom Meer, »klare, kalte Linien« giftspeiender Fabrikschlote anstelle verträumter Olivenhaine – sieht so die Zukunft des Mezzogiorno aus? Nimmt man Positano an der amalfitanischen Küste als positives Beispiel, so besteht berechtigte Hoffnung auf eine Trendumkehr. In dem blitzsauberen Bilderbuch-Städtchen hat eine überparteiliche Umweltschutzorganisation, die Vereinigung VEP *(Voluntari Ecologico Positanese),* mit massiver Unterstützung der Bevölkerung die Initiative ergriffen und sorgt dafür, daß Straßen und Gassen, Strand und Meer regelmäßig von allem Unrat befreit werden. Umweltsündern drohen drakonische Strafen, deren Ausführung eine Schar erfahrener Rechtsanwälte garantiert. Auch an anderen Orten gewinnen lokale Öko-Gruppen an Einfluß, der große Durchbruch allerdings läßt noch auf sich warten. Immerhin hat das seit 1996 in Italien regierende Mitte-Links-Kabinett den Problemen einen hohen Stellenwert eingeräumt, wobei es vorerst einmal galt, den undurchdringlichen Kompetenzen-Dschungel abzuholzen und einen allgemeinen Bewußtseinswandel einzuleiten.

Wirtschaft: Die Kluft wird breiter

Ungleiche Brüder oder: Wer profitiert von wem?

Der Pessimismus drückt sich in nüchternen Zahlen aus. Alljährlich veröffentlicht die 1986 per Gesetz gegründete Entwicklungshilfe-Organisation *Agenzia per lo Sviluppo del Mezzogiorno (Svimez)* Wirtschaftsdaten, und stets erscheint das Nord-Süd-Gefälle Italiens als immer rasantere Talfahrt. Kein Wunder, denn von Jahr zu Jahr werden – im gesamtitalienischen Vergleich – die öffentlichen Investitionen für den Mezzogiorno geringer. Im Klartext: Der Süden, vielgeschmähtes ›Faß ohne Boden‹, erhält pro Kopf der Bevölkerung weniger staatliche Gelder als der Norden. Daß sich dabei die Kluft ständig erweitert und die Gegensätze krasser werden, liegt auf der Hand. Je nachdem, von welcher Seite man das Problem betrachtet, stellt sich die ›Südfrage‹ als hausgemachte Misere oder als Schicksal eines ungeliebten Stiefkindes dar. Seit der italienischen Einigung 1860 streiten die Gelehrten, wer von wem profitiert.

Die Wurzeln der wirtschaftlichen Gegensätze reichen tief in die Geschichte der Apenninenhalbinsel hinein, auf der sich im wesentlichen zwei verschiedene Strukturen entwickelt haben: im Norden unabhängige Kleinstaaten mit selbstbewußten Bürgern, im Süden Fremdherrschaften mit einem brutalen Feudalsystem, das die Menschen durch Armut und Unbildung bewußt in Abhängigkeit hielt. Auch die ›Befreiung‹ unter italienischer Flagge brachte nicht den erhofften Aufschwung, sondern bloß neue Herren und alte Sklaven; und mit ihnen Mißverständnisse, noch drückendere Steuerlasten und Behörden-Schikanen. Die piemontesische Kolonialpolitik im Mezzogiorno war nicht auf Geben, sondern nur auf Nehmen aus. Das änderte sich erst im Laufe des 20. Jh., insbesondere nach dem Zweiten Weltkrieg. Mit der Gründung der *Cassa per il Mezzogiorno* im August 1950 – sie wurde im März 1986 aufgelöst – gab Rom grünes Licht für die ökonomische Entwicklung des ehemaligen Königreichs beider Sizilien mit seiner zur Provinzhauptstadt degradierten Metropole Neapel.

Den intellektuellen Boden für das radikale Umdenken der römischen Bürokraten bereitete eine Gruppe von Historikern, Philosophen, Schriftstellern und Wirtschaftswissenschaftlern, die als Meridionalisten zum Begriff geworden ist: Benedetto Croce (1866–1952), Gaetano Salvemini (1873–1957), Guido Dorso (1892–1947) und vor allem Tommaso Fiore (1884–1973). Fiores Sohn Vittore gehörte bis in die 90er Jahre zu den führenden Köpfen dieser geistigen Bewegung, die Denker aller politischen Schattierungen umfaßt, aber trotz häufig gegensätzlicher Ansichten und Ideologien ein gemeinsames Ziel verfolgt: die Stärkung des Föderalismus gegen die zentralistische Politik Roms. Darin sehen sie – erst recht in einem vereinten Europa – die Chance für den Mezzogiorno, aus dem lähmenden Schatten der Vergangenheit zu treten. Die seit 1996 amtierende Mitte-Links-Regierung kommt den Ideen der Meridionalisten entgegen, indem die Zentralmacht Roms zugunsten der Regionen abgebaut werden soll.

Übereinstimmung herrscht bei den Intellektuellen des Mezzogiorno und bei objektiven Historikern auch aus dem Norden über die schweren Fehler und Versäumnisse, die sich der junge Ein-

Wein spielt für die Wirtschaft nach wie vor eine Rolle

heitsstaat in der 2. Hälfte des 19. Jh. gegenüber dem Süden hatte zuschulden kommen lassen. Das Sündenregister der Piemontesen reichte von protektionistischen Zollschranken zum Schutz der Industrie – aber zum Nachteil der Wein und Südfrüchte exportierenden Bauern Unteritaliens – bis zur Ausdehnung des für ein bereits industrialisiertes Land gedachten Steuersystems auf die armen, rückständigen Provinzen, die zudem gezwungen wurden, im Norden Schulden zu machen und dafür hohe Zinsen zu zahlen. Durch die Konfiszierung der reichen Kirchengüter im ehemaligen Königreich beider Sizilien entzog man dem Süden zugunsten der nationalen Finanzen ein enormes Kapital, über das heute, wenn es um Unterstützungsgelder für den Mezzogiorno geht, geflissentlich der Mantel des Schweigens gebreitet wird. Schließlich betrauten die neuen Machthaber die alte, korrupte Führungsclique der Bourbonenzeit mit der Verwaltung – in der irrigen Annahme, sie könne die Aufgaben übernehmen, die das Bürgertum im Norden erfüllte; eine Gesellschaftsschicht, die sich zwischen Neapel und Palermo erst seit den 50er Jahren des 20. Jh. langsam gebildet hat.

Im Zuge des allgemeinen europäischen Wirtschaftswunders im 20. Jh. blieb natürlich auch die Entwicklung des Mezzogiorno nicht stehen; aber je schneller sich das Kapitalkarussell in Mailand dreht, um so weiter, schier hoffnungslos abgeschlagen, hinkt der Süden des Landes hinterher. Ein Dilemma, gegen das offenbar kein Kraut gewachsen ist und das sich in den Statistiken mit aller Deutlichkeit niederschlägt. Wenn neue Arbeitsplätze geschaffen werden, dann zu gut 90 % in Norditalien. Die Zahl der Beschäftigungslosen beträgt im Süden mit über 25 % mehr als

das Doppelte als im Norden, wobei mehr als drei Viertel der neuen Arbeitslosen im Mezzogiorno Jugendliche sind, viele von ihnen auf der Suche nach ihrer ersten Stelle.

Die Situation Süditaliens scheint auf den ersten Blick verzweifelt, spiegelt aber nicht immer das wahre Bild wider, das durch die unnachahmliche Kunst der Improvisation, des Sich-Arrangierens und des Überlebens gemildert wird. Außerdem funktioniert hier noch das starke Band der Familie: Solange einer aus dem Clan Arbeit hat, muß keiner seiner Verwandten hungern. Wirklich katastrophale Armut und Elend beschränken sich vorwiegend auf die Peripherien großer Städte und betreffen vor allem jene, die aus irgendeinem Grund durch das dichte Sozialnetz gefallen sind – ein Phänomen, das sich auch im Norden findet.

Die in den 60er und 70er Jahren mit missionarischem Eifer begonnene und als Patentrezept gepriesene Industrialisierung des Südens konnte die Probleme keineswegs lösen. Aus Landarbeitern wurde städtisches Proletariat, das seine Beziehung zur Scholle, seine Wurzeln verlor. Die Zwangsbeglückung mit qualmenden Stahlwerken und chemischen Giftschleudern, meist chronisch defizitäre Betriebe, hatte nicht wiedergutzumachende Umweltschäden zur Folge. Dutzende Fabriken, an dafür ungeeigneten Standorten aus dem Boden gestampft, ragen heute als traurige ›Kathedralen in der Wüste‹ gegen den blauen Himmel: nur kurzfristige Arbeitsplätze und geplatzte Hoffnungen für Tausende von Menschen, die wieder auf der Straße standen, nachdem sich sowohl der Mangel an Rohstoffen als auch an Aufträgen herausgestellt hatte. Süditalien wird sich, so schwören die Meridionalisten, nur aus dem Teufelskreis

Wirtschaft

25

der Krisen befreien können, wenn es sein Schicksal selbst in die Hand nimmt und nicht ergeben auf Hilfen aus Rom oder Brüssel wartet.

Diese Ansicht teilt auch Kampaniens tatkräftiger Präsident Antonio Bassolino. Er kämpft mit Erfolg gegen die alte süditalienische Krankheit des *non-si-può-tismo,* des »Da kann man halt nichts machen«. Seinem ehrgeizigen Reformprogramm verdankt Neapel sein neues, positives Image, das für den gesamten Mezzogiorno beispielgebend sein sollte.

Mafia: Die Filialen einer Weltfirma

»Von einem Mord bleibt nichts als ein Toter.«
Leonardo Sciascia

Sonntag vormittag in einem kleinen apulischen Dorf. Dicht drängen sich bäuerlich-festlich gekleidete Männer auf dem Kirchplatz. Die Frauen sind nach dem Gottesdienst längst nach Hause gegangen, um das Mittagessen vorzubereiten. Im Zentrum der zwanglosen Versammlung hält ein im Gegensatz zu den Umstehenden keineswegs abgearbeiteter Mann im eleganten, schwarzen Nadelstreifen Hof. Um ihn scharen sich die Honoratioren der Gemeinde in ihren altmodischen, schlecht sitzenden Anzügen. Die Gespräche, kaum mehr als knapp hingeworfene Sätze, bleiben jedem Fremden unverständlich. Ernste Mienen lassen auf geschäftliche Verhandlungen und Rechenschaftsberichte schließen. Eines freilich scheint klar: Der Elegante muß ein *capo* sein. Seine zentimeterlangen Nägel an beiden kleinen Fingern signalisieren unmißverständlich, daß manuelle Tätigkeit nicht seine Sache ist.

In Apulien ist die Welt der ›Ehrenwerten Gesellschaft‹ oder der ›Freunde der Freunde‹, wie sich die – Ausnahmen bestätigen die Regel – absolut von Männern beherrschte Organisation gerne selbst bezeichnet, noch einigermaßen heil. Hier funktionieren noch die alten straffen Strukturen, nach denen die ›Heilige Familie‹ mit ihren weiten Verzweigungen ihre Mitglieder beschützen und ihnen Vorteile verschaffen muß. In jedem Dorf weiß man, wer der Chef ist, der für Ruhe und Ordnung sorgt. Nichts haßt ein *capo* mehr als geschäftsstörendes Chaos oder gar wohlstandbringenden Fortschritt, hat er doch an wirtschaftlicher Stagnation ein großes Interesse, da diese seine Macht und die Abhängigkeit der Menschen von seiner ›Gnade‹ festigt.

Seit jedoch die Mafia in den 70er Jahren ihre Aktivitäten von Erpressungen, Bauspekulationen, gelegentlichen Entführungen und dem Zigarettenschmuggel auf den Waffen- und Drogenhandel ausgeweitet hat, herrscht in Süditalien permanenter Kriegszustand. An diesem Milliardenkuchen will jeder mitnaschen. Jeder will an das schnelle Geld, die rivalisierenden Gruppen bekämpfen einander bis aufs Messer.

Längst haben viele der alten bäuerlichen ›Paten‹, die in der Bevölkerung so etwas wie Vaterfiguren repräsentierten, ausgedient, an ihre Stelle sind Technokraten getreten, die ihr Reich ebenso mit

Computern wie mit Maschinenpistolen regieren. Aus der respektvollen Ehrfurcht, mit der man früher den Bossen begegnete, wurde nackte Angst, aus einem als Gegengewicht zur Zentralregierung in Rom historisch gewachsenen, notwendigen Übel ein brutales Terrorregime.

Nach vorsichtigen Schätzungen von Drogenexperten der Vereinten Nationen verdient Italiens Mafia allein am Suchtgifthandel jährlich bis zu 20 Mrd. Dollar. Diese unvorstellbaren Gewinne, die Jahr für Jahr mit Hunderten – zählt man die Drogenopfer hinzu, sogar Tausenden – von Toten bezahlt werden, bilden die finanzielle Basis für den Aufbau einer kriminellen Weltmacht, die weit über den Mezzogiorno hinausreicht und ihr tödliches Netz über ganz Europa bis in den Fernen Osten und nach Amerika gesponnen hat. Die Mafia ist damit – durch die Hintertür sozusagen – zum ›Paten‹ der Großindustrie geworden: Schmutziges Geld, in Luxemburg, Österreich, der Schweiz oder den USA weißgewaschen, arbeitet mit entsprechenden Profiten in internationalen Konzernen und trägt durch den Kauf von Wertpapieren sogar zur Finanzierung der Staatsschulden einiger Länder bei.

Regierung und Kirche, die beiden anderen Machtfaktoren Italiens, scheinen diesem Phänomen völlig hilflos gegenüberzustehen. Resigniert mußte Domenico Sica, Hochkommissar zur Bekämpfung der Mafia, vor dem Parlament in Rom eingestehen, daß die organisierte Unterwelt in weiten Teilen Siziliens, Kalabriens und Kampaniens »die totale Kontrolle übernommen« hat. Nach den Niederlagen in mehreren Großprozessen, in denen einige hundert Bosse zu teils lebenslangen Haftstrafen verurteilt worden waren, gelang es den ›Ehrenwerten‹ Ende der 80er Jahre, wieder ein absolut undurchlässiges System aufzubauen, das sich nicht zuletzt auch auf

Verkauf von geschmuggelten Zigaretten in Neapel

skrupellose Komplizenschaft mit gewissen Kreisen der Politik stützen kann, wie selbst die italienischen Bischöfe in einer – freilich eher zahmen – gemeinsamen Erklärung feststellten. Zu einer generellen Exkommunizierung der Mafiosi wollte sich der Vatikan, dem man manch dubioses Finanzgeschäft mit ebensolchen Banken nachsagt, allerdings nicht durchringen. Wahrscheinlich wäre eine solche Maßnahme, die den Kriminellen, zumindest im tiefkatholischen Süden, einst den gesellschaftlichen Boden hätte entziehen können, heute auch kaum mehr wirksam, haben die ›Freunde der Freunde‹ doch schon seit längerem jegliche Basis in der Bevölkerung verloren, die nur noch durch nackte Gewalt zur traditionellen *omertà,* dem angeblich so mannhaften Schweigen gegenüber den Behörden, verpflichtet werden kann. »Nur ein Stummer, Tauber und Blinder lebt hundert Jahre«, lautet ein altes Sprichwort, das im Mezzogiorno mehr denn je Gültigkeit besitzt.

Die Motive dafür waren früher allerdings anderer Natur. Über die Entstehung der Mafia gibt es zwar verschiedene Theorien, alle Behauptungen, die ›Ehrenwerten‹ seien einst eine Schutzmacht der armen, unterdrückten Bauern gewesen, müssen jedoch ins Reich der Robin-Hood-Legenden verwiesen werden. Im Gegenteil: Die Großgrundbesitzer vor allem Siziliens bedienten sich nach der Einigung Italiens in der 2. Hälfte des 19. Jh. ihrer *gabellotti* (Hauptpächter), um aus den sozial unterprivilegierten Landarbeitern, die Grund und Boden in Subpacht bestellten, das Letzte herauszupressen. Aus diesem System der Ausbeutung entwickelte sich im Laufe einiger Jahrzehnte die Mafia mit ihren auf Blutsbande und einem strengen Ehrenkodex aufgebauten bürgerlichen Familienclans, die sich aufgrund

ihrer im Gegensatz zur staatlichen Ordnung straffen Strukturen im autoritätsgläubigen Volk bald einer gewissen Achtung erfreuen konnten. Zumindest arrangierte man sich lieber mit den Mächtigen auf lokaler Ebene als mit denen im fernen Rom.

Der Schriftsteller Leonardo Sciascia (1921–89), Siziliens einsamer literarischer Rufer gegen das organisierte Verbrechen, sah in dem Phänomen eine »tragische Vision der Existenz«. »Die Mafia steht für eine große Strenge und Steifheit im Verhalten«, wie er einmal in einem Interview erklärte. »Sie geht Risiken ein und verbindet diese mit einem Willen zur Totalität, den man bei den Mafiosi aller hierarchischen Stufen findet. Sie verkörpert das, was Montesquieu die ›Tugend der herrschenden Klassen‹ nannte. Aber die Mafiosi sind auch in einem einfacheren Sinne extrem tugendhaft. Es ist unmöglich, bei ihnen den leisesten Skandal auszumachen. Es gibt keinen Ehebruch, keine Drogen und keine linksextremen Sympathien. Sie hassen die Unordnung und die Mißachtung der Normen. Der Mafioso ist puritanisch, im individuellen wie im sozialen Bereich. In einer Gesellschaft, die völlig hilflos der Auflösung ihrer Werte zusieht, lebt der Mafioso in einem kohärenten System, an dem Calvin durchaus Gefallen finden könnte.«

Diese Beschreibung trifft indes auf die Vertreter der ›Neuen Mafia‹, die in den 80er Jahren weitgehend das Ruder übernommen haben, kaum mehr zu. Ein Vergleich mit dem Gangstertum amerikanischer Prägung wäre passender. Dennoch unterscheiden sich die Filialen der Weltfirma sogar in Süditalien von ihren Wurzeln und vom Aufbau nicht unwesentlich voneinander.

Die ›Clans der Sizilianer‹, sozusagen die Nachfahren der ›Urväter‹, beherrschen nicht nur die größte Insel des Mittelmeeres, sondern sind auch in Norditalien und den wichtigsten europäischen Märkten sowie – durch ihren Ableger, die *Cosa Nostra* – in den USA ein nicht zu unterschätzender Machtfaktor. In Kalabrien hat sich die *'ndrangheta* etabliert, die sich nach Ansicht von Werner Raith, dem führenden Mafia-Spezialisten deutscher Sprache, ursprünglich aus den untersten Bevölkerungsschichten, den Bauern und Landarbeitern, rekrutierte und sich – anders als die *Camorra* in Neapel und Umgebung, die eine durchorganisierte Stadtkriminalität repräsentiert – bis zum Beginn der Drogen-Ära sogar politischen und sozialrevolutionären Ideen durchaus aufgeschlossen zeigte. Inzwischen freilich sind die alten Ideale der *'ndrangheta* einer blutigen Gangsterfehde gewichen, die pro Jahr an die 300 Menschenleben fordert. Der Einfluß der nach Polizeischätzung mindestens 150 kalabrischen Clans, deren Mitgliederzahl auf etwa 8000 geschätzt wird, beschränkt sich ausschließlich auf die lokale Ebene, jede Familie verteidigt ihr kleines Territorium mit Zähnen und Klauen, die internationalen Beziehungen der *Mafia calabrese* bleiben angesichts ihrer Uneinigkeit ohne Bedeutung.

Die Ohnmacht der Staatsgewalt hat auch Kampanien, traditionelles Herrschaftsgebiet der *Camorra,* zum Nährboden für das organisierte Verbrechen werden lassen. Von den Bourbonen in Neapel als Polizeispitzel und Gefängnisaufseher mit halblegalen Machtposten betraut, entwickelten sich die Camorristi bald zu einer zwischen Regierung und Volk stehenden Kaste, die sich nach oben arrangierte und nach unten brutal ausbeutete. Im Gegensatz zur Mafia sizilianischer Prägung haben, so Raith, *Camorra*-Bosse fast niemals hohe politische Posten bekleidet, wenn auch

Die Polizei ist machtlos

immer wieder geschäftliche Verbindungen mit mittleren staatlichen Beamten und Parteifunktionären auffliegen.

Nur in Apulien finden sich noch Reste der ehemals ›Ehrenwerten Gesellschaft‹ mit den alten Strukturen, wie sie Sciascia beschrieben hat. Aber schon machen die internationalen Technokraten den lokalen Bossen den Platz in dieser Region streitig, die infolge ihrer 760 km langen Küste eine ideale Anlaufstelle für den Drogenschmuggel aus dem Nahen Osten darstellt.

Opfer der internen Mafiafehden sind fast ausschließlich Mitglieder der gegnerischen Clans, fallweise auch Politiker und Geschäftsleute, die meist nicht gerade weiße Westen haben. In jüngster Zeit häufen sich allerdings die Mordanschläge auf Richter und andere Vertreter der Justiz – eine Personengruppe, die vom Staat schmählich im Stich gelassen wird. Eine 1962 vom Parlament eingesetzte Anti-Mafia-Kommission hat in Jahrzehnten nichts als nutzlose Aktenberge produziert und mehrere Berichte über die Aktivitäten des organisierten Verbrechens veröffentlicht, die zwar für einiges Aufsehen sorgten, aber kaum rechtliche Konsequenzen nach sich zogen. »Der Staat hat nie wirklich die Mafia zu bekämpfen versucht«, stellte Leonardo Sciascia nüchtern fest. »Ihm kommt im Gegenteil eine große Verantwortung für die Ausbreitung dieses Krebsgeschwürs zu. Man kann sogar sagen, daß die Mafia an der Brust des Staates groß geworden ist.« Pessimismus prägt daher auch alle Voraussagen, beschränkt sich doch das mafiose Prinzip, nämlich die Durchsetzung von illegalen Geschäften mit einer treu ergebenen Freundesclique, keineswegs auf Italien und findet seinen Ausdruck in politischen und wirtschaftlichen Skandalen aller Länder.

Für Touristen aber gilt: Keine Angst vor der Mafia. Urlaubern wird mit Sicherheit kein Haar gekrümmt, solange sie mafiose Interessen nicht stören. Die Kleinkriminellen, wie überall auf der Welt auf rasche Beute aus, bilden zwar das Reservoir, aus dem das organisierte Verbrechen seine Handlanger und späteren Killer schöpft, werden aber von der Mafia in ihren Aktivitäten kontrolliert und bei Überhandnahme der Delikte sogar gebremst. Schließlich läßt sich die ›Ehrenwerte Firma‹, die auch im Fremdenverkehr, durch Beteiligung an Hotelprojekten zum Beispiel oder als Eigentümer von Reiseunternehmen, kräftig mitmischt, nicht gerne ins Handwerk pfuschen. Seinen Obolus entrichtet der Fremde ohnedies bei jedem Kaffee, bei jedem Glas Wein und bei jeder Mahlzeit in einem Lokal, ja selbst beim Einkauf in einer Boutique oder auf dem Markt, denn Gastwirte oder Geschäftsleute müssen das erpreßte ›Schutzgeld‹ in ihre Preise einrechnen. Kluge Urlauber schneiden das Thema, über das zwar täglich in den Medien ausführlich berichtet wird, gar nicht erst an. Über die Mafia spricht man nicht.

Gesellschaft

Ein Himmelreich für Männer: Märtyrer, Asketen, Missionare

Siziliens Beispiel, wo seit Anbeginn der Zeiten Frauen regierten, machte keine Schule. Von archaischen Fruchtbarkeitsgöttinnen über Demeter bis zur Jungfrau Maria spannt sich nahtlos der Bogen, 90 % aller sizilianischen Kirchen sind der Gottesmutter geweiht, nahezu alle Schutzpatrone – Rosalia von Palermo, Lucia von Syrakus oder Agata von Catania – tragen weibliche Namen. Auf dem Festland hingegen haben eindeutig Männer das Sagen: San Gennaro in Neapel und San Nicola in Bari zählen zu den Prominentesten. San Bruno in den tiefen Wäldern Kalabriens, Sant'Alfonso de Liguori oder San Gerardo Maiella in den grünen Hügeln der Hirpinischen Berge Kampaniens mögen vielleicht weniger bekannt sein, doch auch sie lassen kaum eine Madonna, geschweige denn eine einfache Heilige groß werden.

Auslage eines Fachgeschäfts für Devotionalien in Neapel

Wenn auch die Emanzipation im Himmel wie auf Erden langsam, aber dennoch voranschreitet – man denke an die Madonnen dell'Arco, del Soccorso oder die allerjüngste, nämlich jene von Pompeji –, rächen sich die Süditalienerinnen doch immer noch auf subtile Art, indem sie ihre Söhne vorzugsweise nach jenem Heiligen taufen, der wohl am allerwenigsten dem Idealbild des italienischen Mannes entspricht: Jeder zehnte Bewohner des Mezzogiorno hört auf Giuseppe, Beppe, Pepe oder Peppino, als Pate fungiert also Joseph – der geduldige, fleißige, treue und vor allem keusche Ehegemahl Mariens, der Anti-Macho par excellence. »*Non e vero che sei stato cornuto, poiche e stato lo Spirito Santo*«, ruft seine weibliche Anhängerschar dem Heiligen bisweilen bei Prozessionen tröstend zu – »Es ist nicht wahr, daß dir Hörner aufgesetzt wurden, denn es war der Heilige Geist.« Doch wer weiß, wer weiß, denken die Männer des Südens – und halten sich lieber an Vorbilder, die erst gar nicht in den Verdacht eines ›Gehörnten‹ geraten konnten, weil sie mit Frauen ohnedies nie etwas im Sinne hatten.

Neapels Stadtpatron San Gennaro ist solch ein Heiliger von echtem Schrot und Korn. Als das Haupt des Bischofs von Benevent im Jahr 304 endlich unter dem Beil des Henkers in den Staub des Amphitheaters von Pozzuoli fiel, müssen seine Häscher einem Nervenzusammenbruch nahe gewesen sein. Januarius ließ und ließ sich nämlich mit herkömmlichen Methoden einfach nicht umbringen. Einem glühenden Ofen entstieg er ebenso unversehrt wie einem Käfig voller mordlüsterner Bestien, die sich zu seinen Füßen in zahme Kätzchen verwandelten. Daß selbst nach mehr als eineinhalb Jahrtausenden das Blut des zähen Streiters Christi alljährlich zweimal – aus besonderen Anlässen sogar noch öfter – in Wallung gerät, erstaunt daher im Mezzogiorno niemanden. Ganz selbstverständlich applaudieren die Neapolitaner, wenn sich am 19. September, dem Tag der Überführung des Märtyrers in den Dom von Neapel, sowie am ersten Maiwochenende in ihrem Dom das Wunder der Blutverflüssigung ereignet. Kritisch wird es nur, wenn San Gennaro diesen Dienst verweigert, denn dann steht ein Unglück – Pest, Cholera, Erdbeben oder Krieg – ins Haus, wie die Geschichte nicht nur einmal bewies.

Grundlos verzichtet Januarius nämlich niemals auf seinen Auftritt, zu groß ist die Konkurrenz jener Heiligen in Kampanien, die dieses Kunststück mittlerweile ebenso gut beherrschen wie er, der sich seine Vormachtstellung nicht auch noch von den eigenen Leuten streitig machen läßt. Ihm genügen die Attacken aus Rom, denn der Vatikan, der Zweifel an seiner Existenz hegt, stufte ihn in den 70er Jahren anläßlich einer Kalenderreform als »Heiligen dritter Kategorie« ein. Wütend kochte daraufhin das Blut in den Phiolen, ganz Neapel jubelte seinem San Gennaro zu, und alles blieb beim alten. Wäre ja noch schöner, wenn auf einmal der Papst bestimmen wollte, wer im Süden als Heiliger gilt und wer nicht! Den Himmel bevölkern ohnedies genügend langweilige, saft- und kraftlose Gottesmänner, beispielsweise San Bruno.

San Bruno in seiner Kartause tief in den Wäldern von Kalabriens Serre zählt zweifellos zu den bemerkenswertesten Heiligen des Landes, aber einen Zugang zu den Herzen der Süditaliener fand der gebürtige Kölner und Stifter des Kartäuserordens nie. Ganz so uninteressant, wie ihn die Süditaliener einschätzen, kann er aber nicht gewesen sein, erschien er doch Roger von Sizilien aus einer Distanz von mehreren tausend Kilometern im Traum, um diesen vor einem Verrat zu warnen. Zum Lohn erhielt er 1090 ein Stück Land inmitten der Wildnis, das allerdings ohnedies niemand wollte. Dem Asketen, unglücklich über die mangelnde Strenge in den vorhandenen Orden, kam dieser unwirtliche Ort gerade recht.

Im undurchdringlichen Inneren des kalabrischen Berglandes fühlte er sich endlich sicher vor der lauten, sündigen Welt. Wo lediglich Wölfe und Füchse einander ein Stelldichein gaben, gründete er gemeinsam mit sieben Gleichgesinnten den Kartäuserorden ganz nach seinem Geschmack: Alles Streben galt dem Jenseits, als Dekoration schätzte er Knochen, Totenköpfe, Sensenmänner und was es sonst noch an Symbolen für die Vergänglichkeit gibt. Die Mönche verständigten sich nur durch Zeichen. Schweigend aß jeder für sich allein Wurzeln, Grünzeug, Beeren (das Brauen köstlicher Kräuterschnäpse erlernten die

San Francesco di Páola aus Lebkuchen

Kartäuser erst viel später) und hin und wieder Fisch. Fleischgenuß war streng verboten. Zusammenkünfte fanden nur bei der sonntäglichen Messe statt, sonst ging jeder seiner Wege. Bruno lenkte seine Schritte zumeist zu einer Quelle und kniete dort oft tagelang bis zur Hüfte im eiskalten Wasser. Jetzt betet sein steinernes Abbild inmitten eines Teiches – an jener Stelle, wo nach dem Tod des frommen Bruders im Jahre 1101 dessen sterbliche Überreste den ersten Ruheplatz fanden. Als man seine Gebeine ausgrub, um sie in die Kartause zu überführen, entsprang der Überlieferung nach der Erde heilkräftiges Wasser. Alljährlich findet seither zu Pfingsten eine ›Prozession der Besessenen‹ zum Bosco Santa Maria mit dem Kirchlein und der Grotte, in dem der Heilige wohnte, statt, bei der die Gläubigen die Statue San Brunos vom Kloster in den Wald tragen. Geistig Behinderte oder Nervenkranke werden bei diesem Anlaß manches Mal auch heute noch in das Wasser getaucht, um ihnen alles Böse und ihre Krankheit auszutreiben.

Hartnäckig verteidigen zumindest an diesem Ort die wenigen noch verbliebenen Mönche das Erbe ihres erst 1514 selig- und schließlich 1623 heiliggesprochenen Vorbilds, dem es erspart blieb, die Verweltlichung seines Ordens nach der Reformationszeit, den Prunk der mächtig gewordenen Kartäuserklöster und den Verfall seiner Idee zu erleben. Nur selten verlassen die Brüder in ihren zeitlosen Kutten in gebrochenem Weiß die Abgeschiedenheit ihrer Zellen, kaum jemals wandeln sie durch die uralte, einsame Lindenallee, die das fröhliche Städtchen Serra San Bruno und seine fünf bezaubernden Rokokokirchen mit dem Konvent verbindet. Vom 20. Jh. unbehelligt, leben diese Männer in ihrer mittelalterlichen Welt, zu der sie aus-

schließlich männlichen Besuchern Zutritt erlauben. In diesem stillen Vorzimmer zum Himmelreich fand selbst der Bomberpilot von Hiroshima seinen Seelenfrieden wieder. Frauen dürfen lediglich in das Tannendickicht rund um die ursprüngliche Einsiedelei – eine einzigartige Landschaft im Süden Italiens – eindringen, die Klosterpforte bleibt ihnen, abgesehen vom Museum zur Geschichte des Ordens, verschlossen.

Weltoffen geht es hingegen in dem von dem Neapolitaner Alfonso Maria de Liguori (1696–1787) in der kampanischen Provinz Avellino gegründeten Redemptoristenorden zu. Dem bereits 1839 offiziell zum Heiligen erklärten Gottesmann ging es nämlich weniger um sein eigenes Seelenheil, er stellte vielmehr sein Leben in den Dienst der Ärmsten. An Gelegenheit, christliche Nächstenliebe auszuüben, mangelt es auch seinen Erben nicht.

Das schwere Erdbeben von 1980 traf die sanfte Hügellandschaft der sogenannten Grünen Hirpinien besonders hart und legte nicht nur Liguoris Klosterbau, sondern mehr als 90 % der Häuser im nahen Camposele in Schutt und Asche. Mehr als ein Jahrzehnt später lebte ein Teil der Bevölkerung von *Irpinia* nach wie vor in Behelfsbaracken, doch der Konvent, vor allem aber die daran angeschlossene, ebenfalls zerstörte Wallfahrtsstätte San Gerardo Maiella, auch Santa Maria Materdomini genannt, erhob sich bereits wieder mächtiger als je zuvor auf einer Terrasse hoch über dem von der Katastrophe heimgesuchten Land. Das Sanktuarium des in nördlicheren Breiten gänzlich unbekannten, von Papst Pius X. 1904 heiliggesprochenen Gerardo – ein Lokalpatron, wie er typischer nicht sein kann – zählt mittlerweile zu den meistbesuchten Pilgerzielen des Mezzogiorno.

Gesellschaft

33

Weil er einer von ihnen war, ein Kind armer Eltern, liebt das Volk den 1726 in Muro Lucano in der Provinz Potenza geborenen und im Alter von nur 29 Jahren gestorbenen Heiligen ganz besonders. Glühend sehnte sich dieser danach, sein Leben als Kapuziner zu verbringen, doch einen schwächlichen Burschen wie ihn wollten die Mönche nicht in ihre Reihen aufnehmen, mehr als ein Laienbruder durfte er nicht sein. Nach dem frühen Tod des Vaters mußte Gerardo seine Mutter und drei Schwestern mit seinem kargen Schneiderlohn durchbringen. Angesichts dieses Elends erbarmte sich das Jesuskind. Immer wieder erschien es dem gottesfürchtigen Jüngling auf dem Arm der Muttergottes, spielte mit ihm, und als die Not am höchsten war, brachte es ihm täglich sogar ein frisches Stück Weißbrot – eine Delikatesse, wie sie in dieser Gegend kaum jemand kannte. Wunder über Wunder geschahen in Gerardos Gegenwart, schon bald holte man ihn, wenn bei einer Geburt Mutter oder Kind zu sterben drohten. Als Schutzpatron der Wöchnerinnen genießt er nach wie vor besondere Verehrung, wie eine Unzahl rührender Votivbildchen beweist.

Auch in Italien gilt: Selbst ist die Frau

Mamma mia, was ist bloß mit den Frauen los?

Zu Beginn der 70er Jahre schüttelten sie über die Kampfparole »*Tremate, tremate, le streghe son tornate!*« – »Erzittert, erzittert, die Hexen sind zurück!« – noch amüsiert die Köpfe. Fast drei Jahrzehnte später ist den Männern von Neapel bis Palermo das Lachen bisweilen vergangen. Mit einiger Verspätung hat nämlich die italienische Frauenrechtsbewegung auch den Süden erreicht. Zwar existierte landesweit das Recht auf Scheidung bereits seit 1969 (woran selbst eine Volksbefragung zur Rücknahme des Gesetzes 1974 nichts mehr ändern konnte), doch der konservative Mezzogiorno nahm diesen ›Unsinn‹ zunächst nicht zur Kenntnis. Dort setzte man weiterhin auf die bewährte Rollenverteilung: Auf der Piazza, in der Bar, im Büro gibt sich der Mann als Herr im Haus, daheim regiert die Frau. In der Öffentlichkeit wahrt er das Gesicht, während sie in der Intimität der vier Wände alle wesentlichen Entscheidungen trifft.

Erstaunlicherweise waren es die Süditalienerinnen selbst, die den Befreiungsversuchen ihrer Geschlechtsgenossinnen nördlich von Rom lange Zeit den heftigsten Widerstand entgegensetzten. Geprägt von tiefer Skepsis einer jahrhundertelangen Erfahrung, daß jede Änderung ihre Lage ohnedies nur verschlimmern würde, zeigten sie sich kaum bereit, auch nur einen Millimeter

Boden ihres Herrschaftsterrains für eine Vision preiszugeben. Trotz aller moderner Attitüden dominierte diese Haltung in den Metropolen ebenso wie auf dem Land. In den weltabgeschiedenen Dörfern Kalabriens oder der Basilikata regiert das Mißtrauen gegenüber Emanzipationsbestrebungen bis heute.

»Es kommt immer aufs Gleiche raus: Wir Frauen tun alles, was keiner machen will. Das hat man uns beigebracht, und das erwartet man von uns. Die Männer reden über Politik. Wir erledigen das übrige. Und wenn wir die ganze Arbeit tun, müssen wir auch bestimmen dürfen. Wir entscheiden, aber wir reden nicht groß darüber. Wenn Sie wollen, können Sie das Macht nennen. Die jungen Mädchen, auch meine Töchter, sind verzogen, nein, ruiniert. Arbeit ist unter ihrer Würde, das haben ihnen die Schulen beigebracht. Bloß, es gibt keinen leichten Weg, also warten sie auf ein Wunder. Und sie wissen noch nicht, daß Wunder bloß in der Kirche passieren.« Das bekam die 1926 in Ohio geborene Schriftstellerin Ann Cornelisen im Jahr 1983 bei einem Besuch in ›ihrer‹ lukanischen Kleinstadt zu hören, in der sie von 1953 bis 1964 als Sozialhelferin lebte.

Die wohl kompetenteste Expertin einer fast unbegreiflichen Welt versteht diese Menschen, »die keine Freude in ihrem Leben sehen, sondern nur einen endlosen Kampf, in dem sie nie so recht siegen können«. In brillant formulierten Büchern erzählt diese erstaunliche Amerikanerin von den ›Frauen im Schatten‹, von ihrem Realitätssinn, von ihrer gewaltigen Stärke. »Ich stand am Rande und sah zu, wie Süditalien sich während der vergangenen zwanzig Jahre bemühte, eine Entwicklung von hundertfünfzig Jahren aufzuholen. Manchmal hatte ich den Eindruck, daß nur ein langer, schwach beleuchteter Tunnel dieses

Land mit unserem Jahrhundert verbinde. Jetzt zeigt sich Licht, wenn auch vielleicht nur Neonlicht. In jeder formellen Situation aber werden die süditalienischen Frauen weiterhin alles tun, das Image zu bestärken, das ihr Mann von sich selbst hat, und sie würden nie seine Vorrangstellung innerhalb der Familie in Zweifel stellen«, zog Ann Cornelisen nach einem Dezennium Erfahrung mit dem Mezzogiorno Zwischenbilanz.

Eine Ahnung davon, wie schwer es für eine Frau des Jahrgangs 1936 gewesen sein muß, den Weg in die Selbständigkeit zu finden, gibt Fabrizia Ramondino mit ihrem 1981 mit dem *Premio Napoli* ausgezeichneten autobiographischen Roman ›Althenopis‹.

Die Neapolitanerin emanzipierte sich im ursprünglichen Sinn des Wortes, riß aus, finanzierte sich selbst das Studium in Deutschland und kehrte später in ihre Heimat zurück – unter Hunderttausenden eine, die es geschafft hatte. Erst vier Jahrzehnte später bewiesen die vom Zentralen Institut für Statistik Italiens (ISTAT) erhobenen Zahlen, daß sich auch südlich des Brenners das Blatt gewendet hatte: Fast jede zweite Italienerin bezeichnete sich Mitte der 90er Jahre als finanziell unabhängig, wenngleich ihr Durchschnittseinkommen unter dem der Männer lag. Auch die Eheschließung ist für die Italienerin heute nicht mehr oberstes Ziel: 46,4 % waren verheiratet, 39,8 % ledig oder verwitwet, 10,3 % geschieden und 3,5 % lebten von ihren Angetrauten getrennt. Dieser Frauengeneration ist es gelungen, die Fesseln zu sprengen. Der Eroberung des Arbeitsmarktes steht allerdings die wirtschaftliche Flaute und die hohe Zahl der Arbeitslosen entgegen. Dennoch stellen Frauen fast 90 % aller Grundschullehrer und besetzen 36 % der Universitätsprofessuren.

Erklär uns einer die Frauen ...

Endlich aufgewacht, versuchen die Frauen des Südens sogar, den Kampf gegen die letzte Bastion der Männer aufzunehmen: die Mafia. Um dem Terror der ›Ehrenwerten‹ ein Ende zu bereiten, versammelten sich Vertreterinnen aller Gesellschaftsschichten zu Protestkundgebungen und zogen mit verzweifelten Parolen durch die Straßen. Ihrem Kampf war freilich bisher ebenso wenig Erfolg beschieden wie der Initiative der mutigen Neapolitanerin Tanja Molinari, die im Mai 1985 mit dem Schlagwort »*Madri Coraggio*«, »Mütter Courage – Frauen gegen Drogen« auf die Barrikaden stieg. Als die prominente italienische Regisseurin Lina Wertmüller den Aufstand der Mütter unter dem spröden Titel ›*Strane storie di intrighi, donne, vicoli e delitti*‹, ›Seltsame Geschichten von Intrigen, Frauen, Gassen und Verbrechen‹, mit Laiendarstellerinnen aus den neapolitanischen Elendsvierteln auf Zelluloid bannte, rüttelte sie an einem Tabu: In ihrem Film solidarisierten sich erstmals auch die Frauen der Mafiabosse mit ihren Geschlechtsgenossinnen gegen ihre Männer, ein bis dato ungeheuerlicher Gedanke. Wie es in den zutiefst bürgerlichen mafiosen Clans nach wie vor zugeht, weiß die kalabrische Anwältin Beppa Arioti in ihrem Beitrag für das 1988 erschienene Buch ›Italien der Frauen‹ zu berichten: »Eine Mafiafamilie bei Tisch zu sehen, ist wie im Handbuch für patriarchalische Lebensweise und Regeln zu blättern: Stillschweigen, Ehrfurcht, äußerliche Ruhe und geschlossenes Verhalten gegenüber dem Rest der Welt. Ich habe vielfach das Verhalten von Müttern, Töchtern oder Ehefrauen der Mafiosi untersucht und muß feststellen, daß ihre Verhaltensweisen alle auf dem gemeinsamen Nenner beruhen, der Omnipotenz und Wundertätigkeit ihrer männlichen Angehörigen zu vertrauen. Es scheint fast unglaublich, doch jede von ihnen ist davon überzeugt, daß das mit einem göttlichen Heiligenschein versehene Oberhaupt des Hauses in der Lage sei, jedweden Wunsch zu erfüllen.«

Doch nicht einmal die ›Paten‹ halten noch an der Tradition vom blutigen Leintuch, als Beweis für die Unberührtheit der Braut nach der Hochzeitsnacht zur Schau gestellt, fest. An solche Klischees klammern sich schlimmstenfalls noch drittklassige Drehbuchautoren, denen zum Mezzogiorno nichts einfällt als blutige Vendetten aus verletzter Männerehre, von ihren Brüdern sorgsam bewachte Jungfrauen oder verblühte Schönheiten, die sich nach der Hochzeit allzubald als dickliche Matronen mit Oberlippenflaum entpuppen. Nur als Kuckucksei unter Reisebüchern sollte man daher die 1969 publizierte ›Süditalienische Reise‹ des Franzosen Domini-

que Fernandez betrachten. Der Professor für italienische Literatur irrte nicht nur gewaltig, als er dem Scheidungsrecht vor der Jahrtausendwende kaum Chancen einräumte, in seinem weltfremden Pessimismus beschwor er auch eine Zukunftsvision herauf, die Männer wie Frauen gleichermaßen für alle Zeiten als Verlierer dastehen läßt:

»Wegen des Südens, wegen der unzähligen jungen und bereits unförmigen Frauen, die durch die Einrichtung der Scheidung zu Einsamkeit und Elend verdammt wären, ist eine Reform des Eherechts im Augenblick unmöglich. Seit dem hundertjährigen Bestehen Italiens beutet der Norden den Süden aus und bereichert sich auf seine Kosten, dafür aber knechtet der Süden das sexuelle und moralische Leben der gesamten Halbinsel. Die italienische Ehe schließt eine Auflösung aus dem einfachen Grunde aus, weil sie nicht zwei Partner bindet. Die Frauen heiraten einen Vater, der ihnen und ihren Kindern als Tutor dient. Was die Männer betrifft, so wollen auch sie keine Scheidung. Sie sind ebenso wenig fähig wie begierig danach, eine Frau in einer zweiseitigen Beziehung zu lieben, und vergnügen sich damit, die mütterliche Gattin mit Gelegenheitsgeliebten zu betrügen. Es gibt keine Paare in Italien, es hat sie nie gegeben, Mann und Frau haben nie versucht, einander gegenüberzustehen, sich zu vereinen, sich gegenseitig zu bereichern. Die Werke der Literatur bezeugen es.«

Doch sehen wir uns einmal frühabends auf einer Piazza, dem Wohnzimmer des Mezzogiorno, um. Sobald die Sonne sinkt, bietet sich überall das gleiche Bild: Untergehakt promenieren junge wie alte Männer zu zweit über den Hauptplatz, stehen heftig gestikulierend in kleinen Gruppen beisammen oder debattieren vor einer der umliegenden Bars. Nur wenige junge Mädchen flanieren kichernd an ihnen vorbei, niemals eines allein, sondern ebenfalls stets einige gemeinsam. Ihre Mütter, Tanten und Großmütter ziehen es vor, von einer Parkbank oder von wackeligen Stühlen vor der Haustür das Leben und Treiben zu verfolgen. Pärchen sind selten zu sehen, nur ab und zu entführt ein Jüngling unter dem Gejohle der Umstehenden seine Angebetete auf dem Rücksitz seines knatternden Mopeds zu einer kurzen Runde. Je provinzieller das Städtchen, desto klarer trennt eine unsichtbare Mauer die Geschlechter. Behält also Professor Dominique Fernandez mit seinem Urteil vielleicht doch recht?

Mitnichten. Hinter den tradierten Verhaltensweisen verbirgt sich eine zumindest für Frauen höchst erfreuliche Realität. Sie sind es nämlich, die aus gutem Grund an der alten Rollenverteilung festhalten, weil sie heute damit nur gewinnen können – und auf diese Weise ihren Geschlechtsgenossinnen jenseits der Alpen, aber auch schon nördlich von Rom, an Emanzipation weit überlegen sind. Ungehindert können sie ihrer Ausbildung oder ihrem Beruf nachgehen, ohne auf den häuslichen Machtbereich verzichten zu müssen. Daran gewöhnt, daß alle wesentlichen Familienentscheidungen von Frauen getroffen werden, kommt es den Männern gar nicht in den Sinn, an diesem System etwas zu ändern, solange ihre Sphäre unangetastet bleibt. Und diese ist, läßt man das Showelement einmal außer acht, ohnedies dürftig genug.

Die Frau verwaltet heute nicht nur ihr, sondern auch weiterhin sein Geld. Ihr obliegt es, eine neue Wohnung, Möbel, das Urlaubsziel, den Studienplatz der Kinder auszusuchen. In der Wahl ihrer Kleidung läßt sie sich ohnehin nicht reinreden, auch ihn kleidet sie nach ihrem Geschmack ein. Zufrieden, daß daheim eigentlich fast alles wie bei Mamma abläuft, erweist der gutdressierte Ehemann seiner Frau weiterhin

den gebührenden Respekt, an dem freilich auch sie es ihrerseits in der Öffentlichkeit nie fehlen läßt. Niemals wird eine Süditalienerin – und sei sie noch so emanzipiert – am männlichen Image kratzen. Begeht sie einen Seitensprung – und auch das ist heute durchaus denkbar –, so darf vielleicht ihr Angetrauter, doch keinesfalls irgendein anderer davon erfahren, weil sie ihn nicht als *cornuto* – einen von aller Welt verachteten Gehörnten – preisgeben will.

Bei oberflächlicher Betrachtung könnte man fast Mitleid mit dem Pfauenrad schlagenden Geschlecht empfinden, das Stück für Stück seines Terrains preisgeben und sich nun auch im Berufsleben mit einer massiven weiblichen Konkurrenz herumschlagen muß. Ahnungslos stellten Männer seit jeher ihre Ehefrauen voll Hochachtung mit »*La mia signora*« – »Meine Herrin« – vor, doch wie konnten sie die volle Bedeutung dieser Worte einst ahnen? Was als bloße Courtoisie gemeint war, kommt jetzt der Realität sehr nahe. Dennoch will kaum ein Süditaliener nach anfänglichen Positionskämpfen und Rückzugsgefechten noch den Höhenflug der Frauen stoppen, im Gegenteil. Die Männer des Mezzogiorno erkannten nach dem ersten Schock vielleicht sogar rascher als ihre Geschlechtsgenossen im Norden, daß Gleichberechtigung eine gute Sache sein kann, sofern keiner die bewährten Spielregeln verletzt. Mit vertauschten Rollen können sie freilich nichts anfangen, zu ›babywickelnden Hausmännern‹ fühlen sie sich nach wie vor nicht berufen, aber das verlangt auch niemand von ihnen. Vielmehr wollen sie heute mit dem Rückhalt ihres angestammten Platzes Partner ihrer zu Partnerinnen avancierten, selbstbewußteren, attraktiveren Frauen sein, auf deren Klugheit sie sich mit Recht verlassen können.

Geschichte

Dreitausend Jahre Kampf um den Platz an der Sonne

Vorgeschichte

Wer zählt die Völker, nennt die Namen, die seit Jahrtausenden im Süden der Apenninenhalbinsel um einen Platz an der Sonne kämpften? Faustkeile, später Ritzzeichnungen wie der ›Stier von Papasidero‹ in der Grotta del Romito in Kalabriens Bergen, eine Handvoll Tonscherben, Höhlennekropolen – viel mehr blieb nicht von den ersten Siedlern. Erst mit dem Auftritt der Italiker, indogermanischer Stämme, die um das 2. Jt. v. Chr. über die Alpen in den Süden drängten, erhellt sich die Szene: Samniten, Kampaner, Lukaner, Bruttier, diese Begriffe klingen vertraut, finden sie sich doch nach wie vor auf der Landkarte Süditaliens. Auch hilft jetzt bereits Homer weiter, seine Epen ›Ilias‹ und ›Odyssee‹ basieren auf mündlichen Überlieferungen, die bis in diese Zeit zurückreichen. Die ersten wirklich klaren Konturen der Vergangenheit zeichnen sich jedoch erstmals mit dem 8. Jh. v. Chr. ab, als eines Tages Auswanderer aus Euböa vor der Insel Ischia Anker warfen. Endlich sind sie da, die Griechen, und mit ihnen eine Kultur, die Süditalien bis zum heutigen Tag ihren Stempel aufdrücken sollte.

Die Griechen

Bevor die ionischen Pioniere ihre unerläßlichen Mitbringsel – Olivensetzlinge und Weinstöcke sowie ihre Götter und ihr Alphabet – von den Schiffen holten, setzten sie zunächst einmal den Etruskern, die sich bereits bis nach Kampanien vorgewagt hatten, klar gesteckte Grenzen. Bis hierher und nicht weiter, erklärten die griechischen Kolonisten, zogen die Linie südlich von Rom und gründeten dann Orte wie *Kyme* (Cuma), *Dikaiarchia* (Pozzuoli) oder *Palaeopolis* (Altstadt), eine Siedlung, die später dann mit *Neapolis* (wörtlich: Neustadt, Neapel) verschmolz. Weitere Auswanderer drängten nach, bald waren auch Sizilien, Kalabrien und Apulien fest in griechischer Hand. Achäer erbauten das legendäre *Sybaris* (721 v. Chr.), danach *Kroton, Locri* und *Metapont,* die Dorer wiederum errichteten mit dem bald mächtigen *Taras* (Tarent) Spartas einzige Filiale auf dem italienischen Festland, das freilich in der Folge mit *Kallipolis* (Gallipoli) und *Hydruntum* (Otranto) Dependancen unterhielt.

Nach zwei Jahrhunderten umspannte ein dichtes Netz griechischer Niederlassungen den heutigen Mezzogiorno – *Magna Graecia* beherrschte den Mittelmeerraum. Wie alle Pioniere, die es zu etwas gebracht haben, litten jedoch auch die Großgriechen gegenüber ihrem Mutterland unter einem Minderwertigkeitskomplex. Aus Angst, man könne sie trotz ihres Erfolgs für kulturlose Barbaren halten, erbauten sie ihre Heiligtümer größer, höher, prächtiger als die Daheimgebliebenen – man denke nur an die Tempel von Agrigent oder Paestum – und gebärdeten sich als protzige Millionäre. Doch Hochmut kommt vor dem Fall.

Das Imperium Romanum

Während sich die sizilianischen Stadtstaaten zuerst untereinander, dann mit ihrer alten Heimat und zwischendurch auch noch mit den Karthagern bekrieg-

Ausgrabungen von Baia

ten, schlug das mittlerweile erstarkte Rom im 4. Jh. v. Chr. zu, unterwarf ohne viel Mühe weite Teile Kampaniens und Kalabriens, um schließlich rund hundert Jahre später ganz Großgriechenland – inklusive das von unzähligen Schlachten zermürbte Sizilien – dem *Imperium Romanum* einzuverleiben. Sieben Jahrhunderte mußte sich Süditalien nun unter den Herren vom Tiber ducken, denn jetzt hatten die sich in noch höherem Maße neureich gebärdenden Römer das Sagen.

Das einstmals blühende Land der Griechen, in dem Genies wie Empedokles, Pythagoras oder Xenophanes, allein mit der Kraft ihrer Gedanken, sogar das olympische Universum zum Erbeben gebracht hatten, galt ihnen wenig mehr als eine auszubeutende Kornkammer. Was bedeuteten ihnen schon die Verse eines Ibykos, Stesichoros oder Theokrit? Bestenfalls einige ›Intellektuelle‹ wußten damit etwas anzufangen.

Nur an der kaum faßbaren Schönheit des Golfs von Neapel konnten selbst die Römer nicht blind vorbeigehen. Als angemessene Sommerfrische kam ihnen dieses von der Natur so reich beschenkte Land gerade recht. Wohlhabende Bürger ließen sich in Pompeji oder Herculaneum nieder, die oberen Zehntausend zog es in das luxuriöse Baia: Wer dort eine Villa besaß, zählte zu den Mächtigsten des Reiches. Und an Capri fand Kaiser Augustus so großen Gefallen, daß er es 29 v. Chr. sogar zu seinem Privatbesitz erwählte.

Byzantiner und Langobarden

Nachdem 476 der Germanenkönig Odoaker dem Weströmischen Reich den Todesstoß versetzt hatte, betrachteten germanische Stämme im Verlauf der Völkerwanderung fast eineinhalb Jahrhunderte lang auch Unteritalien als ihren Tummelplatz, bis mit den Byzantinern (535–1071) und den Langobarden

(571–1077) wiederum für ein halbes Jahrtausend eine gewisse Ruhe einkehrte und man endlich wieder wußte, wer die Herren im Hause waren: Altvertraute – wenn auch christianisierte – Griechen aus Konstantinopel teilten sich das Land mit den Nordgermanen, die sich vor allem in Capua, Benevento und Salerno breitmachten. Nur die eroberungslüsternen Sarazenen bereiteten den schlecht und recht nebeneinander lebenden neuen Okkupanten gleichermaßen große Sorgen. Nachdem die Araber 827 ihre Herrschaft auf Sizilien errichtet hatten, häuften sich deren Angriffe auf die ›Stiefelspitze‹.

Die Normannen

Richtig spannend aber wurde es erst nach der Jahrtausendwende. Normannische Ritter, die auf der Rückkehr von einem Kreuzzug 1016 in Salerno gelandet waren, verbreiteten die Kunde von einem sagenhaften Land am Mittelmeer, in dem es angeblich Königreiche zu gewinnen gab.

Um 1035 trafen drei Söhne des Tankred von Hauteville, Wilhelm, Drogo und Humfried, nördlich von Neapel ein und machten innerhalb von zehn Jahren ihr Glück: Wilhelm übernahm das Kommando des normannischen Stützpunktes in Aversa, Drogo und Humfried machten sich zu Grafen von Apulien und Lavello. Nun war nur noch das malariaverseuchte Kalabrien zu haben, und eben dorthin schickten sie 1046 ihren Stiefbruder Robert, der zu ihrem Mißvergnügen eines Tages voll brennendem Ehrgeiz, aber arm wie eine Kirchenmaus vor ihrer Türe gestanden hatte. Von dem kühlen Empfang keineswegs entmutigt, versuchte sich der wildeste der ganzen Bande zunächst einmal höchst erfolgreich als Räuberhauptmann. Seine Glücksstunde schlug ihm,

als Papst Leo IX. 1053 mit einem riesigen Heer nach Unteritalien zog, um dort ein für allemal mit der ›Normannenpest‹ aufzuräumen. Sogleich eilte Robert mit seinen Mannen seinem Bruder Humfried – nach Wilhelms und Drogos Tod Chef des Clans – zu Hilfe. Gemeinsam vernichteten die Hautevilles die päpstliche Armee und nahmen den Herrn auf Petri Stuhl gefangen.

In diesem entscheidenden Moment zeigte sich erstmals Roberts staatsmännische Größe, die ihm den Beinamen Guiscard – Schlaukopf – eintrug. Als Sieger fiel er vor dem Stellvertreter Christi auf die Knie und geleitete diesen höchstpersönlich nach Rom. Dank des klugen Schachzugs avancierte der simple Straßenräuber zum ›Verteidiger des Papsttums‹, er wurde Anführer der Normannen sowie Herzog von Apulien und Kalabrien, kurz, er war mit einem Schlag der mächtigste Mann in Süditalien. Mit 42 Jahren auf dem Höhepunkt seiner Karriere angelangt, beunruhigte ihn das Eintreffen seines erst 26jährigen jüngsten Bruders Roger daher nur wenig. Sollte dieser ruhig Sizilien den Arabern abnehmen (was ihm 1072 auch gelang), er selbst strebte nach weit mehr – nach der Kaiserkrone von Byzanz.

Vielleicht wäre Robert der Griff nach den Sternen tatsächlich gelungen. Er befand sich schon auf dem Weg nach Konstantinopel, als ihn ein Hilferuf zur Umkehr bewegte. Fünf Jahre nach dem demütigenden Gang nach Canossa hatte nämlich der deutsche Kaiser Heinrich IV. den verhaßten Papst Gregor VII. in Rom gefangengenommen. Robert Guiscard vertrieb die kaiserlichen Truppen, befreite Gregor aus der Engelsburg, gab die Stadt zur Plünderung frei und nahm den Papst zur Sicherheit mit nach Salerno, wo dieser 1085 – nur zwei Monate vor seinem Retter und treuesten Vasallen – starb. Für die wohl schillerndste Persönlichkeit der zehn Tankredsöhne sollte sich der Traum von einer Krone also nicht mehr erfüllen. Erst Roberts Neffe Roger II., nach dem Tod Rogers I. Herr über Sizilien und seit 1127 über ganz Unteritalien, vollendete 1130 mit seiner Krönung in Palermo den kometenhaften Aufstieg des Hauses Hauteville. Der große Normanne einte nicht nur Festland und Insel erstmals zum ›Königreich beider Sizilien‹, unter seiner Regentschaft brach auch jenes goldene Zeitalter an, von dem man sich heute noch erzählt. Muslime und Juden gewährte Roger II. weitgehend Religionsfreiheit, eine für diese Zeit unglaubliche Haltung. Toleranz gegenüber Andersgläubigen, Vertrauen in die eigene Verwaltung und grenzenlose Hochachtung vor der arabischen Kultur zählen zu dem Erbe, das ein Jahrhundert später sein Enkel, der Staufer Friedrich II., Sohn der Normannenprinzessin Konstanze und des Hohenstaufers Heinrich VI., antrat (S.192 ff.).

Die Staufer und die Herrschaft der Anjou

Die Ära der Staufer war glanzvoll, aber nur kurz. Nach dem Tod Friedrichs II. im Jahr 1250 und dem seines Sohnes Konrad in jungen Jahren greift Karl von Anjou, der Bruder des französischen Königs Ludwig IX., Verbündeter des Papstes, nach der Macht in Süditalien. Der 16jährige Konradin, Friedrichs Enkel, versucht verzweifelt, das Reich zu retten, doch vergebens. Am 29. Oktober 1268 fällt auf Karls Befehl sein Haupt in den Staub des Marktplatzes von Neapel. Unter der grausamen Zwangsherrschaft der vom Papst favorisierten Franzosen zerbricht 1282 das Königreich bei der sogenannten ›**Sizilianischen Vesper**‹. In diesem verzweifelten Volksaufstand befreit sich die Insel von dem Terrorregime Karls, und die noch verbliebenen normannischen Adeligen setzen mit Peter III. von Aragon den Schwiegersohn des Hohenstaufers Manfred auf den Thron von Palermo. Sämtliche Versuche der Anjou, Sizilien zurückzuerobern, scheitern.

In Unteritalien haben die französischen Herren allerdings weiterhin das Sagen. Dem eher bedeutungslosen Karl II. folgt Robert, genannt der Weise, der sich für Neapel als Glücksfall entpuppen sollte. Unter seiner langen Regentschaft (1309-43) erblüht die Stadt zu einem geistigen Zentrum, Maler wie Giotto oder Simone Martini zieht es ebenso an den Hof dieses kultivierten Monarchen wie Dichter von der Größe eines Petrarca oder Boccaccio. Über die darauffolgenden hundert Jahre hingegen läßt sich nur wenig Positives berichten: Skandale, Intrigen und politische Unfähigkeit spielen das

Normannische Skulptur in Salerno

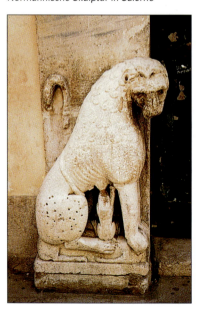

Reich ebenso ehrgeizigen wie unfähigen Günstlingen in die Hand, bis die Herrschaft der Anjou nach knapp zwei Jahrhunderten schließlich endet und für die nächsten 350 Jahre die Spanier das Sagen haben.

Spanier und Franzosen

Nach dem Haus Aragon, seit 1442 Regenten von ganz Süditalien, beanspruchte ab 1504 die spanische Linie der Habsburger das Königreich beider Sizilien mit Neapel als Hauptstadt, in der bis 1701 ihre Vizekönige mit harter Hand Geschichte schrieben. Immer wieder probte das geknechtete Volk vergebens den Aufstand. Erdbebenkatastrophen, Pest- und Cholera-Epidemien, Hungersnöte verschlimmerten die Not im Süden, während jenseits der Alpen ab 1700 der Spanische Erbfolgekrieg tobte. 1707 marschierten die Österreicher in Neapel ein, 1713 fiel das Königreich offiziell an die Habsburger in Wien, 1735 überließ Kaiser Karl VI. dem spanischen Bourbonen Karl III. das am Verhandlungstisch eroberte Beutegut als Sekundogenitur.

Neue Besen kehren gut. Bevor er daran ging, die von den reichen Habsburgern als Stiefkind behandelte Stadt am Vesuv in eine Weltmetropole zu verwandeln, räumte Karl mit dem übermächtig gewordenen, korrupten Klerus energisch auf. Der Glanz des mit neuem Selbstbewußtsein ausgestatteten Neapel färbte auch auf die Provinzen ab. 1759 auf den spanischen Thron berufen, mußte Karl Süditalien seinem noch minderjährigen Sohn Ferdinand überlassen, doch er konnte beruhigt nach Madrid ziehen, das Schicksal des Landes ruhte in guten Händen. Zehn Jahre führte Karls kluger Kanzler Tanucci die Staatsgeschäfte, bis Ferdinands Frau Maria Caroline, eine Tochter der Österreicherin Maria Theresia, diesem die Fäden aus der Hand nahm. Die Habsburgerin, seit der Hinrichtung ihrer Schwester Marie Antoinette von glühendem Haß gegen Frankreich besessen, hetzte Ferdinand 1798 in einen verhängnisvollen Krieg gegen das von revolutionären Franzosen besetzte Rom, der damit endete, daß das Bourbonenpaar Hals über Kopf nach Palermo fliehen mußte.

In Neapel riefen mittlerweile die französischen Revolutionäre, unterstützt von einem Großteil des Adels, die ›**Parthenopäische Republik**‹ aus. Für ihre Vision von einer gerechteren Welt stand jene unglückliche Sirene Pate, die Odysseus nicht bezaubern konnte und sich deshalb von einer Klippe stürzte. Ihre Leiche spülte das Meer in Neapel an Land, das sich seither nach dem schönen Mädchen romantisch *Parthenope* nennt. *Nomen est omen,* die Sache konnte nicht gutgehen: Fünf Monate nach dem Aufstand riß das Brigantenheer des bourbonentreuen Kardinals Ruffo die Parthenopäer brutal aus ihren Träumen. Wer nicht im Gemetzel der Bluthunde des grausamen Kirchenfürsten umkam, starb am Galgen. Trotz zugesagter Generalamnestie ließ der eilends zurückgekehrte Ferdinand alle Aufständischen ohne Ansehen der Person hinrichten. Daß er mit diesem schändlichen Verrat so gut wie die gesamte Elite seines Landes ausrottete, sollte er noch bitter bereuen.

1805 erklärte Napoleon nach seinem Sieg bei Austerlitz den Bourbonen kurzerhand für abgesetzt. Zum zweiten Mal ergriff der Regent die Flucht, und Joseph Bonaparte marschierte im Auftrag seines großen Bruders in Kampanien ein. Wenig später tauschte er den Thron des Königreichs Neapel, den er Napoleons Schwager Joachim Murat überließ, gegen den weit attraktiveren von Spanien ein, und der kleine Emporkömm-

Verachtung für *terroni*: Rassismus gegen den Süden

Die Kinder hatten einander ein Jahr lang Briefe geschrieben, Fotos und kleine Geschenke ausgetauscht. Als aber die Lehrer der beiden Schulklassen im norditalienischen Bergamo und im kalabrischen Locri eine gemeinsame Ferienwoche im Süden vereinbarten, war Feuer auf dem Dach. Die Eltern in Bergamo protestierten heftigst gegen die »Zumutung«, ihre Sprößlinge in den »wilden Mezzogiorno« zu verschicken, und auch ein Gegenbesuch sei unerwünscht. Denn mit den »schmutzigen *terroni*« wolle man nichts zu tun haben. »Die ruinieren ja nur unsere Kultur«, lautete eines der Argumente, mit denen eine beginnende Freundschaft unter italienischen Jugendlichen im Keim erstickt wurde.

Solche Ausbrüche von Haß und Rassismus, von den meisten Medien mit Bestürzung registriert, gehören auf der Apenninenhalbinsel inzwischen zum traurigen Alltag. Verachtung, wenn nicht gar Abscheu prägen häufig das Bild der Norditaliener von ihren Landsleuten im Süden. »Lauter Mafiosi, arbeitsscheues Gesindel« – mit derartigen Pauschalurteilen wird die Stimmung gegen alle, die südlich von Rom zu Hause sind, angeheizt.

Die katastrophalen Folgen: tätliche und nicht selten sogar tödliche Angriffe auf Menschen mit olivfarbenem Teint.

ling Murat durfte sich ein knappes Dezennium lang als großer Mann fühlen. 1815 bestätigte der Wiener Kongreß bei der Neuordnung Europas nach den Napoleonischen Kriegen Ferdinand in seinem Herrschaftsanspruch, im Oktober desselben Jahres brach Murat in einem kalabrischen Fischerdorf im Kugelhagel eines Hinrichtungskommandos zusammen. Aber weder mit Härte noch mit Diplomatie konnten die Bourbonen ihre Macht im Süden erneut festigen. Das Volk murrte, die *nobili* schwiegen, doch sie verziehen nicht. Für immer standen die Schreckenstage des Blutgerichts am Ende der ›Parthenopäischen Republik‹ zwischen dem Adel und dem Herrscherhaus. Die Zeit war reif für den Eintritt des Südens in den italienischen Freiheitskampf, reif für einen Revolutionär wie Giuseppe Garibaldi. Am 13. Februar 1861, neun Monate nachdem der Freiheitskämpfer mit seinem legendären ›Zug der Tausend‹ bei Marsala gelandet war, dankte Franz II. als letzter bourbonischer König beider Sizilien in der Festung Gaeta ab.

Anschluß an das Königreich Italien
Mit Viktor Emanuel II. von Sardinien-Piemont, dem ersten Monarchen des Vereinigten Königreichs Italien, beginnt auf der gesamten Apenninenhalbinsel eine neue Ära. Ein Staatsgebilde ent-

Wem der *terrone* ins Gesicht geschrieben steht, der läuft in Mailand, Turin oder Rom Gefahr, aus öffentlichen Verkehrsmitteln gejagt, beschimpft oder gar niedergeschlagen zu werden. Nur wenigen gelingt es, die gesellschaftlichen Barrieren zu überwinden und sich Anerkennung zu verschaffen, wie zum Beispiel dem aus Neapel stammenden Dirigenten und Chef der Mailänder Scala, Riccardo Muti, dem 1997 in den USA ermordeten Modezaren Gianni Versace aus Reggio di Calabria oder dem Fernsehstar Michele Placido (›Allein gegen die Mafia‹) aus Apulien.

»Rassismus ist Dummheit, die überlassen wir dem Norden« – ein Spruchband, das die Fans des SSC Napoli bei jedem Match über die Tribünenrampe des Fußballstadions hängen lassen, unterstreicht die Aktualität des Phänomens, das sie bei jedem Auswärtsspiel in Florenz, Verona oder Mailand am eigenen Leib zu spüren bekommen, wenn man sie als »ungewaschene Afrikaner« und »bloßfüßige Ignoranten« anpöbelt. Das Transparent zeigt aber auch deutlich, wo die Fremdenfeindlichkeit ihren Ausgang nimmt, die durch kein noch so mühevoll gepflegtes Klischee vom toleranten Italien mehr kaschiert werden kann. Verantwortungsvolle Politiker sehen die Einheit der Nation gefährdet, sollten die rassistischen Auswüchse weiter zunehmen.

Der Süden, an Fremdherrschaften und damit an praktizierte Toleranz gewöhnt, hat schon seit jeher Minderheiten einen Platz auf seinem oft kargen Boden gewährt und zuletzt trotz aller ökonomischer Schwierigkeiten hunderttausende Gastarbeiter aus Nordafrika ohne größere Konflikte integriert. Jetzt muß der Mezzogiorno die Rechnung für das Unvermögen der Regierenden bezahlen, die hilflos der wachsenden wirtschaftlichen Kluft zwischen beiden Teilen des Landes gegenüberstehen. Hinter dem im Norden kursierenden geschmacklosen Witz, alle Probleme Italiens wären beseitigt, sobald die Gegend südlich von Rom im Meer versinkt, steckt leider bittere Realität.

steht, das mit Ausnahme von Venetien, Südtirol und Teilen des vom Papsttum beherrschten Latium bereits die heutigen Grenzen Italiens umfaßt, doch einen gemeinsamen Nenner zwischen Neapel und Turin, zwischen Palermo und Rom gibt es nicht – und wird es vermutlich auch nie geben. Die Einigung bringt dem Mezzogiorno nicht nur den Verlust jeglicher Selbständigkeit, er wird darüber hinaus zum Armenhaus Europas. Vergessen, daß Garibaldi die Befreiung Italiens mit dem von ihm requirierten Gold des nunmehr zu einer Provinzmetropole herabgesunkenen Neapel finanzierte, verdrängt, was der Norden dem Süden verdankt.

Das 20. Jahrhundert

Noch vor der Jahrhundertwende setzt die Massenemigration der von unmenschlichen, weil auf norditalienische Verhältnisse zugeschnittenen Steuergesetzen aus der Hauptstadt geknechteten Neapolitaner, Kalabresen und Sizilianer in die Neue Welt ein. Eine zweite große Auswanderungswelle sollte nach 1950 folgen, diesmal nicht ausschließlich in die USA und nach Australien, sondern auch in die Wirtschaftswunderländer Europas. Viele fassen als ungeliebte Eindringlinge in Norditalien Fuß, heimisch werden sie dort, obwohl innerhalb der eigenen Staatsgrenzen, jedoch nicht.

Was gibt's Neues?

Das Nationalbewußtsein beschränkt sich weiterhin auf eine einheitliche Flagge, Hymne, Fußballmannschaft, Sprache und Währung. Doch tiefer denn je bricht jetzt die erschreckend tiefe Kluft an der Demarkationslinie bei Rom auf, die zwei Weltkriege und die darauffolgenden Jahrzehnte des Wiederaufbaus bloß dürftig übertüncht haben. Wieder einmal sind es Neureiche, die glauben, mit ihrem Geld aus den hochentwickelten Industriezentren von Mailand oder Turin im Mezzogiorno kommandieren zu können. Mit unglaublicher Arroganz ruft der Norden des Landes lauthals, »daß die Fremdherrschaft des süditalienischen Staates (!) gebrochen werden muß, weil dieser die lombardische Kultur ruiniert« (aus einer Rede von Senator Umberto Bossi, 1988).

»Die Entdeckungen der Naturwissenschaften vermehren die Herrschaft des Menschen über die Dinge, das heißt die Herrschaft der Hände und nicht des Geistes. Um das Gute zu gewinnen, das die Entdeckungen enthalten, ist ein den Händen überlegenes Vorwärtsschreiten des Intellekts, der Vorstellungskraft, des moralischen Gewissens, des religiösen Geistes, mit einem Wort der menschlichen Seele erforderlich«, warnte der Süditaliener Benedetto Croce (1866–1952), des Landes bedeutendster Philosoph der Neuzeit, vor einem Sieg materieller Maßlosigkeit über die Freiheit, »die das Menschlichste am Menschen ist, weil ihr mehr als die Zukunft – die Ewigkeit – gehört«. Nicht unter der Nebeldecke des Nordens, einzig und allein im hellen Licht des Südens werden solch funkelnde Gedanken geboren. Nur dieser uralte Kulturboden gibt einem neuen Humanismus auf der Apeninnenhalbinsel – wie schon seit drei Jahrtausenden – noch eine Chance.

Zeittafel: Daten und Taten

8. Jh. v. Chr.	Beginn der griechischen Kolonisation in Süditalien. Bis 550 v. Chr. entsteht ein dichter Kranz von Siedlungen *(Magna Graecia)* mit den Hauptorten *Rhegium* (Reggio), *Taras* (Tarent) und *Kyme* (Cuma).
79 n. Chr.	Pompeji, Herculaneum und Stabiae werden durch einen Vesuvausbruch vernichtet.
476	Im *Castrum Lucullianum* (heute Castel dell'Ovo) in Neapel stirbt Romulus Augustulus, der letzte Kaiser des Weströmischen Reiches. Byzanz erobert den Mittelmeerraum, die politische und kulturelle Einheit Italiens zerfällt, Norden und Süden nehmen fortan eine getrennte Entwicklung.
763	Neapel wird selbständiges Herzogtum von Byzanz.
1059	Der Normanne Robert Guiscard wird vom Papst mit Apulien, Kalabrien und dem noch arabischen Sizilien belehnt, in der Folge entsteht durch Roger II. (1101–54) ein unteritalienisch-sizilianisches Reich.
1224	Kaiser Friedrich II. gründet die Universität Neapel.
1231	Mit den Konstitutionen von Melfi ordnet Friedrich II. das unteritalienische Reich als zentralistisch organisierten Staat neu, der sich auf eine geschriebene Rechtsprechung und auf ein mächtiges Beamtentum stützt.
1265–1268	Papst Clemens IV. belehnt Karl von Anjou, den Bruder des französischen Königs Ludwig IX., mit Sizilien. Karl besiegt Friedrichs Sohn Manfred und den Kaiserenkel Konradin, den er hinrichten läßt, und übernimmt die Herrschaft über Süditalien. Statt Palermo wird Neapel Hauptstadt.
1282	Nach der ›Sizilianischen Vesper‹ werden die Anjou aus Sizilien vertrieben, das 1302 – nach dem Frieden von Caltabelotta – an den Schwiegersohn Manfreds, Peter III. von Aragon, fällt. Die Franzosen bleiben in Neapel.
1442	Alfons von Aragon erobert Neapel und erhält ein Jahr später als Alfons I. von Neapel-Sizilien die päpstliche Belehnung.
1504	Im Waffenstillstand von Lyon erkennt Frankreich die Herrschaft Spaniens über Neapel an, das als Vizekönigreich der spanischen Zentralgewalt unterstellt wird.
1594	Beginn der Ausgrabung in Pompeji. Der Architekt Domenico Fontana entdeckt sechs Jahre später beim Bau eines Kanals die Ruinen eines römischen Hauses. In der Folge haben die Raubgräber Hochsaison. Erst 1748 beginnt auf Anordnung König Karls III. die systematische Grabungsarbeit.
1713	Durch den Friedensschluß von Utrecht fällt Neapel an Österreich.

Briganten und Banditen: Rebellen gegen den Einheitsstaat

»Italien ist gemacht, jetzt müssen die Italiener gemacht werden.« Dieser zynische Ausspruch, der dem piemontesischen Ministerpräsidenten Camillo Graf Benso di Cavour zugeschrieben wird, wirft ein Schlaglicht auf die Situation nach der Verwirklichung des *Risorgimento.* Diese vom Norden ausgehende Idee der ›Wiedererstehung‹ eines geeinten Italiens brachte der Apenninenhalbinsel 1861 zwar eine einheitliche Staatsführung, dem Mezzogiorno jedoch eine neue Fremdherrschaft, neue Unterdrücker: Den Bourbonen folgten die Piemontesen, und tausende Süditaliener, Hemdlose, Entrechtete und Geknechtete, die im Taumel des Nationalismus noch für Garibaldi und seine Scharen gefochten hatten, sahen sich plötzlich um all ihre Hoffnungen auf Gleichberechtigung in einem modernen Staat betrogen. Sie flüchteten in die unwegsamen Berge der Abruzzen, der Basilikata und Kalabriens und begannen von dort aus einen aussichtslosen Guerilla-Feldzug gegen die Truppen König Viktor Emanuels II. Die Briganten wehrten sich gegen die Vereinnahmung des Südens in einem blutigen, niemals deklarierten Bürgerkrieg, einzelne Banden leisteten bis weit in das 20. Jh. hinein der Staatsgewalt erbitterten Widerstand.

Der Bürgerkrieg gegen die Piemontesen dauerte vom Spätherbst 1860 bis 1865. Bauern und Hirten blieben nur zwei Möglichkeiten: Emigrant oder Brigant. Das Landproletariat erhielt regen Zulauf aus den aufgelösten Armeen der Bourbonen und Garibaldis, mehr als 100 000 Mann, die mit einem Schlag arbeitslos geworden waren. Fast alle Rebellen, so Peter O. Chotjewitz und Aldo De Jaco in ihrer Dokumentation ›Die Briganten‹, erwiesen sich als erzkatholisch und tief religiös. Sobald sie eine Stadt erobert hatten, ließen sie den Klerus eine Dankesmesse abhalten und das Te Deum singen. Viele trugen einen Rosenkranz als Talisman um den Hals.

Die neuen Herren aus dem Norden reagierten auf die Rebellion mit brutalen Strafexpeditionen, wie sie Kolonialmächte in den von ihnen okkupierten Gebieten durchzuführen pflegten. Mit einem Unterschied: Alle Betroffenen waren Italiener, wenn auch die Landsleute im Süden erst mit Gewalt zu solchen gemacht werden mußten. Ganze Dörfer wurden niedergebrannt, Verdächtige ohne Gerichtsverfahren hingerichtet. Mit den »Kaffern und Kannibalen da unten« kannte man keine Gnade.

Unter den Anführern der Rebellen befanden sich auch Frauen, die sich in der Guerillataktik durch besonderen

Mut auszeichneten und an Wildheit den Männern um nichts nachstanden. Die berühmtesten und berüchtigtsten Briganten aber waren Pasquale Romano, der den königlichen Truppen bei Gioia del Colle in Apulien eine bittere Niederlage bescherte, ehe er selbst im Kampf fiel, Giuseppe Summo, genannt Ninco Nanco, der in der Umgebung von Melfi (Basilikata) operierte und mit dessen Tod 1864 der Aufstand auseinanderzufallen begann, sowie Carmine Donatello Crocco. Über letzteren liegen nicht nur zahlreiche Aufsätze und Gerichtsprotokolle vor, er verfaßte auch eine Autobiographie und gab wenige Tage vor seinem Ableben – 1905, nach 38 Jahren Gefangenschaft – sogar noch ein Interview. Crocco, der in der Freiwilligenarmee Garibaldis gedient hatte, verfügte über ein enormes strategisches Talent. Nur durch Verrat wurde seine Bande aufgerieben, ihm selbst gelang die Flucht nach Frankreich, wo er verhaftet und nach Italien ausgeliefert wurde. In Potenza stand er vor Gericht, das ihn des 62fachen Mordes und zahlreicher anderer Delikte schuldig sprach und zum Tode verurteilte. Zwei Jahre später zu lebenslanger Zwangsarbeit begnadigt, lernte der ehemalige Schafhirte im Gefängnis noch lesen und schreiben, verfaßte Gedichte und fungierte als sachkundiger Berater für Historiker, die dieses dunkle Kapitel italienischer Geschichte möglichst objektiv für die Nachwelt festhalten wollten.

Ohne ideologischen Hintergrund, ohne Verbindung zu der aufkommenden sozialdemokratischen Bewegung in Europa hatten die Briganten keine Chance, aus wild um sich schlagenden

Garibaldi und seine Generäle, Kreidelithographie um 1899, Privatsammlung

Rebellen zu echten Revolutionären zu werden. Kleinere Banden hielten sich als Wegelagerer und Räuber noch einige Jahrzehnte, stellten aber für den Staat keine Gefahr mehr dar. Nur noch einmal, kurz nach dem Zweiten Weltkrieg, sorgte ein Bandit für internationale Schlagzeilen: Der Sizilianer Salvatore Giuliano, der Rom den Krieg erklärte und seine Insel gerne als Bundesstaat der USA gesehen hätte. Giuliano war der letzte Brigant Italiens – auch er starb durch Verrat, ausgenutzt von allen politischen Lagern. Schließlich gab ihn die ›Ehrenwerte Gesellschaft‹, deren Ursprünge keineswegs im Rebellentum liegen, ›zum Abschuß frei‹. Bald eineinhalb Jahrhunderte nach Camillo Graf Benso di Cavours Worten sind die Menschen im Mezzogiorno überzeugte Europäer. Zu Italienern nördlichen Zuschnitts werden sie wohl niemals.

1735	Kaiser Karl VI. tritt im Frieden von Wien Neapel und Sizilien an den Infanten Karl von Spanien als eine Sekundogenitur der spanischen Bourbonen ab.
1738	Beginn der archäologischen Ausgrabungen in Herculaneum.
1752	Die vergessenen, in beinahe undurchdringlichem Dickicht stehenden Tempelruinen von Paestum werden beim Straßenbau entdeckt.
1799	Französische Revolutionstruppen proklamieren in Neapel die ›Parthenopäische Republik‹, die nur ein knappes halbes Jahr überdauert.
1806	Joseph Bonaparte erobert Neapel und wird von seinem Bruder Napoleon mit der Krone bedacht.
1815	Josephs Nachfolger Joachim Murat wird in Kalabrien hingerichtet. Der Wiener Kongreß gibt Neapel an den nach Sizilien geflüchteten König Ferdinand IV. zurück, der Festland und Insel zum ›Königreich beider Sizilien‹ vereint und als König Ferdinand I. regiert. Metternich stellt fest, Italien sei »lediglich ein geographischer Begriff«.
1860	Giuseppe Garibaldi erobert Süditalien und zieht am 7. September in Neapel ein. Am 21. Oktober spricht sich die Bevölkerung mit überwältigender Mehrheit für eine Vereinigung mit dem Königreich Italien aus.
1946	In einer Volksabstimmung votieren die Italiener für die Einführung der Republik.
1950	Das Programm für die wirtschaftliche Erschließung Süditaliens *(Cassa per il Mezzogiorno)* tritt in Kraft (bis 1986). Dennoch wandern bis 1970 mehr als 2 Mio. Süditaliener in die Industriegebiete des Nordens und ins Ausland ab.
1980	Ein schweres Erdbeben in Kampanien und der Basilikata fordert mehr als 3000 Menschenleben.
1994	Nach Auflösung der in zahlreiche Korruptionsskandale verwickelten *Democrazia Cristiana* (DC), die seit 1945 fast ununterbrochen Regierungsverantwortung trug, übernehmen neue politische Kräfte unter Ministerpräsident Silvio Berlusconi (Partei *Forza Italia*) die Führung.
1996	Ein Mitte-Links-Bündnis *L'Ulivo* (Ölzweig) gewinnt die Parlamentswahlen und stellt erstmals die Regierung (Ministerpräsident Romano Prodi).
1999	Apuliens Adriaküste ist während des Kosovo-Krieges Ziel Tausender albanischer Flüchtlinge.
2000	Vom boomenden Italien-Tourismus profitiert auch der Süden, der einen spürbaren Wirtschaftsaufschwung erlebt.
2001	Wieder politische Wende: Berlusconis Mitte-Rechts-Bündnis stellt die Regierung.

Kunst und Kultur

Wie an den Jahresringen eines Baumstamms läßt sich die vielschichtige Vergangenheit Süditaliens an den steinernen Hinterlassenschaften ablesen, die von den jeweiligen Herrschern des Mittelmeerraums an diesem Nebenschauplatz der Geschichte zurückgelassen wurden. Mit Ausnahme von Neapel standen die vier Festlandregionen des Mezzogiorno nie in jenem Ausmaß wie das allein schon aus strategischen Gründen begehrte Sizilien im Scheinwerferlicht der Macht.

Allen voran waren es die Griechen, die mit ihrer kulturellen Überlegenheit nahezu sämtliche Spuren früherer Besiedlungen getilgt und ab dem 8. Jh. v. Chr. den *Magna Graecia* genannten Kolonien ihren unverwechselbaren Stempel aufgedrückt haben. Nur vereinzelt erzählen uralte Kultstätten wie die Höhle bei Papasidero in Kampanien mit der 13 000 Jahre alten Ritzzeichnung eines Stiers oder die Megalithgräber im apulischen Bisceglie von längst vergessenen Völkern. Auf Schritt und Tritt begegnet man dafür dem griechischen Erbe, das von den prachtvollen Heiligtümern in Paestum über die einzige noch aufrecht stehengebliebene Tempelsäule an der ionischen Küste Kalabriens bis zu den schachbrettartigen Anlagen ihrer Städtegründungen reicht. Wer Neapel aus der Vogelperspektive betrachtet, bekommt bis heute das stets nach dem gleichen Muster konzipierte, rechtwinkelig aufeinandertreffende Straßensystem aufs eindrucksvollste vor Augen geführt. Unzerstörbar blieben die Gedankengebäude der hellenistischen Antike, aber auch die Sitten und Gewohnheiten, die sie ihren süditalienischen Enkeln hinterlassen hat. Wie seit eh und je manifestiert sich die Freude am Disput auf jeder noch so kleinen Dorf-Piazza, die allabendlich zur Bühne für die begnadetsten Selbstdarsteller unter südlicher Sonne wird. Hinter jeder Geste der ohne Berührungsängste Arm in Arm flanierenden Männer steckt die Körpersprache ihrer Ahnen, die sich mit Gebärden ebenso präzise auszudrücken vermochten wie mit Worten.

Vergleichsweise farblos nimmt sich dagegen der Nachlaß aus der Römerzeit aus, sieht man von den berühmten Vesuvstädten Pompeji und Herculaneum ab, die einen einzigartigen Einblick in das Alltagsleben des 1. Jh. gewähren. Nicht mit Amphitheatern wie jenem von Capua, in dem einst Spartakus als

Wandgemälde in der Casa Vetti, Pompeji

Gladiator kämpfen mußte, erbrachten sie für den Süden die größte Leistung, sondern mit der Verbesserung der Verkehrswege. Mit dem Ausbau der Via Appia bis nach Brindisi band Rom seine südlichen Provinzen näher an sich und leitete damit gleichzeitig einen wirtschaftlichen Aufschwung ein. Entlang des neuen Straßennetzes erblühten Städte, wie sich an den antiken Ausgrabungszonen von Venosa, Lucera oder Lecce ermessen läßt. Aus genau den gleichen Motiven beschloß zwei Jahrtausende später das römische Parlament im Rahmen der Entwicklungshilfe für den Mezzogiorno die Verlängerung der *Autostrada del Sole* bis Reggio di Calabria.

Im Prinzip aber veränderte ein halbes Jahrtausend römischer Besatzungszeit nur wenig am äußeren Erscheinungsbild der süditalienischen Landschaft: Allen Abholzungen zum Trotz gab es die dichten Wälder der Sila noch immer, und an den besiedelten Küsten wuchs weiterhin im wesentlichen nur das, was schon die Griechen mitgebracht hatten – Getreide, Oliven und Wein. Das änderte sich schlagartig im 9. Jh., als der Islam die christliche Welt des südlichen Mittelmeerraums eroberte. Ob Medizin oder Wissenschaft, ob Architektur oder Landwirtschaft, auf allen Gebieten waren die Araber dem damaligen Europa weit überlegen. Und es geschah, was in solch einem Fall immer geschieht: Sizilien, Spanien und für eine kurze Weile auch Süditalien verwandelten sich in Kolonialländer orientalischer Prägung, die es erst einmal zu kultivieren galt.

Dattelpalmen und Zuckerrohr, Maulbeerbäume und Bananen, Reis und Artischocken, all das und noch viel mehr brachten arabische Schiffe an Südeuropas Küsten und damit auch in die Küchen. Doch mehr als alle anderen Gewächse verwandelten die nachweislich im Jahr 1002 erstmals in Palermo gepflanzten Zitrusfrüchte ganz Italien in jenes Sehnsuchtsland, in dem »die Zitronen blühen und im dunklen Laub die Goldorangen glühen«. Von den üppigen Plantagen entlang der heißen kalabrischen Küsten bis zu den mit schwarzen Schleiern vor kalten Winterwinden geschützten Ziergärten Kampaniens sind die Exoten aus dem Morgenland aus der Landschaftsszenerie nicht mehr fortzudenken.

Während jedoch der Einfluß arabischer Architektur auf Sizilien in den prachtvollen Normannenbauten von Palermo und Cefalú weiterlebte, erinnert auf dem Festland Italiens nur noch wenig Augenfälliges an die islamische Epoche. Doch wie kurz das Intermezzo an Ort und Stelle auch war, man darf die Folgewirkung nicht vergessen: Dem Orient ist die Wiederbelebung der seit der Antike in Vergessenheit geratenen Keramikkunst zu verdanken, die vor allem an den südlichen Gestaden des Tyrrhenischen Meeres bis heute ihre schönsten Blüten treibt. Auf dem Knowhow der Araber basiert nämlich die Glasierungstechnik der auch Fayencen genannten Majoliken, die den gold-grünen Kirchenkuppeln von Neapel bis zum Golf von Salerno ihren unverwechselbaren Glanz verleihen. Schimmernde, mit stark stilisierten Pflanzenornamenten geschmückte Fliesen aus den Werkstätten des kleinen Städtchens Vietri sul Mare bei Salerno, heute zum bedeutendsten Keramikzentrum des Südens avanciert, bedecken die Fußböden der prächtigsten Kathedralen und elegantesten Palazzi aus Renaissance und Barock. Und bedarf es noch eines weiteren Beweises für die Herkunft der ornamentalen Designs der kleinen Kunstwerke aus gebranntem Ton: Arabeske bedeutet nichts anderes als »arabische Verzierung«.

Während Sizilien weiterhin fest in islamischer Hand blieb, eroberte Byzanz noch im 9. Jh. das Festland zurück. Von dem Nachlaß der mit Unterbrechungen nahezu fünf Jahrhunderte währenden byzantinischen Ära verdient die Cattolica von Stilo, ein kleines, freskengeschmücktes Kuppelkirchlein im kalabrischen Hinterland, Erwähnung. Wieder aber sind die fortwirkenden Folgen deutlicher als die materiellen Hinterlassenschaften selbst. Byzantinischen Geistes sind die Fresken der unzähligen Einsiedlerhöhlen im zerklüfteten Bergland Apuliens, der Basilikata und Kalabriens, byzantinische Handschrift zeigen auch noch Jahrhunderte später die ikonenhaft strengen Heiligendarstellungen in unzähligen Dorfkirchen. Byzantinische Kunst in höchster Vollendung offenbart sich auch in den goldenen Mosaiken der Normannenkathedralen des Südens.

Ein neues – und das für uns Erben vielleicht schönste – Kapitel in der süditalienischen Kunstgeschichte begann, als 1016 vierzig normannische Ritter in Salerno landeten. Nur Superlative können jenen architektonischen Wunderwerken gerecht werden, mit denen ausgerechnet diese Rauhbeine aus dem hohen Norden das von ihnen im 12. Jh. beherrschte Unteritalien schmückten. Romanische Kathedralen von unfaßbarer architektonischer Kühnheit säumen von Salerno bis Bari den Weg. Vor allem in Apulien gönnen die normannischen Bauherren niemanden, der sich auf ihre Spuren macht, eine Ruhepause: Ob in Otranto oder in Canosa di Puglia, ob in Molfetta, Bitonto, Bisceglie, Barletta, Ruvo oder Trani, überall halten die zum Markenzeichen der Normannen erkorenen steinernen Löwen vor den großar-

Majolikakuppel in Positano

Kunst und Kultur

Barockbrunnen in Lecce

tigsten Zeugnissen einer nur allzubald zu Ende gehenden Epoche Wache.

Nur noch einmal hielt die Geschichte unter dem Staufer Friedrich II. den Atem an, der wie kein anderer nach ihm mit seinem Brückenschlag zum Orient das Beste aus zwei Welten zu vereinen suchte. Eine ›Kaiserkrone aus Stein‹ nennt man sein apulisches Schloß Castel del Monte, die wohl schönste, aber auch seltsamste aller Stauferburgen. Als ›Krone Apuliens‹ thront die oktogonale Festung seit dem 13. Jh. an der höchsten Stelle des grünen Hügellandes der Murge, ein rätselhafter Bau voll versteckter Symbolik, die wir Heutigen kaum noch zu entschlüsseln vermögen.

Unter den Kirchengründungen Friedrichs, der allein schon mit der Fertigstellung der noch unter seinen normannischen Vorfahren begonnenen Projekte alle Hände voll zu tun hatte, zählt der frühgotische Dom von Cosenza zweifellos zu den interessantesten. Gotik in Reinkultur findet sich aber erst unter der Regentschaft der papsttreuen Anjou, die vor allem Neapel mit einer ganzen Reihe von Bauwerken beglückten. Gemocht haben die Neapolitaner aber weder ihre neuen Herren noch den neuen Baustil. Auch mit der Renaissance konnte sich der Süden nie so richtig anfreunden. Ihr stand man verständnislos gegenüber, denn wozu sollte auch ausgerechnet dort, wo die Antike nach wie vor lebendig war, etwas wiedergeboren werden, das man ohnedies nie begraben hatte?

Welch jubelnden Empfang bereitete man hingegen dem Barock, der wie kein Baustil zuvor der überschäumenden Schmucklust des Mezzogiorno entgegenkam. Lange Zeit blickten die Kunsthistoriker geradezu verächtlich auf die barocke Architektur des Südens herab. Doch allmählich macht sich auch in der Fachwelt die Ansicht breit, daß sich hinter den über und über verschnörkelten Fassaden von Prachtbauten wie in Lecce vielleicht doch mehr als bloß eine zutiefst provinzielle Variante des römischen Barock verbirgt. Endlich akzeptiert man die Erklärung, warum sich der Süden nicht sklavisch an die architektonischen Vorbilder in der Ewigen Stadt hielt: Weil es hier keinen Dreißigjährigen Krieg und damit auch keine Gegenreformation gegeben hat, mußte der Baustil des 17. und 18. Jh. nicht als Machtdemonstration der römischen Kirche herhalten.

Allen anderen voran lieben die Neapolitaner ihre überschwenglich ausgestatteten Barockkirchen mit ungebrochener Begeisterung. Weder Klassizismus noch Jugendstil, nichts, was nachher kam, hat ihr Blut jemals wieder so in Wallung versetzt. Und ein ›Bluttest‹, war für die Stadt des San Gennaro ja schon immer ein untrügliches Zeichen.

Essen und Trinken: Tägliches Fest der Sinne

Wie tröstlich, daß nicht nur wir Touristen von heute oft blind an Wesentlichem vorbeihasten, auch reisenden Literaten und schreibenden Reisenden des 19. Jh. dürfte so manches entgangen sein. Nicht ein Wort verlor der Franzose Stendhal in seinem Hunderte von Seiten dicken Tagebuch ›Rom, Neapel und Florenz im Jahre 1817‹ über die Kochkunst Italiens. Lediglich die Beobachtung, daß »alle Florentiner mager sind und man sie im Café ihre einzige Mahlzeit, bestehend aus einem Milchkaffee und einem winzigen Brötchen, einnehmen sieht«, erschien ihm bemerkenswert. Wie sein prominenter Zeitgenosse verschwendete auch der Deutsche Johann Gottfried Seume bei seinem ›Spaziergang nach Syrakus im Jahre 1802‹ kaum einen Gedanken an Kulinarisches. Es sei denn, der engagierte Protestant ertappte »Pfaffen und Mönche« ausgerechnet in der Fastenzeit bei Schlemmereien, worüber er dann freilich um so ausführlicher berichtete: »Zum Eingang kam eine Suppe mit jungen Erbsen und jungem Kohlrabi; sodann kamen Makkaronen mit Käse; sodann eine Pastete von Sardellen, Oliven, Kapern und stark aromatischen Kräutern; ferner einige große herrliche goldgelbe Fische aus der See; weiter hochgewürzte vortreffliche Artischocken; das Dessert bestand aus Lattichsalat, den schönsten jungen Fenchelstauden, Käse, Kastanien und Nüssen: alles, und vorzüglich das Brot, war von der besten Qualität, und schon einzeln quantum satis superque.« Von dieser unerwarteten Völlerei abgesehen – »Die einzige

Köstlich: Maccaroni mit Meeresfrüchten

Mahlzeit, die ich in Italien von Italienern genossen habe!« –, erlaubte ihm sein Reisebudget außer Brot, Obst, getrockneten Oliven und Wein bestenfalls noch die »ewigen Makkaronen«, denen er jedoch gehöriges Mißtrauen entgegenbrachte: »Ich habe vernünftige Ärzte in Italien darüber sprechen hören, daß jährlich in der Fasten eine Menge Menschen an der verdammten Paste sich zu Tode kleistern; denn der gemeine Mann hat die ganze lange Zeit über fast nichts anderes als Makkaronen mit Öl.«

Bedauerlicherweise durfte der wortgewaltige Kartoffel-Fan aus Sachsen den weltweiten Siegeszug der geschmähten röhrenartigen Nudeln nicht mehr erleben, sein Kommentar wäre mit Sicherheit amüsant ausgefallen. Als Synonym für sämtliche Teigwaren in ihren unzähligen Variationen avancierten *maccheroni* gemeinsam mit *spaghetti* zum Inbegriff italienischer Kochkunst. Darüber hinaus weiß der Neapolitaner zweifelsfrei: Schon vor urdenklichen Zeiten kannten die Olympischen keinen himmlischeren Ort auf Erden als *Parthenope*. Als Tribut an ihre überirdische Schönheit überreichten sie der Stadt am Golf ein wahres Göttergeschenk – die Pizza.

Tatsächlich läßt sich dieser Behauptung kaum etwas entgegenhalten, liefert doch jeder einzelne der unzähligen neapolitanischen Pizzabäcker tagtäglich aufs Neue den Beweis, daß nur ein mit dem Wasser des Golfs getaufter *pizzaiolo* die Kunst versteht, aus Hefeteig, Olivenöl, Tomaten, Käse, Kräutern, Gemüse, Schinken und Seegetier unvergleichliche Meisterwerke des guten Geschmacks zu zaubern. Nur in Neapel und vielleicht noch in der näheren Umgebung schmeckt die Pizza wahrlich himmlisch, schon in Apulien oder Kalabrien degradieren sie gewinnorientierte Restaurants gerne zum ungeliebten

Stiefkind, vom Norden Italiens ganz zu schweigen, wo man in Elektroherden Frisbeescheiben-ähnliche Gebilde produziert und diese mit Dosenchampignons, kalten Rindfleischresten, farblosen *Wurstel* oder gar mit ›Gummiquark‹ statt mit Mozzarella belegt. Doch schon seit langem können die Herden Kampaniens die Nachfrage nach diesem wohlschmeckenden Käse aus Wasserbüffelmilch nicht mehr stillen, echter *mozzarella di bufala* – ohne Beteiligung eines gewöhnlichen Kuheuters – wird mehr und mehr zur begehrten Spezialität. Womit das Stichwort für eine weitere kulinarische Köstlichkeit der Provinz rund um Neapel gefallen ist: *mozzarella in carrozza,* Büffelkäse zwischen Weißbrotscheiben, in Öl ausgebacken.

Im übrigen bietet Kampaniens Küche das gesamte kulinarische Spektrum des Südens. Zum durchaus empfehlenswerten Standardrepertoire des Mezzogiorno zählen zunächst die kalten und warmen *antipasti* – von schlichten *olive fritte,* gebratenen frischen Oliven, über allerlei Gemüse in Essig und Öl bis zu *frutti di mare,* jenem wundervollen Potpourri aus Meeresfrüchten wie Krabben, Miesmuscheln, Tintenfischen –, schließlich als *primo* und *secondo piatto* die klassischen Gerichte eines italienischen Menüs, wobei wiederum vor allem *gamberetti, cozze* und *calamari* sowie Fisch, Tomaten, Auberginen, Zucchini und allerlei Kräuter dominieren. Aber auch eingeschworene Fleischesser müssen den Gürtel seit einigen Jahren nicht mehr enger schnallen, *filetto* und *bistecca alla griglia,* Filet und Beefsteak *nature* oder *alla pizzaiola,* mit Tomatensoße ›nach Art der Pizzabäckerin‹, erinnern nur in Ausnahmefällen an gegrillte Schuhsohlen. Überhaupt kein Risiko geht man ein, wenn es nicht unbedingt Rind sein muß. *Scaloppine al marsala*

Auf dem Fischmarkt

oder *al limone,* Schnitzel in Marsalawein oder Zitronensaft, je nach *gusto* vom Schwein oder vom Kalb, enttäuschen selten. Lamm hingegen bleibt ein Pokerspiel, einmal zeigt sich *agnello* zart und mit dezentem Aroma von seiner besten, das andere Mal zäh und nach Bock riechend von seiner schlechtesten Seite.

Generell jedoch überwiegen positive Erfahrungen, das garantiert allein schon die Mannigfaltigkeit des Gebotenen. Auf die Speisekarten sollte man sich freilich nie verlassen, sie dienen bestenfalls als Orientierungshilfen und sind auch als solche gemeint. Kein Süditaliener bestellt sein Essen ohne ausführliche Konferenz, schließlich geht es um eine ernste Sache. Jedes noch so bescheidene Mahl ist ein Fest der Sinne, das es entsprechend zu zelebrieren gilt. Richten also auch wir unseren Blick erwartungsvoll auf Wirt oder Kellner, statt die Nase in die ewig gleiche Menükarte zu stecken. Sprachschwierigkeiten? Kein Problem, auch wenn die simple Frage »*Che cosa c'è?*« – »Was gibt's?« – eine wahre Sturzflut an Unverständlichem auslöst. Mimik und Gestik genügen vollauf, um den Anschein eines sachkundigen Zuhörers zu erwecken. Entsprechend dem Ritual nicke man nun mit Kennermiene zu den akustisch am eindringlichsten vorgebrachten Vorschlägen und warte einfach ab. Schon bald stehen hausgemachte Teigwaren, vielleicht mit wildem Fenchel oder dem köstlichen Kräutlein *ruchetta* gewürzt, nie zuvor beachtete Gemüse wie bitterer Broccoli oder Mangold, unbekannte Fische oder exotisches Seegetier, Löwenzahnsalat, gemischt mit allerlei undefinierbarem Grünzeug, und noch so manch andere Spezialität aus dem frischen, saisonbedingten Angebot des Marktes auf dem Tisch. Aus seiner Überraschung braucht jetzt freilich niemand mehr einen Hehl zu machen: Daß die Fremden wirklich wissen, was sie erwartet, hat ohnedies keiner geglaubt. Aber gerade weil sie sich buchstäblich ausgeliefert haben, will man sie – Ehrensache – verwöhnen. Vertrauen gegen Vertrauen, dieses Sesam-öffne-dich für den Süden funktioniert auf jeder Ebene.

Mehr als einen kulinarischen Exkurs pro Tag werden jedoch weder Urlaubsbudget noch Magen erlauben. Einerseits stehen nämlich die Preise im Mezzogiorno denen im Norden kaum nach, andererseits hält man wenig vom Sparen, sobald es ums Essen geht. In Süditalien serviert man nach wie vor ›*Boaconstrictor*-Mahlzeiten mit der allergrößten Selbstverständlichkeit. Die Reihenfolge bleibt stets gleich, nur die lokalen Spezialitäten setzen unterschiedliche Akzente. Während apulische Köche Meeresfrüchte aus der Adria gerne roh als *antipasti* kredenzen, spielt die ›Vor-

Vorspeise‹ sowohl an den ionischen als auch an den tyrrhenischen Gestaden Kalabriens, den Zentren des Thun- und Schwertfischfangs, häufig nur eine untergeordnete Rolle. Dafür gibt es *tonno* und *pesce spada* in allen nur denkbaren Zubereitungsarten – letzteren sogar in Form von *involtini,* eine interessante und sehr fein komponierte Variante der Rouladengerichte des Mezzogiorno. Kalabrische und lukanische Bergbauern wiederum lieben scharfe Sachen, sie bevorzugen deftige, stark gewürzte Kost – grobe Wurst, Bohnen und Sülze. Meterweise landet das Teufelszeug *pepperoncino,* der zu Ketten und Zöpfen aufgefädelte und in der Sonne getrocknete rote Pfeffer, in ihren Kochtöpfen.

Alle Versuche des allgegenwärtigen Fernsehens, den Süditalienern via Film und Werbung Fast food schmackhaft zu machen, scheiterten bisher am erbitterten Widerstand dieser wahren Erben des Lucullus. Getreu dem Vorbild des größten Gourmets aller Zeiten, dem Europa angeblich den Import der Kirschbäume aus Asien verdankt, wenden seine Nachkommen auch nach 2000 Jahren allein für den Verzehr der Nachspeise mehr Zeit auf, als andere für einen dreistöckigen Hamburger benötigen. Frische Früchte beenden grundsätzlich jede Mahlzeit, egal ob man zuvor schon den Magen mit Süßigkeiten oder Käse – *il pranzo si termina col formaggio* – geschlossen hat. Zur Auswahl stehen *mozzarelle, scamorze, provole, provolone,* frischer und gelagerter *pecorino, manteche* und *ricotte,* je nachdem hart oder weich, aus Schaf-, Ziegen-, Kuh- oder Büffelmilch.

Der Inhalt des süditalienischen Obstkorbes variiert mit der Jahreszeit, bietet jedoch nur selten so Überraschendes wie die erfrischenden Kaktusfeigen, *fichi d'India,* in Herbst und Winter, oder *nespole,* die herben Mispeln im späten Frühling – und wird von Reisenden aus deutschen Landen deswegen oftmals ignoriert. Seit es auf den Gemüse- und Obstmärkten nördlich der Alpen nicht exotisch genug zugehen kann und selbst Kiwis aus dem fernen Neuseeland oder Papayas aus der Karibik niemanden mehr beeindrucken können, verlieren simple Südfrüchte mehr und mehr an Reiz. Reicher, armer Norden, in Wahrheit hat er doch in all seinem Überfluß mehr verloren als gewonnen. Was gilt uns heute eine Orange, einst Inbegriff von Sehnsucht nach Wärme und Meer? Schmecken wir wirklich noch die Sonne unter ihrer duftenden Schale, die aus jeder Pore ihr unverwechselbares Aroma verströmt? Kosten wir tatsächlich voll Genuß ihr festes, saftiges Fleisch? Mitnichten, Barbaren bleibt dieses Göttergeschenk versagt. Außer klebrigen Händen und einem süß-säuerlichen Gaumen hinterläßt dieses wundervolle Obst nur wenig Eindruck bei all jenen, die ihm mit groben Fingern gei-

stesabwesend die Haut vom Leibe reißen, um sich dann unappetitlich triefende Happen völlig gedankenlos in den Mund zu stopfen. Liebevoll mit einem Messer geschält und gabelweise oder Spalte für Spalte genossen, erweisen hingegen die Menschen des Mittelmeerraumes auch der Orange nach wie vor jenen Respekt, mit dem sie allen Gaben der Natur begegnen.

»Südlich von Rom beginnt Griechenland, aber Italien hört nicht auf«, sagte Eckart Peterich. Präziser läßt sich der Mezzogiorno, der Nachlaßverwalter der *Magna Graecia*, kaum definieren. Nichts verehrten die Griechen der Antike glühender als die Schönheit, wo auch immer sie sich offenbaren mochte. Der sanfte Schwung einer Wangenlinie, die ausgewogenen Proportionen eines Tempels, das leuchtende Rubinrot im Herzen einer grünen Feige – jedem Werk von höchster Harmonie, gleichgültig ob von Götter- oder Menschenhand geschaffen, zollten sie grenzenlose Bewunderung. Jahrtausende später betrachten ihre Urenkel den silbrigen Schimmer auf dem rosigen Pelz eines Pfirsichs oder die prallen Backen einer purpurfarbenen Kirsche mit ganz genau der gleichen Begeisterung. Umgeben von oft unglaublicher Häßlichkeit moderner Architektur, gefangen in einer zerstörten Umwelt, bewahrten sie sich dennoch einen ungetrübten Blick für das Schöne. ›*Sono figlio di persone antiche*‹, betitelte Lu-

ciano De Crescenzo mit einem boshaften Augenzwinkern seinen hinreißenden Fotoband über das Neapel der kleinen Leute. Weil jeder einzelne dieser krummbeinigen, knollennasigen Zeitgenossen dies mit Fug und Recht von sich behaupten darf: »Ich bin ein Sohn antiker Menschen.«

Salute, ihr edlen Hellenen von heute und herbei mit dem Wein! Bringt die besten Tropfen aus euren Fässern, damit uns Weingott Bacchus selbst erzählt, was für wunderbare Spitzbuben und Genießer die Alten doch gewesen sind. Schafft ihn her, den samtigen, granatroten *Aleatico* oder den wasserhellen, trockenen *Locorotondo* aus Apulien. Fein und leicht mundet der strohgelbe *Asprino* Kalabriens, lieblich der *Lacrimae Christi* von den Hängen des Vesuv, er stimmt heiter und froh. Schwer legt sich Lukaniens moussierender *Malvasia del Vulture* aufs Gemüt, als süffig bewährt sich dafür der *Aglianico* aus der Basilikata. *Faciamo un brindisi,* lassen wir es mit dieser kleinen Auswahl aus dem Repertoire süditalienischer Keller genug sein und bringen wir einen Trinkspruch aus, den schon der große Dichter Euripides im Munde führte: »Wo es keinen Wein mehr gibt, gibt es keine Liebe!« Doch so weit werden es seine Urenkel, wie wir sie kennen, auch im nächsten Jahrtausend in der ganzen *Magna Graecia* nicht kommen lassen.

Küche

Mors tua, vita mea – Dein Tod, mein Leben

Peter Willburger (1942–98), international anerkannter Tiroler Maler und einer der führenden europäischen Künstler auf dem Spezialgebiet der Radierung, lebte seit den frühen 60er Jahren bis zu seinem Tod in dem kleinen Bergdorf Raito an der Amalfitana. Hochkarätige Meisterwerke entstanden an seiner Staffelei ebenso wie auf seinem Herd.

Von allen fünf Sinnen, die bei der Kunst des Kochens angesprochen werden, dem Gehör- und Geruchssinn, dem Tast-, Seh- und Geschmackssinn, kommt den drei letztgenannten in der süditalienischen Küche die größte Bedeutung zu. Dort, wo Olivenhaine die Butterberge ablösen, findet sich noch Eß-Kultur im ursprünglichsten Sinn des Wortes. Eine Kultur, die ständig aufs Neue in das alltägliche Leben einbezogen und nicht erst zu besonderen Anlässen als kulinarische Extravaganz beschworen wird.

Wie in jeder anderen Kunst muß auch in der Küche Qualität erst einmal im Kopf vorhanden, muß sie gedacht sein, bevor sie geschaffen werden kann. Denn nicht aus einer schier grenzenlosen Phantasie entstehen Kostbarkeiten aus Duft und Geschmack, aus Farbenpracht und Form, sondern aus Denken, Wissen und Begreifen. Erst daraus entwickelt sich Können und in weiterer Folge ein Kunstwerk.

Auch wenn man es nicht wahrhaben will: Bevor es in den Topf kommt, liegt geerntetes Gemüse im Sterben, ist das geschlachtete Tier tot. Wer Grünzeug und Fleisch einfach je nach Laune ein schnelles oder raffiniertes Begräbnis erster, zweiter oder dritter Klasse bereitet, bleibt ein Dilettant, ein Stümper. Mag er sich auch noch so sehr bemühen, ihm nützen weder die besten Zutaten noch die ausgefeiltesten Rezepte. Weil er nicht verstanden hat, was einzig und allein der Sinn des Kochens ist: *la vera morte*. Ohne den »wahren Tod« in der Küche wird der Süden Italiens niemals auf der Zunge zergehen.

La vera morte der Petersilie zum Beispiel ist es wahrlich nicht, sie zu ertränken, bis sie als dunkelgefärbter Leichnam an der Oberfläche schwimmt. Oder das Kräutlein *prezzemolo* gar eingefroren aufzubewahren, um es dann aufzutauen und mit scharfem Messer brutal feinzuhacken. Jeder Wiederbelebungsversuch muß scheitern, hat die Petersilie das Zeitliche doch schon längst gesegnet. Haucht sie ihr Leben hingegen frisch und grün, behutsam gezupft, auf der fertigen Speise aus, findet sie ein ihr angemessenes Ende.

Nicht immer kommt der »wahre Tod« auf sanfte Weise. Mit einem unhörbaren Schrei stirbt das Basilikum auf brennendheißen Spaghetti, nachdem es zuvor in einem Steinmörser mit einem Holzstößel zerquetscht, zerstampft, zermalmt wurde. Solcherart als *pesto* seiner Bestimmung zugeführt, verströmt das köstliche Kraut noch im letzten Atemzug wie in Ekstase sein unvergleichliches Aroma. Landet *basilico* jedoch im Mixer, muß es elend zugrunde gehen, denn dort verwandelt sich seine Seele in eine schaumige, speigrüne Masse.

Findet *la vera morte* – aus welchen Gründen auch immer – einmal ausnahmsweise nicht statt, so wird zumindest die richtige Vereinigung zelebriert. Garten und Meer vermählen sich gut – *si sposano bene.* Einen Fisch schmort man am besten gleich im eigenen Saft, statt ihn in Butter und Sahne schwimmen zu lassen. Was hat er schließlich schon zu tun mit der Kuh oder dem Huhn? Wozu ihn, beweihräuchert mit exotischen Gewürzen, in Mayonnaise betten?

Bleibt das Fischernetz leer, so locke man Polypen oder Tintenfische aus dem Wasser, treibe Venusmuscheln auf oder breche Miesmuscheln von den Felsen. Die Kartoffel mit dem *polipo,* gartenfrische Erbsen mit der *seppia,* Zucchini und Spaghetti mit den *vongole,* Bohnen und *linguine* mit den *cozze,* all das harmoniert – *tutti si sposano bene.* Soll das Mahl noch schlichter sein? Jederzeit stehen in Salz aufbewahrte *alici* bereit, gewöhnliche Sardellen, und dazu werden Tomaten gereicht, vielleicht mit schwarzen und grünen Oliven und getrocknetem Brot vermischt, Sellerie und Oregano.

Gemüse als ausgelaugte Nebenkost, entvitaminisiert, langzeitvergewaltigt, gepudert mit Mehl? *No, grazie!* Nach kurzem Ziehen im heißen Wasserbad, knackig, *al dente,* geil, mit Olivenöl befeuchtet oder je nach Lust in der Pfanne gereizt, findet die vegetarische Befriedigung im Munde statt, entströmt dort

Ein Meister der Kochkunst bei der Arbeit: Peter Willburger

der Nährstoffsaft. Ähnlich verhält es sich mit Salat. Festes, kerniges Tomatenfleisch, kräftige Fenchelsehnen und streichelweiche Blätterhaut, zartgrüne, jungfräuliche Herzen, sie – und nur sie – geben beim Biß ihr Aroma ab, auf Zunge und Gaumen. Und erfrischen das eine Mal zwischen den Gängen, das andere Mal erst nach dem Hauptgericht *la bocca,* den Mund.

Aber wäre das eigentlich nicht die Aufgabe des Weins? Oh nein, diesem ist anderes zugedacht. Er wird nicht gebissen und auch nicht verkostet, sondern lediglich zur Gurgel geführt – dem Kontrollorgan. Diese Stelle passiert nur geprüfter, reiner Rebensaft, der dann auf schnellstem Wege, in einem Zug, befördert wird über die leere, tote Strecke zwischen Schlund und Magen. Erst dort erwacht langsam sein Geist, verbreitet sich sanft bis in die Zehenspitzen, bis zu den Haarwurzeln und in den Augen-Blick. Und am Grunde jedes geleerten Glases Wein ruht in sich die ganze Welt, wartet die Erkenntnis – *nell fondo* begreift man *il mondo.*
Peter Willburger

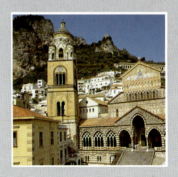

Reisen in Süditalien

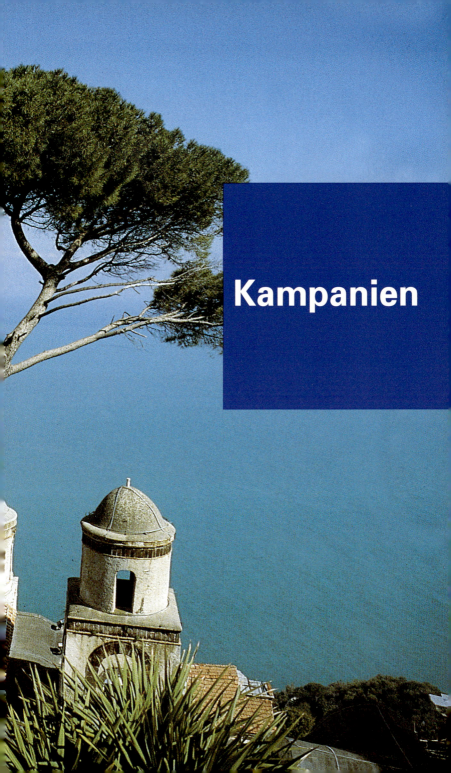

Kampanien

Italien pur, Chaos mit Charme, Lärm aus überschäumender Lebenslust, milde, seidige Luft, laue Nächte und das glitzernde Spiel der Sonne auf den sanften Wellen eines tiefblauen Meeres – das und noch viel mehr ist Kampanien, das alle Klischees vom Süden bestätigt und gleichzeitig Lügen straft. Auf der einen Seite Neapel, die brodelnde Metropole, deren Bewohner sich oft mit List und manchmal auch illegalen Mitteln durchs Leben schlagen, auf der anderen die Insel Capri, bei der nicht nur im Schlager die Sonne als roter Feuerball untergeht, Tummelplatz des Massentourismus bei Tag und des Jet-sets bei Nacht. Die großartigen Zeugnisse der Vergangenheit in Pompeji stehen den nach wie vor bedrückenden Spuren der Erdbebenkatastrophe von 1980 gegenüber. Einerseits nackte Armut in den *bassi,* den winzigen, ebenerdigen Altstadtwohnungen Neapels, andererseits prunkvolle Villen und offen zur Schau getragener Reichtum an der Costa Amalfitana, einer der schönsten Küsten der Welt. Kampanien polarisiert Meinungen, kennt keine Zwischentöne auf der Gefühlsskala: Entweder man verabscheut dieses Land zutiefst oder man liebt es ein Leben lang.

Neapel: Das Tor zum Süden

Das Königreich des Möglichen

■ (S. 314) Klischees verleiten leicht zu Mißverständnissen. Steht Neapel zur Diskussion, müßte man stets einwerfen: »Wahr ist vielmehr ...«. Die Großstadt am gleichnamigen Golf widersetzt sich allen Pauschalurteilen, allen Beschönigungen und Verteufelungen. Der romantisch-kitschige Schlager ›O mia bella Napoli‹ klingt ebenso falsch wie der Slogan vom ›europäischen Kalkutta‹. Weder ›Paradies‹ noch ›Hölle‹, weder ›dynamische Industrie-Metropole des Südens‹ noch ›Eingang zur Dritten Welt‹ treffen als Charakterisierung zu, weder ›Stätte rastloser Geschäftigkeit‹ noch ›Hort der Müßiggänger, Arbeitsscheuen und Kriminellen‹. Journalisten, die für wenige Tage aus Rom anreisen, neigen nach kurzem Blick zu Floskeln wie ›Hafen der verlorenen Hoffnung‹ oder ›Apotheose des Chaos‹, klagen über Verkehr, Müllberge, verpestete Luft und Seuchengefahr, über Korruption und Elend, über Verbrechen und Arbeitslosigkeit, während bunte Touristenprospekte eine heile Welt mit strahlend blauem Meer, einem atemberaubenden Panorama und pittoresken Gäßchen vorgaukeln. »Neapel sehen und sterben« – so kryptisch-zweideutig wie dieser vielzitierte Ausspruch (dessen Urheberschaft, wenn auch manchmal Alexander von Humboldt zugeschrieben, im Dunkeln liegt) präsentiert sich das Gesicht der Stadt, die alle Beschreibungen zugleich bestätigt und Lügen straft.

Wahr ist, daß sich Neapel mit 1,3 Mio. Einwohnern – mehr als 3,5 Mio., wenn man den urbanen Großraum am Golf zwischen Pozzuoli und Castellammare di Stabia berücksichtigt – zu einer kaum regierbaren Kommune entwickelt hat, die gleich anderen Städten des Südens

◁ *Panoramablick von der Villa Rufolo*

Die Straße der kleinen Hoffnung

In der Via Speranzella, der ›Straße der kleinen Hoffnung‹, geht das Leben seit Jahrzehnten unverändert seinen gewohnten Gang. Korpulente Frauen pressen ihre üppigen Leiber in enge Klappstühle und verkaufen offen ausgelegte Schmuggelware: Zigaretten, Feuerzeuge, Uhren. Unbehelligt von den Hütern des Gesetzes, die sich selbst dieser preisgünstigen Quelle bedienen. Aus kleinen Handwerkerläden dringen die Geräusche emsiger Tätigkeit: Hämmern, Bohren, Sägen, Schweißen. Zu Mittag versammeln sich die ganzen Familien in ihren ebenerdigen, nur aus einem winzigen Raum bestehenden Wohnungen, den *bassi*, um einen Topf dampfender Spaghetti, kaum eine Armeslänge vom Doppelbett entfernt, das sich oft vier oder mehr Personen zum Schlafen teilen müssen. An den feuchten Wänden hängen bunte Kalenderblätter, ein flackerndes Neonlämpchen taucht die pastellfarbene Madonnenstatue in der Zimmerecke in ein fast gespenstisches Licht.

»Bei uns ist die Zeit stehengeblieben«, sagt Antonio Vecchione und deutet auf die schäbige, von Abgasen zerfressene, dunkel verfärbte Fassade des Hauses, in dem ihn sein ärmlich ausgestatteter Lebensmittelladen, Geschäft und Wohnung zugleich, nur mit Mühe über Wasser hält. Die scheinbar so malerischen Gassen der *quartieri bassi* im Spanischen Viertel oder um die Spaccanapoli bieten nur mehr nach ›Romantik‹ ausschwärmenden Touristen fotogene Szenen. Aus der Idylle der kleinen Leute wurden elende Slums. Dennoch weigern sich die meisten Bewohner beharrlich, in eine der anonymen Satellitensiedlungen an der Peripherie, in gesichtslose Betonburgen überzusiedeln. Nicht einmal für ein größeres, helles Apartment mit Badezimmer sind sie bereit, ihre *bassi* einzutauschen, in denen zwar nicht immer Strom- und Wasserversorgung oder Müllabfuhr, dafür aber Kommunikation und Nachbarschaftshilfe bestens funktionieren – das Lebenselixier der Neapolitaner. »Die Gasse ist für mich Vorzimmer und Salon, sogar in meine Schlafecke kann jeder hineinschauen, die Türe steht ja den ganzen Tag offen«, beschreibt Enrico, Gelegenheitsarbeiter und Oberhaupt einer vierköpfigen Familie, freimütig seine kleine Welt.

Der Tumult der hastig dahineilenden Passanten, hupende Autos, knatternde Mopeds, Lärm und Gestank stören ihn nicht im geringsten. Auch die Tatsache, daß seine Kinder in einer gesundheitsgefährdenden Umgebung heranwachsen müssen, bereitet ihm keinerlei Kopfzerbrechen. »Was wollen Sie, hier sind die Menschen trotz allem glücklich.« Sagt's und geht ein Liedchen pfeifend seiner Wege wieder einmal auf der Suche nach einer Arbeit, die sich, wen kümmert's, durchaus nicht immer im Rahmen der Legalität bewegen muß.

aus der permanenten ökonomischen Krise mit all ihren sozialen Folgen nur schwer herauskommt. Es stimmt des weiteren, daß sich in der Metropole Kampaniens, durch wilde, kriminelle Bauspekulationen unharmonisch und unkontrolliert gewachsen, mehr als 10 000 Menschen auf einem Quadratkilometer drängen und die Bevölkerungsdichte in manchen Straßen der Altstadt jene von Hongkong erreicht. Und daß Zehntausende von Familien immer noch in dunklen Wohnhöhlen hausen, die als abbruchreif und gesundheitsschädlich gelten müssen. Wahr ist aber auch, daß Neapolitaner ihr Dasein nur in Neapel – und in keiner anderen Stadt der Welt – lebenswert finden, daß die Verwaltung seit dem Einzug von Antonio Bassolino in die Amtsstube des Bürgermeisters wieder einigermaßen funktioniert, daß die Arbeitslosigkeit durch eine blühende Untergrundwirtschaft wesentlich gemildert wird und man offiziellen Zahlen daher getrost mißtrauen darf. Schwarzmaler und Katastrophenpropheten sollten sich einmal gründlicher umsehen: Das auf den ersten Blick

Neapel

morbide, vom Erstickungstod bedrohte Neapel strotzt vor Vitalität und denkt nicht daran aufzugeben.

Nur so war möglich, was die internationale Presse das ›Wunder von Neapel‹ nannte. Als der ehemalige Kommunist und nunmehrige PDS-Politiker Bassolino Ende 1993 die grelle Duce-Enkelin Alessandra Mussolini, Kandidatin der Neofaschisten, in einer Stichwahl bezwang und zum ersten Bürger der Stadt aufstieg, war die Kommune mit Schulden in Höhe von umgerechnet 1 Mrd. € praktisch konkursreif. Eine Phalanx aus korrupten Lokalpolitikern, bestechlichen Beamten und der *Camorra* war für dieses Debakel verantwortlich. In einer seiner ersten Amtshandlungen berief Bassolino eine Disziplinarkommission ein, die fast 200 Beamte wegen Untätigkeit an die Luft setzte. Dann nutzte er seine Jahrhundertchance: Als Gastgeber des Weltwirtschaftsgipfels im Sommer 1994 ließ er Neapel – für vergleichsweise geringe Summen – prächtig herausputzen: Tonnen von Müll wurden entfernt, Fassaden erneuert, Parkanlagen gepflegt. Auf einmal sprudelten die zahlreichen, längst versiegt geglaubten Brunnen wieder, gab es im historischen Zentrum Fußgängerzonen, bewegte sich der chaotische Verkehr in verhältnismäßig geregelten Bahnen. Seit Herbst 1996 beginnen die Schulen um acht und öffnen die Büros um neun Uhr. Die Läden, die in Italien üblicherweise für eine stundenlange Siesta schließen, bleiben nun meist durchgehend geöffnet, machen aber dafür spätestens um acht Uhr abends dicht. Damit fällt die mittägliche Rush-hour weitgehend weg.

Der populäre Bürgermeister, nach zweimaliger Amtszeit 2001 zum Präsidenten der Region Kampanien gewählt, konnte den Schuldenberg zwar nicht wesentlich abbauen, dafür verpaßte er Neapel ein neues kulturelles Image. Getreu dem schon in der Antike bewährten Motto ›Brot und Spiele‹ förderte er Konzerte, Theater, Museen und Galerien. In keiner Stadt Italiens blühen Kunst und Kultur so prächtig, lassen sich die Bewohner so gerne von *spettàcoli* verführen. Noch scheint der Teufelskreis von Armut, Arbeitslosigkeit und *Camorra*-Kriminalität die Millionenmetropole fest in der Gewalt zu haben. Doch Bassolino gelang es, die Neapolitaner zu mobilisieren. Auf einmal sind die Menschen sich ihrer Eigenverantwortung bewußt, haben ihren Stolz wiederentdeckt.

Städtebaulich das größte Problem sind die *quartieri bassi*, die verfallenen Altstadtviertel mit winzigen, ebenerdigen Wohnungen. Aus eigener Kraft sind die Bewohner nicht imstande, diese Gebäude zu sanieren. »Nur mit radikalen Maßnahmen läßt sich die Altstadt Neapels und damit unser kulturelles Erbe noch retten«, plädiert Enzo Giustino, Präsident einer Finanz- und Spekulantengruppe, die sich selbst poetisch ›Königreich des Möglichen‹ nennt, für seine einschneidenden Revitalisierungspläne. »Staat, Region und Gemeinde können angesichts leerer Kassen das Problem nicht lösen, wir dagegen schon«, verweist der milliardenschwere Baulöwe auf die finanzielle Potenz seines Unternehmens. Das Projekt, gegen das zahlreiche Kulturvereinigungen Sturm laufen, sieht vor, mindestens 1000 Wohneinheiten für Grünanlagen zu opfern. Weitere Zehntausende würden bei erhaltenen Fassaden modernen Apartments weichen, für die horrende Mieten zu bezahlen wären. »Damit löschen wir unsere Geschichte aus«, wettert Guido Donatone von der Denkmalschutzorganisation *Italia Nostra*. »Auch zerstören wir eine lebendige Infrastruktur und vertreiben eine Viertelmillion Menschen; denn welcher Handwerker, welcher kleine Ladenbesitzer oder Bewohner eines *basso* kann sich eine Werkstatt, ein Geschäft oder eine Wohnung noch leisten«, warnt der Fachmann vor den unvorstellbaren sozialen Umwälzungen, die eine Realisierung dieser radikalen Pläne zur Folge hätte. Hier sind Bassolinos Nachfolger gefordert, einen vernünftigen Kompromiß zu finden, denn das Herzstück Neapels läßt sich nur ganz behutsam reparieren.

Nachrichtenaustausch in der Altstadt

Im Herzen des historischen Zentrums

Vomero – Quartieri spagnoli – Spaccanapoli – Via del Tribunali – Piazza Bellini

Vogelperspektive verschafft Übersicht. Der Neapel-Anfänger sollte einen Rundgang am **Vomero** beginnen, einem Hügel, der sich unmittelbar neben der Altstadt erhebt und vom mächtigen, prächtig restaurierten Castel Sant'Elmo sowie dem ein wenig unterhalb liegenden ehemaligen Kartäuserkloster San Martino mit einem sehenswerten Museum beherrscht wird. Von den Zinnen des Kastells oder der Aussichtsterrasse des Klosters läßt sich die Struktur der Stadt am besten erkennen: die riesige

Kreuzgang des Klosters San Martino

Hafenanlage, das sich bis an die Abhänge des Vesuv erstreckende Häusermeer, die schlanken Türme und die grüngolden blitzenden Kuppeln der mehr als 300 Kirchen, die Villen und Paläste am Pizzofalcone, der zum Fischerhafen Santa Lucia und dem alles beherrschenden Castel dell'Ovo hinabfällt. Schließlich der Posillipo, ein weiterer Hausberg, westlicher Schlußpunkt des Golfs und Domäne der Reichen, sowie das Gassengewirr des historischen Zentrums, in dem eine gerade Linie auffällt: Spaccanapoli, das Herz Neapels. Hier konzentrieren sich drei Jahrtausende Kultur auf drei Kilometern. Der Straßenzug (er heißt nur im Volksmund so, offiziell ändert er alle paar hundert Meter seinen Namen) geht auf die strenge Struktur des alten *Neapolis* zurück und verläuft dort, wo der römische *decumanus inferior* die antike Niederlassung durchquert hatte. Er trennt die Altstadt in zwei Teile, deshalb die Bezeichnung *spacca Napoli*, er ›spaltet Neapel‹.

Bleiben wir aber noch am Vomero, dessen Boulevards mit eleganten Boutiquen, reich sortierten Kaufhäusern, mit Cafés, Konditoreien und Bücherständen an Paris erinnern. Gutbürgerlich ist die Szene, nichts erinnert in der Via Scarlatti und ihren Nebengassen an die Bilder vom elenden, schmutzigen Neapel. Wer sich hier unter die modisch gekleideten Passanten mischt, sieht das ›schöne‹ Gesicht dieser vielseitigen Stadt.

Ansichten des alten Neapel, Darstellungen der Vesuv-Ausbrüche, Porzellan, Skulpturen, Möbel und Kunstgewerbe sowie eine für Italien einzigartige Sammlung neapolitanischer Krippen werden im **Museo Nazionale di San Martino** 1 gezeigt. Das ehemalige Kartäuserkloster wurde 1325 unter den Anjou gegründet und ist seit 1866 Museum. Auch nicht versäumen sollte man die barocke Klosterkirche und den male-

Neapel   1 Museo Nazionale di San Martino   2 Castel Sant'Elmo   3 Quartieri spagnoli   4 Gesù Nuovo   5 Santa Chiara   6 Palazzo Filomarino   7 San Domenico Maggiore   8 Cappella Sansevero   9 Sant'Angelo a Nilo   10 Statue des Nil   11 Palazzo del Monte di Pietà   12 San Gregorio Armeno   13 Palazzo Marigliano   14 San Lorenzo Maggiore
15 San Paolo Maggiore   16 Santa Maria Maggiore   17 Cappella Pontano
18 San Pietro a Maiella   19 San Francesco di Paola   20 Palazzo Reale   21 Teatro San Carlo   22 Galleria Umberto I
23 Sant'Anna dei Lombardi   24 Piazza Dante   25 Museo Archeologico Nazionale   26 Valle della Sanità   27 Duomo
28 Museo Civico Filangieri   29 Santa Maria del Carmine   30 Castel Nuovo
31 Castel dell'Ovo   32 Piazza Martiri
33 Villa Comunale   34 Grab des Vergil
35 Museo Nazionale di Capodimonte
36 Villa Floridiana

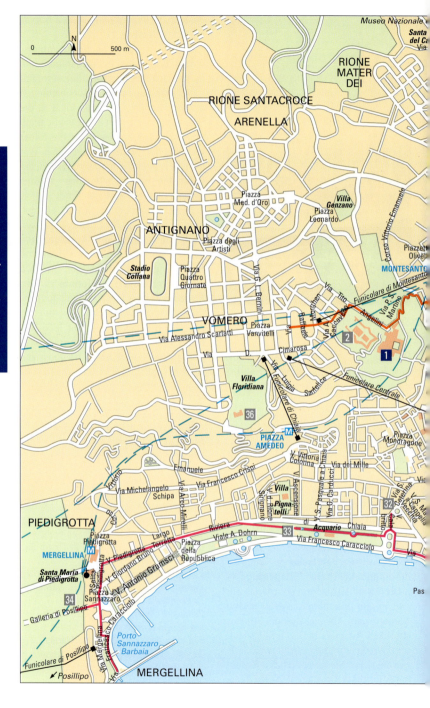

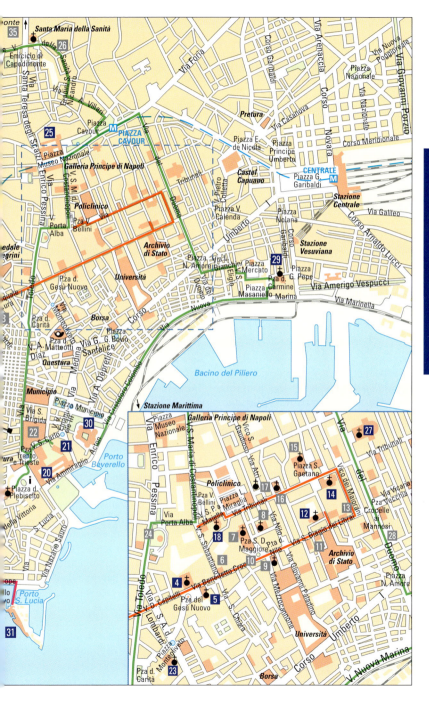

rischen Kreuzgang sowie die Klosterterrasse mit Traumblick auf Neapel. **Castel Sant'Elmo** 2, die Krone des Vomero, 1343 von Robert dem Weisen angelegt, galt lange Zeit als uneinnehmbar. Nach zahlreichen Erweiterungen diente es jahrhundertelang als Gefängnis, ehe 1988 nach gründlichen Renovierungsarbeiten ein modernes Kongreß- und Ausstellungszentrum in dem alten Gemäuer eröffnet wurde.

Nun geht es – entweder mit einer der drei *funicolari*, unterirdisch angelegten Standseilbahnen, besser aber zu Fuß durch das Spanische Viertel – in eine andere Welt. Je tiefer man herabsteigt, als desto ›neapolitanischer‹, um beim Klischee zu bleiben, erweist sich die Umgebung. Die Gassen werden enger, die Menschenmenge schwillt an.

Die **Quartieri spagnoli** 3 wurden von den spanischen Vizekönigen westlich der Via Roma, der bekanntesten Straße von Neapel, nach ihrem ersten Teil aber allgemein Via Toledo genannt, für ihre Soldaten angelegt. Den Garnisonen folgten die Ärmsten der Armen, die bis heute dieses Viertel bevölkern. Folgt man der vom Vomero zum Teil in Stufen herabführenden Via Pasquale Scura, so stößt man direkt auf die **Spaccanapoli**, die sich zunächst Via Maddaloni und dann – bis zur Piazza Gesù Nuovo – Via D. Capitelli nennt. Das nächste Stück, die Via Benedetto Croce, erinnert an den großen liberalen Philosophen Italiens im 20. Jh. Nach der Piazza S. Domenico Maggiore und der Piazzetta del Nilo führt der Straßenzug über die Via S. Biagio dei Librai, überquert die Via del Duomo, nennt sich dann Via Vicaria Vecchia und mündet schließlich als Via Giudecca in der Forcella, einem recht anrüchigen Marktviertel, in dem sowohl Drogenhandel als auch Transvestiten-Prostitution blühen.

Spaccanapoli läßt sich nach Epochen oder einfach von Gasse zu Gasse erforschen, je nach Lust, Zeit und Ausdauer. Für einen schnellen Überblick mit unentwegtem Wechselbad zwischen Antike und Barock, Mittelalter, Renaissance und Rokoko genügt im wesentlichen ein Spaziergang durch das von Spaccanapoli und Via del Tribunali begrenzte Viertel, in dem sich die wichtigsten Kirchen, Klöster und Paläste der Altstadt befinden.

Schon wenige Schritte nach dem Überqueren der Via Roma öffnet sich einer der schönsten Plätze Neapels: Die Piazza Gesù Nuovo bildet ein unregelmäßiges Viereck, das von eleganten Palazzi und der Kirche **Gesù Nuovo** 4 gebildet wird. Vom 1470 an dieser Stelle errichteten Palazzo Sanseverino blieben das Frührenaissanceportal und die ungewöhnliche Diamantquaderfassade erhalten. Mit dem schlichten Äußeren kontrastiert die üppige barocke Innenausstattung. Die Mitte des Platzes ziert eine **Mariensäule** im Rokokostil (1750).

Ein überaus lieblicher Klostergarten verbirgt sich hinter den Mauern von **Santa Chiara** 5. In diesem von dem Neapolitaner Gagliardo Primario für das Haus Anjou erbauten und 1340 unter Robert dem Weisen eingeweihten Komplex befinden sich die Grabmäler der Anjou und vieler Bourbonen. Nach dem Erdbeben von 1456 wurde das Kloster im 16. und 17. Jh. restauriert und schließlich barockisiert, im Zweiten Weltkrieg erneut größtenteils zerstört und ab den 50er Jahren im original gotischen Stil wiederaufgebaut. Das prunkvolle Grab Robert des Weisen an der Rückseite des Altarraumes ist ein Werk der Brüder Bertini aus Florenz. Im angeschlossenen Klosterhof verwandeln blühende Laubengänge, verspielte Brunnen und mit zarten Majoliken geschmückte Bänke einen zwischen wuchtigen Mauern lie-

Im Klostergarten von Santa Chiara

genden Garten in einen prachtvollen Rokokosalon. Die Künstler durften in diesem Kloster, das inzwischen von den Klarissinnen auf die Franziskaner übergegangen ist, ihrer Phantasie freien Lauf lassen. Tanz und Spiel, Jagd und Fischfang, Landschafts- und Genreszenen, Realistisches und Mythisches wechseln einander als Motive ab.

Im Verlauf der Via Benedetto Croce passiert man mehrere alte Paläste. Zuerst kommt linker Hand der **Palazzo Filomarino** 6 (Nr. 12), ursprünglich ein Bau aus dem 14. Jh., zwei und drei Jahrhunderte später aber fast zur Gänze umgestaltet. Der große Philosoph und Schriftsteller Benedetto Croce (1866–1952), als ›Erneuerer des italienischen Geistes‹ gefeiert, hatte 1947 hinter dem prächtigen Barockportal des Palastes das *Istituto Italiano per gli Studi Storici,* eine private Akademie für Historische Studien, gegründet, die nach wie vor existiert und über Croces Privatbibliothek (80 000 Bände) verfügt. Weitere einst noble, heute aber vom Zahn der Zeit gezeichnete ehemalige Adelssitze sind die Renaissancepaläste **Palazzo Venezia,** ehemals Sitz der venezianischen Botschaft, und **Palazzo Petrucci,** dessen Renaissanceportal und Hof im katalanischen Stil noch recht gut erhalten sind.

Die Basilika **San Domenico Maggiore** 7 wurde Anfang des 14. Jh. auf Geheiß Karls II. von Anjou von Dominikanern erbaut, die die Kirche ihrem Ordensgründer weihten. Nach Erdbeben und Bränden immer wieder neu errichtet, dann barockisiert, bemühte man sich im 19. Jh. mit wenig Fingerspitzengefühl, der Kirche das ursprünglich gotische Aussehen wiederzugeben.

Als äußerst makabres Monument und zugleich Dokumentation eines wahrhaft teuflischen Experiments sollte man die **Cappella Sansevero** 8 nicht versäumen, auch wenn sie mancher Besucher durchaus abstoßend finden könnte. Don Raimondo di Sangro, Fürst von Sansevero, Wissenschaftler und Magier, hatte die aus dem 16. Jh. stammende Kapelle Mitte des 18. Jh. mit bemerkenswerten Skulpturen – herausragend Giuseppe Sammartinos ›Verhüllter Christus‹ (der über den Leichnam geworfene zarte Schleier ist tatsächlich aus Stein) – als Begräbnisstätte seiner Familie ausstatten lassen. In der Krypta befinden sich zwei Skelette mit versteinerten Adern, schauerliche Überreste von zwei Dienern des Fürsten, Opfer von dessen alchimistischen Experimenten.

Wer jetzt eine Stärkung braucht, ist bei ›Scaturchio‹ auf der Piazza S. Domenico Maggiore – die **Guglia di San Domenico,** eine barocke Pestsäule aus dem 17. Jh., im Blick – am richtigen Platz. Keiner versteht den Kaffee so zuzubereiten wie der Mann hinter der chromglänzenden Maschine dieser ›Bar‹, wie sich bekanntlich die Cafés in Italien nennen. Das will etwas heißen in einer Stadt, die für den köstlichsten Espresso – *ristretto,* kurz und kräftig, versteht sich – weit und breit berühmt ist. Auch für Naschkatzen stehen hier allerlei süße Überraschungen bereit.

Die Spaccanapoli heißt ab nun Via S. Biagio dei Librai, einst aufgrund der nahen Universität das Viertel der Buchdrucker und -händler. Inzwischen wurden sie jedoch zum Teil von Juwelieren, Trödlern und Devotionalienhändlern verdrängt. Zur Linken erhebt sich **Sant'Angelo a Nilo** 9. Die Kirche verdankt ihren Namen einer allegorischen, hellenistischen **Statue des Nil** 10, die Kolonisten aus Alexandria auf der gegenüberliegenden Piazzetta del Nilo aufgestellt haben. Der größte Schatz des kleinen Gotteshauses ist das Renaissancegrabmal des Kardinals Rinaldo Brancaccio, ein Werk der Pisaner Meister Donatello und Michelozzo (1428). Der prachtvolle **Palazzo del Monte di**

Die Geschäfte in der Via S. Biagio dei Librai laden zum Stöbern ein

Pietà 11 an der Straßenecke zum Vico San Severino diente bis Ende des 16. Jh. als Leihhaus, eine ganz und gar soziale Institution gegen die Auswüchse der Wucherei. Im Hof des Gebäudes befindet sich die **Cappella della Pietà** mit einer Pietà von Michelangelo Naccherino und zwei Statuen von Pietro Bernini (alle 1601).

Das ganze Jahr über ist in der linker Hand abzweigenden ›Krippenstraße‹ Via S. Gregorio Armeno Weihnachten, Tausende von Engeln schweben in den Auslagen der Krippenmacher. Eine Werkstatt reiht sich an die andere. Freilich, auch dieses Gewerbe scheint dem Untergang geweiht zu sein, wenn man die meist maschinell und aus Plastik hergestellten Figuren – nicht bloß die ›Hauptdarsteller‹ Maria, Josef und das Jesuskind, sondern, entsprechend neapolitanischer Tradition, auch Szenen aus dem Alltag – betrachtet. Nur mehr wenige Schnitzer verstehen sich noch auf die aus dem 16. Jh. überlieferte Kunst, lebensechte Typen aus dem Volk und liebevoll gefertigten Hausrat, eben das ganze kunterbunte Allerlei einer neapolitanischen Krippe, in Handarbeit zu schaffen.

Kirche und Kloster **San Gregorio Armeno** 12 wurden Ende des 16. Jh. von Giambattista Cavagna neu errichtet. Das Gotteshaus birgt einen kostbaren, um 1679 fertiggestellten Freskenzyklus von Luca Giordano, der sich auf die Klostergründung im 8. Jh. sowie auf das Leben und Wirken der Heiligen Gregor und Benedikt bezieht. Zwei Emporen trennen die Nonnen von den übrigen Gläubigen.

Wieder auf der Spaccanapoli, fällt links die elegante Fassade des **Palazzo Marigliano** 13 ins Auge, eines der frühesten Beispiele der neapolitanischen Renaissance. Architekt dieses aus dem 16. Jh. stammenden Palastes war Giovanni Donadio. An der Rückwand des Innenhofes befindet sich eine Freitreppe mit Terrasse und gemalter Doppelsäulenloggia aus dem 18. Jh.

Wie wäre es nun mit einer kurzen Schmökerstunde in einer der gut sortierten Buchhandlungen? Oder mit einem Besuch beim Puppendoktor Gino Grassi, in dessen Ospedale delle Bambole sich eine Welt skurriler Phantasie eröffnet? Oder mit einer Stöberorgie in den übervollen Trödler- und Souvenirläden, die vom Heiligenbildchen bis zum Pornoheft, vom Kerzenleuchter bis zur Autohupe, vom Amulett gegen den bösen Blick bis zum Zaubertrank für jeden Geschmack etwas parat haben? Langeweile kommt jedenfalls nicht auf im Herzen Neapels.

Damit verlassen wir die Spaccanapoli, heben uns das zwielichtige Forcella-Viertel und den Dom für einen anderen Stadtbummel auf und begeben uns durch eines der nach links abbiegenden Gäßchen zur parallel verlaufenden Via del Tribunali, um uns in Neapels Unterwelt umzusehen. Nein, natürlich nicht bei der *Camorra,* sondern unterhalb der Basilika **San Lorenzo Maggiore** 14, unter der die Überreste des antiken *Neapolis* ruhen. Die steinernen Zeugen der griechischen und römischen Geschichte der Stadt, die meisten erst im 20. Jh. freigelegt und erstaunlich gut erhalten, sind zum Großteil wesentlich älter als die Ausgrabungen von Pompeji. Zwei Stockwerke tief unter der Erde laden gewaltige Mauern und gepflasterte Wege, die exakt dem heutigen Straßenverlauf entsprechen, zu einem faszinierenden Bummel durch eine versunkene Welt ein. Ein ganzer Markt mit Verkaufspulten aus Stein, ein Herd, den heutigen Pizzaöfen verblüffend ähnlich, Inschriften und zierliche Säulen zeugen vom Leben in der antiken Stadt. Ehe es

Neapel

San Paolo Maggiore

wieder ans helle Tageslicht geht, weisen dunkle Mauerreste auf Neapels mittelalterliche Vergangenheit hin, die auf den Trümmern der Griechen und Römer aufbaute.

Die Basilika selbst, auf den Mauern einer frühchristlichen Kirche (6. Jh.) 1234–1330 erbaut, ist eines der wichtigsten mittelalterlichen Gotteshäuser der Stadt. Nach dem Erdbeben von 1731 wurde es mit einer barocken Fassade versehen, wobei das gotische Marmorportal erhalten blieb. In der 1. Hälfte des 20. Jh. entfernte man die barocke Innenausstattung, so daß die original gotischen Formen heute wieder zu sehen sind. Im 14. Jh. wurde San Lorenzo Maggiore zum Schauplatz der italienischen Literaturgeschichte: Giovanni Boccaccio begegnete in der Kirche Maria von Aquino, in die er sich unsterblich verliebte. Als Fiammetta ging sie in seine Werke ein. Und Francesco Petrarca erlebte 1345 im Kloster ein nächtliches Erdbeben, das verheerende Schäden anrichtete.

Einen Steinwurf entfernt, an der Piazza S. Gaetano, einem lebhaften Marktplatz, erhebt sich die zwischen 1538 und 1627 errichtete Kirche **San Paolo Maggiore** 15. Sie steht auf den Überresten eines römischen Dioskurentempels und einer darauf erbauten mittelalterlichen Kirche. Zwei der antiken Säulen wurden nach der teilweisen Zerstörung des Gotteshauses durch Erdbeben beim Wiederaufbau 1773 unter den Statuen der Apostel Petrus und Paulus in die Fassade eingemauert.

Auch die Kirche **Santa Maria Maggiore** 16 ruht auf den Ruinen eines römischen Gebäudes und eines christlichen Gotteshauses aus dem 11. Jh., von dem noch der romanische Campanile erhalten ist. Der Barockbau aus der 2. Hälfte des 17. Jh. ist ein Werk des Architekten Cosimo Fanzago, der mehrere Kirchen in Neapel erbaute. In unmittelbarer Nachbarschaft befindet sich die **Cappella Pontano** 17, die Giovanni Pontano (1426–1503), der führende Vertreter des neapolitanischen Humanismus, als Grabkapelle für seine Familie hatte errichten lassen. Die Kapelle – sie gilt als bedeutendstes Bauwerk der Frührenaissance in Süditalien – ist mit einem prachtvollen Majolikafußboden geschmückt.

Am Ende der Via del Tribunali stößt man auf die kleine gotische Kirche **San Pietro a Maiella** 18, 1313 erbaut und dem im selben Jahr heiliggesprochenen Pietro Angelario aus Isernia geweiht. Dieser Einsiedler aus den Maiella-Bergen in den Abruzzen (daher der Kirchenname) war 1294 von Karl II. von Anjou unter dem Namen Coelestin V. als 80jähriger zum Papst ernannt worden, verzichtete jedoch bald schon wieder auf die päpstliche Krone. Kostbare Deckengemälde von dem Maler Mattia Preti (1613–99), die zu den besten Werken des neapolitanischen Seicento zählen, zeigen Szenen aus dem Leben des Heiligen. Das ehemalige Kloster beherbergt seit 1826 eines der bekanntesten Musikkonservatorien Italiens. Bibliothek und Museum des Institutes zeigen eine große Kollektion von Musikporträts sowie Briefe, Partituren und andere Erinnerungsstücke, wie zum Beispiel Donizettis Tabakdose, Cimarosas Spinett, Paisiellos Klavier und die Harfe Stradivaris. Neben der Mailänder Scala gibt es hier die bedeutendste musikgeschichtliche Sammlung Italiens.

Auf der Piazza Bellini, Endpunkt dieses Spaziergangs, findet man ein Standbild des sizilianischen Komponisten Vincenzo Bellini, Schöpfer großer Opern wie ›Norma‹, ›Die Nachtwandlerin‹ und ›Die Puritaner‹. Am Fuß der Statue sind Überreste der griechischen Befestigungsmauern aus dem 4. Jh. v. Chr. zu erkennen.

Rund um die Altstadt

Piazza del Plebiscito – Via Toledo – Piazza Dante – Museo Archeologico Nazionale – Valle della Sanità – Via del Duomo – Piazza del Carmine – Piazza Municipio

Dieser Spaziergang umrundet im wesentlichen das historische Zentrum Neapels und führt mit einem Abstecher durch die Valle della Sanità in eine andere Welt. Ausgangspunkt ist die **Piazza del Plebiscito** – der Name erinnert an die Volksabstimmung zur Einigung Italiens vom Herbst 1860. Sie besticht durch die exakt symmetrische Anlage ihrer Gebäude sowie durch ihre großzügige Weite. Bis Mitte der 90er Jahre war die Piazza ein bis auf den letzten Millimeter vollgestellter Parkplatz.

Die Piazza del Plebiscito am Morgen

Heute genießen die Neapolitaner das autofreie, nur mit den Reiterstandbildern Karls III. und Ferdinands I. geschmückte Areal als Rendezvous- und Flanierplatz.

Die halbkreisförmige Stirnseite des Platzes wird von Kolonnaden im toskanischen Stil und der Kirche **San Francesco di Páola** [19] eingenommen, einem neoklassizistischen Bau (1817– 46), den König Ferdinand I. als Dank für seine Wiederkehr nach der Vertreibung durch Anhänger Napoleons von dem Architekten Pietro Bianchi errichten ließ. Dieser nahm sich dabei das Pantheon in Rom zum Vorbild, das im Historismus auch von anderen Baumeistern kopiert wurde.

Steinerne Historie tritt dem Besucher an der gegenüberliegenden Seite der Piazza entgegen. Grimmig, zuweilen, forsch blicken die Helden aus den Herrschergeschlechtern Neapels von ihren Sockeln an der Fassade des **Palazzo Reale** [20] herab: Je ein markanter Repräsentant jener acht Dynastien, die bis ins 20. Jh. über die Geschicke der Stadt entschieden, vom Normannen Roger II. bis zum Piemontesen Viktor Emanuel II., vom Staufer Friedrich II. bis zum Bourbonen Karl III. Das Schicksal der Metropole, hier ist es dokumentiert: Keiner der Regenten war von neapolitanischem Blut. Sie beherrschten zwar das Volk, nicht aber dessen Sprache.

Der Palast wurde von Vizekönig Don Fernandez Ruiz de Castro 1599 geplant und von Domenico Fontana von 1600 bis 1602 ausgeführt. Nach einem Brand 1837 und nach schweren Bombenschäden im Zweiten Weltkrieg folgten gründliche Umgestaltungen und Renovierungen. Das Erdgeschoß ist in seiner gesamten Länge (169 m) als Pfeilerportikus gestaltet, die Geschoßhöhen nehmen von unten nach oben gleichmäßig ab. Zu besichtigen sind im Rahmen von Führungen die königlichen Gemächer, der prachtvolle Thronsaal, das ehemalige Hoftheater sowie eine Gemälde- und Gobelinsammlung. Im Palazzo befindet sich auch die Biblioteca Nazionale, die mit wertvollen Papyri, Inkunabeln, Autographen und rund 1,5 Mio. Büchern zu den reichsten Italiens gehört.

Im Anschluß an den Königspalast ließ Karl von Bourbon ein luxuriöses Opernhaus erbauen, das 1737 eingeweiht wurde. Das **Teatro San Carlo** 21, als Schauplatz des berüchtigten Faschistenkongresses 1922 mit dem darauffolgenden ›Marsch auf Rom‹ der Schwarzhemden Mussolinis nicht nur in die Musikgeschichte eingegangen, ist das älteste Opernhaus Europas, das – mit Ausnahme von zwei Jahren – ständig bespielt wird. Weder der verheerende Brand von 1816, dem ein kompletter Wiederaufbau in nur sechs Monaten folgte, noch die Wirren zweier Weltkriege vermochten Stimmen und Instrumente im San Carlo zum Verstummen zu bringen. Alles, was in der italienischen Opernwelt Rang und Namen hatte, ob Domenico Scarlatti oder Giuseppe Verdi, Gaetano Donizetti, Gioacchino Rossini, Giacomo Puccini oder Ruggiero Leoncavallo, war in diesem 3000 Besucher fassenden Haus tätig und begründete damit den Ruf Neapels als Hauptstadt der Oper. Auch heute noch wirken große Künstler – ob Regisseure, Dirigenten oder Sänger – gerne an diesem Haus, und das Publikum kann in dem in Rot und Gold gehaltenen Logentheater wenn schon nicht immer perfekte, so doch stets von musikalischer Leidenschaft getragene Aufführungen – Opern oder Konzerte – erleben.

Ein Theater anderer Art bietet sich dem Beobachter in der gegenüberliegenden **Galleria Umberto I** 22. Die 1890 eröffnete kreuzförmige, glasgedeckte Halle, an Eleganz mit den Galerien in Rom, Mailand, Brüssel oder London durchaus vergleichbar, ist die Bühne der kleinen Leute. Ihre Helden treten täglich auf der marmorgepflasterten Passage zwischen den verschiedenen Läden und Cafés auf. Das Stück nennt sich ›Die große Kommunikation‹ und spielt sich keineswegs bloß in lauten Worten, sondern vor allem in einer facettenreichen Mimik und Gestik ab.

Kein Südländer beherrscht die schon von den alten Griechen gepflegte Kunst, wortlos vielsagend zu sein, so meisterhaft wie der Neapolitaner. Nicht eine Sekunde bleiben Oberkörper, Arme, Hände und Finger still. Dazu bewegen sich sämtliche Gesichtsmuskeln, rollen die Augen, kreist das Becken, stampfen die Füße. Pulcinella, wie er leibt und lebt: Der neapolitanische Verwandte des Harlekin hat sich nicht nur in der Volkskomödie erhalten. Er begegnet uns in modernem Gewand auf den Straßen und Märkten, in den Cafés und Restaurants,

Galleria Umberto I

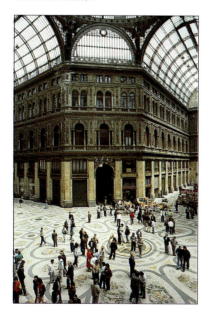

Ein Meisterwerk antiker Mosaikkunst ist im Museo Archeologico Nazionale zu bewundern: Die ›Alexanderschlacht‹ geht vermutlich auf ein Gemälde des Hellenismus zurück

überall dort, wo mindestens zwei Menschen zusammenkommen. Das Vokabular der für Fremde kaum verständlichen Zeichensprache scheint unendlich zu sein, und Außenstehende sollten erst gar nicht versuchen, in ihre Geheimnisse einzudringen oder sie gar nachzuäffen. Peinliche Mißverständnisse wären die unausbleibliche Folge.

Nach der Piazza Trento e Trieste mit dem eleganten ›Gran Café Gambrinus‹ beginnt die lebhafte Via Toledo, mit Geschäften, Kaufhäusern und Bankfilialen eine der meistbevölkerten Straßen Neapels, die beinahe schnurgerade von Süd nach Nord verläuft und samt ihrer Fortsetzung, der Via Pessina, 2250 m lang ist. Linker Hand drängen sich die Quartieri spagnoli am Fuß des Vomero. Mit der Nummer 178 fällt die etwas protzige Marmorfassade des Gebäudes des Banco di Napoli auf, mit dem Gründungsjahr 1861 übrigens das älteste Kreditinstitut Italiens. Unmittelbar nach der Piazza della Carità führt auf der rechten Seite die Via Tommaso Caravita zur kleinen Piazza Monteoliveto, wo sich die hochinteressante Kirche **Sant'Anna dei Lombardi** [23] erhebt. Der Frührenaissancebau (1411) wurde zwar im 17. Jh. umgestaltet, enthält aber nach wie vor unschätzbar wertvolle Kunstwerke, wie zum Beispiel acht lebensgroße Terrakottafiguren der Beweinung Christi in der Cappella della Pietà (von Guido Mazzoni aus Modena, 1492), die durch ihre Lebendigkeit erschüttern, sowie ein Krippenrelief des Florentiners Antonio Rossellini (um 1475) in der Cappella Piccolomini.

Die **Piazza Dante** [24] wurde 1757–65 im Auftrag des Bourbonen Karl III. durch den Architekten Luigi Vanvitelli als halbrundes königliches Forum gestaltet. Im Mittelpunkt steht das Denkmal des Dichters Dante, ein beliebter Treffpunkt der Neapolitaner. Auf der linken Platzseite öffnet sich die Port'Alba, ein 1625 zu Ehren des Vizekönigs Antonio Alvarez de Toledo, Herzog von Alba, errichtetes Tor, durch das man die kurze, stets lebendige Via Port'Alba betritt. Sie führt zur Piazza Bellini und in der Folge zur Via S. Maria di Costantinopoli, einer Straße mit zahlreichen Antiquitätenläden, Buch- und Kunsthandlungen. Man merkt es schon: Hier befindet sich die **Accademia di Belle Arti,** Neapels berühmte Kunstakademie, der eine große Fachbibliothek sowie die Galleria di Arte Moderna (Galerie für moderne Kunst) angeschlossen sind.

Nach wenigen Schritten steht man vor dem **Museo Archeologico Nazionale** 25, einem der bedeutendsten archäologischen Museen der Welt, das seinen Rang nicht zuletzt den Ausgrabungen von Pompeji, Herculaneum und anderen süditalienischen Fundorten, aber auch der emsigen Sammeltätigkeit der Bourbonen und der mit ihnen durch Heirat verbundenen Familie Farnese verdankt. Drei Stunden mindestens, besser einen halben Tag, sollte man sich für diesen faszinierenden Ausflug in die Antike Zeit nehmen. Führungen – auch in deutscher Sprache – finden regelmäßig statt. Mehrere tausend Exponate aus dem 8. vorchristlichen bis zum 5. nachchristlichen Jh. sind in diesem einzigartigen Museum vereint. Die Wandmalereien stellen die weltweit größte Sammlung antiker Malerei dar. Für die ganz Eiligen zwei Höhepunkte: Der ›Farnesische Stier‹, eine monumentale Skulpturengruppe, entdeckt in den römischen Caracalla-Thermen, und die ›Alexanderschlacht‹, ein 5,82 × 3,13 m großes Meisterwerk antiker Mosaikkunst aus Pompeji (s. S. 114 ff.).

Pralles Leben und allgegenwärtiger Tod sind Nachbarn in der **Valle della Sanità** 26, dem nahe dem Nationalmuseum von der Piazza Cavour (U-Bahn-Station der Metropolitana) abzweigenden ›Tal der Gesundheit‹. Es verdankt seinen Namen den Gaudiosus-Katakomben unter der barocken Kirche

Santa Maria della Sanità, deren Heiligengräbern eine Reihe von Wunderheilungen zugeschrieben werden. Sehr gesund lebt es sich aber nicht in diesem tristen Armenviertel, das wieder einmal alle gängigen neapolitanischen Klischees zu bestätigen scheint. Und dennoch lohnt sich ein Spaziergang durch die schäbigen Häuserschluchten, vorbei an Marktständen mit Obst, Gemüse und billigen Textilien, bis zum Ende des Tals, wo sich hinter der kaum bemerkenswerten Kirche **Santa Maria del Carmine alle Fontanelle** einer der eigenartigsten Friedhöfe des Landes verbirgt (offiziell nicht zu besichtigen, aber Sonntag vormittags nach der Messe sperrt der Pfarrer auf Bitten auf). In dem riesigen Höhlensystem eines alten Steinbruchs lagern die sterblichen Überreste von rund 30 000 Menschen seit dem 15. Jh. Penibel getrennt wurden Schädel und Beinknochen zu gewaltigen Bergen der Vergänglichkeit aufgetürmt. Bis Mitte der 80er Jahre pflegten hier Neapolitanerinnen ihre vermißten Angehörigen, Opfer der Kriege, der Seefahrt oder der *Camorra,* zu beweinen, indem sie sich aus den Gebeinen von Unbekannten ein Skelett zusammenstellten, das sie dann mit Kerzen, Blumen und Rosenkränzen schmückten. Seltsames Neapel, das seinen Lebenden oft weniger Beachtung schenkt als seinen Toten!

Zurück an der Piazza Cavour führt die Via del Duomo Richtung Hafen. Bald taucht auf der linken Seite der mächtige **Duomo** 27 auf, dem Stadtpatron San Gennaro (hl. Januarius) geweiht. Die Baugeschichte ist immer noch nicht zur Gänze erforscht. Vermutlich wurde das ursprünglich gotische Gotteshaus Ende des 13. Jh. von Karl II. von Anjou – sein Grab befindet sich über dem Hauptportal – gegründet und von seinem Nachfolger Robert dem Weisen 1315 einge-

Neapel

83

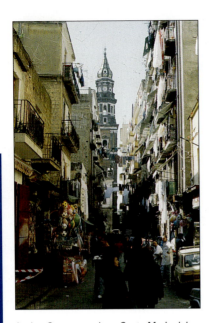

In den Gassen rund um Santa Maria del Carmine drängen sich viele Geschäfte

weiht. In der Barockzeit und Ende des 19. Jh. erfuhr der Dom umfassende Umgestaltungen, die leider unter anderem auch die häßliche neugotische Fassade betraf, in die die sitzende Madonna von Tino da Camaino aus dem 14. Jh. über dem Mittelportal integriert wurde. Der Innenraum wird durch drei Längsschiffe gegliedert, 16 Pfeiler tragen gewaltige gotische Bögen. Die vergoldete Holzdecke stammt aus dem Jahr 1621. Im rechten Seitenschiff findet man die Cappella del tesoro di San Gennaro, die 1608 fertiggestellte Januariuskapelle, das wichtigste Heiligtum der Stadt. Das Blut des San Gennaro, das sich zweimal im Jahr verflüssigt (s. S. 31 f.), wird unter einer Silberbüste (mit seinem Schädel) in einem Schrein des Altars aufbewahrt. Gegenüber der Januariuskapelle liegt der Zugang zur ältesten Basilika Neapels, der Kirche Santa Restituta aus dem 9. Jh., die man in den Dom integriert hat. Durch diese Kirche erreicht man das mit prachtvollen Mosaiken reich geschmückte Baptisterium, die Cappella San Giovanni in Fonte aus dem ausgehenden 4. Jh. Im Mittelschiff, unmittelbar vor dem Chor, führen zwei Treppen hinunter zur Cappella del Succorpo (auch Cappella Carafa genannt). In dieser zwischen 1431 und 1511 erbauten Krypta, die zu den schönsten Beispielen der Renaissance in Neapel zählt, ruhen die übrigen Reliquien des San Gennaro. Unter dem Dom konnten Mauern aus griechischer und römischer Zeit freigelegt werden.

Im Palazzo Cuomo an der rechten Seite der Via del Duomo hat 1882 Fürst Gaetano Filangieri (1824–92) seine reichhaltige Sammlung von Kunstwerken, Münzen, Medaillen, Porzellan und Waffen eingerichtet, die nun als städtisches **Museo Civico Filangieri** 28 die Besucher erfreut. Die wertvollsten Gemälde der Kollektion, unter ihnen Bildwerke von Sandro Botticelli, Mattia Preti und Luca Giordano, wurden allerdings während ihrer Auslagerung im Zweiten Weltkrieg von deutschen Soldaten vernichtet.

Hinter der Piazza Nicola Amore kann man sich in das Gewühl der Marktgassen stürzen, die sich bis zur Piazza del Mercato erstrecken. Unmittelbar daran schließt sich die Piazza del Carmine mit der populären Karmeliterkirche **Santa Maria del Carmine** 29 an, in der die Gläubigen die spätbyzantinische Ikone *La Bruna,* ein wundertätiges Marienbild, verehren. Das Gotteshaus mit einem 75 m hohen, majolikageschmückten Glockenturm zählt zu den Wahrzeichen Neapels.

Die Hafenstraße (Via Nuova Marina, Via Cristoforo Colombo) führt zu der mit gepflegten Grünanlagen und Brunnen

Auf der Piazza Mercato, in der Forchella und der Via della Sanità kann man in die Wohlgerüche des Marktes eintauchen

geschmückten, sanft zum Meer abfallenden Piazza Municipio, die nach oben vom Palazzo San Giacomo, heute Neapels Rathaus, begrenzt wird. Dominiert wird der Platz vom mächtigen **Castel Nuovo** 30, auch *Maschio Angioino* (›Bergfried von Anjou‹) genannt. Karl I. von Anjou hatte 1279–82 mit dem Festungsbau begonnen, von dem allerdings heute nur das gotische Schiff der Palastkapelle erhalten ist. Nachdem die Königsburg der Anjou, die als Residenz und Seefestung gleichermaßen diente, zur Ruine verkommen war, ordnete Alfons I. von Aragon im 15. Jh. Wiederaufbau und Erweiterung der Festungsanlage an. Im 20. Jh. erfolgten zahlreiche behutsame Restaurierungsarbeiten. Erst 1988 wurde das wertvollste Kunstwerk des Kastells, der Triumphbogen, von den zuständigen Denkmalschützern wieder freigegeben. Der von verschiedenen italienischen und spanischen Bildhauern geschaffene Torschmuck – er verherrlicht den Einzug des Aragonesen Alfons 1443 nach dem Sieg über die Anjou – ist eine der bedeutendsten Arbeiten der Renaissance in Italien. Im Hof befindet sich das Renaissanceportal zur Palastkapelle Santa Barbara, über dem eine Madonna mit Kind von Francesco Laurana thront. Das achtseitige Kreuzrippengewölbe der *Sala dei Baroni,* des gotischen Saals im Inneren des Kastells, hat alle Katastrophen von Erdbeben über Brände und Kriege heil überstanden. Im Gegensatz zu den Baronen, die der Aragonese der Freundschaft mit den Anjou verdächtigte und hier während einer Hochzeitsfeier hatte niedermetzeln lassen. Heute tagt Neapels Stadtrat in dem Saal. Die übrigen Räume beherbergen das Stadtmuseum mit Gemälden und Skulpturen des 14.–19. Jh.

Sänger, Fußballer und Dichter

Santa Lucia – Piazza dei Martiri – Villa Comunale – Piedigrotta – Mergellina – Posillipo

Diesmal geht es aus dem dichtbebauten Stadtzentrum an die Gestade des Golfs von Neapel. Das alte Fischerdorf **Santa Lucia** an den Hängen des Pizzofalcone, weltberühmt geworden durch ein neapolitanisches Volkslied, ist längst von der Stadt geschluckt worden. Und nicht Fischkutter, sondern bunte Freizeitschiffchen dominieren den kleinen Hafen vor der Kulisse nüchterner Hotelbauten auf der Via Partenope und im Schatten des gewaltigen, als Konferenz- und Ausstellungszentrum vorbildlich restaurierten **Castel dell'Ovo** 31, umgeben von teuren Fischrestaurants und winzigen Trattorien. Kaum mehr kommt jene romantische Stimmung auf, wie sie der mit einer Gedenktafel verewigte Komponist E. A. Mario (1884–1961) in seinen mehr als 2000 *canzoni* besungen hat. *La Canzone Napoletana,* das neapolitanische Volkslied, vom grellen Kommerzschlager überrollt, fristet bloß ein bescheidenes Dasein. Lediglich einige Gruppen pflegen die Tradition, neue Lieder passen sich dem Massengeschmack an, und was in Lokalen als Folkloreshow geboten wird, ist ungefähr so echt wie der Schmuck der Straßenhändler.

Das ›Ei-Kastell‹ ruht – so eine dem Dichter Vergil zugeschriebene Legende – auf einem am Meeresgrund liegenden Riesenei. In der Antike war das Inselchen unter dem Namen *Megaris* bekannt, soll doch darauf eine der sagenhaften Villen des Lucullus gestanden haben. Die Normannen begannen mit dem Bau der Fe-

◁ *Castel dell'Ovo*

stung, Friedrich II. deponierte in dem von ihm erweiterten Kastell seinen Staatsschatz. Zynismus der Geschichte: Friedrichs Enkel Konradin, der letzte Staufer, verbrachte die Tage vor seiner Hinrichtung in diesen Mauern.

Auf der **Piazza dei Martiri** 32, dem Platz der Märtyrer im eleganten Chiaia-Viertel mit Boutiquen, Antiquitätenläden und den führenden Kunstgalerien der Stadt, haben die Bürger den Opfern der Revolution gegen die Bourbonen ein Denkmal gesetzt. Vier steinerne Löwen symbolisieren die Aufstände der Jahre 1799, 1820, 1848 und 1860. Die Helden von damals kennt heute kaum jemand mehr. Um so bekannter sind die Heroen unserer Tage, die im gegenüberliegenden Palazzo Calabritto residieren: die Fußballer des SSC Napoli. Der Millionenklub kann sich eine so feine Adresse für sein Sekretariat leisten, folgen ihm doch bei jedem Heimspiel mindestens 80 000 Begeisterte ins Stadion San Paolo, die sich ihre Eintrittskarten durch ein Jahresabonnement sichern.

Als weitläufige Grünanlage erweist sich Neapels Stadtpark **Villa Comunale** 33 zwischen der von herrschaftlichen Häusern und Palästen gesäumten Riviera di Chiaia und der Via Caracciolo. In der Parkmitte befindet sich die **Zoologische Station** mit dem ältesten **Aquarium** Europas. 1872 gründete der deutsche Wissenschaftler Anton Dohrn dieses meeresbiologische Institut, in dem mehr als 200 verschiedene Gattungen der Meeresfauna und -flora des Golfs von Neapel besichtigt werden können. Die ehemalige Bibliothek ist mit Fresken des Deutsch-Römers Hans von Marées (1873–74; neapolitanische Szenen) ausgestattet.

Der Stadtteil **Piedigrotta** war früher vor allem wegen seines bunten Volksfestes bekannt, das alljährlich am 8. Sep-

Fußball in Neapel: Himmelblaues Fieber

Als 1987 der SSC Napoli das erste und bisher einzige Mal den italienischen Meistertitel gewann, verwandelte sich Neapel in ein wogendes, tobendes Meer in Himmelblau, der Farbe des Vereins. Hausheilige und Haustiere, Fahrzeuge und Fassaden, ja selbst die Gesichter der Menschen, die ihre balltretenden Götter eine ganze turbulente Nacht lang spontan und mit überschäumender Phantasie – aber ohne jegliche Exzesse – feierten, waren himmelblau geschmückt. Aggressive Rowdies und Randalierer mögen im Norden Europas ihr Unwesen treiben, wo die ›Fans‹ – ›Fanatiker‹ – Stadien häufig in Schlachtfelder verwandeln. Die neapolitanischen Fußballfreunde aber fiebern im wahrsten Sinne des Wortes mit ihren Lieblingen mit.

Ein echter *tifoso* dagegen – die Bezeichnung leitet sich von Typhusfieber ab – kennt keine Gewalt. Er freut sich ausgelassen über einen Sieg und leidet bittere Qualen bei einer Niederlage seiner Mannschaft. Was Triumphe betrifft, so hat der SSC Napoli seit dem Abgang des argentinischen Ballgenies Diego Maradona seine Anhänger nicht gerade verwöhnt. Dennoch halten die Neapolitaner ihrer Elf die Treue. Wer die Menschen dieser Stadt besser kennenlernen und verstehen will, sollte sie einmal beim Fußball beobachten.

tember (Mariä Geburt) stattfand. Ein Volksliedwettbewerb gab der Kunst der *Canzone Napoletana* wichtige Impulse. Das Fest wird nicht mehr veranstaltet, *canzoni* sind kaum noch gefragt. Zur wundertätigen Madonna in der Kirche Santa Maria di Piedigrotta strömen allerdings nach wie vor zahlreiche Gläubige. Literaturfreunde zieht es aber vor allem zum **Grab des Vergil** 34 *(Tomba di Virgilio)* in einer hinter der Kirche beginnenden kleinen Parkanlage. Es handelt sich um ein längst ausgeraubtes, einfaches römisches Familiengrab *(columbarium),* einen viereckigen Bau mit Tonnengewölbe wahrscheinlich aus der Zeit des Augustus. Im Inneren des Grabmals standen einst in zehn *loculi* (Nischen) die Urnen. 1939 wurden in den Park, in dem die Grabanlage liegt, die Gebeine des 1837 in Neapel gestorbenen Poeten Giacomo Leopardi überführt und unter einer Stele beigesetzt.

Der kleine Hafen von **Mergellina** liegt an einer schönen Strandpromenade. Von hier legen die Tragflügelboote *(aliscafi)* zu den Inseln Procida, Ischia und Capri ab. Vom **Posillipo,** einem weiteren Hausberg der Stadt und Villen-Refugium der Reichen, genießt man einen schönen Blick auf den gesamten Golf und auf die Phlegräischen Felder. Zu erklimmen ist der Hügel bequemst mit der *Funicolare di Mergellina* (ab Via Mergellina).

Weitere Sehenswürdigkeiten

Museo Nazionale di Capodimonte

35 Der 124 ha große Park mit prachtvollem Baumbestand und der Palast von Capodimonte liegen auf einem Hügel knapp 3 km außerhalb des Stadtzentrums und sind in gerader Fortsetzung der Via Toledo auch mit öffentlichen Ver-

kehrsmitteln (z. B. Bus Nr. 110 ab Stazione Centrale – Hauptbahnhof) in weniger als einer halben Stunde zu erreichen. Ursprünglich als Jagdschloß konzipiert, entschloß sich Karl III. von Bourbon 1738 zum Bau eines Museumspalastes, in dem schon 1758 die Farnesische Sammlung untergebracht werden konnte. Die Kunstwerke waren eine Erbschaft der Elisabeth von Parma an ihren Sohn Karl. Napoleons Bruder Joseph Bonaparte ließ 1806 die Objekte in das heutige Archäologische Nationalmuseum bringen. Erst seit 1957 wird das Schloß wieder als Museum genutzt.

Im Mittelpunkt steht die **Pinakothek:** Neben Malern der italienischen Schulen des 15. bis 19. Jh. zählen Werke von Tizian, Pieter Bruegel d. Ä., Raffael, Correggio, Ribera, Giordano und Goya zu den größten Kostbarkeiten. Bemerkenswert sind auch die **Gobelin- und Waffensammlungen** sowie das **Porzellankabinett,** ein Geschenk Karls an seine Gemahlin Maria Amalia von Sachsen, der Neapel die Gründung seiner berühmt gewordenen, jedoch 1805 geschlossenen Porzellanmanufaktur verdankt.

Museo Nazionale della Ceramica – Villa Floridiana

36 König Ferdinand I. erwarb das üppig bewachsene, terrassenförmige Grundstück am Südhang des Vomero, um dort 1817 für seine morganatische (nicht standesgemäße) Gattin Lucia Partenna, Herzogin von Floridia, eine Villa erbauen zu lassen. Seit 1913 ist das von dem Architekten Antonio Niccolini entworfene Gebäude in Staatsbesitz, seit 1931 Museum. Den Grundstock der Exponate bildet die dem Staat gestiftete umfangreiche Sammlung von Placido di Sangro, Herzog von Martina: Porzellan, Majoliken, Fayencen, Gläser, Möbel und Ostasiatika.

Inseln im Golf

Neapel als zartbittere Liebesaffäre: Ausgerechnet bei der Abreise zeigt sich die Metropole von ihrer besten Seite, fällt das Verlassen plötzlich schwer. Freilich nur, wenn man dem düsteren Gassengewirr und brodelnden Lärm per Schiff entflieht, um sich den drei strahlenden Perlen in der Krone des Golfs, den Inseln Capri, Ischia und Procida, zuzuwenden. Stefan Andres hat Neapel als »die schönste Stadt zum Abschiednehmen« bezeichnet, weil sie »ihrem Freund die sichere Wiederkehr leise und bestimmt verkündet«. Der deutsche Dichter war, wie unzählige Besucher vor und nach ihm, verzaubert vom langsam entschwindenden Panorama: »Vom Vesuv bis zum Cap Misen Häuser und Villen im fließenden Licht. Droben die sanftbelebten Linien der Berge, drunten der Bogen des Meeres. Man ist eingefangen in dieser sehnsüchtigen Gebärde der, wenn aus Riechweite entrückt, schönsten Stadt, die ich kenne.«

Capri: Das Boot ist voll

■ (S. 298) Dichter priesen die Insel als »irdisches Paradies«, als »Inkarnation der Schönheit«, Philosophen verglichen sie mit einem Opferstein, auf dem Apollo

Die Marina Grande auf Capri

und Aphrodite Tribut empfangen, Sänger schwärmten viele Generationen lang vom Naturerlebnis Sonnenuntergang, der nirgendwo eindrucksvoller sein soll. Keine andere Insel hat die Phantasie von Poeten, ob von gefühlsschwangeren Romantikern oder heißblütigen Revolutionären, derart angeregt, kein anderes Gebiet weist eine solche Fülle an literarischer Prominenz auf, seit zwei Deutsche, der Dichter August Kopisch und der Maler Ernst Fries, 1826 die staunende Welt auf ein neues ›Wunder‹, die Blaue Grotte, aufmerksam machten.

Der Massentourismus unserer Zeit zwingt Capri allerdings dazu, auch ein anderes, abweisendes Gesicht zu zeigen, will es nicht Gefahr laufen, seiner Einzigartigkeit, seiner überirdischen Magie beraubt und von lärmenden Fremdenhorden plattgetreten zu werden. Das Boot ist voll. Tausende von Tagesbesuchern bringen es bereits bedenklich zum Schwanken. Bei weiterem unkontrolliertem Zugang würde es unweigerlich bald kentern.

Die Capresen wehren sich daher verständlicherweise mit allen erdenklichen Mitteln gegen ein ›venezianisches Schicksal‹. Sie wollen nicht nur ein Museum bieten, in dem Ruinen und Inschriften, Kirchen und Grotten, Denkmäler und Grabsteine zweitausend Jahre Geschichte erzählen, sondern kämpfen darum, als elitäres Reiseziel auch weiterhin jene Lebensqualität zu erhalten, für die eine entsprechende Klientel gerne mehr als nur Kleingeld auf den Tisch legt. Striktes Bauverbot (das freilich, es wäre ja nicht Süditalien, dann und wann durchbrochen wird), Beschränkung der Gästebettenzahl auf rund 4000, Verbannung der Autos aufs Festland (nur Einheimische dürfen auch während der Saison ihre Fahrzeuge auf die Insel bringen), Bemühungen um den Umweltschutz, keine tragbaren Radios im Freien, keine Campingmöglichkeiten, strenge Kleidungsvorschriften sind nur einige der Maßnahmen gegen die erdrückende Touristenlawine. Mehr als 3 Mio. Besucher pro Jahr – an manchen Tagen allein bis zu 20 000 – setzen von Neapel oder Sorrent zur Insel über. Nicht einmal exorbitante Preise schrecken sie ab, weil die meisten von ihnen ohnehin ihr Lunchpaket mitbringen und außer einem Getränk kaum etwas konsumieren. All-

abendlich hinterlassen diese kurzfristigen Invasoren aber einen gewaltigen Abfallberg, dessen Beseitigung kaum mehr sicherzustellen ist.

Die stillen Tage von Capri? Es gibt sie heute bestenfalls in den Wintermonaten, wenn die Insulaner und ein paar Dauergäste unter sich sind und einer Idylle nachhängen, die noch nicht von der Unrast völkerwandernder Urlauber und vom modischen ›Zeitgeist‹ des Jetset bestimmt ist. Wenn selbst auf der Piazzetta, dem Haupt-Rummelplatz der Tagesbesucher, einmal Frieden einkehrt, wenn in den Cafés zu Füßen der barocken Pfarrkirche San Stefano und vor den kulissenhaften Fassaden der schmucken Häuschen die Kellner den Espresso nicht mißmutig und mit gehetztem Blick, sondern mit einem freundlichen Lächeln servieren. Dann läßt sich der Zauber noch erahnen, der all die Künstler und Schöngeister aus den Salons von München und Berlin, von Moskau und Petersburg, von London und Paris zu ihren gedichteten und gemalten Capri-Hymnen inspiriert hat.

Geologisch ist Capri ein Ausläufer des Apennin und unterscheidet sich als Kalksteinformation wesentlich von ihren Schwesterninseln Ischia und Procida, die vulkanischen Ursprungs sind. Prähistorische Funde weisen auf eine Besiedlung in der frühen Steinzeit hin. Ihren Namen verdankt die trapezförmige, im Osten und Westen von steil abfallenden Erhebungen begrenzte Insel, deren Mitte sich wie die Taille einer Frau verengt, dem lateinischen Wort *caprea* (Ziege) oder dem griechischen *kapros* (Wildschwein). Ein beliebtes Ziel von Touristen und Sommerfrischlern stellte Capri bereits zur Römerzeit dar. Kaiser Augustus, vom üppigen Reiz des Eilands überwältigt, erwarb dieses 29 v. Chr. von Neapel im Tausch gegen Ischia, sein Nachfolger Tiberius ließ Amtsgeschäfte in Rom Amtsgeschäfte sein und zog sich für sein letztes Lebensjahrzehnt – in den Jahren 26 bis 37 – nach Capri zurück, das sich in dieser Epoche als Mittelpunkt eines Weltreichs fühlen durfte. Der alternde Monarch entfaltete eine rege Bautätigkeit: Tiberius errichtete auf der Insel insgesamt zwölf prachtvolle Villen, die er unter den Schutz der olympischen Gottheiten stellte.

Skandalumwitterte Orgien des angeblich grausamen ›Lustgreises‹ hängen Capri bis heute nach, weil Klatsch und Tratsch offensichtlich seit altersher ebenso zu diesem Eiland gehören wie die Faraglioni, jene malerischen, phallischen, zu markanten Wahrzeichen gewordenen Felsentürme an der Südostküste.

Nach dem Untergang des römischen Reiches senkte sich der Vorhang der Geschichte auch für Capri, es wurde zum unbedeutenden Vorposten Neapels. In den verfallenden Villen hausten und wüteten Sarazenen und Piraten. Byzantiner und Normannen, Spanier, Österreicher, Franzosen und Engländer wechselten einander in der Herrschaft über die Insel ab, die ihnen mit ihren steilen Klippen wenig einladend erschien. Selbst Goethe segelte 1787 auf der Fahrt nach Sizilien noch an Capri vorbei, das in seiner ›Italienischen Reise‹ nur Erwähnung fand, weil er davor beinahe Schiffbruch erlitten hätte. Erst vier Jahrzehnte später wurde die Insel aus ihrem Dornröschenschlaf erweckt. August Kopisch, Schriftsteller und Maler aus Breslau, und sein malender Freund Ernst Fries aus Heidelberg schlugen am 28. August 1826 alle Warnungen der Einheimischen in den Wind und drangen in die den Capresen zwar wohlbekannte, von diesen aber seit den Zeiten des Tiberius aus Aberglauben peinlichst gemiedene Höhle ein, die als *Grotta Azzurra* – Blaue Grotte – in der Epoche der Romantik zum Symbol der Insel werden sollte. Sie ist bis heute ein Markenzeichen Capris geblieben, wenn auch angesichts des unverschämten Nepps der Bootsführer und des manchmal lebensgefährlichen Gedränges vor dem Eingang häufig mit negativem Beigeschmack.

Die Kunde von der Ideallandschaft Capri, wo zivilisationsmüde Städter das einfache Leben der Fischer und Bauern teilen konnten, verbreitete sich mit Windeseile über ganz Europa. Vor allem Dichter drängte es auf die Wunderinsel: August von Platen und Wilhelm Waiblinger, Victor von Scheffel und Felix Dahn, Emanuel Geibel und Paul Heyse. Der junge Komponist Felix Mendelssohn-Bartholdy machte, weil es einfach zu einer Bildungsreise dazugehörte, hier Station, und der Historiker Ferdinand Gregorovius lieferte die erste gründliche deutschsprachige Beschreibung der Insel und ihrer Bewohner. Um 1900 folgte ein zweiter Strom junger Autoren aus Deutschland: Gerhart Hauptmann, Otto Julius Bierbaum, Rainer Maria Rilke.

Die Deutschen hatten zu dieser Zeit Capri richtiggehend ›kolonisiert‹, wie sie es nach dem Zweiten Weltkrieg mit der Nachbarinsel Ischia machen sollten. Sie besaßen eigene Clubs und Cafés, tauften

Laubengang in der Villa San Michele

die Hauptstraße Via Hohenzollern, sorgten in Verschönerungsvereinen für penible Sauberkeit und ließen sich mit dem Dampfer ›Nixe‹ des Norddeutschen Lloyd zwischen Neapel und der Insel hin- und hertransportieren. Doch sie waren nicht die einzigen Fremden, die sich in Scharen auf Capri versammelten. Russen, Skandinavier, Engländer und Franzosen, viel später auch Italiener, sie alle prägten das Gesicht der Insel. Die Russen verbrachten ihre Tage nicht nur beim Schachspiel, sie diskutierten, agierten, gründeten sogar eine ›Parteischule‹ und holten sich 20 Arbeiter aus ihrer Heimat als ›Studenten‹. Die berühmtesten Skandinavier waren Hans Christian Andersen, dessen Roman ›Der Improvisator‹ auf Capri spielt, und der Arzt und Schriftsteller Axel Munthe, der sein Haus am schönsten Platz von Anacapri mit antiken Funden füllte. In Munthes ›Casa San Michele‹ erging sich auch der im Februar 1998 verstorbene deutsche Philosoph Ernst Jünger in phantastischen Betrachtungen. Viele Zeitgenossen warfen begehrliche Blicke auf dieses Anwesen, doch sogar die rastlose österreichische Kaiserin Elisabeth scheiterte bei dem Versuch, dem Schweden sein einzigartiges Domizil abzukaufen. Aus England reisten Oscar Wilde und Norman Douglas an, später Graham Greene, aus Frankreich André Gide und Roger Peyrefitte. Erst Mitte des 20. Jh. fanden sich auch italienische Literaten ein: Curzio Malaparte, Mario Soldati und Alberto Moravia. Für den aus Chile verbannten Lyriker Pablo Neruda wurde Capri in den 50er Jahren zum Exil, für Monika Mann, eine der drei Töchter Thomas Manns, zur zweiten Heimat.

Die Muse der Poesie hat ihre beflügelnde Tätigkeit auf Capri heute weitgehend eingestellt, den Dichtern und Malern folgten Filmstars und Neureiche,

die sich untertags in ihre abseits liegenden Häuser und auf ihre in winzigen Buchten ankernden Jachten zurückziehen, um abends, wenn mit den letzten Fähren auch die Touristenhorden verschwunden sind, ›ihre‹ Insel endlich in Besitz zu nehmen. Man sollte sich vom grellen Ritual der Schickeria, die die Nachtlokale und Diskos beherrscht, freilich nicht täuschen lassen. Als Glückspilz darf sich schätzen, wer ein Bett sein eigen nennen und länger als einen Tag auf der Insel verbringen kann. Nur dann nämlich wird er Gelegenheit haben, die verborgenen Schönheiten Capris zu entdecken, jene Schätze, an denen die Massen achtlos vorbeigehen: einsame Pfade mit atemberaubenden Ausblicken, blühende Gärten, schattige Olivenwälder, verträumte Winkel und gemütliche Lokale, in denen sogar noch Italienisch gesprochen wird. Der Mythos ist nicht tot, ganz im Gegenteil, doch gilt es, ihn zu bewahren.

Capri-Spaziergang

Der Inselhafen **Marina Grande** 1 liegt in einer breiten Bucht an der Nordküste. Eine Standseilbahn führt zum Hauptort **Capri** 2. Mittelpunkt des Städtchens ist die Piazza Umberto I, die jedermann nur Piazzetta nennt. An einer Seite erhebt sich die Kirche San Stefano, ein Bau aus dem 17. Jh., in dessen Chorraum ein bunter Marmorfußboden aus der Villa Jovis gelegt wurde. Am Ortsrand liegt die **Certosa di San Giacomo** 3, eine leider ziemlich schäbig gewordene Kartause aus dem 14. Jh., die mehrmals zerstört und wieder aufgebaut wurde. Der kleine Kreuzgang stammt aus dem 15. Jh. und weist römische und byzantinische Kapitelle auf, der große Kreuzgang wurde im 16. Jh. erbaut. In der Kir-

Capri

che kann man sehenswerte Fresken der Giotto-Schule besichtigen. Das der Kartause angeschlossene Museo Dieffenbach enthält schaurige Monumentalgemälde des deutschen Spätromantikers Karl Wilhelm Dieffenbach (1851–1915).

Ein schöner Spaziergang (45 Min.) führt von Capri aus zur **Villa Jovis** 4, das sind die beeindruckenden Ruinen des von Kaiser Tiberius erbauten Palastes. Neben dem Eingangstor sieht man einen 297 m steil ins Meer abfallenden Felsvorsprung *(Belvedere del Salto di Tiberio)*, von dem Tiberius angeblich seine Feinde hatte hinabstoßen lassen. Die Besichtigung der Villa beginnt man am besten am höchsten Punkt (354 m) bei der Cappella Santa Maria del Soccorso. Von hier hat man nicht nur einen prachtvollen Blick über den gesamten Golf von Neapel, sondern auch über die 7000 m² große Anlage des Palastes.

Knapp 30 Minuten benötigt man von Capri aus bis zum **Arco Naturale** 5, einem gewaltigen, von der Natur geschaffenen Felsbogen an der Ostküste der Insel. Von diesem führt eine Treppe zu der einst dem Kybele-Kult geweihten *Grotta di Matermania*. Vor der **Punta di Tragara** 6 (20 Min.) hat man einen herrlichen Ausblick auf die Wahrzeichen von Capri, die Faraglioni, drei spitz aus dem Meer aufragende Felsen, von denen zwei bogenförmig durchbrochen sind.

Nur fünf Minuten sind es von der Piazzetta zum **Parco Augusto** 7, den ehemaligen Gärten des Kaisers Augustus, heute eine öffentliche Parkanlage, in der die Reisegruppen einander fast auf die Füße treten. Meistfotografierte Motive sind hier das Lenin-Denkmal und die Via Krupp, die in engen, in den Fels gehauenen Serpentinen vorbei an der Torre Saracena, einem Sarazenenturm, in die reizende Marina Piccola, eine der beliebtesten Badebuchten, führt.

Die Ortschaft **Anacapri** 8, von Capri und Marina Grande mit einem in kurzen Abständen verkehrenden Busdienst verbunden, liegt auf einem Plateau an den Hängen des **Monte Solaro** 9, dem mit 589 m höchsten Berg der Insel, per Sessellift in 12 Min. zu ›bezwingen‹. Hauptattraktion von Anacapri ist die Villa San Michele, das zu einem Museum umgewandelte Wohnhaus des schwedischen Arztes und Kunstsammlers Axel Munthe (1857–1949), der mit seinem in 41 Sprachen übersetzten ›Buch von San Michele‹ Weltruhm erlangte. Kunstfreunde wird das kunterbunte Sammelsurium Munthes vielleicht weniger begeistern als die kleine, hochbarocke Kirche San

Michele aus dem 18. Jh. mit einem prachtvollen Majolikafußboden (Darstellung des Paradieses).

Die vielbesungene **Blaue Grotte** (*Grotta Azzurra*) ⑩ hat andernorts wahrscheinlich schönere und weniger überlaufene Pendants (zum Beispiel die *Grotta dello Smeraldo* an der Costa Amalfitana), ist aber ein Fixpunkt jeder Capri-Tour. Sie ist am schnellsten und preisgünstigsten per Bus von Anacapri zu erreichen.

Ischia: Nicht daheim und doch zu Hause

■ (S. 307) Grenzenlose Enttäuschung steht in den Gesichtern des blondgelockten Pärchens vor dem leeren Zeitungsständer. Das reichbebilderte Lieblingsblatt aus der Heimat ist heute noch nicht eingetroffen. »Ja, sind die denn noch zu retten?«, machen die beiden ihrer Frustration Luft. Dieser Tag des Ischia-Aufenthaltes scheint für die beiden Urlauber jedenfalls verdorben zu sein. Da können auch der garantiert herz- und magenschonende Filterkaffee und die ›Swarzwelder Kirchtorte‹ nach Rezepten aus Mutters Küche, die ein Lokalbesitzer anpreist, über die ›typisch italienische Schlamperei‹ nicht hinwegtrösten.

Sie sind noch zu retten, die rund 50 000 Ischitaner, denn sie haben sich trotz einer scheinbar totalen Vereinnahmung durch den Fremdenverkehr jenes Quentchen Eigenart erhalten, das sie davor bewahrt, zu bloßen Folkloristen einer Tourismuskolonie degradiert zu werden. Mit diensteifriger Freundlichkeit, die manchmal vielleicht eine Spur zu aufgesetzt wirkt, danken sie es den Deutschen, daß diese nach dem Zweiten Weltkrieg das Wirtschaftswun-

der auf die vergessene Insel brachten. Rund um die Uhr bemüht man sich auf Ischia, den Gästen das Gefühl zu vermitteln, nicht daheim und doch zu Hause zu sein.

Wo heute der Riese D-Mark regiert, befand sich einst, so lautet eine immer wieder gerne erzählte Sage, das Reich des Tifeo, eines gegen den Olymp rebellierenden Titanen, der von Zeus zur Strafe ins Meer gestoßen wurde. Der Gigant schickte donnernde Klagen zum Himmel, aus seinem Mund troff rötlicher Geifer, bis Venus sich der Sache annahm und als Friedensstifterin auftrat. Die heißen Tränen des von seinen Leiden befreiten und versteinerten Riesen sollten von Stund an Heilung bringen – Ischia gedieh zum üppig grünen Land, und aus seinem Inneren sprudelten Thermalquellen, göttlicher Balsam für alle, die an Krankheiten leiden.

Nüchterner sehen es freilich die Geologen, für die das Eiland gemeinsam mit dem benachbarten Procida nichts anderes als eine Fortsetzung der Phlegräischen Felder darstellt, von denen es durch vulkanische Eruptionen getrennt wurde. Schon den ersten Siedlern – Oskern, Pelagern, Etruskern, Phöniziern – brannte im wahrsten Sinne des Wortes der Boden unter den Füßen, gewaltige Vulkanausbrüche zerstörten ihre Dörfer. Auch die griechischen Pioniere aus Euböa, die im 8. Jh. v. Chr. auf der Suche nach neuem Land durch das Tyrrhenische Meer segelten, hielten es auf der dampfenden und zischenden Insel nicht sehr lange aus. Ihre erste Ansiedlung *Pithekoussai* (lat. *Pithaecusa*), nach der sie später die ganze Insel nannten, spielte lediglich als Flottenstützpunkt eine Rolle.

Die Römer kannten und nutzten die Heilquellen Ischias häufig und gerne, doch als Kaiser Augustus die Insel auf

Ischia und Procida

Wunsch seiner Tochter Julia gegen Capri eintauschte, verloren auch die oberen Zehntausend Roms ihr Interesse an dem schmerzlindernden Wasser. Ischia teilte fortan das wechselvolle Geschick Neapels. 1881 und 1883 wurde das Eiland durch schwere Erdbeben, die Tausende von Opfern forderten, verwüstet, der Wiederaufbau erfolgte nur zögernd, bis die Deutschen kamen. Zunächst einmal – von 1942 bis 1944 – in Wehrmachtsuniformen, dann aber als ganz und gar friedliche Invasoren, nachdem einige Touristikunternehmen diesen ungehobenen Schatz entdeckt hatten.

Von nun an ging's bergauf, und die sechs Gemeinden, die sich um das mächtige Massiv des **Monte Epomeo**, eines 788 m hohen erloschenen Vulkans, scharen, wuchsen dank der kräftigen Devisenspritzen und der reichen natürlichen Ressourcen zu blühenden, touristisch voll erschlossenen Kommunen, in denen praktisch alle Einwohner direkt oder indirekt vom Fremdenverkehr leben. Die meisten der mehr als eine Million Urlauber, die alljährlich auf Ischia Sonne, Meer und Heilung suchen, betreten nach der Überfahrt von Neapel oder Pozzuoli in Ischia Porto, dem Hafen der Inselhauptstadt **Ischia** 1, wieder festen Boden. Sogleich wird der Besucher erstmals mit den gewaltigen Mächten im Erdinneren konfrontiert, entstand doch der natürliche, kreisrunde Hafen aus einem ehemaligen Kratersee, der mittels Durchstoßen einer Wand mit dem Meer verbunden wurde. Eruptiv gestaltet sich häufig auch die erste Begegnung mit den Ischitanern: Kofferträger, livrierte Chauffeure von Luxushotels und die mit bunten Leibchen bekleideten Fahrer der sogenannten Micro-Taxis, dreirädrigen, schmalbrüstig motorisierten Fahrzeugen mit abnehmbaren Seitenwänden und Dächern aus Plastik, streiten lautstark um jeden Kunden. Sitzt man dann endlich in irgendeinem Gefährt, so fällt garantiert sofort ein skurriles Verkehrshindernis ins Auge: eine riesige, bereits zu Beginn des 20. Jh. gepflanzte Platane mitten auf der

Hafenstraße. Rigorose Stadtplaner hätten dieses ›Ärgernis‹, das in der Hauptsaison tagtäglich zu endlosen Verkehrsstaus führt, längst entfernt. Doch so weit geht die Konzession der Ischitaner an den Tourismus auch wieder nicht!

Die Hauptstadt setzt sich aus Ischia Porto und Ischia Ponte zusammen. Am Hafen beginnt die Hauptflaniermeile des Ortes, die Via Roma mit zahlreichen Cafés, Restaurants und Boutiquen, die in den Corso Vittorio Colonna übergeht. Beliebtester Treffpunkt ist die Piazza degli Eroi, der Platz der Helden. In Ischia Ponte sollte man keinesfalls das **Castello Aragonese** versäumen, das Alfons von Aragon 1438 auf einem mächtigen, 100 m hohen Felsen im Meer errichtete. Über einen Steindamm gelangt man in das weitläufige Burgviertel, das einst zehn Kirchen, zwei Klöster und Wohnraum für bis zu 10 000 Menschen umfaßte. Ein Lift führt direkt zu den Ruinen der **Kathedrale dell'Assunta** (1301, in der Krypta Fresken aus dem 14. Jh.) und der **Kirche Immacolata** (18. Jh.) sowie zum **Convento delle Clarisse,** dem 1575 gegründeten und 1810 verlassenen Klarissinnenkloster, und zu den Überresten des zehneckigen Kirchleins **San Pietro a Pantaniello** (1547). Jahrzehntelang diente die von Lord Nelsons Flotte zum Teil zerstörte Festung als Gefängnis, ehe sie um 1900 in den Besitz der auf Ischia ansässigen Familie Mattera wechselte. Für Gänsehaut sorgt ein ›Nonnenfriedhof‹ in der Krypta der ehemaligen Klosterkirche: in den Felsen geschlagene Stühle, auf denen die sterblichen Überreste der Schwestern langsam zu Staub zerfielen. Geschockt und verwirrt ob dieser seltsamen Totenbräuche verläßt der Besucher die Felsenburg, um sich wieder ins pralle Leben der Insel zu stürzen.

Das Städtchen **Casamicciola Terme** 2 mit einer Uferpromenade, Thermalbädern und den romantisch angelegten Spazierwegen inmitten einer wilden Natur sorgt für die nötige Abwechslung.

Ein Micro-Taxi wartet auf Fahrgäste

Dazu gehört auch eine ordentliche Portion abstruser Kitsch, wie er in den Ausstellungsräumen der Keramikfabrik Menella zu einem Kabinett des schlechten Geschmacks angehäuft wurde. Freilich sollte man daraus nicht auf den allgemeinen Zustand der Ischitaner Keramikindustrie schließen, die, wie zahlreiche Beispiele in vielen anderen Läden zeigen, durchaus imstande ist, auch schöne, künstlerisch wertvolle Souvenirs herzustellen.

Der Jet-set – und was sich dafür hält – trifft sich in dem kleinen, aber feinen Ort **Lacco Ameno** 3, den der italienische Verleger Angelo Rizzoli für seinesgleichen populär gemacht hat. Neben einigen exquisiten Lokalen für Speis und Trank kann die von dunkelgrünen Orangenhainen umgebene Gemeinde am Fuß des Monte Epomeo, als griechische Gründung unter dem Namen *Herakleion* (7. Jh. v. Chr.) übrigens die älteste der Insel, noch mit einem gewaltigen *fungo* (Pilz), einem wenige Meter vom Strand entfernten, eigentümlich ausgehöhlten Tuffsteinfelsen, aufwarten. Im kleinen archäologischen Museum Santa Restituta neben der gleichnamigen Wallfahrtskirche werden Fundstücke aus der griechischen Epoche gezeigt.

Der lebhafte Ferienort **Forio** 4 auf einem Vorgebirge der Westküste hat sich zur Hochburg der Deutschen entwickelt, die sich in die malerisch verträumten Gäßchen mit arabisch beeinflußter Architektur und in die berühmten, weiten Sandstrände von San Francesco und Citara verliebt haben. Dort entspringen auch die heißen Quellen, mit denen die größte und schönste Thermenanlage der Insel, die Poseidon-Gärten, gespeist werden. Ein Hauch von Mystik umgibt die Kirche Santa Maria del Soccorso auf einem Felsen über dem Meer. In dem schlichten Gotteshaus wird ein

Holzkruzifix aufbewahrt, das ein heftiger Sturm um 1500 an die Küste geschwemmt haben soll. Die kleine Kirche ist daher zum Heiligtum der Seefahrer geworden. Fünf schwarze Holzkreuze, die sich vor dem strahlenden Weiß der Fassade schon von weitem deutlich abheben, erinnern an die Opfer der oft rauhen See um Ischia.

Mit den anderen Ferienzentren der Insel nicht vergleichbar, nimmt das Fischerdorf **Sant'Angelo** 5 mit vielen Treppchen und verwinkelten Gassen als weitgehend autofreie Zone eine Sonderstellung ein. Die heitere Gelassenheit des Ortes, in dem Lasten noch mit Maultieren geschleppt werden und sich sogar die sonst so aufdringlichen Hotels unauffällig an die Felsen schmiegen, zieht Künstler aus aller Herren Länder an. Doch erst wenn die Tagesbesucher entschwunden sind, entfaltet das bunte Urlauber- und Dauergäste-Völkchen gemeinsam mit den Einheimischen sein gemütliches Bohemeleben. Das Thermalbad Tropical, dessen Quellen oberhalb des Ortes entspringen, ist das modernste Ischias.

Vielgerühmt und gerne getrunken: Der trockene Ischia-Wein kommt zum Großteil aus der Doppelgemeinde **Serrara Fontana** 6, mit 450 m der höchste Ort und damit einer der beliebtesten Aussichtspunkte der Insel. Von hier aus läßt sich – zu Fuß oder auf dem Rücken eines Maultiers – der mit einer NATO-Radarstation ›geschmückte‹ Gipfel des Monte Epomeo erklimmen. Als Oase der Kultur entpuppt sich schließlich das Bergdorf **Barano d'Ischia** 7 mit den Ortsteilen Buonopane, Fiaiano, Piedimonte und Testaccio, in dem im Juni und Juli Konzerte weltberühmter Interpreten stattfinden. Wer die Badekultur der alten Römer nachvollziehen will, findet in den Cavascura-Thermen am Lido

Castello Aragonese auf Ischia

dei Maronti eine nach sorgfältiger Restaurierung wiedereröffnete Badeanlage mit in den Fels gehauenen Wannen und Kabinen. Der von Barano etwa 4 km entfernte Badestrand von Maronti ist einer der schönsten und längsten der Insel. Seine Unterwasser-Thermalquellen und Fumarolen werden zu therapeutischen Zwecken genutzt. Überhaupt sprudelt die Quelle für die Prosperität Ischias beinahe an allen Ecken und Enden aus der Erde. Bereits gegen Ende des 16. Jh. hat der Arzt Giulio Jasolino die heilkräftige Wirkung des Thermalwassers erstmals wissenschaftlich untersucht. Heute steht den zahlreichen Kurgästen ein ganzes Heer von Medizinern zur Verfügung, denn gezielte Anwendungen – gegen rheumatische Erkrankungen ebenso wie gegen Hautleiden und Stoffwechselprobleme – sollten nur unter ärztlicher Kontrolle erfolgen.

Ob Kuren oder Ferientrubel, Ischia bietet den perfekten Urlaubsservice. Nur ›reif für die Insel‹, das darf man auf diesem Eiland voller Jubel, Trubel, Heiterkeit wirklich nicht sein.

Procida: Ungeküßtes Dornröschen

■ (S. 322) »Besonders in der Nähe der einstigen Krater sprießen Tausende von Blumen wild empor, wie ich sie ähnlich niemals auf dem Festland wiedersah. Im Frühling bedecken sich die Hügel mit Ginster: du erkennst seinen scheuen und schmeichelnden Duft, sobald du dich unseren Häfen näherst, wenn du im Monat Juni vom Meere herüberkommst. Die Hügel hinan zu den Feldern führen auf meiner Insel einsame Wege; dahinter erstrecken sich Obstgärten und Weinberge, die kaiserlichen Gärten gleichen. Auf meiner Insel gibt es verschiedenartigen Strand mit hellem und weißem Sand und andere kleine Ufer mit Kieseln und Muscheln bedeckt und zwischen großen Felsenklippen verborgen. Dort ist an ruhigen Tagen das Meer sanft und frisch und benetzt das Gestade wie Tau.«

Mit diesen Worten stellt die große römische Erzählerin Elsa Morante in ihrem 1957 erschienenen Roman ›Arturos In-

Hafen von Procida

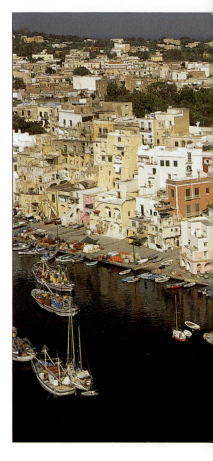

sel‹ Procida, die kleine Schwester von Ischia, vor. Einem Dornröschen gleich, das sich heftigst gegen den erlösenden Kuß zur Wehr setzt, ist Procida – angesichts der nahen Millionenstadt Neapel mehr als ein Wunder! – ein touristisch weitgehend unberührtes Fleckchen Erde geblieben. »In unserem Hafen«, so fährt Elsa Morante mit ihrer Schilderung fort, »legen fast niemals jene eleganten Sport- oder Segelboote an, welche die anderen Häfen des Archipels so zahlreich bevölkern; du wirst hier außer den Fischerbooten der Inselbewohner nur kleine Nachen und schwere Lastkähne finden.« Wahrscheinlich wäre dieses Bild heute schon Vergangenheit, hätten die rund 10 000 Procidaner nicht in den 70er Jahren allen Verlockungen schnellen Geldes widerstanden und sogar dem Club Mediterranée eine Abfuhr erteilt, der auf der nur 3,75 km² kleinen Insel ein Feriendorf errichten wollte.

Auf Procida ist man niemand gram, der um das vulkanische Eiland mit hohen, zerklüfteten Küstenfelsen einen Bogen macht. Was keineswegs heißt, daß Besucher unfreundlich empfangen werden. Mit drei kleinen Hotels, mehreren einfachen Privatquartieren, zwei Campingplätzen und einem Dutzend Restaurants vorwiegend am malerischen Hafen des Hauptortes **Procida** wurden jedoch der Kapazität des Fremdenverkehrs deutliche Grenzen gesetzt. Das soll sich nach dem Willen des stillen, eher unzugänglichen Menschenschlags auch in Zukunft nicht ändern. Wie seit Jahrhunderten gewohnt, bleiben die Insulaner am liebsten unter sich. Die einzigen Fremden, die länger auf der Insel verweilen, bekommt kaum jemand zu Gesicht. Es sind die ganz und gar unfreiwilligen Bewohner des einstigen Kastells von Giovanni da Procida, dem Helden der ›Sizilianischen Vesper‹ (S. 42). Schon seit Jahrzehnten gilt die hoch über der Insel auf einem steil zum Meer abfallenden Felsen thronende Burg als eines der sichersten Gefängnisse Italiens.

Über dieses notwendige Übel werden auf Procida aber nicht viele Worte verloren. Viel eher verweist der lokale Cicerone den Besucher mit Stolz auf das *Istituto Nautico Francesco Caracciola,* eine der ältesten Seefahrtsschulen des Landes, untergebracht in einem großzügig angelegten Adelspalast. Glückliche Ka-

detten, die ihre theoretische Ausbildung inmitten üppigster Orangen- und Zitronenhaine und nicht in einem strengen Kasernengebäude erfahren.

Glückliche Urlauber auch, die hier abseits mondäner Lokale Ruhe und Frieden genießen, auf langen, einsamen Spazierwegen, die zu stillen Stränden und Klippen führen, zu sich selbst finden und sich von dem über der ganzen Insel schwebenden Duft der Zitrusfrüchte betören lassen können. Sie gehören zu jenen Privilegierten, denen es vergönnt ist, ohne Zeitdruck das wie eine riesige Rumpelkammer mit sakralen Gegenständen vollgeräumte Kloster San Michele am Burgberg, drei im Laufe eines Jahrtausends übereinandergebaute Kirchen, gründlich zu erforschen oder in der Osterwoche die eindrucksvolle Karfreitagsprozession als archaisch anmutende Manifestation des Glaubens mitzuerleben. Oder das winzige, mit Procida durch einen Steg verbundene Inselchen **Vivara** zu besuchen, das einem bekannten Parfum den Namen gab und seit 1974 Naturschutzpark mit zahlreichen Vogelarten und seltenen Pflanzen ist. Der Prinz möge sein Dornröschen noch lange verschonen!

Von Herrschern, Sklaven und Sibyllen

Vom ›Versailles des Südens‹ bis zu ›brennenden Feldern‹ reicht das Programm dieses rund 150 km langen Ausflugs mit Standort Neapel. Man verläßt die Metropole Kampaniens am besten über die Autobahn (A 2) Richtung Rom (mautpflichtig), die man bei der ersten Ausfahrt **Caserta** 1 (S. 299) wieder verläßt. Der Weg zum **Palazzo Reale** ist gut ausgeschildert. Denn die kleine, unbedeutende Provinzhauptstadt inmitten der fruchtbaren, Terra di Lavoro genannten Ebene kann mit keinerlei anderen Attraktionen aufwarten.

Die Provinz Caserta

Es sollte das Versailles des Südens werden und die Hauptstadt Neapel übertreffen. Doch die hochfliegenden Pläne des Bourbonen Karl III. und seines berühmten Architekten Luigi Vanvitelli wurden niemals Wirklichkeit. Zwar stellte man die protzige Anlage nach Baubeginn 1752 innerhalb von 22 Jahren fertig, mit Leben konnte sie aber niemals erfüllt werden. Bis heute wird man den Eindruck einer gewissen Großmannssucht nicht los, wollte es doch der Monarch des kleinen Königreichs Neapel seinen ›großen‹ Kollegen gleichtun. Als der Palast mit den gewaltigen Ausmaßen von 247 × 184 m nach enormen Baukosten von 8,7 Mio. Dukaten für vollendet erklärt worden war, residierte Karl längst auf dem Thron des Weltreichs Spanien, während sein Sohn Ferdinand seine Nachfolge in Neapel angetreten hatte. Dessen ehrgeizige Gattin Maria Caroline, eine Tochter der Habsburgerin Maria Theresia, in den strengen Regeln des spanischen Hofzeremoniells erzogen, erfüllte die 1200 Räume des Schlosses auch nicht gerade mit Wärme. Glücklich wurde in Caserta niemand, und die Kälte und Unnahbarkeit, die das Bauwerk schon von weitem ausstrahlt, halten auch bei der Besichtigung des allzu prächtigen Treppenhauses, von Palastkapelle und Hoftheater sowie der Repräsentationsräume an. Dennoch zählt das Schloß mit jährlich 1,5 Mio. Besuchern neben den Uffizien in Florenz zu den meistbesichtigten Sehenswürdigkeiten Italiens.

Viel trägt dazu die 120 ha große Parkanlage bei, ein barockes Meisterwerk in Harmonie von Architektur und Natur. Kaskadenartig sind prachtvolle Brunnen, Becken und Bassins in dem 3 km

Von Caserta bis Pozzuoli

langen Areal aneinandergereiht. Es gibt Pavillons, künstliche Ruinen und einen englischen Garten mit exotischen Pflanzen – stundenlang könnte man in diesem Park verweilen, der die Enttäuschung über das Schloß vergessen läßt.

10 km nördlich von Caserta liegt in 400 m Höhe das reizende mittelalterliche Städtchen **Caserta Vecchia** 2 (S. 299), das sich dank umsichtiger Pflege den Charme der Vergangenheit bewahren konnte. Es wurde im 8. Jh. von den Langobarden gegründet und stieg zum Bischofssitz auf. Erbe dieser großen Zeit ist der 1153 eingeweihte **Duomo San Michele** auf der von Patrizierhäusern gesäumten Piazza del Vescovado. Das dreischiffige Gotteshaus vereint romanische, arabische und apulisch-normannische Stilelemente zu einem grandiosen Gesamtbild. Ein Kuriosum ist der ansteigende Kirchenboden, mit dem man die ungleich hohen Säulen ausgeglichen hat. Der 32 m hohe Glockenturm (1234) und die Kuppel des Doms überragen die alten Häuser des Ortes, aus dessen schmalen Gäßchen glücklicherweise zu den meisten Stunden des Tages der Verkehr verbannt wurde.

Am Fuß des Monte Tifata erhebt sich in malerischer Lage die Basilika **Sant' Angelo in Formis** 3, eine der interessantesten mittelalterlichen Kirchen Süditaliens. Der ursprüngliche Bau entstand im 6. Jh. auf den Ruinen eines Tempels der Diana Tifata. Sein heutiges Aussehen erhielt das dreischiffige Gotteshaus um 1073, wobei ein Teil des Fußbodens, Inschriften, Säulen und Mosaiken noch aus dem vorchristlichen Tempel stammen. Vermutlich Künstler aus Konstantinopel statteten die Kirche gegen Ende des 11. Jh. mit reichem Freskenschmuck aus, der als schönstes und besterhaltenes Beispiel rein byzantinischer Freskenmalerei in Italien gilt. Er stellt

Szenen aus dem Alten und Neuen Testament dar. Im Chor thront ein beeindruckender Christus, umgeben von den Symbolen der Evangelisten. Darunter sind die Erzengel Michael, Gabriel und Raphael abgebildet, außerdem der hl. Benedikt und der Klosterstifter Desiderius, Abt von Montecassino.

An der Stelle des kleinen antiken Ortes *Casilinum* – er lag strategisch bedeutsam an der Via Appia – gründeten die Langobarden im 8. Jh. das heutige **Capua** 4 (S. 299), nur 4 km von der antiken Stadt gleichen Namens entfernt. Das betriebsame, mit Häusern aus der Renaissance und dem Barock reich geschmückte Städtchen liegt an einer Windung des Flusses Volturno und war früher Flußhafen des römischen Capua. Von besonderem Interesse ist vor allem der im 9. Jh. gegründete und im 18. Jh. umgestaltete **Duomo San Stefano,** der nach schweren Bombenschäden im Zweiten Weltkrieg liebevoll wieder aufgebaut wurde. Die korinthischen Säulen des Atriums stammen aus römischer Zeit. Eine erstaunlich reichhaltige archäologische Sammlung birgt das **Museo Campano** im Palazzo Antignano aus dem 15. Jh., kostbare Objekte aus Antike und Mittelalter, unter ihnen eine einzigartige Kollektion von sitzenden Frauenfiguren aus Tuffstein, gefunden in einem Tempel der *Mater Matuta,* Göttin der Mutterschaft.

Die heutige Gemeinde **Santa Maria Capua Vetere** 5 (S. 327) war in römischer Zeit eine reiche und bedeutende Stadt, deren Bewohner sich Luxus und Ausschweifungen hingaben. Dazu gehörten auch Gladiatorenspiele, die im – nach dem Kolosseum in Rom – zweitgrößten **Amphitheater** der Apenninenhalbinsel in Szene gesetzt wurden. 50 000 Menschen faßte die vierstöckige, 170 m lange und 140 m breite Arena, die unter

Amphitheater in Santa Maria Capua Vetere

Kaiser Augustus auch mit Aquädukt und Becken für Seeschlachten ausgestattet wurde. In der dem Amphitheater angeschlossenen Gladiatorenschule wurden die besten und berühmtesten Kämpfer des Römischen Reiches ausgebildet. Von hier ging 73 v. Chr. der Sklavenaufstand unter der Führung des Spartakus aus. Nach zwei Jahren blutiger Kämpfe mußten die Rebellen vor sechs römischen Legionen kapitulieren.

Der Aufseher des Theaters hütet den Schlüssel zu einer wenige Minuten entfernten Sehenswürdigkeit ersten Ranges, die man erst 1922 durch Zufall in einem unterirdischen Gang entdeckte: ein **Mitreo** (Mithräum, Mithras-Heiligtum) aus dem 2. Jh. In dem Gewölbe finden sich unter einer dunkelblauen Sternendecke mit unzähligen Öffnungen für winzige Kienspäne der Opfertisch samt Blutrinne sowie ein Fresko, das den Sonnengott Mithras bei der Tötung des Urstiers zeigt.

Phlegräische Felder: Letzte Grüße aus der Unterwelt

Um ihrer Klugheit willen wurden Frauen einst in *Kyme* geehrt. Das römische *Cumae* und heutige **Cuma** 6 (S. 303), im 8. Jh. v. Chr. von Griechen aus Euböa gegründet, entwickelte sich bald zum Zentrum des Sibyllenkults in der *Magna Graecia*. Vergil besang die Weisheit dieser Frauen und beschrieb detailliert den Platz, von dem aus sie ihre Prophezeiungen der Welt verkündeten, doch jahrhundertelang nahm niemand die Worte des größten römischen Dichters für bare Münze. 1932 sollte sich das Wunder von Troja im Miniaturformat wiederholen, als ein italienischer Archäologe dem Beispiel Schliemanns folgte und nach Vergils Angaben tatsächlich das verschollene Heiligtum, unmittelbar neben einer römischen Tunnelanlage, fand. Am Ende eines in geheimnisvolles Zwielicht getauchten Gangs, nur schemenhaft inmitten betäubender Düfte aus tiefster Tiefe sichtbar, residierten die mächtigen Apollo-Priesterinnen, unantastbar, gefürchtet, bewundert. Selbst in seiner Verlassenheit umgibt diesen Ort, der nun zum **Archäologischen Park Antro della Sibilla Cumana** gehört, bis zum heutigen Tag ein seltsamer Zauber. Sanft streicht der Wind durch die Eichen und Lorbeerbäume, leise wispern ihre Blätter über den Ruinen zweier Tempel auf jenem Hügel, der so lange im Inneren das Geheimnis der Sibyllengrotte barg. Für nüchternere Zeitgenossen die genauen Maße der Grotte: Eine 131,5 m lange Galerie (2,40 m breit und 5 m hoch), durch fünf große Spalten mit Tageslicht versorgt, führt zu einem gewölbten Raum mit drei Nischen, in dem die Sibylle weissagte. Auf der ehemaligen Akropolis befinden sich die Überreste von einem Apollo- und einem Zeus-Tempel, auf denen im 6. bzw. 5. Jh. jeweils eine – mit Ausnahme von zwei Taufbecken – inzwischen ebenfalls verfallene Kirche errichtet worden war. Nicht zugänglich ist die *Cripta Romana,* eine 180 m lange römische Straßengalerie durch den Hügel von *Cumae* aus der Zeit des Augustus. Außerhalb der Archäologischen Zone kann man (links an der Straße Richtung Lago del Fusaro) nur mehr schwer die völlig überwachsenen Umrisse eines kleinen **Amphitheaters,** des ältesten Kampaniens, erkennen. Der **Arco Felice** ist ein 20 m hoher, aus Ziegelsteinen errichteter Torbogen aus dem 1. Jh., von dem aus man einen herrlichen Blick auf die Akropolis und bis aufs Meer hat.

Vergilische Landschaft – auch rund um den nahen **Lago d'Averno** 7 findet sie sich wieder. *A-ornitos,* ›ohne Vögel‹, nannten die Römer schaudernd den Vulkansee, von dem aus Äneas in Sibylles

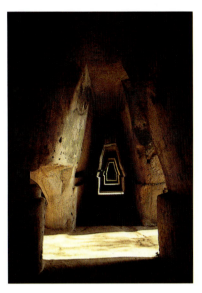

Sibyllengrotte

Begleitung ins Schattenreich hinabstieg und den angeblich nicht einmal ein Spatz zu überfliegen wagte. Doch als das Imperium zur Großmacht avancierte, scherten sich die Herren am Tiber keinen Deut mehr um den Gott der Unterwelt. Kühn ließen sie die heilige Stätte mit dem Lago di Lucrino verbinden und einen unterirdischen Tunnel bis zum Ufer von *Cumae* graben. Auf diese Weise entstand der dringend benötigte Kriegshafen *Portus Julius,* den erst viel später der Flottenstützpunkt am Capo Miseno ersetzte. Nie wieder sollte Hades hier seine Einflußsphäre zurückerhalten. Als die Militärs endlich abzogen, kamen die Kurgäste, wovon die Reste pompöser Thermenanlagen – wie überall in den Phlegräischen Feldern verwirrenderweise als ›Tempel‹ bezeichnet – Zeugnis ablegen. Es galt als schick, am Averner-See Gesundheit zu tanken. Und nicht viel anders als heute tummelten sich die Badenden an seinen Gestaden, die auch

Wo die alten Römer baden gingen

Der Archäologische Park von Baia (Eingang an der Straße zum Lago del Fusaro) fällt in Terrassen zum Meer ab und umfaßt mit 30 ha nur die ehemaligen Badeanlagen der Luxusstadt. Der sogenannte Sosandra-Sektor, benannt nach dem Fund einer Sosandra-Statue, der römischen Marmorkopie eines griechischen Originals aus dem 5. Jh. v. Chr., diente den Badegästen als Aufenthaltsraum. Auf der mittleren Terrasse sieht man ein kleines Theater-Nymphäum, auf der untersten ein 35 × 29 m großes Becken *(Bagno di Sosandra)*. Von dort führt ein überdachter Gang zum *Tempio di Mercurio,* wie immer in *Baiae* kein Tempel, sondern eine Thermenanlage. Sie erinnert an das römische Pantheon.

Außerhalb des Archäologischen Parks befinden sich die Ruinen der gewaltigen Bäder *Tempio di Venere* (Venus-Tempel) und des muschelähnlichen *Tempio di Diana* (Diana-Tempel).

für die Vögel längst an Schrecken verloren haben.

Die Reste grandioser Villen und Thermenanlagen des in der Antike berühmt-berüchtigten **Baiae** 8 zeigen, zu welchen Großleistungen sich römische Architekten aufschwingen konnten. Man stelle sich die Côte d'Azur während der Belle Epoque vor, dazu Hollywood in den besten Jahren, vielleicht noch das Milliardärsghetto in Floridas Palm Beach, multipliziere diesen protzigen Reichtum samt der prominenten Namen mit zehn. Dann hat man eine Ahnung davon, was das heute zu einem verschlafenen Dorf herabgesunkene Baia einstmals war: ein Kur- und Badeort der Superlative, wie ihn die Welt seither nie mehr zu sehen bekam. In *Baiae* und nirgendwo sonst liefen alle Fäden zusammen, pulsierte die Macht.

Doch kein Vulkan spie sein Feuer auf dieses römische Sodom und Gomorrha, über dessen verkommene Moral sich Horaz, Properz oder Cicero erregten und lauthals Klage führten über Sittenlosigkeit, Korruption und Dekadenz. Keine Strafe der Götter vernichtete die Maßlosen, Jupiter ließ sich Zeit. Erst als die Römer nicht mehr nach den Sternen griffen, als ihr Reich dem Untergang nahe war, schlug dem lasterhaften, morbiden, unglaublichen *Baiae* die Stunde. Das Ende des Modebades kam auf leisen Sohlen. Die prächtigen Villen, in denen es nichts mehr zu feiern gab, verkamen, kein Stein der kaiserlichen Burg blieb auf dem anderen, verfallen, verschwunden, vom Winde verweht.

Träge schleichen heute magere Katzen auf sonnenwarmen Steinen zwischen den Ruinen des **Parco Archeologico,** der nur mehr eine leise Ahnung von der Pracht längst vergangener Zeiten gibt. Ein paar Thermenanlagen, Mauerreste, kopflose Statuen – das ist alles, was übrig blieb von Glück, Glanz und Ruhm.

Dem Gott Mars hielten die Römer stets die Treue. Wie kein anderes Volk huldigten sie ihm und errichteten gigantische Anlagen, die nur einem Zweck dienten: dem Krieg. Während man das sogenannte Grab der Agrippina in **Bacoli** 9 (S. 294), in Wirklichkeit ein kleines *Odeon*, ein Gebäude für musikalische und deklamatorische Aufführungen, ruhig links liegen lassen kann, weil es kaum Sehenswertes birgt, lohnt die Suche nach der *Piscina mirabilis* die Mühe. Der 70 m lange, 30 m breite, von 48 gewaltigen, 15 m hohen Pfeilern getragene unterirdische Süßwasserbehälter, aus dem die römische Flotte von *Misenum* (heute Miseno) versorgt wurde, gleicht dem Inneren einer Kathedrale. Nur ein durch und durch martialischer Staat konnte sich einen solchen Zweckbau leisten, die größte erhaltene Zisterne der Antike.

Puteoli, ›die Stinkende‹, nannten die Römer im 4. Jh. v. Chr. prosaisch jenen Hafen, den freiheitsliebende Griechen nach ihrer geglückten Flucht aus der Tyrannei des Polykrates 300 Jahre zuvor hoffnungsvoll auf *Dikaiarchia* – ›Stadt, in der das Recht herrscht‹ – getauft hatten. Tatsächlich war **Pozzuoli** 10 (S. 322) in seiner langen Geschichte niemals mit Wohlgerüchen, sondern immer mit einem penetranten Duft nach faulen Eiern gesegnet, zu nahe liegt es an den **Phlegräischen Feldern**, der »brennenden Erde«, einem vulkanischen Gebiet, in dem den Menschen nach wie vor bisweilen der Boden unter den Füßen zu heiß wird.

Vor allem in dem ellipsenförmigen Krater der Solfatara, in Beelzebubs schwefelgelber Küche, zischt, dampft und brodelt kochender, grauer Schlamm in einem wahrlich höllischen Kessel. *Agora Hephaistu* nannten die Alten chrfürchtig den Ort, in dem sie die Wohnstatt des hinkenden Feuergottes Hephaistos sahen. Erst die pragmatisch

Solfatara

veranlagten Römer spannten den Olympischen für ihre Zwecke ein und pilgerten gesundheitsbewußt und ohne Scheu zu den von der Natur beheizten Schwitzkammern, den *stufe*. Nur noch selten finden sich in unseren Tagen beherzte Bewohner des benachbarten Campingplatzes in dieser Gratissauna ein, von einem Kurbetrieb wie noch im 19. Jh. kann keine Rede mehr sein. Seitdem die meisten der Thermalquellen versiegten, herrscht wieder tödliche Stille in diesem Vorzimmer zur Unterwelt.

Um so lauter geht es jeden Morgen im Hafen von Pozzuoli zu, wenn die Fischer ihren frischen Fang preisen. Unweit der Überreste der **antiken Markthalle** – irreführenderweise nach der Statue einer Gottheit Tempel des Serapis oder Serapäum genannt – wird gefeilscht und geschachert wie eh und je. Nach den Punischen Kriegen bis zum Ausbau der Hafenanlage von Ostia unter der Herrschaft Neros fungierte *Puteoli* als Umschlagplatz Roms für den Handel mit Griechenland und Kleinasien. Damals wie heute stand das Gebäude zeitweise unter Wasser, wovon die Muschelablagerungen an den noch erhaltenen Säulen Zeugnis ablegen. Dies wird durch den sogenannten *Bradisismus* verursacht, ein vulkanisches Phänomen, bei dem sich die Erde wie eine Waagschale hebt oder unter den Meeresspiegel senkt. Erdbeben, Erdrutsche, Überflutungen und Hauseinstürze sind die Folge. Insbesondere im historischen Zentrum von Pozzuoli haben die Erdbewegungen enorme Schäden angerichtet.

Aber die Touristen kommen nicht der Altstadt wegen nach Pozzuoli, sondern vor allem zur Besichtigung des grandiosen, 149 × 116 m großen **Anfiteatro Flavio** aus dem 1. Jh., das gut 40 000 Besuchern Platz bot. Die unterirdischen Laufställe für wilde Tiere und die Gladiatorengänge wurden 1937 freigelegt und zählen zu den am besten erhaltenen dieser Art. Anno 304 wurde in dieser Arena Januarius (San Gennaro), Bischof von Benevent, enthauptet (s. S. 31 f.). In unmittelbarer Nähe der Solfatara befindet sich die an ein Kapuzinerkloster angeschlossene **Kirche San Gennaro,** in deren rechter Seitenkapelle ein Stein verehrt wird, auf den das Blut des Enthaupteten geflossen sein soll. Sobald sich im Dom von Neapel das Blut des Heiligen verflüssigt, verfärbt sich auch dieser Stein rot.

Trotz aller Baufälligkeit und Schäbigkeit will sich Pozzuoli nicht als Armenvorort Neapels sehen. Und den Ruhm, Heimat eines Weltstars zu sein, läßt man sich von den Neapolitanern keinesfalls rauben. Damit kein Zweifel aufkommt, wo Sophia Loren ihre Kindheit und Jugend verbrachte, errichtete die Stadt der schönen Italienerin im Sommer 1990 ein Standbild.

Wunder der Antike – Geschenke der Natur

»Nichts kann ewig dauern.
Wenn die Sonne ihr ganzes Licht verströmt hat,
nimmt der Ozean sie wieder auf.«
(Vers eines unbekannten römischen Dichters aus Pompeji)

Einer Vulkankatastrophe verdankt die Menschheit die authentischsten Zeugnisse der römischen Antike. In den grandiosen archäologischen Stätten von *Herculaneum* und *Pompeji* kann man die Zeit um fast 2000 Jahre zurückdrehen. Nach dem Staunen über die Vergangenheit führt diese insgesamt rund 160 km lange Route zu einem Wunder der Natur: die Costa Amalfitana, unter den Traumküsten des Mittelmeers zweifellos die schönste und an Kultur reichste.

Der Weltuntergang kam als Blitz aus heiterem Himmel. In seinem grellen Licht leuchteten die beiden Städte noch einmal auf, um wenig später als makabre Momentaufnahme für viele Jahrhunderte in Dunkelheit zu versinken. Am 24. August des Jahres 79 zeigte der fatalerweise als harmlos angesehene Vesuv seine Macht. Ein Aschenregen vernichtete *Pompeji* und tötete ein Fünftel seiner 8000 bis 10 000 Bewohner. Lava verschüttete das nahe *Herculaneum,* aus dem sich der Großteil der Bevölkerung allerdings rechtzeitig in Sicherheit bringen konnte. Doch so spektakulär die Naturkatastrophe auch gewesen sein mag, die Plinius der Jüngere als Augenzeuge vom sicheren Capo Miseno aus höchst anschaulich schilderte, kaum ein Geschichtsbuch berichtete heute von diesem Vulkanausbruch, wäre nicht die Gier nach Gold unsterblich. Als nämlich in den Staatskassen von Neapels Bourbonenkönig Karl III. wieder einmal Ebbe herrschte, gingen Archäologen 1748

Von Neapel bis Salerno

erstmals ernsthaft auf die Suche nach den sagenhaften Römerstädten, von denen die Bauern seit Jahrhunderten immer wieder munkelten. Was die königlichen Goldgräber fanden, übertraf ihre kühnsten Erwartungen. Rücksichtslos plünderten sie im Auftrag Seiner Majestät die am leichtesten zugänglichen Ruinen. Erst 1864 durfte der engagierte italienische Wissenschaftler Giuseppe Fiorelli mit professionellen Ausgrabungen beginnen. In *Pompeji* fiel es erheblich leichter, die Erde zu beseitigen als in *Herculaneum,* das unter steinharten Lavamassen lag. Dennoch: Während in der ersten Stadt nach wie vor gut 20 ha freizulegen sind, eine Aufgabe für künftige Generationen, so birgt die zweite kaum mehr Geheimnisse, da sie zum Großteil wieder ans Tageslicht gebracht wurde.

Herculaneum: Vom Lavastrom begraben

Von Neapel kommend (über die Autobahn oder mit der Schmalspurbahn *Circumvesuviana*) sollte **Herculaneum** **1** (S. 302) – die moderne Stadt nennt sich Ercolano – erste Station der Route sein. Weil diese Archäologische Zone ihre Besucher nahezu ohne jeden Rummel empfängt, geben ihr Kenner gegenüber dem Ausgrabungsgelände des viel größeren *Pompeji* zunächst einmal den Vorrang. In der unter der Lava erstarrten Ansiedlung blieben weit mehr Steine aufeinander, die meisten Häuser sind inklusive Dachstuhl erhalten, in manchen fanden sich sogar noch hölzerne Möbelstücke und anderer Hausrat. Das Grau der zwei Jahrtausende alten Mauern hebt sich kaum von dem unmittelbar benachbarten, 20 m höher liegenden Ortsteil Resina ab. Auch das Pflaster der

antiken Gassen unterscheidet sich wenig von jenem in den engen Straßenschluchten der modernen Ansiedlung, die zu den wohl häßlichsten Vorstädten Neapels zählt. Wie gepflegt wohnten dagegen die Herculaner! Mit kunstvollen Mosaiken schmückten sie ihre Villen, mit Statuen ihre Gärten, mit Marmor ihre Bäder. Es muß eine wahre Lust gewesen sein, hier am Fuße des Vesuv zu leben, umgeben vom saftigen Grün der Weingärten, vor denen azurblau das Meer funkelte. Kein Wunder, daß auch die Reichsten der Reichen ihre Sommerpaläste auf diesem gesegneten und doch letztlich verfluchten Fleckchen Erde errichteten.

Eine der wohl prächtigsten Anlagen grub man erst in den 80er Jahren des 20. Jh. zur Gänze aus: die **Villa Oplontis** in Torre Annunziata **2** (S. 330). Das Juwel, der Plünderung bourbonischer Schatzgräber glücklicherweise entgangen, verbirgt sich zwischen dem Canale Sarno, der Via dei Sepolcri und der Via Margherita di Savoia, einer Gegend, die heute Mascatelle genannt wird. Auch jetzt finden noch nicht allzu viele den Weg zu dem Meisterwerk römischer Architektur aus dem 1. Jh. v. Chr., in dem vermutlich Poppaea Sabina (30–65) gewohnt hatte. 14 Jahre vor dem Vesuvausbruch starb sie an den Fußtritten ihres »göttlichen« Gemahls Nero. So schrecklich ihr Ende auch gewesen sein mag, zu Lebzeiten umgab sich die Kaiserin mit jedem nur denkbaren Luxus. Alle 37 Räume, aber auch Atrium, Innenhöfe und Gärten, zierten Fresken und kostbarer Marmor. Das von Skulpturen umgebene Schwimmbecken im Freien weist mit 17 m Breite und 60 m Länge olympische Dimensionen auf. Natürlich gab es in der Villa auch eine riesige Badeanlage, ausgestattet mit Kalt- und Warmwasserbecken und geschmückt mit farbenfrohen Wandmalereien. Von allen Seiten lächeln Götter oder grinsen Faune, perspektivische Tricks vergrößern optisch die ohnedies mehr als großzügigen Zimmerfluchten. Jedes Detail der in Pompejanisch-Rot oder Neapel-Gelb gehaltenen Mauern verrät den exzellenten Geschmack der Hausherrin, die ihren Palast bisher unbekannten Nachfolgern vererbte: Deren Namen erloschen wie der Glanz dieser Epoche. Nur einer Laune des Schicksals ist es zu verdanken, daß ein Schimmer einer zur höchsten Blüte gereiften Kultur

Herculaneum   1 Casa dell'Atrio a Mosaico   2 Casa del Tramezzo di Legno   3 Casa Sannitica   4 Casa di Nettuno e Anfitrite   5 Casa del Bicentenario   6 Casa dei Cervi   7 Pistrinum   8 Casa a Graticcio   9 Palestra   10 Terme del Foro   11 Terme suburbane

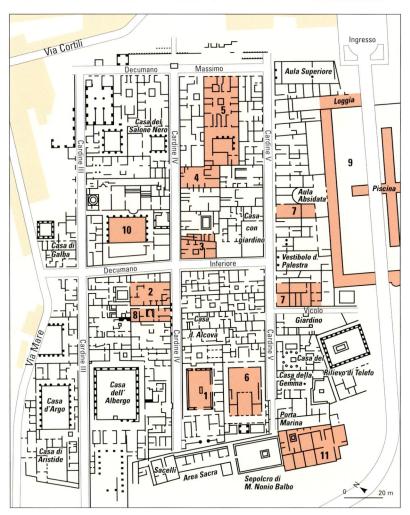

Momentaufnahme aus alten Zeiten

Bürgerlicher Wohlstand im besten Sinne kennzeichnete Herculaneum vor seinem Untergang, wie ein kurzer Überblick über die wichtigsten Sehenswürdigkeiten beweist. Mit kostbaren Wand- und Deckenmalereien und opulenten Marmorfußböden wurde das ›Haus mit dem mosaikgeschmückten Atrium‹ *(Casa dell'Atrio a Mosaico,* 1) ausgestattet, während man im zweistöckigen ›Haus mit der hölzernen Trennwand‹ *(Casa del Tramezzo di Legno,* 2) ein schönes Atrium findet, das einst mit einer Holzwand vom Speise- und Empfangsraum *(Tablinum)* getrennt werden konnte. Das ›Samnitische Haus‹ *(Casa Sannitica,* 3) ist wiederum ein hervorragendes Beispiel für die einfache, aber dennoch nicht primitive vorrömische Bauweise. Das besterhaltene Geschäftslokal der Antike, eine Weinhandlung, kann man in dem zwei Stockwerke hohen ›Haus des Neptun und der Amphitrite‹ *(Casa di Nettuno e Anfitrite,* 4) besichtigen. In dem Laden blieben zahlreiche Weinamphoren in den dazugehörigen Holzregalen erhalten. Im Hof des Hauses befindet sich ein *Nymphäum* mit leuchtenden Mosaikdarstellungen von Jagdszenen, Weintrauben sowie des Meeresgottes Neptun und seiner Gemahlin Amphitrite, die diesem Haus den Namen gegeben haben.

Eine kreuzförmige Aushöhlung als möglichen Nachweis der frühen Ausbreitung des Christentums in der Stadt am Vesuv gibt es im ›Haus der Zweihundertjahrfeier‹ *(Casa del Bicentenario,* 5), das 1938, zwei Jahrhunderte nach Beginn der Ausgrabungen, entdeckt wurde. Zu den elegantesten Gebäuden gehört das ›Haus der Hirsche‹ *(Casa dei Cervi,* 6). Die beiden hier gefundenen Marmorgruppen, die von Hunden gehetzte Hirsche zeigen, wurden den Sammlungen des Archäologischen Nationalmuseums in Neapel einverleibt. Als ob der Meister gestern noch an der Arbeit war, präsentiert sich die Bäckerei *(Pistrinum,* 7) komplett mit Ofen, Mühle und Getreideamphoren. Viel fotografiert wird das reizende Fachwerkhaus *(Casa a Graticcio,* 8), ein mehrstöckiges Gebäude aus Holzfachwerk.

die Zeiten überdauerte, um uns Heutige das Staunen zu lehren.

Ehe man Torre Annunziata erreicht, passiert man **Torre del Greco** (S. 331). Hier lohnt das Musei del Corallo mit erstaunlichen Beispielen kleiner Kunstwerke aus Korallen zumindest einen kurzen Aufenthalt.

Pompeji: Zeitreise in die Antike

Nirgendwo anders ist eine Zeitreise in die Antike besser möglich als in der Archäologischen Zone von Pompeji 3 (S. 320; *Pompei scavi).* Nirgendwo anders aber geht auch das Schicksal der Vul-

Zum Freizeitbereich der Stadt zählten die *Palestra* (9), ein Sportpalast mit Badeanstalt, und zwei Thermen: Die um 10 v. Chr. errichteten Hauptthermen *(Terme del Foro,* 10) waren streng in Abteilungen für Männer und Frauen getrennt. Beide hatten je einen Umkleide- Wände weisen teilweise prächtige Mosaiken auf. Der Frauenbereich ist allerdings nicht mehr gut erhalten. Die unterirdisch angelegten Vorstadtthermen *(Terme suburbane,* 11) sind mit Marmor- und Stuckverzierungen geschmückt. Von einem durch einen Licht-

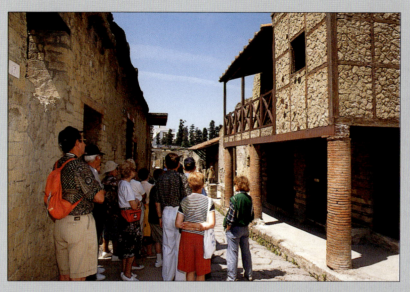

Touristen vor der antiken Casa a Graticcio auf dem Ausgrabungsgelände von Herculaneum

raum *(Apodyterium)*, einen großen Saal mit Wandnischen und Sitzgelegenheiten sowie große marmorne Badebecken mit kaltem *(Frigidarium)*, mäßig erwärmtem *(Tepidarium)* und warmem *(Caldarium)* Wasser. Fußböden und

schacht erhellten Vestibül gelangt man in die Umkleideräume und Bäder. Selbstverständlich gehörte zum bürgerlichen Glück auch ein Theater. Es faßte etwa 2500 Zuschauer, wurde aber noch nicht freigelegt.

kanopfer so unter die Haut. Dem Archäologen Giuseppe Fiorelli verdanken wir die wohl erschütterndsten Zeugnisse der Katastrophe, denn er ließ in den 60er Jahren des 19. Jh. jene Hohlräume in der zu Stein gewordenen Asche mit Gips ausgießen, in denen Menschen und Tiere zu Staub zerfallen

waren. Für alle Ewigkeit wurde dank dieser Methode der Todeskampf der Pompejaner festgehalten: Im sogenannten ›Haus des Fauns‹ *(Casa del Fauno)* konnte sich die Herrin nicht von ihren goldenen Armreifen, Haarnadeln, Silberspiegeln und gefüllten Börsen losreißen, was ihr zum Verhängnis wurde: Sie

Einweihung der Frauen in den Dionysoskult, Fresko in der Villa dei Misteri, 1. Jh. n. Chr.

starb mit ihren Schätzen in der Hand. Auf der Straße bei der ›Villa des Diomedes‹ *(Villa Diomede,* 10*)* fand man eine reich geschmückte Frau, die ein Kind auf dem Arm trug, sowie zwei junge Mädchen und zwei Männer. In der Villa selbst wollte offenbar der Hausherr mit seiner Familie im Weinkeller Schutz finden. 18 Personen erstickten dort inmitten ihrer Vorräte aus Brot und Früchten. Vergeblich versuchte die Tochter des Hauses, ihren Kopf in ihrer Tunika zu verbergen, um solcherart den tödlichen Dämpfen zu entgehen. Grabungen in der Nähe der *Porta Nocera* enthüllten 1962 das ergreifende Ende von weiteren 13 Menschen. Ein Sklave, einen Sack mit Verpflegung auf den Schultern, führte den Zug der Flüchtenden an. Hinter ihm gingen Hand in Hand zwei Knaben, ihnen folgte ein Paar mit einem kleinen Mädchen. Die Frau brach in die Knie, der alte Mann am Ende der Prozession fiel zu Boden und versuchte verzweifelt, wieder auf die Beine zu kommen. Hilflos mußte er zurückbleiben. Auf seine Arme gestützt, warf er den Seinen einen letzten Blick nach. Aber auch sie konnten ihrem grausamen Schicksal nicht entkommen.

Nur einige wenige der vielen Gipsabdrücke von Sterbenden werden in den Vitrinen auf dem Ausgrabungsgelände den neugierigen Blicken von alljährlich mehr als 1,5 Mio. Besuchern preisgegeben. Die Frage, warum man nicht alle Opfer zu einem wohl einzigartigen *Danse macabre* versammelt hat, beantwortet sich angesichts der pietätlosen Kommentare und Witzchen vieler Touristen von selbst. In seiner Begeisterung schrieb Goethe 1787 nach einem Spaziergang durch die soeben erst ausgegrabenen Gassen Pompejis leichtfertig: »Es ist viel Unheil in der Welt geschehen, aber wenig, das den Nachkommen so viel Freude gemacht hätte.« Der Dichterfürst erblickte damals freilich nur Tempel, Wohnhäuser, Läden, Lokale und Badeanlagen mit ihren großartigen oder schlüpfrigen Fresken, Mosaiken und Skulpturen – und auch davon bloß einen Bruchteil der seither gefundenen Kostbarkeiten. Wie gräßlich jedoch der Tod im Schatten des Vesuv gewesen sein mußte, konnte er noch auf keinem in Gips gegossenen Menschenantlitz sehen.

Heute tummeln sich Touristenschwärme vor den Pforten sämtlicher Attraktionen wie die Bienen vor ihren Stöcken. *Amantes ut apes vitam mellitam* – »Liebende wünschen sich ein Honigleben wie die Bienen« – gravierte ahnungslos ein Pompejaner vor zwei Jahrtausenden in die Mauer seines Hauses in einer schmalen Nebengasse der 8,5 m breiten Via dell'Abbondanza. Auch wenn er es sicherlich nicht so gemeint hat, sein Wunsch ging in Erfüllung, denn Pompeji wurde zum Honigtopf für alle Liebhaber der Antike. Lebendig und hautnah präsentiert sich die versunkene Welt des Römischen Reichs. Nicht nur der einzigartigen Kunstschätze wegen wurde Pompeji zum Mekka der Kulturtouristen, in diesem 66 ha großen Freilichtmuseum kann man heute den alten Römern buchstäblich in den Kochtopf oder ins Schlafzimmer schauen. Freche Graffiti, kämpferische Wahlparolen, zarte Liebesgedichte oder zotige Sprüche erzählen ebenso wie sorgfältig ausge-

führte Wandmalereien oder flüchtig hingeworfene Karikaturen in Weinschenken oder Bordellen, was und wie man im 1. Jh. nach Chr. lebte und liebte.

Pompeji bedeutet ein unentwegtes Wechselbad der Gefühle. Zutiefst berührt der erst 1909 entdeckte Freskenzyklus in der ›Mysterienvilla‹ *(Villa dei Misteri, 1)*, den einer der größten Künstler aller Zeiten schuf. Den Namen des Malers kennt man ebenso wenig wie die Geheimnisse des dargestellten Dionysoskultes, doch die Frische der Farben, die Ausdruckskraft der Gestalten begeistern Besucher aus aller Welt gleichermaßen (s. S. 120).

»Ich staune, Wand, daß du nicht einstürzt unter dem Gewicht des ganzen Unsinns« – mit dieser Inschrift machte sich ein erboster römischer Bürger nahe dem Forum über die vielen Mauersprüche Luft. Trotz der zeitgenössischen Kritik zeugen die antiken Kritzeleien von mehr Geist und Esprit als die heute gängigen »Kilroy was here«-Schmierereien, gleichgültig ob es um die hohe Politik – »Das ist mein Rat: Verteilt die öffentlichen Gelder! Sie liegen nutzlos nur in unseren Truhen« – oder um Sex ging. Die Pompejaner ersparten sich die Couch des Psychiaters, indem sie entweder zufrieden erklärten: »Möge ich immer und überall bei Frauen so leistungsfähig sein, wie ich es hier gewesen bin«, oder locker reimten: »Schamhaare muß ein Mädchen haben, nicht kahlgeschoren soll es sein; so schützt es dich vor grimmiger Kälte, schlüpfst du zu ihm hinein.«

Daß die Alten Gott Eros nicht bloß mit Worten, sondern gleichermaßen in bildlichen Darstellungen huldigten, davon zeugt eine große Zahl von Wandmalereien und Skulpturen, die an Deutlichkeit nichts zu wünschen übrig lassen. Noch in den 60er Jahren blieb beispiels-

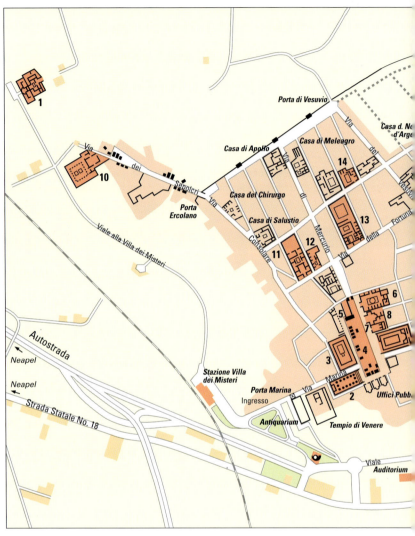

Pompeji 1 Villa dei Misteri 2 Basilika 3 Tempio di Apollo 4 Foro 5 Tempio di Giove 6 Macellum 7 Santuario dei Lari 8 Tempio di Vespasiano 9 Haus der Eumachia 10 Villa Diomede 11 Casa di Pansa 12 Casa del Poeta Tragico 13 Casa del Fauno

weise die Betrachtung der Beischlafszenen im ›Haus der Vettier‹ (Casa dei Vetti, 14) ausschließlich Männern vorbehalten. Jetzt kann man jenen gewissen verlegenen Gesichtsausdruck, den andern-

orts Besucher beim Verlassen eines Pornokinos zur Schau zu tragen pflegen, auch den Mienen mancher Damen entnehmen. Die Broschüre ›Verbotenes Pompeji‹, auf der Piazza vor dem Ein-

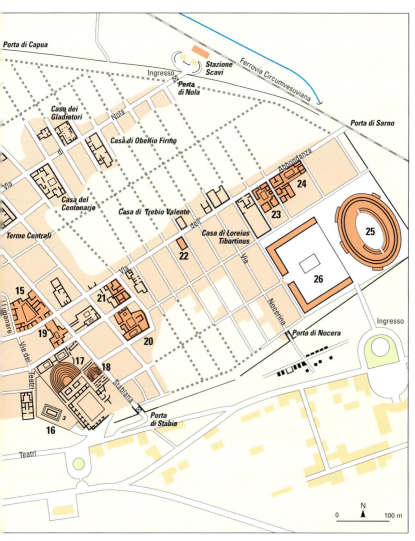

14 Casa dei Vetti   15 Terme Stabiane   16 Foro Triangolare   17 Teatro Grande   18 Teatro Piccolo   19 Tempio d'Iside   20 Casa del Menandro   21 Casa del Criptoportico   22 Casa del Frutteto   23 Casa di Venere   24 Casa Giulia Felice   25 Anfiteatro

gang an jedem der mit schier unglaublichem Kitsch ausgestatteten Souvenirstände auf deutsch, englisch und sogar japanisch erhältlich, findet jedenfalls reißenden Absatz.

Rundgang

Nach dem Haupteingang bei der *Porta Marina* passiert man auf der Via Marina die sogenannte *Basilika* (2), Sitz der Ge-

Ungelöste Rätsel der Mysterienvilla

Frühmorgens, ehe sich die Besuchermassen in ihren Räumen drängen, sollte man die ›Mysterienvilla‹ (Villa dei Misteri, 1) besichtigen, ein am nordöstlichen Rand des Grabungsgebietes liegendes Landhaus aus dem 2. Jh. v. Chr. Zum Zeitpunkt des Vesuvausbruchs war das mehrfach umgebaute Gebäude ein Gehöft im Besitz eines freigelassenen Sklaven, wie eine Inschrift verrät.

Im ›Saal mit dem großen Gemälde‹ (Sala del grande dipinto) sieht man Fresken eines unbekannten Künstlers aus dem 1. Jh. v. Chr., auf denen die Vorbereitungen auf die dionysischen Mysterien dargestellt sind: Ein nackter Knabe liest aus einer Schriftrolle einer sitzenden Frau und einem verschleierten Mädchen das Ritual der Einweihung vor. Eine Schwangere mit einer Opferplatte in den Händen wendet sich einer Gruppe von Frauen zu, von denen eine in Richtung der Gefolgsgötter des Dionysos – einem halbnackten, auf der Leier spielenden Silen sowie Satyr und Pan – blickt. Eine Frau, die eingeweiht werden soll, wartet auf die Feier; ein Silen reicht einem Knaben ein Gefäß zum Trunk, während ein weiterer Jüngling eine Maske über die Szene hält. Ein kniendes Mädchen ist dabei, einen verhüllten Phallus zu entschleiern, ein geflügelter Dämon geißelt die Einzuweihende, die ihr Gesicht während der Auspeitschung in den Schoß einer Gefährtin legt. Daneben ist eine tanzende, nackte Bacchantin abgebildet. Die beiden anderen Szenen der Freskenreihe zeigen eine Frau, die von zwei Amoretten bedient wird, und eine sitzende Frau, eine Priesterin oder möglicherweise sogar die Hausherrin. Klare Deutungen gibt es bis heute nicht, die Gelehrten streiten, ob es sich tatsächlich um ein dionysisches oder vielleicht um ein orphisches Ritual handelt. Wie auch immer, diese einzigartige antike Malerei ist von so unglaublicher Ausdruckskraft, daß sie jeden Betrachter – ob Laien oder Experten – in ihren Bann zieht.

richtsbarkeit mit einem großen Saal, der von 28 Säulen in drei Schiffe getrennt wird. Vor dem Apollo-Tempel (Tempio di Apollo, 3), schon auf dem großen Forum (Foro, 4), befindet sich die Rednertribüne, an den Tempelmauern die Mensa Ponderia, das Eichamt für Maße und Gewichte.

Auf dem Forum selbst, dem Zentrum des politischen, religiösen und wirtschaftlichen Lebens, waren sämtliche öffentlichen Gebäude konzentriert. An der Nordseite des rechteckigen Platzes steht mit dem Vesuv im Hintergrund der Jupiter-Tempel (Tempio di Giove, 5) aus dem 2. Jh. v. Chr., rechts davon an der Ostseite die gedeckte Markthalle (Macellum, 6), vor dem Eingang das Lokal der Geldwechsler und daneben das Heiligtum der Schutzgeister der Stadt (Santuario dei Lari, 7), nach dem Erdbeben von 62 errichtet. Dem Kaiserkult diente der Tempel des Vespasian (Tempio di Vespasiano, 8). Das Gebäude der Eumachia (9) ist laut der Inschrift auf dem Fries die Stiftung einer Priesterin namens Eumachia, die als Patronin der Tuchhändler und Wollfärber galt.

Durch die Via di Mercurio und die Via Consolare erreicht man die Via dei Sepolcri, die Gräberstraße, an der die Villa Diomede (10) steht, ehemals eines der größten Häuser mit zwei Schwimmbekken und riesigen Kellern, in denen die Archäologen Weinamphoren und 18 Skelette freilegten. Wieder zurück in Richtung Zentrum, kommt man zum Haus des Pansa (Casa di Pansa, 11), einer eleganten Stadtvilla, und zum ›Haus des Tragödiendichters‹ (Casa del Poeta Tragico, 12), das Edward Bulwer-Lytton in seinem Bestseller ›Die letzten Tage von Pompeji‹ als ›Haus des Glaucus‹ beschrieb. Nicht weit davon entfernt ist das ›Haus des Fauns‹ (Casa del Fauno, 13), aus dem das berühmte Mosaik ›Alexanderschlacht‹ stammt, eines der Prunkstücke des Archäologischen Nationalmuseums in Neapel.

Im Haus der Vettier (Casa dei Vetti, 14), dem Sitz reicher Kaufleute, herrscht nicht nur wegen der interessanten Architektur das meiste Gedränge: Der Besucher wird von einem Bildnis des Priapos empfangen, der seinen überdimensionierten männlichen Stolz nicht nur im übertragenen Sinn auf die Waagschale wirft. Auch die erotischen Szenen auf den Fresken in den Schlafzimmern lassen an Eindeutigkeit nichts zu wünschen übrig. Im Speisesaal sind auf Wänden in leuchtendem Pompejanisch-Rot auf schwarzen Streifen Amoretten beim Öl- und Weinverkauf, bei der Weinlese und bei einem Wagenrennen abgebildet.

Die Via dell'Abbondanza stellt den decumanus maior, die Hauptstraße der Stadt, dar. Hier befinden sich Geschäfte, Lokale, Werkstätten und die Terme Stabiane (15), die aufwendigste der drei Badeanlagen Pompejis, aufgeteilt in eine (bescheidene) Frauen- und eine (luxuriöse) Männerabteilung. Gleich neben dem Bad beginnt die ›sündige Meile‹, das kleine Gäßchen Vicolo del Lupanare mit dem Stundenhotel Albergo di Sittio und dem Freudenhaus Lupanara. In der Via del Teatri liegt das Foro Triangolare (16), das zweite Zentrum der Stadt. Tempel und Theater stammen noch aus samnitischer und griechischer Epoche, während die Gebäude auf dem großen Forum ausschließlich in römischer Zeit entstanden. Das Teatro Grande (17, 200 bis 150 v. Chr.) faßte 5000, das Teatro Piccolo (18, 80–75 v. Chr.) rund 1000 Menschen. Vor den Theatern steht ein in vorrömischer Zeit den ägyptischen Gottheiten geweihter Isis-Tempel (Tempio d'Iside, 19).

In der Via dell'Anfiteatro, die sich als Vicolo Meridionale fortsetzt, sollte man das ›Haus des Menander‹ (Casa del Menandro, 20) nicht versäumen. Die nach einem dort gefundenen Fresko des griechischen Dichters Menander benannte Prachtvilla mit pompejanischen Wandmalereien besitzt ein reich geschmücktes Atrium und kleine Privatthermen, die ebenfalls mit Fresken und Mosaiken ausgestattet sind. Der Keller des ›Hauses mit dem Kryptoportikus‹ (Casa del Criptoportico, 21) wurde beim Vulkanausbruch zahlreichen Menschen zum Grab. Ehe man zum Amphitheater geht, sollte man noch die Casa del Frutteto (22) mit schönen Obstmalereien, die Casa di Venere (23) mit einem großartig erhaltenen Wandbild der Venus und die Casa Giulia Felice (24), eine aus drei Einheiten bestehende Anlage (Pri-

Pompeji

121

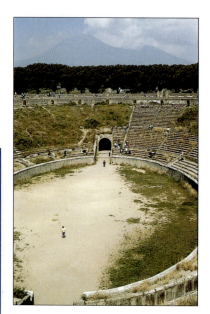
Amphitheater mit Vesuv im Hintergrund

vathaus, öffentliche Bäder, Mietwohnungen mit Geschäften) besichtigen. Das *Anfiteatro* (25) von Pompeji, unter den erhaltenen römischen Amphitheatern das älteste (80 v. Chr.), faßte ursprünglich 12 000 Zuschauer, nach Umbauten auf die Ausmaße 135 × 104 m sogar 20 000. Gegenüber sieht man die *Grande Palestra* (26), einen an drei Seiten von einem Portikus eingerahmte Anage mit großem Schwimmbecken aus der Kaiserzeit, die als Übungsgelände für Wagenrennen und Seeschlachten, Spiele und Feste diente.

Im Mittelpunkt der modernen Stadt **Pompei** steht das Santuario della Madonna del Rosario, ein 1875 errichtetes Gotteshaus, das mit einem hochverehrten Marienbild zu den bedeutendsten Pilgerzielen Süditaliens gehört. Vom Glockenturm der Kirche gewinnt man den besten Überblick über die Ausgrabungen des antiken Pompeji.

Ein Schicksal wie Pompeji widerfuhr auch der Hafenstadt **Castellammare di Stabia** (S. 300), heute ein überaus lebendiger Ort mit modernen Thermaleinrichtungen in ruhiger Lage. Als archäologischer Geheimtip gelten die hervorragend erhaltenen Überreste des antiken *Stabiae*, die *Villen di Arianna* (Ariadne) und *San Marco*. Schöne Fundstücke hütet das *Antiquarium Stabiano*.

Sorrent: Gartenparadies und Verkehrshölle

Die Gründung von **Sorrent** 4 (S. 328; *Sorrento*) wird den Phöniziern zugeschrieben. In der römischen Kaiserzeit diente das Städtchen in traumhafter Lage auf einer Halbinsel am südlichen Ende des Golfs von Neapel als Sommerfrische der Aristokratie. Größter Beliebtheit erfreute es sich auch im 19. und in der 1. Hälfte des 20. Jh., heute ist der Ort eine Verkehrshölle, von der man lediglich in den paradiesischen Parks der Nobelhotels an der Steilküste nichts merkt. In Sorrent kam 1544 der Dichter Torquato Tasso zur Welt, sein Denkmal steht auf der nach ihm benannten Piazza.

Einen Besuch wert ist das **Museo Correale di Terranova,** nicht nur wegen seiner Lage in einem schönen Orangenhain, sondern auch wegen seiner interessanten Sammlungen von kostbarem Porzellan, Bildern und Möbeln. Der **Duomo Santi Filippo e Giacomo** stammt aus dem 15. Jh., in seinen Campanile wurden vier antike Säulen eingebaut. Einst Versammlungsgebäude der Stadträte ist der **Sedile Dominova,** eine hübsche Loggia aus dem 15. Jh. mit einer Kuppel aus dem 17. Jh., heute Sitz eines Arbeitervereins. In der Marina Piccola legen die Schiffe von und nach Capri und Neapel an, in der Bucht der

Marina Grande befinden sich die Strände von Sorrent. Bagno della Regina Giovanna heißt ein von der Natur geschaffenes Schwimmbecken in den Klippen, in dem sich die Anjouköniginnen Johanna I. und Johanna II. mit ihren Liebhabern vergnügt haben sollen. Als Ausflug sei eine Bootsfahrt (1 Std.) oder ein Spaziergang (2,8 km) über das Dorf **Capo di Sorrento** (98 m hoch) zu den am Meer liegenden Ruinen einer Villa Romana empfohlen, die der römische Dichter Papinio Stazio (54–96) als Besitz eines gewissen Pollio Felice erwähnt.

Ein ruhiges Fleckchen findet man oberhalb von Sorrent. Der kleine Ort **Sant'Agata sui Dui Golfi** (S. 326) ist Süditaliens erste Adresse für Gourmets, kann sich doch das exquisite Restaurant ›Don Alfonso‹ seit Jahren unter den Allerbesten des ganzen Landes halten.

Amalfitana: Himmelsleiter aus Asphalt

Superlative sind angebracht. Jene 40 km Straße, die sich seit 1857 zwischen den Städten Positano und Vietri sul Mare hoch über dem Golf von Salerno an den Fels krallen, setzen den Maßstab für alle Küsten Europas: Nirgendwo wird man atemberaubendere Ausblicke, romantischere Einblicke finden, nirgendwo eine perfektere Symbiose von Himmel, Wasser und Land. Und nirgendwo solch eine Harmonie von Menschenwerk und Natur. Einer Himmelsleiter aus Asphalt gleich schlängelt sich ein schmales Band vorbei an tiefen Schluchten und schroffen Felsen, um wenige Meter später aus der Einsamkeit ins volle, pralle Leben der mediterranen Welt einzutauchen. Kleine Ortschaften und einstmals mächtige Städte, beides verträgt sich an diesen Gestaden nebeneinander. Zugegeben, ehemalige Fischerdörfer wie Positano haben heute längst mehr Touristen als Seegetier an der Angel, doch ihre Identität mußten sie bei diesem Handel nicht in Zahlung geben. Genausowenig wie Amalfi, vor einem Jahrtausend eine der mächtigsten Seerepubliken des Mittelmeeres. Glanz und Ruhm, sie gehören ebenso der Vergangenheit an wie Elend und Überlebenskampf. Heitere Gelassenheit liegt nunmehr über den pastellfarbenen Häusern, keine Melancholie trübt den Blick zurück. Geblieben ist Schönheit, die sich selbst genügt. Wie einst, als alles begann. Mit einem Märchen.

Nur zwei Familien lebten vor urdenklichen Zeiten in diesem rauhen Land am südlichen Hang der Lattari-Berge, im Osten die des wunderschönen Mädchens Vietri, im Westen die des jungen Mannes Positano. Wie ihre Eltern und Geschwister fuhren die beiden tagtäglich zum Fischfang aufs Meer hinaus, aber nie bekam einer den anderen zu sehen. Eines Tages brach ein Unwetter los. Die beiden gehörten zu den wenigen, die sich retten konnten. Engumschlungen wurden sie an Land gespült und es geschah, was geschehen mußte – sie verliebten sich ineinander. Doch als der Sturm vorbei war, mußte jeder zu den Seinen zurückkehren. Nur von den hohen, weit entfernten Klippen aus versuchten sie, einander zärtliche Worte zuzurufen, jeden Morgen, jeden Mittag, jeden Abend. Über so viel Sehnsucht gerührt, schwieg der Wind, und eine sanfte Brise trug den Liebenden ihre Botschaften zu. Mit einem Mal herrschte ewiger Frühling, und wo zuvor nur Disteln oder Unterholz gewachsen waren, gediehen die üppigsten Früchte, blühten die schönsten Blumen. Auch das Meer erwies sich als Verbündeter, es blieb spiegelglatt und verführte die beiden zu ihrem ersten Rendezvous. An jenem Strand, an den sie sich einst gerettet hatten, zeugte Positano mit Vietri ihr erstes Kind: Amalfi. Als es heranwuchs, wurde es so schön wie seine Mutter. Niemand Geringerer als Herkules ließ sich von dem armen Fischermädchen betören, das er auf Götterart mit einer funkelnagelneuen, nach der Geliebten benannten Stadt beschenkte.

Tatsächlich zählt Amalfis ›Vater‹ **Positano** 5 (S. 321) zu den ältesten Ansiedlungen dieser Küste, auch wenn es seinen Namen vermutlich erst im 8. Jh. von Flüchtlingen aus Paestum erhielt. Die Positaneser können freilich mit einer weit hübscheren Version von der Taufe ihrer Stadt aufwarten. Demnach habe im 13. Jh. ein Marienbild auf der Schiffsreise von Byzanz nach Neapel den Matrosen befohlen: *Posa* – »Setzt mich ab«. Gesagt, getan. Seither wacht die Muttergottes von Positano unter der gelb-grünen Majolikakuppel der Kirche Santa Maria Assunta energisch über die Moral in ihrer Wahlheimat. Abgesehen von der kleinen Madonna und einem langobardischen Drachen an der Fassade des

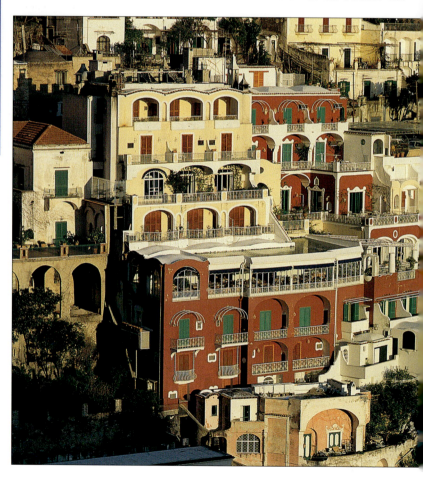

alten Glockenturms lohnt die Kirche kaum einen Besuch, zu viele ›Verschönerungen‹ hat sie im Lauf der Zeit über sich ergehen lassen müssen.

Zum Trost für entgangenen Kunstgenuß tritt dafür ganz Positano an. Nicht zufällig schlagen hier seit Jahrzehnten Maler und Bildhauer, Schriftsteller und Regisseure, Schauspieler und Schausteller des Lebens ihr Winterquartier auf. Wenn sich die letzten Touristen auf und davon gemacht haben, entfaltet das anmutige Städtchen seinen ganzen Charme. Der weltberühmte Architekt Le Corbusier ließ sich von dem eigenwilligen Stil der Puppenhäuser mit den Bögen und Rundungen inspirieren, der Dichter John Steinbeck verwirren: »Positano ist ein Traum, der nicht wirklich ist, wenn man dort weilt, und der erst real wird, wenn man wieder fort ist«, schrieb der amerikanische Nobelpreisträger auf einer der blütenübersäten Terrassen des ›Hotels Le Sirenuse‹. Wie diese acht Stockwerke tiefe, an den Felsen geschmiegte Villa wurde noch so manch anderer Palazzo aus dem 18. oder 19. Jh. zur Luxusherberge umfunktioniert. Erhalten blieb auf diese Weise nicht nur altes Gemäuer, sondern auch jener unnachahmliche Lebensstil, der sich um keinen Betrag der Welt kaufen läßt.

Als der deutsche Schriftsteller Stefan Andres zwischen 1937 und 1949 »den Anblick gewisser uniformierter Staatsorgane nicht mehr ertragen wollte« und seiner Heimat den Rücken kehrte, bot ihm dieser Ort mit selbstverständlicher Grandezza Zuflucht vor den Kriegswirren. Er bedankte sich mit ›Geschichten aus einer Stadt am Meer‹, Zeile für Zeile eine Liebeserklärung. 1990, 20 Jahre nach dem Tod des zum Freund gewordenen Gastes wurde in Positano eine von der Andres-Gesellschaft in Schweich (Rheinland-Pfalz) gestiftete Gedenktafel enthüllt. Schließlich hatte der Dichter für den Ort Worte wie diese gefunden: »Sie wartet, die kleine, uralte und doch so unverwüstliche Poseidonstadt; und manchmal, wenn die Frühlingssonne sie liebkosend überfällt, liegt ein Glanz von Gewißheit über ihr, und sie lächelt golden und rund unter dem dunklen Laub der Orangenbäume, und sie weiß: ihre Steine sind beständiger als der Streit der Menschen, und das Meer bestätigt

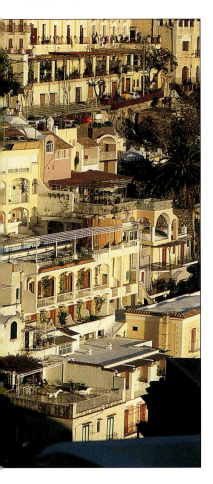

Positano

gleichmutsvoll im Schlag der Brandung solch wissende Erwartung.«

Die Weiterfahrt entlang der Amalfitana wird zum unvergeßlichen Erlebnis: Tief unten säumt türkisfarbenes Wasser mit weißen Schaumkronen den ockerfarbenen Sand, schiefergrau glänzen bizarre Klippen, ungestüm öffnen sich landwärts schmale, widerwillig dem Meer preisgegebene Einschnitte in die senkrecht und bedrohlich aufragende Felswand. Keine lieblichen Blumen klammern sich an das abweisende Gestein, nur zähen Gewächsen gewähren Salzluft und Wind eine Überlebenschance. Nach dem Fischerdorf Vettica Maggiore am Capo Sottile, unmittelbar nach Praiano, einstmals Sommerresidenz der unermeßlich reichen Dogen von Amalfi, spannt sich eine Brücke über das **Vallone di Furore.** ›Tal des Zorns‹ nannte man mit gutem Grund jene unergründliche Felsschlucht, die allen Entführungsopfern der Sarazenen, für die sich keiner mit einem Lösegeld einstellen wollte, zum Grab wurde. Die Inszenierung der Natur könnte perfekter nicht sein, noch heute bedarf es wenig Phantasie, die bedrohliche Einsamkeit dieser Kulisse zu empfinden. So seltsam es klingen mag, ausgerechnet ein Zauber holt den Reisenden wenig später wieder auf den Boden der Realität zurück, bestätigt, daß er sich nicht vielleicht irgendwo im geheimnisvollen hohen Norden, sondern an den südlichen Gestaden des *Mare Tirreno* befindet. Verhext vom Spiel des Lichts in der **Grotta dello Smeraldo** versenkt er jeden düsteren Gedanken bereitwillig im smaragdgrünen Wasser der erst 1932 durch Zufall entdeckten Tropfsteinhöhle. Auch wenn Capris *Grotta Azzurra* in aller Munde ist, an Schönheit und Reiz steht die Smaragdgrotte ihrer berühmten Schwester jedenfalls um nichts nach.

Wie im Traum gleiten nach diesem Märchen aus Farben und Formen die Dörfer Conca dei Marini und Vettica Minore vorbei, erst **Amalfi** **6** (S. 293), die stolze, großartige Stadt, wischt mit einem Schlag das Vexierbild der funkelnden Grotte beiseite. Denn andere Götter duldete die einst durch den Orienthandel reich gewordene Seerepublik selbst in den bitteren Tagen der Bedeutungslosigkeit nicht neben sich. Und erst recht nicht seit ihrer Wiederentdeckung durch die verklärten Blicke der Reisenden des 19. Jh., denen sie mit ihrem verschlissenen Pomp als Inbegriff süditalienischer Romantik erschien. Auch heute noch profitiert Amalfi von der beispiellosen Hochblüte um die erste Jahrtausendwende, als Schiffe unter der Flagge seiner Dogen nach Zypern und Ägypten, in den Libanon, nach Syrien und Konstantinopel segelten. Damals wurden die für das gesamte Mittelmeer gültigen Seegesetze, die *tavole amalfitane,* erlassen und ein eigenes Münzwesen, die *tarì,* eingeführt. Rund 300 Jahre währten Glanz und Ruhm dieser Handelsmacht, über deren Geschicke seit dem 13. Jh. niemand geringerer als der Apostel Andreas, Bruder des Petrus, wachte. Die sterblichen Überreste des Heiligen, allerdings ohne seinen Kopf, hatten die Amalfitaner kurzerhand aus Konstantinopel geraubt und in ihrem aus dem 9. Jh. stammenden, 1203 im arabisch-normannischen Stil umgebauten Dom würdig bestattet, um einen Schutzpatron der ersten Garnitur (mit Zweitklassigem wollte man sich hier nie zufriedengeben) ihr eigen nennen zu können.

Unberührt von Aufstieg und Niedergang seiner unfreiwilligen Wahlheimat ruht der Jünger Christi nach wie vor in der Krypta des nach ihm benannten Gotteshauses. 50 000 Schäfchen hatte

Dom in Amalfi

er einst, heute wirkt die prunkvolle Freitreppe vor der Kathedrale und dem anschließenden Kloster Chiostro del Paradiso für die nur noch knapp 6500 Einwohner zählende Stadt vielleicht ein wenig zu groß geraten. Überlegungen dieser Art behalte man jedoch besser für sich, die Bürger aus Amalfi dachten seit jeher in anderen Dimensionen. Als Beweis dafür verweisen sie gerne auf ihren berühmtesten Sohn, Flavio Gioia, dem die Welt die Erfindung des Kompasses verdankt. Freilich nehmen auch die Positaner diesen Ruhm für sich in Anspruch. Dem Selbstbewußtsein der Einheimischen kann solch ein Streit jedoch keinerlei Abbruch tun, wissen sie doch um die Einzigartigkeit ihrer Stadt besser Bescheid als jeder andere. »Der Tag, an dem ein Amalfitaner in den Himmel kommt, wird für ihn wie jeder andere sein«, formulierte der 1843 geborene italienische Schriftsteller Renato Fucini voll Bewunderung. Fürwahr bemerkenswerte Worte, schließlich stammte der Dichter aus Florenz, wo man sich seit jeher den Göttern näher fühlte. Von Stendhal bis Maxim Gorki schätzte die Prominenz des 19. Jh. den Komfort der zu den Luxusherbergen ›Hotel Luna‹ und ›Hotel dei Cappuccini‹ umfunktionierten Klöster von Amalfi, und von Henrik Ibsen bis zu Victor Hugo hinterließen sie je nach Temperament kluge, euphorische oder melancholische Statements.

Unkommentiert kam auch **Ravello** 7 (S. 323), das versteckte Bergnest, nicht davon, das ausgerechnet einer der größten Schnorrer der illustren Künstlerrunde unsterblich machen sollte. Als der Komponist Richard Wagner, begleitet von seiner unvermeidlichen Cosima, im Mai 1880 den Park des **Palazzo Rufolo** erblickte, war die schöpferische Krise, die den 67jährigen während seiner Arbeit an der Oper ›Parsifal‹ befallen hatte, mit einem Schlag vorbei. »Wir haben in Ravello Klingsors Garten gefunden«, notierte die angetraute Muse des genialen Musikers in ihrem Tagebuch. »Welch glücklicher Zufall.« Tatsächlich inspirierte der schöne Palazzo der Familie Rufolo aus dem 13. Jh. den berühmten deutschen Komponisten, der in der verträumten Anlage lustwandelte. »Im Inneren Verliese eines nach oben offenen Turmes. Steinstufen führen nach dem Zinnenrande der Turmmauer; Finsternis in der Tiefe« – Wagners Szenenanweisungen zum ›Parsifal‹ beschreiben mit unveränderter Aktualität den Zustand des verfallenen Adelspalastes.

Wie es einem Genie zusteht, nahm er es weder mit dem Bezahlen von Rechnungen noch mit der Wahrheit allzu genau, doch beides haben ihm die Bürger von Ravello längst verziehen. Lira für Lira und noch viele mehr holen sie

sich zurück, was der Künstler samt Gefolge ihnen einst schuldig blieb, denn alljährlich veranstalten sie mit großem Erfolg ein Wagner-Festival. Dekorativer noch als der Originalschauplatz in dem altehrwürdigen Palazzo Rufolo erweist sich allerdings der Park der **Villa Cimbrone,** einen halbstündigen Fußmarsch vom Zentrum entfernt. Kehrt man dem zwischen 1904 und 1931 geschaffenen Architektur-Monster eines spleenigen Engländers den Rücken, eröffnet sich ein wahrhaft atemberaubender Ausblick. »Terrasse des Unendlichen«, *dell infinito,* nannte der neureiche E. W. Bekkett, geadelte Lord Grimthorpe, sein Belvedere und hat damit ausnahmsweise einmal nicht übertrieben. Für dieses honigfarbene Steinplateau, schwerelos schwebend zwischen der Farbskala von Himmel und Wasser, fehlen einfach die Worte. Nicht weit vom Palazzo Rufolo ist die **Kathedrale** aus dem 11. Jh. einen Besuch wert. Sehenswert sind vor allem das Bronzetor von 1179 sowie die berühmte, mit Mosaiken und Reliefs geschmückte Kanzel (1272).

Unerwartet weich und zärtlich empfängt das Meer die Heimkehrer aus dem Gebirge, breit ausladend locken die palmenbestandenen Uferpromenaden von Minori und Maiori. An die einst permanente Bedrohung durch beutehungrige Piraten und eroberungswütige Araber erinnert die *Torre normanna* vor dem **Capo d'Orso,** wo 1528 die Spanier während der Erbfolgekriege von den Genuesen vernichtend geschlagen wurden. Noch vor dem Ende des Vallone grande klammert sich die ebenfalls von einem Sarazenenturm flankierte Ortschaft **Erchie** mutig an einem Felssporn fest, einem verschreckten Kind gleich duckt sich **Cetara** zwischen den grünen Hängen der nächsten Bucht. Fremden begegnet das kleine Dorf, in dem die meisten nach wie vor von der Hochseefischerei leben, höflich, aber reserviert. In Ermangelung einer genügenden Anzahl eigener Hotels verweist man Herbergsuchende ohne Bedauern ins nahe **Vietri sul Mare** 8 (S. 333) – und bleibt selbst lieber ungestört. In der bunten, fröhlichen Keramikstadt am Ende der Costiera divina, der ›göttlichen Küste‹, findet ein Touristenherz alles, was es begehrt. Brieftaschen bitte festhalten, denn neben dem obligaten Allerweltskitsch produzieren engagierte Künstler allerlei Bemerkenswertes zu ebenso bemerkenswerten Preisen. Putzsüchtig ist es auch noch nach Jahrtausenden, das wunderschöne Mädchen Vietri, und so nimmt es nicht Wunder, daß jeder Gemüse- oder Fischhändler, jeder Bäcker oder Friseur sein Portal mit bunten Kacheln schmückt, auf denen Szenen aus dem Alltagsleben vom Humor der Bewohner zeugen.

In den schrägen Strahlen der Abendsonne glänzen zwei dunkle Klippen wie kostbarer Obsidian, während im Hintergrund bereits die ersten Lichter von Salerno aufblitzen. Als steinerne Wachposten markieren sie das unwiderrufliche Ende der Costa di Amalfitana. *I due fratelli* nennen die Einheimischen diese Felsen, ›die beiden Brüder‹, um die sich – wie könnte es anders sein – ebenfalls eine Legende rankt. Doch dieses Märchen von Liebe und Leid sollte man sich besser an Ort und Stelle erzählen lassen, weil es ebenso wie edler Wein an Geschmack und Aroma verliert, sobald der lichte Seidenhimmel des Südens, der Wellenschlag des Meeres und der Duft aus den Orangengärten als Untermalung fehlen.

Die farbenprächtige Majolikakachel aus Vietri zeigt eine Ansicht von Positano

Tempel, Kathedralen und Klöster

Die südliche Küstenlandschaft Kampaniens mit der interessanten, lebendigen Stadt Salerno, den grandiosen Tempelruinen von Paestum und dem weitgehend unbekannten Cilento wird auf dieser Route (rund 230 km) erkundet. Bei der Rückkehr zum Ausgangspunkt Salerno auf der Autobahn durch das Landesinnere führt sie zu einer der gewaltigsten Klosteranlagen Süditaliens, der Kartause San Lorenzo von Padula.

Salerno: Ankerplatz der Invasoren

Es muß wohl der Zauber der Landschaft am gleichnamigen Golf schuld daran sein, daß die Normannen ausgerechnet bei **Salerno** 1 (S. 325) erstmals ihren Fuß auf süditalienischen Boden setzten. 40 von einem Kreuzzug heimkehrende Ritter aus dem Norden, die anno 1016 dem dort regierenden Langobardenher-

Von Salerno bis Padula

zog bei der Verteidigung seiner Stadt gegen die Sarazenen halfen, dürften nach ihrer Heimkehr in die Normandie auf die Schönheit dieser Gegend und die Liebenswürdigkeit ihrer Bewohner wahre Lobeshymnen gesungen haben. Die Kunde vom südlichen Paradies machte schnell die Runde: »Auf nach Salerno« hieß die Parole, der immer mehr Normannen folgten. Dann ging es Schlag auf Schlag, Schlacht auf Schlacht. Unter Führung der fünf Söhne Tankred von Hautevilles fiel den streitbaren Rauhbeinen, die sich auch als strategische Genies entpuppten, in nicht einmal sechs Jahrzehnten Apulien, Kalabrien und schließlich auch Sizilien in die Hände. Die Herrschaft der Byzantiner, Langobarden und Araber auf der Apenninenhalbinsel war zu Ende.

900 Jahre später setzten wieder einmal Fremde im Golf von Salerno zur Eroberung Italiens an. Die Landung der Alliierten am 8. September 1943 stellte eine entscheidende Wende im Zweiten Weltkrieg dar, die den Untergang des Hitler-Reichs einläuten sollte. Nur langsam verheilten die Wunden der mörderischen Kämpfe; noch heute liegen auf dem Meeresgrund versenkte Kriegsschiffe als Zeugen jener bitteren Tage. Aber die als ›Klein-Neapel‹ gerühmte Stadt, 1944 nach der Befreiung Roms vier Wochen lang Sitz der freien italienischen Regierung unter Marschall Pietro Badoglio, hat sich nie unterkriegen lassen. Sie zählt heute zu den vitalsten Kommunen des Mezzogiorno, ist stolz auf ihre Vergangenheit – und blickt mit viel Optimismus in die Zukunft.

Griechen, Römer und Langobarden wußten das milde, fruchtbare Klima der durch die Monti Picentini geschützten Bucht zu schätzen, aus der Nähe vulkanischer Bäder entwickelte sich bereits in der Antike eine auch von Horaz lobend

erwähnte Heilkunde-Tradition. Ihre Hochblüte allerdings erfuhren die Lehren des Hippokrates unter der Herrschaft der Normannen und des Stauferkaisers Friedrich II., als die Medizinische Schule von Salerno in der gesamten mittelalterlichen Welt – einzig in ihrer Art – neue Maßstäbe setzte.

Die *Scuola Medica,* Wegbereiterin der späteren Universität und bis 1812 in Betrieb, war nicht nur die älteste und zu ihrer Zeit bedeutendste Institution ihrer Art, sie bildete mit ihren Rezepten, pathologischen Traktaten und klinischen Behandlungsvorschriften auch die Basis für die Entwicklung der Medizin in ganz Europa. Prominente Operateure wie Roggero und Rolando di Parma hoben die Chirurgie durch das gründliche Studium der Anatomie aus dem obskuren Bereich der Kurpfuscherei auf wissenschaftliches Niveau. Sogar der Faulheit sagten die Professoren den Kampf an: In einer Spruchsammlung medizinischer Vorschriften heißt es, man solle die Siesta, das allseits beliebte Nachmittagsschläfchen, meiden, denn es führe zu »Fieber, Kopfschmerzen, Katarrh und Indolenz«.

An den Glanz einstiger geistiger Größe erinnert heute nur mehr eine Miniatur, die als einzige authentische Darstellung der Medizinischen Schule von Salerno gilt. Auf einem Kreuzzug war der Normanne Robert, Sohn Wilhelm des Eroberers, durch einen vergifteten Pfeil schwer verwundet worden. Auf Anraten der Ärzte von Salerno saugte Roberts Gemahlin Sibylle die Wunde ihres dahinsiechenden Mannes aus. Sie starb, das Leben des Fürsten aber war gerettet. Das Bild zeigt – mit aller Dramatik mittelalterlicher Kunst – im Vordergrund die Bestattung Sibylles, während Robert vor dem Stadttor von den Medizinern empfangen wird.

Den Normannen verdankt die Stadt ihr wichtigstes Baudenkmal, die 1080 bis 1084 errichtete, im 18. und 19. Jh. erneuerte und durch behutsame Restaurierungen in jüngster Zeit wieder in den Originalzustand versetzte **Kathedrale San Matteo.** Ihr 56 m hoher Campanile aus dem 12. Jh. ragt als mächtiges Zeugnis ruhmreicher Vergangenheit aus dem Dächergewirr der Altstadt, auch wenn er sich heute im Gesamtbild Salernos gegen die sich in den Abhang fressenden modernen Hochhäuser nur mehr schwer behaupten kann. Die äußere Fassade der weiträumigen Kirchenanlage, eine neoklassizistische Schöpfung des Jahres 1837, öffnet sich am Ende eines Treppenaufganges mit dem sogenannten Löwenportal aus dem 11. Jh. Dahinter beginnt der sakrale Bereich mit einem prächtigen, an die Vorhöfe von Moscheen erinnernden Atrium. Die 28 Monolithsäulen, die den Portikus tragen, stammen aus der nahen antiken Ruinenstadt Paestum. Der Zugang ins eigentliche Gotteshaus erfolgt durch ein erneut von Löwen flankiertes romanisches Portal mit 1099 in Konstantinopel gegossenen Bronzetüren.

Die Entdeckung der angeblichen Gebeine des Evangelisten Matthäus – sie ruhen heute in der Krypta der dreischiffigen Basilika – dürfte den Ausschlag zum Bau der Kirche gegeben haben. Papst Gregor VII. – auch seine sterblichen Überreste, eine mit kostbaren Gewändern bekleidete Mumie, werden in einer Seitenkapelle der Kathedrale verehrt – wird wohl den Normannen Robert Guiscard davon zu überzeugen gewußt haben, daß solch hochkarätige Reliquien eines repräsentativen Daches bedürfen. Schließlich waren die beiden auch politisch ein zusammengeschmiedetes Paar. Nach seinem Konflikt mit König Heinrich IV., den er mit dessen

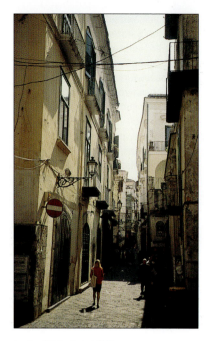

In der Altstadt von Salerno

Gang nach Canossa gedemütigt hatte, verschanzte sich das Kirchenoberhaupt 1083 in der Engelsburg vor den Truppen des inzwischen von einem Gegenpapst zum Kaiser gekrönten Deutschen. Seinem Vasalleneid getreu vertrieb Robert die Eindringlinge aus Rom, Frieden aber konnte er nicht stiften. Er mußte Gregor, dem die Römer die Schuld an den normannischen Plünderungen gaben, vor den aufgebrachten Bürgern schützen und nach Salerno in Sicherheit bringen, wo dieser ein Jahr später im Castello di Arechi starb und als einer von wenigen Päpsten nicht im Vatikan bestattet wurde. »Ich habe das Recht geliebt und das Unrecht gehaßt, darum sterbe ich in der Verbannung« – mit diesen in seiner Grabinschrift verewigten Worten soll sich der später Heiliggesprochene vom irdischen Dasein verabschiedet haben.

Seit einer wohldurchdachten Stadt-
erweiterung in den letzten Jahrzehnten
des 19. Jh. – der wohl ersten dieser Art
im Mezzogiorno – ist Salerno ständig
gewachsen. Die Einwohnerzahl liegt
derzeit bei etwas mehr als 150 000 – Ten-
denz stark steigend. Dazu haben gleichermaßen die Umwandlung ehemals
malariaverseuchter Gebiete in fruchtbaren Ackerboden sowie der Ausbau des
bereits von den Staufern angelegten Hafens wesentlich beigetragen. Heute präsentiert sich die Hauptstadt der gleichnamigen Provinz als lebhaftes Industrie-
und Handelszentrum mit einer erstaunlich jungen Bevölkerung, die ihre gut-
bürgerliche Herkunft nicht verleugnet.

Auf der durch die Altstadt führenden
Via dei Mercanti und ihrer Fortsetzung,
dem breiten Corso Vittorio Emanuele
mit zum Teil noch aus der Mussolini-Ära
stammenden öffentlichen Protzbauten
von äußerst zweifelhaftem Geschmack,
herrscht dank einer durchgehenden
Fußgängerzone zu den Geschäftszeiten
stets reges Treiben. Elegante Boutiquen,
Kaufhäuser aller Preisklassen, gemütliche Restaurants und einladende Cafés,
in denen sich gut gekleidete Frauen und
Männer um die Theke drängen, vermitteln das Bild einer wohlhabenden Gemeinde.

Zwei für Süditalien typische überaus
lebendige Provinzhauptstädte befinden
sich 40 bzw. 70 km nördlich von Salerno.
Avellino (S. 294) und **Benevento** (S.
296). Die erste, umgeben von den grünen Hügeln der Hirpinischen Berge,
mußte ihr historisches Zentrum nach
dem Erdbeben von 1980 fast zur Gänze
wieder aufbauen, die zweite ist wegen
ihrer Denkmäler aus römischer Zeit,
aber auch wegen ihrer mittelalterlicher
Kirchen, hübschen Paläste, kleinen
Plätze und romantischen Innenhöfe
einen Besuch wert.

Die Rosen von Paestum

Eine Legende darf nicht sterben: Rührend bemüht sich der Gärtner des Archäologischen Parks von **Paestum 2**
(S. 317), dem aus der Antike stammenden Ruf der versunkenen Stadt gerecht
zu werden. Schon Vergil, Ovid und Properz rühmten die *biferi rosario Paesti*,
die »zweimal im Jahr erblühenden
Rosen« des einstigen *Poseidonia*. Gepflegte Rosensträucher in einem kleinen
Garten im Schatten mächtiger Tempelruinen bieten heute tagtäglich Hunderten von Fotoamateuren einen attraktiven
Vordergrund, der die jahrtausendealten
Mauern und Säulen mit kräftigen Farb-
tupfen aufputzt. Warum die Königin der
Blumen, die im süditalienischen Klima
auch andernorts im Frühjahr und Herbst
aufblüht, ausgerechnet in der im 7. Jh. v.
Chr. als Handelsstützpunkt errichteten
Stadt besondere Verehrung genoß,
bleibt wohl eines der ungelösten Rätsel
der Geschichte. Auch durchaus ernst-
hafte Historiker neigen zu der These, mit
der Rose könne der zartere Teil des Menschengeschlechts gemeint gewesen
sein. Wer sollte es wagen, der Behauptung zu widersprechen, daß die Frauen
von Paestum ob ihrer Anmut weit und
breit berühmt waren? Zumal die aus
dem allen leiblichen Genüssen zugeta-
nen *Sybaris* stammenden Gründerväter
der Siedlung sicherlich auch dem weiblichen Schönheitsideal huldigten.

Wie anmutig, wie elegant muten die
in lukanischer Zeit entstandenen, aber
wahrscheinlich noch von einem griechischen Künstler stammenden Wandmalereien an, die aus Kastengräbern ge-
borgen werden konnten. Meister der
Pinselführung waren bei diesen Darstellungen von Jagdszenen, Pferderennen
oder Begräbnisfeierlichkeiten am Werk.
Ihr Vorbild dürfte das bereits um 480

v. Chr. geschaffene Werk ›Das Grab des Tauchers‹ gewesen sein, das einzige bisher entdeckte Fresko aus klassischer griechischer Zeit, aus der sonst nur Vasenmalereien erhalten sind. Erst 1968 freigelegt, besticht es durch seine klare Linienführung und erinnert in manchen Details an das Alterswerk Pablo Picassos. Am bekanntesten ist die Deckplatte des Grabes, auf der vor hellem Hintergrund ein nackter Jüngling in makelloser Haltung von einem Turm kopfüber in das hellblaue Meer – oder in ein Schwimmbecken? – springt. Handelt es sich um einen Sprung vom Leben in den Tod? Die Interpretation des Gemäldes im neu erbauten Museum bleibt der Phantasie des Betrachters überlassen.

Umweltsünden trugen schließlich zum Untergang Paestums bei, das sich als treuer Bundesgenosse der Römer noch einige Jahrhunderte lang eines regen Handels- und Kulturlebens erfreuen durfte. Die rücksichtslose Abholzung der Gebirgswälder für den Schiffsbau veränderte den Lauf der durch die Ebene führenden Flüsse, Überschwemmungen schufen große Sumpfgebiete, in denen die Malaria wütete. Durch die Anlage neuer, an Paestum vorbeiführender Handelswege geriet die Stadt endgültig ins Abseits und versank im wahrsten Sinne des Wortes.

Welche Ironie der Geschichte: Die Wiederentdeckung von Paestum erfolgte durch den Straßenbau. Der Bourbone Karl III. ließ 1752 die Wege in den Süden systematisch der Küste entlang anlegen, und dabei standen die Arbeiter in einem beinahe undurchdringlichen sumpfiger Dickicht plötzlich vor den Überresten einer antiken Siedlung, vor großartigen Tempelbauten, wie sie selbst in Griechenland nicht zu finden sind. Seither hat das Gelände bei jeder Grabungskampagne – auch Archäologen künftiger Generationen werden hier noch Beschäftigung finden – kunst- und kulturhistorische Schätze von höchstem Rang freigegeben.

Die erstaunlich gut erhaltenen Stadtmauern weisen einen Umfang von 4750 m auf. Sie waren einst gut 15 m hoch, zwischen 5 und 7 m stark und von einem tiefen Graben umgeben. Vier Haupttore entsprechen den Himmelsrichtungen: im Norden das ›Goldene Tor‹, im Süden das ›Tor der Gerechtigkeit‹, im Osten das ›Sirenen-Tor‹ und im Westen das ›Tor zum Meer‹. Paestums zweifellos größte Attraktion stellen freilich die drei Tempel dar, an denen sich

Paestum

Poseidon-Tempel

die Entwicklung griechischer Architektur von noch eher unbeholfenen Anfängen bis zur klassischen Harmonie verfolgen läßt. Alle drei Bauwerke – sie liegen im heiligen Bezirk in der Stadtmitte – sind in Ost-West-Achse errichtet, Symbol des ewigen Kreislaufs der Sonne; alle drei tragen Namen, die nicht ihrem ursprünglichen Zweck entsprechen.

Der sogenannte **Poseidon-Tempel** (auch Neptun-Tempel), jüngster, schönster, besterhaltener und aufgrund seiner Lage auf einer leichten Anhöhe monumentalster des Trios, um 450 v. Chr. erbaut, dürfte eigentlich Hera geweiht gewesen sein, wie sich aus der Entdeckung zahlreicher kleiner, gebrannter Tonstatuen in Votivschreinen schließen läßt. Die damals in dieser Gegend meistverehrte Göttermutter höchstpersönlich hat, so erzählt die Legende, Jason und den Argonauten den Weg zur Mündung des Sele-Flusses gewiesen, wo die tapferen Seefahrer dann zunächst den Grundstein zu einem anderen Heiligtum legten: Vom **Heraion,** einst einer der berühmtesten Tempel Großgriechenlands und mit der Stadt durch einen rund 9 km langen Prozessionsweg verbunden, blieben nur die Grundmauern erhalten sowie 42 Metopen (Reliefplatten der Gebälkzone) mit mythologischen Darstellungen, die jetzt im Museum von Paestum bewundert werden können. Kein Zweifel besteht allerdings bei den Wissenschaftlern daran, daß auch Poseidon – immerhin trug ja die Stadt den Namen des Meeresgottes – seinen eigenen Tempel hatte. Bis heute hat man ihn jedoch vergeblich gesucht.

Auch die sogenannte **Basilika,** der älteste und größte der drei Tempel, dürfte dem Hera-Kult gedient haben. Der Name des im letzten Drittel des 6. Jh v. Chr. errichteten Bauwerks geht auf das 18. Jh. zurück. Nach der Wiederentdeckung Paestums hielt man es – offenbar wegen des Fehlens der im Laufe der Zeit eingestürzten Giebel wie auch wegen der ungeraden Zahl der Säulen an den Schmalseiten – fälschlicherweise für ein profanes Gebäude, den Sitz hoher Justizbehörden. Aufgrund von Votivgaben kann aber heute der ursprüngliche Zweck des von einer umlaufenden Säulenhalle (9 Säulen an den Schmal-, 18 an den Längsseiten) umgebenen Baus eindeutig identifiziert werden.

Der **Ceres-Tempel** – wieder ein falscher Name, denn er diente mit Sicherheit der Athene-Verehrung – befand sich einst im Zentrum eines kleinen Heiligtums, von dem nur noch das Opferbekken, die Fundamente zweier Altäre, eine vollständige Votivsäule und die Basis einer weiteren erhalten sind. Das Gebäude, Ende des 6. Jh. v. Chr. entstanden, vereint erstmals in der Geschichte der griechischen Architektur ionische Innenraumelemente mit einem dorischen Außenbau, der mit beschwingter Eleganz den höchsten Punkt der Stadt beherrschte. Sie müssen einfach schön gewesen sein wie Rosen, die Frauen von Paestum, deren Männer zu Ehren von Hera und Athene zu solch ewig gültigen Meisterwerken der Baukunst fähig waren!

Cilento: Alte Männer und das Meer

Als sich Ernest Hemingway 1953 für drei Monate in dem kleinen süditalienischen Dorf **Acciaroli** 3 in der Provinz Salerno einquartierte, erlebte er eine Begegnung mit seiner eigenen Schöpfung. Ermattet von der Arbeit an seinem Buch ›*The Old Man and the Sea*‹, das im Jahr zuvor erschienen und sofort zum Weltbestseller avanciert war, traf er in dem Fischer Antonio Masarone ›seinen‹ alten Mann: »Alles an ihm war alt bis auf die Augen,

und die hatten die gleiche Farbe wie das Meer und waren heiter und unbesiegt.« Mit diesen Worten hatte der amerikanische Schriftsteller den Romanhelden Santiago aus Kuba beschrieben. In *Tonio il vecchio* – dem ›alten Tonio‹ – stand dieser mit einem Mal leibhaftig vor ihm: nicht in der Karibik, sondern ausgerechnet im tiefen Süden Italiens – und er wurde dem Kubaner mit jedem Schluck Hochprozentigem ähnlicher.

»Der Amerikaner hat viel Zeit mit mir auf meinem Boot verbracht«, erinnerte sich Tonio, dem diese Bekanntschaft großen Ruhm als ›alter Mann von Acciaroli‹ eintragen sollte, auch noch mit 84 Jahren vergnügt in einem seiner letzten Interviews. »Fast täglich fuhr Hemingway mit mir zum Fischfang aus. Stets hat er krauses Zeug geredet, wenn er nicht gerade mit einer Zigarre zwischen den Lippen schrieb oder einen Zug aus der Rumflasche nahm, die stets zu seinen Füßen stand. Er besaß so seine Eigenheiten, aber er war ein großer Schreiber. Jawohl!«

Ein Buch Hemingways wollte – oder konnte – der alte Tonio freilich nie lesen. Die auf hoher See oder in der winzigen Bar gegenüber der Kirche vollgekritzelten Notizblöcke genügten dem einfachen Fischer zur ehrfürchtigen Beurteilung der Bedeutung seines ungewöhnlichen Freundes vollauf. Erst ein Jahr später sollte eine Expertenkommission zu demselben Ergebnis kommen und dem US-Literaten den Nobelpreis verleihen. Ein kräftiger Strahl des Glanzes aus Stockholm fiel von Stund an auch auf die damals gänzlich unbekannte Küste im Mezzogiorno. Denn von diesem Zeitpunkt an galt Signor Masarone als kleine Berühmtheit. Der schlichte Fischer verwandelte sich erstaunlich mühelos in einen großen, würdevollen Alten, der Journalisten und hübschen

Fischer beim Flicken der Netze

Mädchen routiniert von seinem Leben auf dem Meer und seinen Abenteuern mit dem Autor erzählte. Ob er selbst allmählich daran geglaubt haben mag, tatsächlich das ›Original‹ von Hemingways Meisterwerk zu sein, oder ob er in echter Pulcinella-Manier alle Welt zum Narren hielt, wird niemand mehr klären können. Mehr als drei Jahrzehnte lang durfte sich Tonio jedenfalls seiner Existenz als lebende Legende erfreuen. Er wurde seinem ›Kollegen‹ Spencer Tracy, der den ›Alten Mann‹ in der Romanverfilmung bravourös verkörperte, äußerlich nicht nur immer ähnlicher, sondern bestellte diesem auch in jedem Gespräch mit einem Amerikaner »besonders herzliche Grüße«.

Heute erinnert in Acciaroli nichts mehr an Hemingway und seinen Fischer. Ein besonders hübscher Fremdenverkehrsort mit einem großzügigen Lungomare ist aus dem Dorf geworden, das einst sporadisch auf den Feuilletonseiten von Zeitungen Erwähnung fand. Unberücksichtigt blieb dabei zumeist jedoch die Tatsache, daß der spätere Nobelpreisträger den ersten Entwurf für seinen ›Old Man‹ bereits 1936 in der US-Zeitschrift *Esquire* unter dem Titel ›*On the Blue Water*‹ veröffentlicht hatte und es damals noch keinen Tonio gab, »dünn und hager, mit tiefen Falten im Nacken«, wie es im Text heißt. Denn die schlohweißen Haare des angeblichen Vorbilds waren in den 30er Jahren mit Sicherheit noch tiefschwarz.

Mit Agropoli, dem letzten Städtchen im Golf von Salerno, beginnt der **Cilento.** Ein Rhomboid aus einer keck ins Tyrrhenische Meer vorragenden Küste und großzügig mit dem Grün von Wiesen und Wäldern bedachten Bergen schwingt elegant im Golf von Policastro aus und wird im Landesinneren vom fruchtbaren Vallo di Diano begrenzt. An 330 Tagen im Jahr scheint die Sonne auf die 105 km langen Strände des südlichsten Teils von Kampanien: Einmal locken sie einladend breit, mit weißem, weichem Sand, dann wieder verstecken sie sich als schmale, anthrazitfarbene Buchten hinter scharfzackigen Klippen. Die Natur hat es hier gut gemeint, die Menschen miteinander offenbar weniger. Unzählige Wachtürme entlang der Küste erzählen von grausamen Zeiten, in denen die Bewohner dieses gesegneten Landstrichs unter den Überfällen beutegieriger Seeräuber oder eroberungswütiger Sarazenen leiden mußten. Gewarnt durch die Leuchtfeuer der Türme – den Vorläufern moderner Alarmanlagen – flüchteten die Frauen mit Kind und Kegel in die unwirtlichen Bergregionen, während ihre Männer so manche blutige Schlacht zu schlagen hatten. Die jahrhundertelange Übung im Abwehren von Gefahren erweist sich heute als so nützlich wie eh und je. Nun gilt es, die Horden bauwütiger Großstädter fernzuhalten, die landauf, landab nach preiswerten Grundstücken für ihre Zweitwohnungen Ausschau halten.

Bisher haben so gut wie alle der gemütlichen Cilento-Dörfer einem Ausverkauf ihrer Bausubstanz an eine skrupellose Freizeitgesellschaft widerstanden. Castellabate, der dekorativ auf einer Bergspitze liegende Ort, ebenso wie die dazugehörige Marina. Keine lieblos hingeklotzten Apartmenthäuser beleidigen das Auge, nirgendwo stören Betonburgen die Harmonie, gleichgültig ob an den Felsstränden der Punta Licosa oder den sandigen Buchten zwischen Ogliastro, Acciaroli und Ascea. Gelb blüht im Frühling zur Begrüßung der Ginster in Pioppi, dunkelrot und schneeweiß leuchtet bis tief in den Winter der Oleander in dem bescheidenen Dörfchen, das sich mehr noch als alle anderen des nördlichen Cilento seinen herben Charme bewahren konnte. Überall jedoch verführen Abgänge zum Meer zu einem Bad in einem wirklich und wahrhaftig noch glasklaren, tiefblauen Wasser. Doch vorerst steht wieder einmal Kultur auf dem Programm, denn die nächste Station ist der Ort **Velia** 4. Oder besser gesagt das, was vom griechischen *Elea* übrigblieb.

Wie über allen Ausgrabungsstätten von Format liegt eine vielsagende Stille über den sonnendurchglühten Ruinen jener Stadt, die – um 540 v. Chr. von den Phokäern, ionischen Flüchtlingen aus Kleinasien, gegründet – für lange Zeit zu einem der geistigen Zentren *Magna Graecias* werden sollte. Im Gegensatz zu Paestum fiel *Elea* nie in die Hände der Lukaner, im Unterschied zu *Sybaris* oder *Kroton* ließ es sich in keinen der unzähligen Händel verwickeln, in denen sich die Griechen mit masochistischer Lust am Streit gegenseitig bis zum bitteren Ende aufrieben. Die Eleaten setzten

Im Cilento

gänzlich untypisch auf Diplomatie und, geschult von den klügsten Köpfen des 6. und 5. Jh. v. Chr., auf die Waffen des Geistes. Xenophanes, Parmenides und Zenon, drei Stars unter den antiken Philosophen, errichteten mit ihrer sogenannten Eleatischen Schule ein Gedankengebäude von unvorstellbarem Ausmaß.

Vermutlich um das Jahr 565 v. Chr. in Kolophon an der ionischen Küste geboren, hat Xenophanes erst nach langer Wanderschaft in Kampanien eine Heimat gefunden. »Siebenundsechzig Jahre schon sind bis heute entschwunden, seit es mein sinnend Gemüt treibt durchs hellenische Land«, klagt er in einer seiner Elegien. Wir dürfen ihn uns also durchaus als alten Mann am Tyrrhenischen Meer vorstellen, der seinen Zeitgenossen als Gründer und Chef der Denkschule von *Elea* manch Unangenehmes entgegenschleuderte: »Alles haben sie auf die Götter geschoben, was bei den Menschen als Schimpf und Schande betrachtet wird; Diebstahl und Ehebruch und auch gegenseitige Täuschung.« Für Homers Olympische brachte er ebenso große Verachtung auf wie für alle, in deren Vorstellung Zeus und seine himmlischen Kollegen bestenfalls als besonders gelungene Menschenexemplare ihr Unwesen trieben. Für ihn existierte »nur ein einziger Gott, unter Göttern und Menschen der größte, weder an Aussehen den Sterblichen ähnlich noch in Gedanken. Ganz sieht er, ganz denkt er, ganz hört er. Doch ohne Mühe bewirkt er den Umschwung des Alls durch des Geistes Denkkraft. Immer verharrt er am gleichen Ort, sich gar nicht bewegend; ziemt es sich doch nicht für ihn, hierhin und dorthin zu gehen.«

Worte von unglaublicher Sprengkraft, pures Dynamit, erstmals gedacht und gesprochen vor zweieinhalb Jahrtau-

senden in den Mauern eines unbedeutenden Städtchens in Süditalien. Ein wenig zahmer gingen die beiden anderen Großen mit ihren Mitbürgern um, aber schließlich waren sie auch keine verbitterten Emigranten wie Xenophanes, denn ihre Wiegen standen bereits in *Elea.* Neben der Philosophie beschäftigten sie sich auch mit Politik, Parmenides erfolgreich und ruhmbedeckt, der jüngere Zenon glücklos. Ersterem flicht die Historie noch heute in lokalen Reiseführern den Ruhmeskranz, da ihm als Stadtoberhaupt die eigentliche politische Gründung *Eleas* zu verdanken sei. Von Zenon hingegen weiß man mit Schaudern zu berichten, daß er nach einem mißglückten Anschlag auf einen heute in Vergessenheit geratenen Schmalspur-Tyrannen unter gräßlicher Folter starb. Unsterblich wurde er dennoch, und zwar in erster Linie mit der Entwicklung von Paradoxa wie jenem vom siegreichen Wettlauf einer Schildkröte mit Achilles, mit denen Philosophieprofessoren ihre Schüler bis zum heutigen Tag zu verblüffen pflegen.

Weithin sichtbar markiert der **Capo Palinuro** 5 den nächsten Aufenthalt nach einer Fahrt durch stille Olivenhaine, vorbei an unberührten Kies- und weiten Sandstränden. *Baia del Silenzio* taufte man vor noch nicht allzu langer Zeit eine ›Bucht der Stille‹ bei Pisciotta, eine Namensgebung, die Hoffnung auf ein erwachendes Bewußtsein von Lebensqualität im oft allzu lauten Mezzogiorno macht. Und schließlich das elegante Seebad unserer Tage, vor dem einst Horaz in Seenot geriet. Jener Ort, der wiederum einige Jahrhunderte zuvor dem Steuermann des Äneas zum Schicksal geworden war. Palinuro nämlich hieß der unglückselige Gefährte des griechischen Helden, der vor dieser Küste, vom Schlaf überwältigt, ins Meer stürzte – und durch seinen Tod Unsterblichkeit erlangte.

Nach Marina di Camerota, wo die Sandbuchten enden und einer jener seltenen straßenlosen Küstenabschnitte beginnt, überrascht der Cilento mit einem letzten, unerwarteten Höhepunkt: dem von hohen Bergen umrahmten **Golf von Policastro.** Verträumte Fjorde, Grotten und Höhlen, unberührte Natur über und unter Wasser, Einsamkeit, bezahlt nur mit dem Preis einer Bootsfahrt – auf wenigen Kilometern werden Träume von einem längst verloren geglaubten Italien wahr. Wer jetzt noch weiter in den Süden will, der muß für eine kleine Weile die Küste verlassen und auf engen Serpentinen ein Stück durch ein immer grüner erscheinendes Landesinnere fahren. Gärten mit zarten Kirsch- und Pfirsichbäumen umrahmen **Scario** 6 , den letzten bezaubernden Fischerort vor dem großen, häßlichen Sapri. Trinken wir unseren Campari auf dem hübschen Dorfplatz in einer der kleinen Bars, in denen sich die Altherrenriege der Einheimischen an jedem Vormittag ihr erstes Stelldichein gibt. Wo müde gewordene Kämpfer einander die immer gleichen Geschichten über das Meer, den Fischfang, das Leben erzählen.

Padula-Kloster: Escorial als Vorbild

La Certosa di Padula 7 (S. 317), knapp 100 Autobahnkilometer südlich von Salerno, gehört mit 52 000 m² Grundfläche, 320 Räumen, 51 Treppen, 41 Brunnen und 13 Höfen zu den größten und beeindruckendsten Klosteranlagen Süditaliens. Ihr gitterförmiger Grundriß soll an den am 10. August des Jahres 258 unter Kaiser Valerian auf dem Rost zu Tode gemarterten heiligen Lorenz erinnern. Der Bau nach dem Vorbild des Escorial bei Madrid zog sich vom 14. bis in das 19. Jh. hin, den optischen Eindruck bestimmen jedoch die barocken Stilelemente. Sie dominieren die Hauptfassade, die Kirche mit ihrem prachtvollen, feinst verzierten Chorgestühl aus dem 16. Jh. und vor allem den aus zweigeschossigen Arkaden bestehenden Kreuzgang, angeblich den größten der Welt. Beim Rundgang durch die liebevoll restaurierte Kartause öffnet sich eine wahre Schatzkammer kostbarer Kunstwerke, wenn auch viele Objekte im Laufe der Zeit abhanden gekommen sind. So warten sieben leere Plätze im Gotteshaus immer noch auf Gemälde, die Napoleons Truppen requiriert haben. »Sie müssen zweifellos sehr wertvoll gewesen sein, da sie von den Franzosen in den Louvre gebracht wurden«, vermerkt ein lokaler Führer lakonisch. Die Räume rund um den trotz seiner gewaltigen Dimensionen ungemein harmonisch wirkenden Kreuzgang – er besteht aus 84 Pfeilern, der 12 000 m² große Innenhof kann bis zu 60 000 Menschen aufnehmen – beherbergen das *Centro Internazionale di Studi Lucania* (Internationales Zentrum für Lukanische Studien) und ein kleines archäologisches Museum mit Gräberfunden aus dem Diano-Tal.

Wie eine frei schwebende Spindel windet sich eine Marmorwendeltreppe mit insgesamt 38 Stufen in die obere Etage. »Gib dem Weisen die Möglichkeit, und die Weisheit wird ihm gegeben werden«, lautet die Inschrift über der Steinpforte, durch die man in die Bibliothek tritt. Deren Bücher- und Handschriftenschätze sind zum Großteil ebenfalls von den französischen Truppen geraubt worden, die auch nicht davor zurückschreckten, den kompletten Mosaikfuß-

Malerei und Architektur verbinden sich in der Klosterkirche der Certosa di Padula zu einem barocken Gesamtkunstwerk

boden einer Seitenkapelle der Kirche als Beute in ihre Heimat zu schleppen. Musivische Arbeiten mit farbenprächtigen Blumenmotiven blieben glücklicherweise in der Bibliothek erhalten. Der einstige Reichtum der Mönche läßt sich daran ermessen, daß sie in der Mitte des 18. Jh. nicht weniger als 64 000 Dukaten für den Bau der ›Großen Treppe‹, einem der Glanzstücke des Klosters, aufbringen konnten. Die geistlichen Herren leisteten sich auch für ihre Zellen einen nicht unbeträchtlichen Luxus. Jede bestand aus zwei Zimmern und einem kleinen Vorraum, von dem aus man einen gedeckten Laubengang und einen eigenen Garten mit Brunnen betrat: ein nettes Apartment, in dem es sich gut leben ließ. Dafür dürfte auch die ob ihrer erlesenen Delikatessen berühmte Klosterküche gesorgt haben. Von einem Besuch König Karls III. wird erzählt, der Monarch und sein Gefolge hätten eines Abends ein Omelette aus tausend Eiern verdrückt.

Weniger gut erging es in Padula jenen 300 Aufständischen, deren Ziel es bereits 1857, drei Jahre vor Garibaldi, war, die Herrschaft der Bourbonen zu stürzen. Unter der Führung von Carlo Pisacane hatten sich die Verschwörer von Sapri in die Nähe der Kartause zurückgezogen und – so eine gern erzählte Sage – die Warnungen des Erzengels Michael, des Schutzpatrons von Padula, in den Wind geschlagen. *Mezza calzetta,* ›Halbe Socke‹, wie der Heilige hier im Volksmund aufgrund seiner häufigen Darstellung mit einem nur bis an die Waden reichenden Beinkleid genannt wird, konnte daher die Helden vor einem bösen Verrat nicht mehr retten. Ein Bourbonenheer metzelte die 300 Patrioten nieder, ihre Gebeine ruhen nun in der Krypta der Annunziata-Kirche von Padula, im sogenannten Ossario dei Trecento.

Basilikata

Italien schickt unliebsam gewordene Staatsdiener nicht in die Wüste sondern in die Basilikata, am besten gleich nach Potenza. Ein böses Attribut, das die Hauptstadt der Region eingedenk ihres bitteren Schicksals – Kriegsschäden, Erdbeben, zuletzt 1980 – eigentlich nicht in dieser Schärfe verdient hat.

Aber nicht die Beamtenmetropole, sondern Matera, Venosa, Melfi, der Monte Vulture und Metaponto sind die wahren Sehenswürdigkeiten der kleinen und armen Basilikata. Allerdings muß diese Gegend in alten Zeiten ein gänzlich anderes Gesicht gezeigt haben, schildert sie doch der große Horaz, dessen Wiege in *Venusium,* dem heutigen Venosa, stand, noch als äußerst waldreich. Auch erfährt man aus einer Handschrift des 17. Jh., daß das Land »reich an Hasen, Kaninchen, Füchsen, Rehen, wilden Ebern, Mardern, Stachelschweinen, Igeln, Schildkröten und Wölfen« und deshalb eines der beliebtesten Jagdreviere war. Die Tiere wurden von den wackeren Nimroden fast zur Gänze

ausgerottet, die Wälder, von einigen Ausnahmen abgesehen, rücksichtslos abgeholzt. Solange dichter Baumbestand vorherrschte, konnte auch die Malaria, die Plage des Südens, nicht bis in das Berg- und Hügelland vordringen. Erst der von Erosion ausgelaugte Boden ermöglichte ihre Ausbreitung.

Tempi passati. Heute ziehen die Bauern über weitgehend ödes Land aus den Städten auf ihre oft viele Kilometer entfernten Felder – ein typisch mediterranes Phänomen. Es wurzelt im System der Latifundien, das nur Tagelöhner auf seinem Grund und Boden zuließ und die landwirtschaftlichen Hilfskräfte, früher Sklaven, die stets für fremde Herren schuften mußten, in ständig wachsenden Ortschaften zusammenpferchte. Trotz mehrerer Agrarreformen, die den Großgrundbesitz wesentlich schmälerten, hat sich an der Lebensform der Bauern, sich frühmorgens auf den langen Weg zu den Feldern zu machen und abends zum Schlafen in die Städtchen zurückzukehren, kaum etwas geändert.

Basilikata: Die große Unbekannte

Mindestens zwei Tage sollte man sich für die etwa 450 km lange Route durch das Bergland der Basilikata Zeit nehmen und eine Übernachtung in Potenza oder Umgebung einplanen. Wer aus Kampanien oder Apulien anreist, startet die Rundfahrt besser in Venosa und schließt mit Matera ab. Jedenfalls gibt es in der am wenigsten bekannten Region Italiens viel zu entdecken, Kunstschätze ebenso wie Naturschönheiten und einen herben, aber herzlichen Menschenschlag.

◁ *Die Sassi von Matera*

Die Höhlenmenschen von Matera

»Kommen Sie mit mir, ich zeige Ihnen die *sassi*.« Mit Verschwörermiene bietet sich der kleine Junge als sachkundiger Führer an. »Ich kenne mich aus, denn ich bin hier geboren«, unterstreicht der etwa zehnjährige Knirps seine Qualifikation. Die meisten Touristen folgen ihm willig, wissen sie doch nicht, daß ihr Cicerone ganz gehörig flunkert. Denn seine Wiege stand garantiert nicht in einer der vielen hundert Höhlenwoh-

Landschaft in der Basilikata

nungen, den *sassi,* die sich steil abfallend wie ein riesiges offenes Geschwür vom Zentrum **Materas** 1 (S. 311) bis in die tiefe Schlucht des Flusses Gravina ziehen. Er ist sicherlich im klinisch sterilen Kreißsaal des Gemeindehospitals oder in einem der sauberen, modernen Apartments am Rande der Stadt zur Welt gekommen, in die man die 12 000 *sassi*-Familien seit Ende der 50er Jahre umgesiedelt hat. Vielleicht aber wird der Junge in einigen Jahren zu den Wurzeln seiner Väter zurückkehren, zum ›Höhlenmenschen‹ werden, wenn es gelingt, eines der bedeutendsten Revitalisierungsprojekte Italiens zu verwirklichen. Die ehemalige Metropole des Elends soll nämlich zu einem kulturhistorischen Denkmal höchsten Ranges aufsteigen.

Nur bei klarer, kalter Winterluft läßt sich die Topographie Materas erkennen, der bloß eine halbe Autostunde vom Meer entfernten Hauptstadt der gleichnamigen Provinz in der Region Basilikata. In den Sommermonaten brennt die Sonne unbarmherzig auf die von tiefen Furchen durchschnittene Felsenlandschaft mit ihrer dürftigen Vegetation. Um überhaupt überleben zu können, flüchteten die Menschen vor der mörderischen Hitze – ebenso wie vor ihren Feinden – schon vor undenklichen Zeiten in die kühlen, in den Tuffstein gehauenen Höhlen. Diese Behausungen zählen zu den ältesten der Welt. Siedlungsspuren reichen bis in das 4. Jt. v. Chr. zurück.

Das moderne, lebhafte Städtchen mit 50 000 Einwohnern liegt auf einer hügeligen Ebene hinter der Gravina-Schlucht. Mitten im Zentrum, wo sich üblicherweise die Piazza befindet, bricht ein trichterförmiger, sich nach unten verjüngender Krater ab – das Reich der *sassi: Sasso Caveoso,* der ältere, südliche Teil und *Sasso Barisano* im Norden, der bereits stärker mit gemauerten Bauten durchsetzt ist. Ein Geisterviertel, ver-

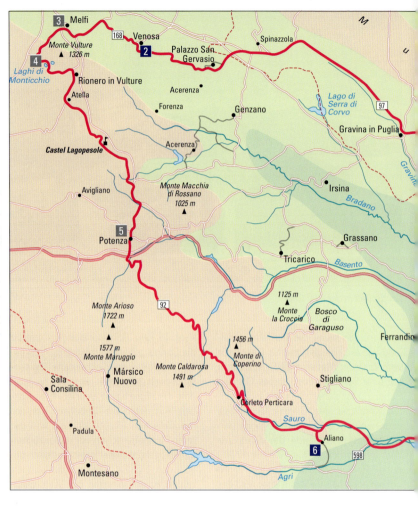

lassen, tot und leer, das seiner Wiedererweckung harrt.

Mit einer erschütternden Schilderung machte der Dichter und Maler Carlo Levi nach dem Zweiten Weltkrieg die Weltöffentlichkeit erstmals auf die Höhlenstadt und ihre Misere aufmerksam (s. S. 160 ff.). Mit einem Schlag wurde Matera zum Inbegriff der Unterentwicklung, des Verharrens in einer primitiven Welt und des Fehlens jeglicher Hygiene. Ein Schandfleck Italiens, der während des faschistischen Regimes totgeschwiegen wurde. »So haben wir uns in der Schule Dantes Inferno vorgestellt«, heißt es in Levis autobiographischem Roman ›Christus kam nur bis Eboli‹. »Ein ganz schmales Sträßchen, das sich in Kehren hinunterwindet, führt über die Hausdächer, wenn man sie so nennen kann. Es sind Höhlen, die man in die verhärtete Lehmwand der Schlucht gegraben hat; jede hat vorn eine Fassade. Die Türen der Behausungen standen wegen der

Basilikata

Hitze offen, und ich sah in das Innere der Höhlen, die Licht und Luft nur durch die Türen empfangen. Einige besitzen nicht einmal solche; man steigt von oben durch Falltüren und über Treppchen hinein. In diesen schwarzen Löchern mit Wänden aus Erde sah ich Betten, elenden Hausrat und hingeworfene Lumpen. Auf dem Boden lagen Hunde, Schafe, Ziegen und Schweine. Im allgemeinen verfügt jede Familie nur über eine solche Höhle, und darin schlafen alle zusammen, Männer, Frauen, Kinder und Tiere. So leben zwanzigtausend Menschen.«

Die Kinder waren entweder ganz nackt oder mit ein paar Lumpen bekleidet. »Ich habe noch nie ein solches Bild des Elends erblickt«, erzählte Levis Schwester, Ärztin aus Turin, ihrem in das Bergnest Aliano verbannten Bruder Mitte der 30er Jahre anläßlich eines Besuches. »Ich sah Kinder auf der Türschwelle im Schmutz unter der glühenden Sonne sitzen mit halbgeschlossenen Augen unter roten geschwollenen Lidern; die Fliegen krochen ihnen über die Augen, und sie schienen es nicht zu spüren. Es war Trachom. Anderen Kindern begegnete ich, deren Gesichtchen voller Runzeln waren wie bei alten Leuten; vor Hunger waren sie zu Skeletten abgemagert mit völlig verlausten, grindigen Haaren. Aber der größte Teil hatte dicke, riesige, aufgetriebene Bäuche und von Malaria bleiche, leidende Gesichter.« Immer wieder riefen die Kinder der Ärztin zu: »Fräulein, gib mir Chinin.«

Vom Grunde der Schlucht bot sich der Besucherin ein anderer Blick: »Von hier aus wirkte Matera fast wie eine richtige Stadt. Die Fassaden der Höhlen, die wie weiße, nebeneinander stehende Häuser aussahen, schienen mich mit den Türlöchern wie schwarze Augen anzusehen. So ist es wirklich eine sehr schöne, malerische und eindrucksvolle Stadt.«

Bilder, wie sie uns das Fernsehen heute noch aus Afrika ins Haus liefert, gehören in Matera längst der Vergangenheit an. Den letzten Malariafall gab es 1948. Vier Jahre später wurde aufgrund eines Gesetzes mit staatlichen Geldern der Bau von musterhaften Wohnsiedlungen begonnen, in die man die *sassi*-Familien nach und nach einquartierte. Architektenteams planten die Projekte, und so entstand innerhalb von zwei Jahrzehnten eine Stadt, die damals in Italien ihresgleichen suchte. Wie es die Menschen aus den Höhlenbehausungen gewohnt waren, mußten sie auch in den Neubauten nicht auf ihren Gemeinschaftshof, wichtigstes Zentrum der Kommunikation, verzichten. Jeweils ein halbes Dutzend Wohnungen teilt sich einen Hof: keine gesichtslosen Betonburgen, sondern menschengerechte Siedlungen. Kein Wunder, daß sich alle hier wohl fühlen.

Die *sassi* freilich begannen zu verfallen. Dächer brachen ein, Terrassen stürzten in die Tiefe. An den ungeschützten Fresken, Kapitellen und Skulpturen der Höhlenkirchen nagte der Zahn der Zeit, Kulturvandalen vollendeten das Zerstörungswerk. Ein unschätzbar wertvolles Erbe schien für immer verloren: Nicht weniger als 120 Felsenkirchen befinden sich im Gebiet der *sassi* und ihrer nächsten Umgebung. Dazu kommen Tausende kleiner ›Höhlen-Palazzi‹, reich an Verzierungen und Architraven, Konsolen und Balustraden, Loggien und winzigen Pforten. Die ältesten Kirchen stammen aus dem 6., die meisten jedoch aus dem 10. und 11. Jh., als orthodoxe Basilianermönche vor der Verfolgung durch die islamischen Seldschuken aus Kleinasien flüchteten. In Süditalien fanden sie nicht nur sicheren Unterschlupf, sondern auch eine ihrer Heimat sehr ähnliche Umgebung, die verblüffend dem Göreme-Tal in Kappadokien gleicht. Im Inneren der teils natürlichen, teils in den Felsen gehauenen Höhlen formten die Brüder Gewölbe, Kuppeln, Säulenhallen, Apsiden, Ikonostasen und Altarsokkel und schmückten die Wände mit Fresken, eindrucksvollen Beispielen strenger byzantinischer Malerei. Später siedelten sich auch Hirten und Handwerker in der

Felsenstadt an. Als die Mönche um 1400 nach Kleinasien zurückkehrten, hinterließen sie ein für Europa einzigartiges Gesamtkunstwerk. Die Bauern hingegen blieben und verliehen der Stadt im Laufe der Jahrhunderte ihr unverwechselbares Gepräge. Viele Krypten und Kirchen verkamen zu Warenlagern, Weinkellern und Ställen. Dennoch überlebten die *sassi* als Zeugnis mönchischer und bäuerlicher Kultur.

Das Tal gleicht einem gigantischen natürlichen Amphitheater: auf der einen Seite die Höhlenwohnungen, auf deren Dächern lila blühendes Unkraut wächst, das mit dem Grau der rissigen Felsen, Mauern und Grotten harmoniert; in der Mitte der Gravina-Fluß, gegenüber eine bizarre, unbewohnte Steinlandschaft, ein wildes Szenarium, wie geschaffen als Kulisse für das Matthäus-Evangelium, das Pier Paolo Pasolini 1964 hier verfilmte. Auf einem Felssporn thront die im 13. Jh. errichtete romanisch-apulische Kathedrale mit prächtiger Fassade und kostbaren Fresken ebenfalls aus dem 13. Jh. Die *sassi* als Wendeltreppe der Evolution: Aufsteigend vom Grund des Trichters sind die Schritte der Menschheit in die Zivilisation Schicht um Schicht abzulesen. Im ersten Ring Höhleneingänge, die von Hand vergrößert und geglättet wurden, in der nächsten Etage bereits Stützmäuerchen aus Fels, Andeutungen von Terrassen. Darüber primitive Höhlenhäuschen, von Ring zu Ring mehr aus dem Fels hervortretend, in- und übereinandergeschachtelt, bis sie sich ganz oben zu kleinen Palästen mit Säulen, Gesimsen, Balkonen und Dachgärten entwickeln.

Viel zu lange nach dem Exodus der *sassi*-Bewohner begann man sich in Matera all dieser Schätze anzunehmen. Die Initiative ging von Künstlern, Architekten und Historikern aus, die sich in

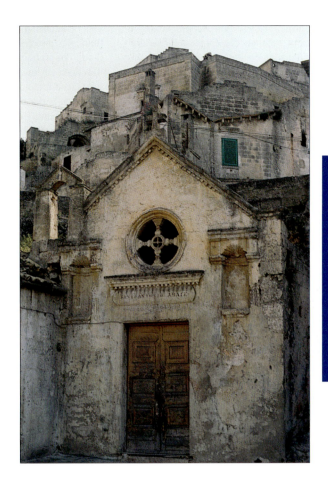

In den Sassi von Matera

ihrem Kulturverein *La Scaletta* vorerst einmal über eine Nutzung des Viertels den Kopf zerbrachen. Daß die ehemaligen Bewohner in renovierte Häuser und Wohnungen wieder einzogen, kam nicht in Frage, stellten für diese Materaner doch die *sassi* das Symbol überwundener Armut, Unterentwicklung und Unterdrückung in menschenunwürdigen Verhältnissen dar. Der Heimatforscher Professor Franco Palumbo, eifrigster *Scaletta*-Mitstreiter, über das Problem: »Die Höhlen, Palazzi, Kirchen, Höfe und Stiegen sind ein einmaliges historisches Monument, eine Sehenswürdigkeit ohnegleichen. Wir wollen aber kein Museum für 7000 Jahre Geschichte errichten, sondern eine lebendige Stadtlandschaft, in der weiterhin Geschichte geschrieben werden kann. Einzig durch eine gemischte Besiedlung mit Wohnungen, Büros, Geschäften, Künstlerateliers und Werkstätten für altes und neues Handwerk lassen sich auch die enormen Sanierungskosten rechtfertigen.«

Ein Sondergesetz des italienischen Parlaments verschaffte der Gemeinde für die Rettung der *sassi* eine erste Finanzspritze von rund 50 Mio. €), insgesamt rechnen die Planer mit weiteren Ausgaben in mindestens sechsfacher Höhe. Das staatliche Geld soll private Investoren auch auf internationaler Ebene anlocken, zumal die *sassi* von der UNESCO zum Kulturdenkmal erklärt wurden. Ohne *Scaletta* aber wäre wahrscheinlich bis heute nichts geschehen. Die Mitglieder des Vereins leisteten alle wichtigen Vorarbeiten – von der Inventarisierung und Zustandsbeschreibung aller Bauobjekte bis zur Veröffentlichung von Büchern über die wichtigsten Höhlenkirchen. Sie veranstalteten Ausstellungen, Vorträge und Diskussionen und machten auf diese Weise Matera zu einem weit über die Grenzen Italiens bekannten Kunstzentrum. Auf eigene Initiative kauften und renovierten sie einen Palazzo im *Sasso Barisano,* in dem alljährlich internationale Kurse für Maler und Bildhauer abgehalten werden. Die-

Carlo Levi: Porträt der Haushälterin Julia

ses Paradebeispiel aktiver Verantwortung für die Geschicke der eigenen Stadt, das so ganz und gar nicht in das Klischee vom lethargischen Süden paßt, die wache Intelligenz und das kritische Bewußtsein der Bürger – man spürt sie auf Schritt und Tritt.

Franco Palumbo träumt bereits von einer internationalen Restauratorenschule, die in einem der Palazzi untergebracht werden soll. Vorbildliches hat die *Scaletta* auch mit der Restaurierung der Höhlenkirchen San Nicola dei Greci und Madonna delle Virtù geleistet, in denen alljährlich namhafte Bildhauer ihre Werke ausstellen. Einen Termin für die Fertigstellung der Sanierungsarbeiten kann Palumbo freilich nicht nennen: »Das muß langsam wachsen, sich entwickeln. Wichtig ist nur, daß wir uns einmal entschlossen haben, irgend etwas zu tun.« Die steigenden Grundstückspreise sind für den Professor ein untrügliches Zeichen, daß auch das Interesse wächst. »Wir müssen uns nur vor Spekulanten hüten«, meint er. Wie er das tun will, steht allerdings auf einem anderen Blatt.

Materas Attraktionen finden sich aber nicht nur in den *sassi*. Die Neustadt bietet neben bemerkenswerten barocken Gebäuden zwei Museen von außerordentlicher Qualität: das **Ridola-Nationalmuseum** im ehemaligen Kloster Santa Chiara aus dem Jahr 1698 mit wertvollen archäologischen Funden und einer Kollektion kulturhistorischer Objekte sowie den **Palazzo Lanfranchi,** der eine Pinakothek mit etwa 300 Gemälden der neapolitanischen Schule aus dem 17. und 18. Jh. und das **Centro Carlo Levi** beherbergt. Hier sind alle wichtigen Gemälde und Zeichnungen Levis vereint, unter ihnen das Monumentalbild ›Lucania 61‹, das der Künstler für die Ausstellung ›Italia 61‹ in Turin schuf, sowie die Arbeiten, die zur Zeit der Verbannung entstanden. Man trifft sie alle wieder, die Levi in seinem Buch beschrieben hat: die Haushälterin Julia, die Hirten und Bauern, die Ortshonoratioren und die alten Frauen, nicht bloße Illustrationen zum Roman, sondern Porträts und Studien von eindringlicher Intensität.

Tradition wird großgeschrieben in Matera – mit einer Ausnahme. Für das größte religiöse Volksfest der Stadt, der Schutzpatronin Madonna della Bruna gewidmet, hat man dem ›Zeitgeist‹ eine gewaltige Konzession gemacht. Seit dem 14. Jh. wurde die ›Braune Madonna‹ alljährlich am 2. Juli in einem von acht prächtig aufgezäumten Maultieren gezogenen, reich geschmückten Karren, begleitet von einer berittenen Eskorte, im Triumphzug durch die Stadt geführt. Kaum war die Statue wieder in der Kathedrale verschwunden, stürzte sich die Menge auf den Wagen, um ihn mit Fußtritten, Messern und Äxten zu demolieren. Die Holzsplitter galten als Amulett, das seinen Träger ein Jahr lang vor Unglück bewahrte. Heute ist dieser Brauch – auch wenn die Umzüge nach wie vor als farbenprächtiges Spektakel ablaufen – nicht mehr ohne weiteres durchführbar: die Madonna thront nämlich auf dem Rücksitz eines chromblitzenden Rolls-Royce.

Dichter, Fürsten und Beamte

Etwas mehr als 100 km ist **Venosa** [2] (S. 332), das nächste Ziel der Basilikata-Rundreise, entfernt. Von Matera nimmt man am besten die Straße Nr. 99 nach Altamura, dann die Straße Nr. 96 bis Gravina in Puglia, die Straße Nr. 97 bis Spinazzola und schließlich die Straße Nr. 168.

Auch so kann eine Fünf-Sterne-Destination für Kulturtouristen auf den ersten Blick wirken: eine Agrargemeinde in gesichtsloser Umgebung. Einfache Kleidung, derbe Gesichter mit wettergegerbter Haut beherrschen die Szene, ein Geruch nach Armut und Trostlosigkeit liegt in der Luft. Neugierig scharen sich ein paar ältere Männer um das Auto mit fremdem Kennzeichen. Kaum ein Lächeln erwidert den freundlichen Gruß. Göttin Venus, die der Stadt ihren Namen geliehen hat, dürfte ihre schützende Hand längst zurückgezogen haben. Im Kampf gegen die allmächtigen Landbarone konnte sich offenbar nur ein Menschenschlag behaupten, dem Ausdauer vor Schönheit ging. Die eleganten Römer, die einst hier Geschichte schrieben, die Normannen, die in ihren eigenen Bauwerken ihre letzte Ruhestätte fanden – hinweggefegt von den Stürmen des Lebens. Übriggeblieben ist ein grotesker Friedhof aus Stein, wie schon der englische Italien-Reisende Norman Douglas zu Beginn des 20. Jh. feststellte: »Alte Inschriften gibt es in Fülle. Sie sind im Mauerwerk vieler Gebäude zu finden, andere liegen wie zufällig am Boden. Und dann – die Steinlöwen aus Römertagen! Man sieht sie, wie verloren, an Straßenecken, auf Vorplätzen und an Brunnen hingestreckt, in jedem Stadium des Zerfalls, mit zerbrochenen Kinnbacken und zertrümmerten Mäulern, ohne Beine und Schwänze! Venosa ist ein wahres Beinhaus verstümmelter Antiken dieser Spezies.«

Die Altstadt mit ihren engen Gäßchen, in denen sich selbst italienische Kleinwagen wie Luxuslimousinen vorkommen, trägt Patina. Die einen nennen sie schäbig, die anderen pittoresk. An Horaz, den berühmtesten Sohn des Ortes, erinnern ein nichtssagendes Denkmal auf der Piazza Orazio Flacco, ein den Namen des

Sprüche-Macher Horaz: Sternstunden der Dichtkunst

Carpe diem (»Nütze den Tag«), *nuda veritas* (»Die nackte Wahrheit«), *aurea mediocritas* (»Die goldene Mitte«): Quintus Horatius Flaccus, dem die Nachwelt all diese und noch viele andere ebenfalls in den allgemeinen Sprachgebrauch eingegangene Zitate verdankt, wurde am 8. Dezember 65 v. Chr. als Sohn eines Freigelassenen in Venosa geboren und erhielt in Rom und Athen eine vorzügliche Ausbildung. Nach ereignisreichen Jugendjahren, in denen er sich der Sache des Tyrannenmörders Brutus angenommen und als Militärtribun an dessen Seite in der Schlacht von Philippi mitgefochten hatte, verdiente er sich seinen Lebensunterhalt als Kanzleischreiber bei der römischen Stadtverwaltung und als Gelegenheitsdichter. Seine klassisch reinen, schwungvollen Oden gewannen ihm die Bewunderung des reichen Patriziers Maecenas, der ihm nicht nur ein Leben ohne Alltagssorgen in seinem Palast in Rom ermöglichte, sondern auch ein Landgut in den Sabiner-Bergen schenkte.

Horaz wurde gemeinsam mit Vergil der Lieblingsdichter der Römer, ja er galt sogar – nach dem Urteil des feinsinnigen Kunstrichters Quintilian – als »der einzige Lyriker, den zu lesen sich lohnt«. Im Palast des Kaisers Augustus war er gerngesehener und vielgelobter Gast. In Sermonen, Satiren und Episteln zeichnete er in scharfer Charakterisierung die Menschen seiner Zeit. Die dem griechischen Vorbild nachempfundenen Oden zählen zu seinen reifsten Werken. Gegen den demoralisierenden Reichtum und zunehmenden Sittenverfall in Rom richteten sich die poetischen Werke seiner Altersjahre. Er klagte um die verlorenen Tugenden der Bürger zur Zeit der Republik und erflehte von den Göttern die Wiedergeburt des Staates. Den entwurzelten Großstadtmenschen, die einzig und allein nach ›Brot und Spielen‹ verlangten, schleuderte er sein ebenfalls zum Zitat gewordenes *odi profanum vulgus et arceo* (»Ich verachte das gemeine Volk und halte es mir fern«) entgegen. Horaz starb am 27. November des Jahres 8 v. Chr., knapp drei Monate nach dem Tod seines Freundes und Gönners Maecenas, der durch sein Wirken Sternstunden der Dichtkunst ermöglicht hatte.

Dichters führendes kleines Hotel und ein paar obskure Mauern, die großspurig als ›Haus des Horaz‹ ausgegeben werden. Niemand weiß freilich, ob der Poet seine Jugendjahre tatsächlich in jenem halbkreisförmigen Bau seitlich des Rathauses verbracht hat, er diente vermutlich eher als *Tepidarium* – Lauwarm-Baderaum – einer Thermenanlage in einem römischen Patrizierhaus. Eine fragwürdige Attraktion, auf die selbst begeisterte Lateiner nicht hereinfallen sollten. Auch das 1470 von Graf Pirro Del Balzo errichtete mächtige Kastell ist bestenfalls einen Schnappschuß von außen wert.

Der wahre Schatz Venosas liegt ein wenig außerhalb der Stadt: die **Abbazia della Trinità.** Die Gründungsdaten des Klosters sind umstritten. Jüngsten Forschungen zufolge begannen Benediktiner bereits vor Ankunft der Normannen, die *chiesa vecchia* auf den Ruinen eines frühchristlichen Gotteshauses, das wiederum auf einem römischen Tempel stand, zu errichten. 1059 eingeweiht, sollte sie die Grabeskirche der Fürsten aus dem Norden werden. Hier ließ Robert Guiscard nicht nur seine Brüder Wilhelm Eisenarm und Drogo bestatten. Auch er selbst fand nach seinem unerwarteten Tod 1085 auf dem Weg nach Konstantinopel in dem dreischiffigen Bau seine letzte Ruhe – an der Seite der von ihm im Zuge seiner rücksichtslosen Heiratspolitik verstoßenen ersten Ehefrau Alberada, Mutter des Bohemund.

Zunächst allerdings hatte Robert von einem süditalienischen Cluny geträumt, einer riesigen Abteianlage, die jedoch niemals verwirklicht wurde. 1135 machten sich die Benediktiner daran, dem ursprünglichen Gotteshaus an der Apsis eine *chiesa nuova* anzufügen. Für den im französisch inspirierten romanisch-gotischen Stil gedachten, 70 m langen und 24 m breiten Bau fand reichlich Material aus dem nahen Amphitheater Verwendung. Ebenso Spolien aus den jüdischen Katakomben der römischen Kaiserzeit und des Frühmittelalters, deren Überreste man zwischen 1853 und 1929 wiederentdeckte. Das Prestigeprojekt kam jedoch nur bis zu den Umfassungsmauern und wurde schließlich ganz gestoppt, nachdem das Kloster einen wirtschaftli-

chen Niedergang erlitten hatte. Heute präsentiert sich diese architektonische Unvollendete als wuchtige Ruine mit dem Himmel als Dach und drei Apsiden, die sich trotzig in die Landschaft wölben: ein Fragment der Vergänglichkeit, ein Denkmal der uralten Weisheit, daß Bäume nicht in den Himmel wachsen.

Die *chiesa vecchia* mußte im Laufe der Zeit so manche Veränderung erfahren. Auch jener seltsame römische Pfeiler, der weit und breit als Fruchtbarkeitssymbol galt, bewacht nicht mehr den Eingang der Kirche. Die Leiber der Frauen haben ihn glattgewetzt, als sie sich – Generation um Generation – in der Hoffnung, schwanger zu werden, zwischen den behauenen Stein und die Mauer zwängten. Norman Douglas dazu mit mildem Spott: »In meinem Land würden Pfeiler mit der entgegengesetzten Wirkung bei den Frauen beliebter sein.« Wenn man Glück hat, so findet sich bei den interessanten Ausgrabungen rund um die Abtei – Reste des frühchristlichen Baptisteriums und einer städtebaulichen Anlage der römischen Militärstation – ein freundlicher Archäologe mit sachkundigen Informationen. Das auf der gegenüberliegenden Straßenseite befindliche Amphitheater dürfte, weil erst zum Teil freigelegt, noch so manche Überraschung bergen. Immerhin hauchte hier 208 v. Chr. auch Konsul Claudius Marcellus, als Kriegsherr zum ›Schwert Roms‹ geadelt, unter den scharfen Klingen von Hannibals Soldaten sein Leben aus.

Das bescheidene Landstädtchen **Melfi** 3 (S. 312) läßt in seiner heutigen Erscheinung kaum mehr etwas von seiner einstigen Bedeutung erahnen. Melfi? Richtig! Hier haben 1042 die Normannen in einer für das Schicksal Apuliens entscheidenden Schlacht die Byzantiner geschlagen, im Jahr darauf kamen die

Anführer der neuen Herren aus dem Norden im Schatten des Vulkans zusammen, um das Land untereinander aufzuteilen. 1059 belehnte Papst Nikolaus II. Robert Guiscard auf einem der vier Konzile zu Melfi mit Apulien und Kalabrien. Der Normanne baute daraufhin in seiner auf einem halb zerstörten Seitenkrater des Vulture liegenden neuen Hauptstadt eine Kathedrale und ein Kastell. 1089 wurde von hier der erste Kreuzzug ausgerufen. Und dann Friedrich II., der eines der wichtigsten Kapitel in der Geschichte Melfis schrieb: Der Stauferkaiser liebte diese Stadt ganz besonders und erwählte sie zu seiner Sommerresidenz. 1223 hielt er in Melfi eine Ständeversammlung ab, acht Jahre später veröffentlichte er an diesem Ort mit den *Constitutiones Augustales* ein bahnbrechendes Gesetzeswerk, seit dem *Corpus iuris civilis* des römischen Kaisers Justinian I. im 6. Jh. die erste Kodifizierung des Rechts.

Die große Vergangenheit liegt weitgehend im Staub der durch Naturkatastrophen immer wieder dem Erdboden gleichgemachten Stadt. Nachdem zuletzt 1930 ein verheerendes Erdbeben einen Großteil Melfis vernichtete, entstanden zahlreiche Neubauten, zweckmäßig, eintönig, schlicht. Der Normannendom besitzt vom Original nur mehr den Glockenturm, ist aber dennoch ein immer noch recht ansehnliches Bauwerk, nach einer sorgfältigen Restaurierung durchaus besuchenswert. Erhalten blieben auch die mittelalterlichen Stadtmauern und – in beherrschender Position auf der höchsten Erhebung des hügeligen Ortes – das Kastell. Die normannische Struktur mit sieben Türmen, drei rechteckigen und vier fünfeckigen, wurde trotz mehrerer Umbauten durch Karl I. von Anjou und das seit 1531 Melfi beherrschende Fürstengeschlecht der Do-

ria kaum verändert. In einem Trakt der Burg überrascht ein nach modernen didaktischen Gesichtspunkten eingerichtetes Museum mit einigen erlesenen archäologischen Fundstücken aus nahen Siedlungen und Nekropolen – unter ihnen etruskische Bronzen, griechische Keramiken und römische Sarkophage.

Der **Monte Vulture,** ein erloschener Vulkan, beherrscht die Gegend um Melfi. Angst und Schrecken verbreitet er längst nicht mehr, dafür gedeihen auf seiner fruchtbaren Lavaerde die schönsten und dichtesten Wälder der Provinz. Nach der schmerzenden Helligkeit der gleißenden Sonne taucht die kurvenreiche Straße in die Düsternis des Kraters ein, den zwei durch eine schmale Landzunge getrennte Seen, die **Laghi di Monticchio** 4, fast zur Gänze ausfüllen. Der Lago Grande bedeckt eine Fläche von 40 ha, der Lago Piccolo 10 ha. Beide schimmern je nach Tageszeit in verschiedenen Grüntönen. Eine Oase, die trotz drängendem Tourismus dank rigoroser Schutzmaßnahmen noch einigermaßen intakt blieb. Schleie, Karpfen und Aale tummeln sich im Wasser, ringsum wuchert ein grünes Dickicht von Buchen, Eichen, Eschen, Ahorn-, Linden- und Kastanienbäumen. Zu dieser im Mezzogiorno so raren Flora kommt eine wahre Fauna-Sensation: Die ›Europäische Bramea‹, ein Nachtfalter, der sonst nur in Asien zu finden ist. Zur Erhaltung dieses seltenen Insekts, das Forscher auf die *fraxinus oxycarpa* zurückführen, eine ausschließlich in diesem Gebiet wachsende Blume asiatischen Ursprungs, wurde bereits 1971 – erstmals in Süditalien – eine 200 ha große Naturschutzzone eingerichtet.

Die Tourismuseinrichtungen an den Seen halten sich mit einigen kleineren Hotels, Privatbungalows und mehreren Restaurants in erträglichen Grenzen.

Ein typisches Bild: getrocknete Paprika

Der Gipfel des 1326 m hohen Monte Vulture ist militärisches Sperrgebiet, doch die schönen Wälder laden zu ausgedehnten Wanderungen ein. Als gepflegtes Kurhotel empfiehlt sich das ›Parco Eudria‹ im nahen **Monticchio Bagni** mit Thermalbädern und Mineralwasser-Trinkkuren (s. Rionero in Vùlture S. 324).

Wie in einem Bilderbuch thront hoch über den Monticchio-Seen die ehemalige **Benediktinerabtei San Michele.** 1059 eingeweiht und 1866 geschlossen, drohte den Gebäuden der totale Verfall. Nur die Michaels-Kapelle mit byzantinischen Fresken, die noch vor der Klostergründung von griechischen Basilianern für ein Felsenheiligtum geschaffen wurden, war von Zeit zu Zeit für Gottesdienste zugänglich. Nach gründlicher Restaurierung soll in der Ex-Abtei ein internationales Studienzentrum eingerichtet werden.

Vorbei an dem Städtchen **Rionero in Vulture** (S. 324) entdeckt man bald ein weiteres Kastell Friedrichs II.: Auf dem Weg in Richtung Potenza sticht **Castel Lagopesole** schon von weitem aus der kargen Landschaft hervor. Die Anlage gehört dank ihrer Lage zweifellos zu den beeindruckendsten Burgen des Mezzogiorno. Kurz vor dem Tod des Stauferkaisers als Jagdschloß konzipiert, sollte der Bau jedoch niemals gänzlich vollendet werden. Seit vielen Jahren wird die Burg, zu deren Füßen sich die schäbigen Häuser eines gottverlassenen Nestes wie gefräßige Raupen Stück für Stück den Berg hinaufschieben, einer Restaurierung unterzogen. Ein Ende der Arbeiten ist nicht abzusehen. Was widerfährt dem Erbe von Dichtern und Fürsten? Sein Schicksal liegt jetzt in der Hand der ob ihrer Verbannung frustrierten Bürokraten.

Vor dem Besuch der Regionalhauptstadt sollte man sich noch die Zeit für einen Abstecher (50 km) in das mittelalterliche Bergstädtchen **Acerenza** (S. 291) nehmen, dessen Kathedrale zu den imposantesten romanischen Sakralbauten Süditaliens zählt. Und nun das vielgeschmähte **Potenza** 5 (S. 321), in Italien zum Inbegriff für provinzielle Langeweile geworden: Das mittelalterliche Zentrum der mit 820 m am höchsten liegenden Regional- und Provinzhauptstadt des italienischen Festlandes wurde beim Erdbeben des Jahres 1980 weitgehend zerstört, die Restaurierung der vielen Kirchen und Paläste wird noch weitere Jahrzehnte in Anspruch nehmen. Schon zuvor hatten verheerende Erdbeben (1273, 1694) sowie Bombenangriffe im September 1943 die Stadt mehrmals beinahe dem Erdboden gleichgemacht. Daher hat Potenza außer einer beeindruckenden Skyline moderner Hochhäuser – ›Tintenburgen‹ für das Beamtenheer, spotten die Kritiker – wenig zu bieten. Neben einem Einkaufsbummel durch die lebhaften Geschäftsstraßen rund um die Via Pretoria mit Kunsthandwerksläden (Keramik, Schmiedearbeiten) sind noch die Kathedrale San Gerardo (von der ursprünglichen Struktur des Jahres 1197 blieben nur das Rundfenster der Fassade und die Apsis erhalten), die Kirche San Francesco (das Portal und seine geschnitzten Holztüren sowie der Glockenturm stammen aus dem 15. Jh.) und das Archäologische Museum zu empfehlen.

Wieder steht nun eine längere Berg- und Talfahrt bevor. Über die kurvenreiche Straße Nr. 92 geht es 60 km bis Corleto Perticara und weitere 22 km bis zur Abzweigung in das kleine Bergdorf **Aliano** 6, berühmt geworden als Verbannungsort des Schriftstellers, Malers und Arztes Carlo Levi (1902–75).

Viele Junge verlassen die Basilikata, die Alten bleiben

Maratea: Paradies bis auf Widerruf

Das Stück vom Kuchen ist mehr als bescheiden: Lächerliche 25 km Gestade am Tyrrhenischen Meer überließen die an Stränden überreichen Regionen Kampanien und Kalabrien der kleinen Schwester Basilikata. Ausnahmsweise aber zog diese einmal das große Los, denn der von manchen Reisebüchern erst gar nicht zur Kenntnis genommene Küstenstreifen am Golf von Policastro zählt – bis auf Widerruf – zu den letzten Badeparadiesen Süditaliens. Zwischen der Fadesse des flachen, zubetonierten kampanischen Strandes von Sapri im Norden und den ebenso langweiligen wie lauten kalabrischen Feriensilos vom Zuschnitt eines Praia a Mare im Süden träumt die Costa Maratea ■ (S. 310) von Bauspekulation und Massentourismus weitgehend unbehelligt vor sich hin. Nicht Politik, sondern die Natur selbst hat glücklicherweise die regionalen Grenzen gezogen. Unmittelbar bei den Felsenriffen von Acquafredda klettert die Straße aus der Ebene steil empor, um sich Kurve für Kurve von einem landschaftlichen Höhepunkt zum nächsten zu schlängeln. Sobald die Route wieder uninteressanter zu werden droht, verabschiedet sich Lukanien mit einer letzten Biegung vor der Flußniederung des Fiume Noce o Castrocucco.

»Wer am Abend im Santavenere ankommt, hört als einziges Geräusch Meeresrauschen, das gemeinsam mit hundert Düften der mediterranen *Macchia* – Wildrose, Pfeffer, Honig, Anis, Minze – durch das Fenster dringt, und sieht keine anderen Lichter als die Sterne. Wenn er am Morgen das Fenster öffnet, wird er eine wunderbare Aussicht haben: jenseits des mit Blumen geschmückten Balkons glitzert, unregelmäßig von schwarzen Klippen, grünen Halbinselchen und Gruppen dichtgewachsener Pinien umrahmt, ein weites und einsames Meer, türkis, grün und am Horizont indigoblau«, notierte im Sommer 1956 die italienische Schriftstellerin Camilla Cederna in ihrem Tagebuch. Fast 50 Jahre später zeigen sich in diesem Garten Eden zwar auch die Folgen von so manchem Sündenfall, doch noch immer hält das ›Hotel Santavenere‹ in Maratea Fiumicello seine stilvollen Pforten offen, noch immer duftet die *Macchia*, nach wie vor ist das Badevergnügen ungetrübt, sofern der Scirocco nicht fremden Dreck in die sauberen Buchten spült: »Es ist wie früher. Von sanften Felsen gleitet man ins Wasser, schwimmt zwischen ihnen hindurch, läßt sich ab und an auf einem nieder, weich wie ein Plüschkissen, und erreicht die einsamen kleinen Strände, die in kurzen Abständen aufeinander folgen. Das Meer ist kristallklar, der Grund abwechselnd felsig und sandig.«

Wer erstmals die anthrazitgraue Küste in ihrer stolzen Einsamkeit erblickt, vermag kaum zu glauben, daß auch hier »fortschrittliche« Bürgermeister dem Städtchen Maratea mit seinen fünf Strandgemeinden Acquafredda,

Cersuta, Venere, Porto und Marina schwer vernarbende Wunden schlugen. Freilich, es hätte alles noch viel, viel schlimmer kommen können, als sich 1978 Politiker daran machten, das geltende Umwelt- und Landschaftsschutzgesetz aus dem Jahr 1939 außer Kraft zu setzen. Der christdemokratische Magistrat billigte damals tatsächlich einen Bebauungsplan, der 70 000 (!) Fremdenbetten an der Costa Maratea vorsah. Nach einem Protest der Region reduzierte man das Irrsinnsprojekt auf 20 000 Übernachtungsmöglichkeiten. Doch erst als sich nach der Beschwerde eines beherzten Bürgers der Verwaltungsgerichtshof einschaltete, wurde der gesamte Plan für null und nichtig erklärt. Zivilcourage kontra Baumafia – nach einem weiteren derartigen Beispiel mutiger Privatinitiative wird man im Mezzogiorno lange suchen müssen. Niemand konnte jedoch die blitzschnellen Parzellierungsaktionen vifer Architekten verhindern, die noch während des laufenden Verfahrens in Windeseile einen Apartmentkomplex plus zugehörigem Hotel für insgesamt 600 Touristen aus dem Boden stampften.

Buschwerk aus Geißblattgewächsen, Kapern-, Mastix- und Myrtensträuchern, Wälder aus Eschen, Buchen, Eichen aber dürfen überall sonst überleben, rund um das alte, 300 m hoch liegende und vom Meer aus unsichtbare Städtchen Maratea Superiore ebenso wie auf den äußersten Spitzen der unzähligen Felsklippen, die wie dunkelgrüne Zungen in die gleißende Helle des Wassers ragen. Üppige Vegetation vom Strand bis zu den höchsten Höhen im Hinterland – diesen Anblick bietet in Italien sonst nur noch der Gargano.

Die letzten werden die ersten sein – an dieses Christuswort ist man angesichts der 21 m hohen Erlöserstatue auf dem Monte San Biagio hoch über den grünen Hügeln einer heilen Umwelt versucht zu denken. Als wolle er nicht nur dieses den Statistiken nach arme, aber gesegnete Land, sondern gleich die gesamte Erde umarmen, breitet dieser Jesus aus Stahlbeton seine mächtigen Arme aus. Neben der Wallfahrtskirche mit der 1619 errichteten barocken Kapelle des hl. Blasius – zuständig für alle Halskrankheiten – und den Ruinen von Maratea Vecchia ragt die weiße Gestalt weithin sichtbar seit 1963 in den Himmel.

Ein wenig Beten kann bei der Rückfahrt durch die halsbrecherischen Kurven auf der kühn angelegten, auf rostenden Stelzen ruhenden Straße nicht schaden. Doch dann hat uns die Erde mit ihren weltlichen Genüssen wieder. In 5 km Entfernung wartet eines der besten Restaurants von ganz Süditalien: ›Za Mariuccia‹ in Porto di Maratea. Längst dem Stadium des Geheimtips entwachsen, kocht man bei ›Tante Mariechen‹ ungerührt von verliehenen Gourmethauben oder Sternen und grenzüberschreitender Berühmtheit wie eh und je die beste Fischsuppe. Zwei Stockwerke über dem kleinen Hafen dekorativ plaziert, garantiert das exquisite Lokal auf einer winzigen Terrasse einen Augen- und Gaumenschmaus gleichermaßen.

Als wäre jeder Fremde noch ein unerwartet hereingeschneiter Gast, den es herzlich zu empfangen gilt, nehmen die Leute von Maratea ihre Besucher auf, bevor sie sich wieder ihrer Alltagsbeschäftigung widmen. Dies gilt auch für Rivello (S. 324), eines der schönsten und besterhaltenen mittelalterlichen Bergdörfer im Hinterland, ein zu Recht zum Nationalmonument erklärtes Juwel hoch über dem Noce-Tal. Der gesamte alte Ortskern mit Fe-

Erlöserstatue in Maratea

stung, Kirchen, Palästen und Bürgerhäusern steht unter Denkmalschutz, der sich sogar auf das alte, bucklige Straßenpflaster erstreckt. Wenn die Frauen des 3000-Einwohner-Ortes in ihren alten Trachten durch die gewundenen Gässchen gehen, dann scheint wirklich die Zeit stehengeblieben zu sein.

Dieser Atmosphäre wegen sind Reisende in den 50er Jahren erwartungsvoll in den Süden gekommen. Weil sie für eine kleine Weile teilhaben wollten an jenem undefinierbaren Mikrokosmos mediterraner Lebensart, nach der sich spätestens seit Goethe alle Deutschen verzweifelt sehnen. Damals durften sie noch an die Zauberkraft des Mezzogiorno glauben. Touristen von heute haben es viel schwerer, allzu oft bezahlen sie teuer für ihre Illusionen: mit bitterer Enttäuschung. An der Costa Maratea aber hält man sich nach wie vor noch immer an die Regeln des Fair play – man läßt Außenseiter mitspielen.

Anwalt der Verdammten: Auf den Spuren von Carlo Levi

Wie die rauhen, rissigen Finger eines alten Bauern, die ein Stück Brot umklammern, kleben lange, nackte Striemen tonfarbener Erde an den kahlen, zerfurchten Steilhängen der lukanischen Apenninenausläufer. Dort, wo sich nicht einmal mehr Füchse gute Nacht sagen, liegt auf einer Höhe von knapp 500 m Aliano. »Wie ein sich schlängelnder Wurm senkte sich der Ort mit seiner einzigen, stark abfallenden Straße auf engem Grat zwischen zwei Schluchten, stieg dann wieder an, um abermals zwischen zwei anderen Schluchten hinunterzuklettern und schließlich im Leeren zu enden«, schrieb Carlo Levi, in den Jahren 1935 und 1936 vom faschistischen Regime in dieses gottverlassene Nest verbannt. In seinem 1945 veröffentlichten und seither in alle Weltsprachen übersetzten autobiographischen Roman ›Cristo si è fermato a Eboli‹ (›Christus kam nur bis Eboli‹) setzte er den Menschen der Basilikata – als Dokument der Anklage und Liebeserklärung gleichermaßen – ein Denkmal von höchstem literarischem Rang.

»Mir mißfiel alles«, stellte Levi bei seiner unfreiwilligen Ankunft, begleitet von zwei Carabinieri, die Hände mit Ketten gefesselt, fest. »Auf allen Seiten sah man nichts als weiße Lehmabstürze, an denen die Häuser hingen, als schwebten sie in der Luft; und ringsumher noch mehr weißer, baum- und rasenloser Lehm, vom Wasser durchfurcht mit Löchern, Kegeln und gefährlich aussehenden Hängen wie eine Mondlandschaft. Fast alle Türen der rissigen, baufälligen Häuser, die sich kaum über dem Abgrund zu halten schienen, waren sonder-

bar eingerahmt von schwarzen Fähnchen, von denen einige neu, die anderen von Sonne und Regen entfärbt waren, so daß es aussah, als wäre der ganze Ort in Trauer oder zu einem Totenfest geschmückt.« Das Entsetzen über die Trostlosigkeit verwandelte sich rasch in Liebe und Bewunderung, die der große Humanist für seine Mitbewohner empfand und die ihm in Aliano – im Roman heißt das Dorf Gagliano – auch entgegengebracht wurde. Wehmütig nimmt er nach der Aufhebung seiner Verbannung von der Basilikata Abschied, um nach dem Krieg als unermüdlicher Anwalt der Verdammten, als tatkräftiger Helfer in den sozialen Nöten der Armen und schließlich – gemäß seinem ausdrücklichen Wunsch – zur letzten Ruhe zurückzukehren.

Zögernd und mit viel Verspätung ist der technische und soziale Fortschritt auch in Aliano angekommen, wenngleich das Hauptproblem unverändert bleibt: Der karge Boden ernährt nur einen kleinen Teil der Menschen. Zwar gehört die Malaria der Vergangenheit an, und die inzwischen asphaltierte Straße endet nicht mehr im Leeren. Sie verbindet über den heute knapp 2000 Seelen zählenden Ort die Täler des Agri-Flusses und des Sauro mit Schnellstraßen, den Wegen zur großen, weiten Welt. Aber diese ist den meisten Einwohnern nur von bunten Ansichtskarten ihrer in der Ferne arbeitenden Verwandten und aus dem Fernsehen bekannt. Während Levi im confino, der Verbannung, lebte, wanderten die Armen der Basilikata vorwiegend nach Amerika aus.

»Alle jungen, einigermaßen tüchtigen Leute, auch die, welche nur eben noch imstande sind, selbständig ihr Fortkommen zu finden, verlassen die Heimat. Die Unternehmendsten gehen nach Amerika, die anderen nach Rom oder

Neapel, und sie kehren nicht wieder zurück. Im Lande bleibt nur der Ausschuß, diejenigen, die gar nichts können, die körperlich Gehemmten, die Unfähigen, die Faulen«, notierte der Autor kritisch. An anderer Stelle vermerkt er: »Der Ort gehört den Weibern. Viele Frauen haben ihre Männer in Amerika. Er schreibt im ersten Jahr, vielleicht auch noch im zweiten, dann erfährt man nichts mehr. Die Frau wartet ein Jahr, ein zweites Jahr auf ihn, dann bietet sich ihr eine Gelegenheit, und ein Kind wird geboren. Ein großer Teil der Kinder ist illegitim; die Autorität der Mutter herrscht. Gagliano hat zwölfhundert Einwohner, in Amerika sind zweitausend Gaglianer.« In den Häusern der Bauern hing damals neben der Madonna von Viggiano, »wilde, grausame, dunkel archaische Erdgöttin, launische Herrin dieser Welt«, das Bild des US-Präsidenten Roosevelt an der Wand, »eine Art von Zeus, von wohlwollendem, lächelndem Gott, Herr einer anderen Welt«. Und dazwischen manchmal eine Dollarnote. Denn »für die Menschen Lukaniens bedeutet Rom nichts: Es ist die Hauptstadt der Signori, der Mittelpunkt eines fremden und verhängnisvollen Staates. Weder Rom noch Neapel, sondern New York würde die wahre Hauptstadt der lukanischen Bauern sein, wenn diese Menschen ohne Staat jemals eine solche haben könnten.«

In der – ausgerechnet! – ›Bar Roma‹, einem der zwei Lokale von Aliano, in denen die arbeitslose Jugend bereits am Vormittag beim Kartenspiel die Zeit totschlägt, bestätigt der Besitzer, daß auch im ersten Jahrzehnt des 21. Jh. viele Dorfbewohner gezwungen sind, sich im Ausland ihr Brot zu verdienen, wenn auch die USA längst nicht mehr als ›gelobtes Land‹ gelten. »Ich habe ein halbes Jahr in Stuttgart gearbeitet, mein Bruder lebt immer noch dort, mein Schwager hat eine Beschäftigung in einer Fabrik in Norditalien gefunden, für uns ebenso weit weg und fremd wie Deutschland oder die Schweiz«, umreißt er die offenbar ewigen sozialen Probleme des Ortes. Eines freilich hat sich zum Positiven geändert: Wer sich genügend ersparen kann, kehrt in die Heimat zurück und baut sich dort ein Häuschen, versucht sich mit einem Geschäft, belebt die bescheidene Wirtschaft. Von Wohlstand zu sprechen, wäre zwar vermessen, die trostlose Hoffnungslosigkeit, wie sie Carlo Levi in seinem Roman beschrieben und in seinen Gemälden und Zeichnungen festgehalten hat, ist indes verschwunden. Das soziale Netz des modernen Wohlfahrtsstaates und die jahrhundertelang geübte Kunst des Überlebens bewahren Bauern und Rentner, Junge und Alte ohne Beschäftigung vor dem totalen Absturz ins Elend.

Die jungen Leute des Dorfes sind trotz Arbeitslosigkeit nicht in Lethargie verfallen. Ihnen hat Carlo Levi den richtigen Weg gewiesen. In einer genossenschaftlichen Töpferwerkstatt stellen sie Tonwaren her, Vasen und Aschenbecher, Teller und Tassen, Krüge und andere Gefäße, rührend unbeholfen in ihren primitiven Formen und derben Bemalungen. Die kleinen Souvenirs werden in dem mit viel Liebe zusammengetragenen Volkskunde-Museum im ehemaligen Wohnhaus des Dichters verkauft.

Ganz in seinem Geiste trugen die Bewohner von Aliano zu der volkskundlichen Sammlung bei. Trachten und Hausrat, Werkzeug und Einrichtungsgegenstände dokumentieren eine Vergangenheit, in der Christus offensichtlich

Braune Erde prägt das Landschaftsbild ▷

wirklich nur bis Eboli gekommen war, einem Städtchen nahe bei Salerno am Rande der fruchtbaren Sele-Ebene, und das Land dahinter vergessen hatte: »Die Häuser der Bauern sind alle gleich; sie bestehen aus einem einzigen Raum, der als Küche, Schlafzimmer und fast immer auch als Stall für die kleinen Haustiere dient«, beschrieb der literarische Chronist die Wohnverhältnisse seiner Zeit, die im Museum mit den von der Bevölkerung gespendeten Objekten anschaulich vor Augen geführt werden. »Das Zimmer ist fast ausgefüllt von einem riesigen Bett, das viel größer ist als ein gewöhnliches Ehebett: in ihm muß die ganze Familie, Vater, Mutter und alle Kinder, schlafen. Die Kleinsten haben, solange sie gestillt werden, das heißt, bis sie drei oder vier Jahre alt sind, kleine Wiegen oder Weidenkörbchen, die an Stricken von der Decke hängen und so etwas oberhalb des Bettes schweben. Die Mutter braucht nicht aus dem Bett zu steigen, um sie zu säugen, sondern streckt nur den Arm aus und nimmt sie an die Brust; dann legt sie sie wieder in die Wiege, die sie mit einem Schlag ihrer Hand zum Schaukeln bringt wie ein Pendel, so lange, bis die Kinder zu weinen aufhören. Unter dem Bett liegen die Tiere: der Raum ist so in drei Schichten aufgeteilt: auf dem Fußboden die Tiere, auf dem Bett die Menschen und in der Luft die Säuglinge.«

Dagegen lebte der Arzt und Schriftsteller Carlo Levi trotz Verbannung im »einzigen zivilisierten Haus des Ortes« wie ein Fürst: »Es bestand aus drei hintereinanderliegenden Räumen. Von der Straße, einem Seitengäßchen rechts vom Hauptweg, kam man in die Küche, von der Küche in das zweite Zimmer, wo ich mein Bett aufstellte; von hier ging es in ein großes Zimmer mit fünf Fensterchen, das mein Wohnzimmer und Atelier

Wohnraum im Volkskunde-Museum von Aliano

Ländliche Impression in der Basilikata

wurde. Aus der Ateliertür stieg man auf vier Steinstufen in ein kleines Gärtchen mit einem Feigenbaum, das durch ein Eisengitter abgeschlossen war. Das Schlafzimmer hatte einen kleinen Balkon, von dem ein Treppchen an der Seitenwand des Hauses auf die Terrasse führte; von hier wanderte der Blick zu den fernsten Horizonten.« Und was den zivilisierten Städter am meisten freute: »Es gab dort ein Klosett, ohne Wasser natürlich, aber ein richtiges Klosett mit Porzellansitz. Es war das einzige seiner Art in Gagliano, und vermutlich hätte ich auf hundert Kilometer Entfernung kein anderes gefunden.«

Nach dem Sieg Mussolinis im Abessinien-Feldzug begnadigt, bestürmten ihn die Bauern, doch zu bleiben: »Als sich der Tag meiner Abfahrt näherte, erklärten sie, sie würden die Reifen des Autos, das mich wegbringen sollte, durchlöchern. ›Ich komme wieder‹, sagte ich. Aber sie schüttelten den Kopf. ›Wenn du abreist, kommst du nicht mehr zurück. Du bist ein guter Mensch. Bleib bei uns Bauern!‹ Ich mußte ihnen feierlich versprechen, daß ich zurückkehren würde, und ich tat es ganz aufrichtig.«

Der Piemontese, der wie keiner vor ihm aus dem Norden die Probleme des Südens miterlebt, mitgefühlt und mitgelitten hat, hielt sein Versprechen. Nach dem Krieg zog er sich häufig hierher zurück, um zu malen und zu schreiben. Und schließlich, um für immer zu bleiben. Sein schlichtes Grab in der kargen, graslosen Lehmerde des Friedhofs – »die einzige abgeschlossene, frische und einsame Stelle des ganzen Ortes, vielleicht auch die am wenigsten traurige« – trägt alljährlich zu seinem Todestag Blumenschmuck. Carlo Levis Bilder sind in dem nach ihm benannten Studienzentrum im Palazzo Lanfranchi in der Provinzhauptstadt Matera untergebracht, seine Bücher im Besitz der ganzen Welt, er selbst ist am Ende seines

Die ›Kaiserlichen Tische‹ von *Metapont*

Mehr als zweieinhalb Jahrtausende dämmerten die Überreste einer einst gewaltigen dorischen Tempelanlage in der Einsamkeit eines Malaria-Sumpfgebietes unbeachtet dahin. Nur Hirten kannten das vergessene Heiligtum der von Griechen aus dem Peloponnes zwischen dem 8. und 7. Jh. v. Chr. gegründeten Stadt *Metapont*, und weil ihnen die 15 in den Himmel ragenden Säulen so geheimnisvoll erschienen, gaben sie diesen den Namen *tavole palatine* (»kaiserliche Tische«) – möglicherweise nach den Paladinen Karls des Großen, die hier in einer Schlacht gegen die Sarazenen kämpften.

Heute zählt die direkt an der vielbefahrenen Küstenstraße liegende Ausgrabungsstätte mit ihrem kleinen, exquisiten Museum zu den wichtigsten archäologischen Sehenswürdigkeiten der Basilikata. *Metapont,* mit *Kroton* und *Sybaris* verbündet, war aufgrund des fruchtbaren Bodens – nicht zufällig wurde die Ähre zum Symbol der Stadt, das auch seine Münzen zierte – und geschickter politischer Schachzüge eine der reichsten und mächtigsten Siedlungen der *Magna Graecia*. Als *Kroton* das absonderliche Treiben des Pythagoras und seiner Anhänger satt hatte und diese aus seinen Mauern verbannte, fanden die ›Spinner‹ in *Metapont* Unterschlupf, wo der Philosoph und Mathematiker seine Lehren bis zu seinem Tod noch viele Jahre unbehelligt verbreiten konnte. Den der Hera geweihten

Weges zu Hause angelangt: in Aliano, das dank ihm aus der Anonymität eines vergessenen Dorfes gerissen wurde. »Ein Glück«, sagt das junge Mädchen bei der Führung durch das Museum, »daß der Zufall wenigstens ihn zu uns verschlagen hat, wenn schon Christus nur bis Eboli kam ...«

Pisticci und Metaponto

Durch das Tal des Flusses Agri verläuft die gut ausgebaute Straße Nr. 598 bis zur Abzweigung der Straße Nr. 176, die uns zur Auffahrt nach **Pisticci** 7 (S. 319) bringt. Das Landwirtschafts- und Handelszentrum auf einem Bergrücken zwischen den Tälern des Basento und des Cavone ist vor allem wegen seiner hübschen Altstadt einen Besuch wert. Als besonders interessant gilt deren bäuerliche Architektur mit organisch gewachsenen Reihen weiß getünchter, einstöckiger Häuser. Aus der Mitte des 16. Jh. stammt die auf den Ruinen eines drei Jahrhunderte älteren Bauwerks errichtete Chiesa Madre. Etwa 1 km östlich des Städtchens befindet sich die vermutlich im ausgehenden

Die 15 dorischen Säulen des Hera-Tempels von Metapont deuten auf eine frühe Entstehung der Anlage hin

Tempel bezeichneten Archäologen später auch als ›Schule des Pythagoras‹. Rötlich-gelb leuchten seine in zwei Reihen stehenden, stark verwitterten Säulen aus mit Stuck überzogenem Kalkstein – ursprünglich waren es 32 – nicht nur im Morgen- oder Abendlicht. Im Archäologischen Museum bestechen vor allem die Beispiele lukanischer Keramikkunst, Terrakotten, Münzen, Marmorskulpturen und Tempeldekorationen.

11. Jh. gegründete Abtei Santa Maria del Casale. Die Klosterkirche wurde im Laufe der Jahrhunderte immer wieder umgebaut, wie die Spitzbögen über den Pilastern im Innern des Raumes oder der schöne Rahmen des Eingangsportals (13./14. Jh.) zeigen.

Mehrere Wege führen nun zur Küstenstraße Nr. 106, an der die Ortschaft **Metaponto** 8 (S. 312) – sie gehört zu der im Landesinneren liegenden Gemeinde Bernalda – liegt. Ausgedehnte Badestrände (Lido di Metaponto) mit einer guten touristischen Infrastruktur und eine blühende Agrarwirtschaft im Schwemmland der Flußmündungen von Basento und Bradano haben den Bewohnern dieses kurzen Küstenabschnitts am weiten Golf von Tarent einen relativen Wohlstand beschert. Neben der traumhaften Costa Maratea am Tyrrhenischen Meer gehört diese Gegend zu den großen touristischen Hoffnungen der ansonst armen Region. Nicht versäumen sollte man auf dieser Route die Archäologische Zone des antiken *Metapont* samt angeschlossenem, kleinem Museum, die sich direkt an der Hauptstraße, nur rund 1 km nördlich des Ortes, befinden.

Apulien

Ein Stöckel erhöht, wie der Absatz des Stiefels Italien auf eindrucksvolle Weise beweist: Mit prachtvollen Normannenkathedralen rangiert Apulien als Schauplatz mittelalterlicher Kunstentfaltung nämlich an der Spitze. Nicht genug damit, dieses überreich gefüllte Schatzkästlein kann mit noch so manch anderem Architekturjuwel aufwarten: Mit der barocken Pracht Lecces, das nicht zufällig das ›Florenz des Südens‹ genannt wird. Oder mit dem funkelnden, mehr als zweieinhalb Jahrtausende alten Goldschatz von Tarent, der mit seinen ziselierten Geschmeiden Zeugnis von der feinsinnigen Kultur der Alten ablegt.

Auch an landschaftlichen Höhepunkten kann es die langgestreckte Region mit jeder anderen aufnehmen: Von der wildromantischen Gebirgsszenerie des Gargano, wo schroffe Felsen steil ins Meer abfallen, über die weiten, sanften Strände, die sich vom Golf von Manfredonia über Bari und Brindisi hinaus bis zu den Klippen von Otranto und Capo Santa Maria di Leuca erstrecken, reicht die vielfältige Auswahl an Küsten. Wer buntes Treiben sucht, kann unter den unzähligen hübschen Ferienorten an der Adria wählen. Wem hingegen der Sinn nach Einsamkeit steht, findet sie im touristisch weit weniger erschlossenen Salento am Golf von Tarent oder im sanft hügeligen Hinterland, das rund um Locorotondo mit Zwergenhäuschen aus Stein zum Trulli-Land wird.

Jenseits von Eden: Tavoliere und Gargano

Zwischen der weiten Schwemmebene des Tavoliere und der gebirgigen Halbinsel Gargano bewegt sich die etwas über 300 km lange Rundfahrt im Norden Apuliens. Größere landschaftliche Gegensätze als die fruchtbare, aber langweilige Ebene und der mehr als 1000 m hohe, schroff ins tiefblaue Meer abfallende weiße Kalkstock sind kaum denkbar, ebenso nicht größere gesellschaftliche Kontraste als das ausgelassene Treiben in den Touristenorten des Gargano und die beinahe ekstatische Verehrung des Padre Pio in dem bedeutenden Wallfahrtsort San Giovanni Rotondo. Naturkatastrophen, Krieg und Massentourismus haben dem einstigen Garten Eden jedoch arg zugesetzt.

◁ *Hafen und Kathedrale von Molfetta*

Lebhaftes Foggia – beschauliches Manfredonia

Vom historischen Erbe der vitalen Provinzhauptstadt **Foggia** 1 (S. 304) blieb so gut wie nichts mehr erhalten. Die ehemalige Residenz Friedrichs II., der sich hier 1223 einen prächtigen Palast hatte bauen lassen, fiel 1731 einem Erdbeben zum Opfer, schwere Bombardements legten 1943 die letzten kostbaren Monumente in Schutt und Asche. Nur mehr erahnen läßt sich die Pracht der Vergangenheit zum Beispiel an der Kathedrale, die vom ursprünglichen Bau (1172) lediglich einige wenige Fragmente (Seitenportal, Krypta) aufweist. Vom Friedrich-Palast (heute Palazzo Arpi mit Archäologischem Stadtmuseum) haben bloß Reste eines Portalbogens

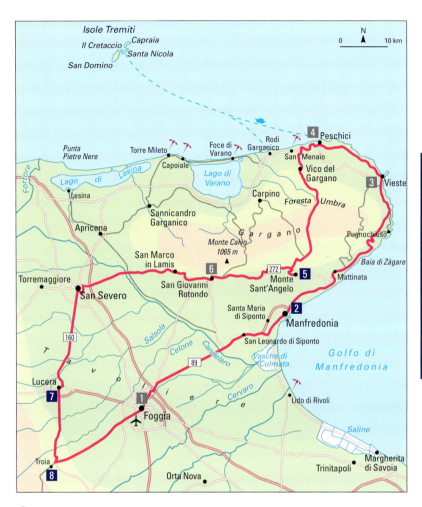

Gargano

mit schönen Ornamenten und eine Inschrift – sie erinnert an den kaiserlichen Auftraggeber des Baus und an den Architekten (Bartolomäus) – die Zeit überdauert. Musikfreunde gedenken in Foggia des berühmtesten Sohnes der Stadt, des Komponisten Umberto Giordano (1876–1948). Nach ihm sind Stadttheater und Konservatorium benannt. Ein kleines Museum bewahrt persönliche Erinnerungsstücke und Originalpartituren auf, in einer Parkanlage an der Piazza U. Giordano steht seine Statue, umgeben von Bronzefiguren seiner bekanntesten Operngestalten (Andrea Chenier, Fedora, u. a.).

Als idealer Ausgangspunkt für eine Erkundung des Gargano bietet sich **Manfredonia** 2 (S. 309) an. ›Manfreds Stadt‹, 1256 vom unglücklichen letzten

Pizzomunno – Jüngling aus Stein

Es war einmal ein Land – so schön wie der Garten Eden. In dunklen, kühlen Eichenwäldern tummelten sich Wildschweine, Rehe und Hasen, aus weichem, duftendem Moos sprossen wohlschmeckende Pilze, an sonnigen Abhängen wuchsen allerlei wilde Beeren und heilkräftige Kräuter. Nur Auserwählte kannten das Zauberreich, in dem Feen über Blumenwiesen tanzten, Faune ihren Schabernack zwischen den silbrigen Blättern der Olivenhaine trieben und Nymphen über die kostbaren Quellen wachten. Ein tiefblaues Meer umgab die grünen Berge, schaumgekrönte Wellen brachen sich an hellen Klippen und goldfarbenen Stränden oder verschwanden in einer der vielen geheimnisvoll funkelnden Grotten, um den lieblichen Seejungfrauen in ihren Höhlen einen Abglanz des Sonnenlichtes zu schenken. Alle Wald- und Wassergeister standen mit den wenigen Menschen, die vom Fischfang oder der Jagd ein bescheidenes Dasein fristeten, auf gutem Fuß, denn niemals kamen Sterbliche und Unsterbliche einander in die Quere.

Nur einmal griff ein junger Bauer nach den Sternen und verliebte sich in Cristalda, die wunderschöne Tochter eines Meeresgottes. Zur Strafe für diesen Frevel verwandelte ihn der erzürnte Vater in Stein. *Pizzomunno,* die Spitze der Welt, tauften die Einheimischen diesen 26 m hohen, kreideweißen Felsen, der am Strand von Vieste wie ein einsamer Riese mahnend in den Himmel ragt. Nur alle 100 Jahre, so erzählt die Sage, verwandelt sich der Monolith für

Stauferkönig, Sohn des glorreichen Friedrich II., als neue Heimat der von einem Erdbeben vertriebenen Flüchtlinge aus dem nahen Siponto gegründet, besticht nach dem eher hektischen Foggia durch ruhige Gelassenheit. Sehenswert sind die barocke Kathedrale (1680) mit einer aus dem 13. Jh. stammenden Madonna sowie das Stauferkastell in einer gepflegten Parkanlage direkt am Meer. Ein Bummel durch die schachbrettartig angelegten Straßen und Gassen war noch in den 80er Jahren alles andere als gesund, hatte doch die Luftverschmutzung sogar für den Mezzogiorno nicht mehr tolerierbare Ausmaße angenommen. Nachdem den Betrieben strenge Umweltauflagen angeordnet worden waren, kann man in der Industrie- und Hafenstadt nicht nur wieder frei atmen, sondern sogar an den städtischen Stränden im durchweg sauberen Meer baden.

Rund 3 km außerhalb der Stadt befindet sich die in den 70er Jahren restaurierte romanische Kirche **Santa Maria di Siponto.** Das 1117 geweihte Gotteshaus mit quadratischem Grundriß weist ein üppig skulptiertes Portal, Fragmente eines Fußbodenmosaiks aus dem 3.–5. Jh. (an der linken Innenwand), einen byzantinischen Sarkophag als Altar, dahinter eine Kopie der in der Ka-

Steilküste bei Vieste

eine Nacht in den Jüngling zurück, damit er sein Mädchen suchen kann.

Niemand kennt den Tag, an dem der Verwunschene erneut nach seiner Cristalda Ausschau halten kann. Doch wann immer das sein mag, wünschen wir ihm, daß Liebe auch nach so langer Zeit blind macht. Denn der Anblick des verlorenen Paradieses, das einst seine Heimat war, könnte den Mann vor Entsetzen wieder – und diesmal wohl für alle Ewigkeit – erstarren lassen.

thedrale von Manfredonia aufbewahrten Madonna sowie eine noch unveränderte Krypta, die von 20 Säulen getragen wird auf. Von ebensolchem kunsthistorischen Wert ist die knapp 10 km in Richtung Foggia entfernte Kirche **San Leonardo di Siponto,** zusammen mit einem Kloster im 12. Jh. an der Stelle eines älteren Pilgerhospitals erbaut und seit 1261 im Besitz des deutschen Ritterordens. Zu Beginn des 19. Jh. wurde der Komplex verlassen. Die dreischiffige Kirche hat ein monumentales Portal mit reich geschmücktem Marmorrahmen und von Löwen und Greifen getragene Säulen.

Panoramatour durch eine Ferienfabrik

Doch um in der Ebene zu dümpeln, reist keiner in den Gargano. Postkartenperfekt breitet sich der Golf von Manfredonia erst dann vor dem Betrachter aus, wenn dieser, noch vor dem Dörfchen Mattinata, an Höhe gewinnt. Tatsächlich läßt sich ab jetzt nichts einfacher erlangen als Überblick – die vielgepriesene Panoramatour kann beginnen. Bewaldete Klippen ruhen wie grüne Hände von Nixen über dem Azurblau des Wassers, mit jeder Kurve steigt die Straße höher und höher, taucht einmal in den lichten Schatten von Pinienwäldchen ein, stellt sich dann wieder knapp an den Rändern der bizarren Steilabfälle dem strahlenden Licht der Sonne, um nach einer Biegung erneut in eine unvergleichliche Symphonie aus Farben und Düften einzutauchen. Würzige Waldluft mischt sich mit salziger Meeresbrise, ein frischer Geruch nach Farnen und Kräutern verbindet sich mit dem unverwechselbaren Aroma hitzedurchglühter *Macchia*. Verführerisch locken tief unten winzige Buchten mit glitzerndem Wellenspiel, alle Sinne drängen danach, hineinzuspringen in das einladende kühle Naß.

Der erste Anlauf, auf einem Stichsträßchen zum Strand vorzudringen, mißlingt. Schilder mit Hinweisen »Nur für Hotelgäste« oder »Campingplatz, Zutritt verboten« können der Euphorie zunächst noch keinen Abbruch tun. Spätestens aber bei dem Versuch, in Pugnochiuso – zu deutsch: geballte Faust, welch ein passender Name! – das Meer zu erreichen, macht sich, je nach Temperament, wilde Wut oder abgrundtiefe Traurigkeit breit. Auf einem der bezauberndsten Flecken der Halbinsel errichteten skrupellose apulische Bauherren aus den Mitteln der Entwicklungshilfe des Nordens ein von hohem Maschendraht abgeschirmtes und von grimmigen Aufsehern bewachtes Urlauberghetto.

Nicht überall wird derart drastisch demonstriert, in welchem Ausmaß der Gargano vom Tourismus vergewaltigt wurde. Das ›Hotel Baia delle Zagare‹ in Sichtweite der berühmten Klippen, die sich wie von Künstlerhand geschaffen als Torbögen aus dem Meer erheben, hat man gekonnt und weitgehend unsichtbar in den Kiefernwald hineingebaut. Aber auch hier gilt das Prinzip, daß nur Hotelgäste in den Genuß der beiden Traumstrände vor der Haustür kommen und alle anderen ausgesperrt bleiben.

Zentrum des Tourismus: Vieste

Die meisten Campingplätze haben sich rechtzeitig in den schönsten Buchten eingenistet. Zwar blockieren sie damit glücklicherweise wertvollen Baugrund, doch sind Zelt oder Wohnwagen nun einmal nicht jedermanns Sache. Die Alternative: keineswegs preisgünstige Privatquartiere oder ein Hinterhofzimmer in einem der Mittelklassehotels, die sich fernab des Strandes mit mehr oder minder gepflegten Pools aushelfen.

Anfang der 70er Jahre war **Vieste** 3 (S. 333) noch ein verträumtes Fischerdorf auf einer ins Meer vorgeschobenen Klippe an der äußersten Spitze des italienischen Stiefelsporns. Heute wird der Ort, dessen historisches Zentrum malerisch auf einem 45 m hohen Felsen thront, von einer Ansammlung besonders häßlicher Betonburgen umlagert. ›Zentrum des Gargano-Tourismus‹ heißt das jetzt, eine Bezeichnung, die bedauerlicherweise im erschreckenden Sinn des Wortes zutrifft. Wenig mehr als ein Vierteljahrhundert hat genügt, um aus einer der schönsten Küsten der Adria dicht unter dem 42. Breitengrad an der Ostseite des Apennins eine Ferienfabrik zu machen – grell und laut, mit dicht gereihten Liegestühlen an den Stränden, geschmacksfreier Einheitskost in den Restaurants und Nepp, wo immer man die Brieftasche zücken muß. Die malerischen Winkel der Altstadt mit einem eindrucksvollen Kastell sind zwischen Bierstuben, Souvenirläden und Fast-food-Tempeln kaum mehr auszumachen.

Das gepflegte, aber nicht herausgeputzte **Peschici** 4 (S. 319) mit lediglich 4000 Bewohnern läßt trotz des gesichtslosen modernen Ortsteils vielleicht am ehesten Erinnerungen an einst aufkommen. In den engen, alten Gassen findet sich ein wenig von jenem Geist, der auch den Keramiker Frammichele noch beseelt. In seiner kleinen Werkstatt entsteht Traditionelles von guter Qualität, am liebsten jedoch experimentiert er mit neuen Formen und Farbkombinationen. Der britische Reiseschriftsteller H. V. Morton schrieb einst vom »bezaubernden Rodi«. Heute ist der einige Kilometer weiter westlich liegende Ort der Haupthafen für die Fähren zu den Tremiti-Inseln (Isole Tremiti). Handwerkskunst hat in dem Städtchen jedoch schon längst keinen goldenen Boden mehr. Weil hier nach den sterbenslangweiligen Lagunen Lago di Lesina und Lago di Varano endlich die landschaftlich um Welten reizvollere Felsenküste des nördlichen Gargano beginnt, bleiben in dem mittlerweile reichlich mit Hotels ausgestatteten Ort alle jene hängen, die weiter östlich kein Quartier mehr finden können.

Man kann auf dieser Rundfahrt Rodi Garganico getrost (in diesem Fall) rechts liegen lassen und sich in das Landesinnere begeben, wo mit der **Foresta Umbra,** dem »schattigen Wald«, eine unberührte Naturlandschaft erhalten blieb. In den kleinen Bergdörfern am Rand des rund 100 km^2 großen Schutzgebietes wähnt sich der Besucher aus dem Norden inmitten von Eichen, Kiefern und Efeu jedoch überall anders als im sonnigen Süden. So entpuppt sich der Stiefelsporn für den Individualreisenden letztlich als herbe Enttäuschung. Mit einem letzten zornigen Blick nimmt er Abschied von der Illusion, daß der Erzengel Michael in seinem nahen Heiligtum am Monte Sant'Angelo wie der als Wächter des Gartens Eden abkommandierte Cherubim für den Gargano zuständig gewesen wäre. Ungehindert durften die Menschen die Pforten passieren, bis sie schließlich das Paradies selbst vertrieben. Wiederkehren wird es jedenfalls kaum mehr: Jenseits von Eden gibt es kein Zurück.

Richtig Reisen Tip

Taucherdorado Tremiti-Inseln

Nur etwas mehr als 300 Menschen leben ganzjährig auf den Tremiti-Inseln (Isole Tremiti) (S. 331), einem in etwa 20 km Entfernung der nördlichen Gargano-Küste vorgelagerten, insgesamt rund 3 km² umfassenden Archipel mit zwei Hauptinseln: San Domino, mit 2 km² das größte Eiland, und San Nicola. Capraia und das Inselchen Gretáccio sind unbewohnt. Besonderen Komfort darf man nicht erwarten, dafür aber wild zerklüftete Küsten, kleine Strandbuchten, Felsenklippen und Meeresgrotten. Das tiefblaue, klare Wasser ist reich an Fischen, berühmt sind die Fanggründe für ihre hervorragenden Langusten. Unterwassersportler finden in diesen Gewässern ihr Dorado, es gibt mehrere ›Tankstellen‹ für Druckluftflaschen.

Auf San Domino stehen etwa 850 Betten in acht Hotels und zwei Feriendörfern zur Verfügung. Wer in der Hochsaison auf den Tremiti-Inseln Urlaub machen will, sollte bereits zu Jahresanfang Zimmer vorbestellen. Autos müssen auf dem Festland bleiben. Von Juni bis September kann man die Hauptinsel per Tragflügelboot von den Häfen Térmoli und Rodi erreichen, ganzjährig verkehren Dampfer über Manfredonia und Vieste zum Archipel, doch fallen die Verbindungen außerhalb der Saison bei Schlechtwetter aus.

Erzengel Michael und Padre Pio: Konkurrenzkampf am Gargano

Ein ›Newcomer‹ macht seit ein paar Jahrzehnten in den Bergen des Gargano dem Erzengel Michael Konkurrenz. Knapp 25 km sind die Ortschaften **Monte Sant'Angelo** 5 (S. 313) und **San Giovanni Rotondo** 6 (S. 326) voneinander entfernt, beide gehören zu den meistbesuchten Zentren religiösen Lebens in Süditalien. Doch es scheint, als ob die Wirkungsstätte des Kapuzinermönchs Padre Pio (1887–1968) dem uralten Heiligtum des Erzengels Michael nach und nach den Rang abläuft. Der stigmatisierte Geistliche, dem viele noch persönlich die bandagierten Hände geküßt haben, war eben ein »Heiliger zum Anfassen« gewesen, an den die Erinnerung lebendig blieb. Um den Himmelsfürsten ranken sich hingegen bloß Legenden, mehr als eine winzige Fußspur hinterließ er nicht – auch diese ein Gebilde der Phantasie.

Doch wer von den Pilgern, die aus uralter Tradition zum ›Heiligen Berg‹ ziehen, fragt schon nach handfesten Beweisen? Die meisten Gläubigen wollen mit ihrem Besuch beim Erzengel nichts anderes als ein Gelübde erfüllen, ihm ihre Reverenz erwiesen zu haben, genügt vollauf. Monte Sant'Angelo bedarf keiner farbenprächtigen Prozessionen, sein Zauber wirkt vor allem in der schlichten Stille. Wenn flackerndes Kerzenlicht die dunkle Grotte des mächtigen Streiters Gottes erhellt und ehrfürchtiges Gemurmel der Betenden den Raum erfüllt, kann sich wohl kaum einer jener unerklärlichen Magie entziehen, die allen uralten Heiligtümern innewohnt.

Von drei Erscheinungen berichten die Legenden, von Wundern und von dem mehr oder weniger strikten Befehl Michaels, ihm ausgerechnet an diesem Ort zu huldigen. Es begann am 4. Mai 490 mit einem Pfeilschuß, den ein verärgerter Hirte auf einen entlaufenen Stier abgab. Das Geschoß kehrte wie ein Bumerang zurück und traf den Schützen ins Auge. Vorhang auf für den ersten Auftritt des Erzengels, der jenem wie vom Donner gerührten Mann erklärte, das Tier stehe unter seinem persönlichen Schutz und die Grotte, in der es Zuflucht gesucht habe, sei heilig. Jedem, der ihn, den Fürsten des Himmels, künftig dort verehre, werde Heil widerfahren. Zwei Jahre später, als Truppen des Germanenfürsten Odoaker die Stadt Siponto in der Nähe des heutigen Manfredonia bedrohten, vertrieb ein gewaltiges Unwetter die gefürchteten Eindringlinge. Kühn verfolgten die Sipontiner, mit dem Bild Michaels auf ihren Fahnen, die überraschten Germanen bis nach Neapel. Am 29. September 493 forderte der Engel seinen Lohn ein und befahl, die Höhle in ein ihm gewidmetes Heiligtum zu verwandeln. Seither pilgern Arme und Reiche, Kranke und Gesunde, Heilige und Heiden, Büßer und Mächtige auf den Berg, um den Sieger im Kampf des Lichts gegen die Finsternis zu feiern.

Über Arbeitsmangel mußte der Streiter Gottes jedenfalls seit seinem ersten Erscheinen auf Erden niemals klagen. Er gab den Kreuzfahrern, die sich am Engelsberg von Europa verabschiedeten, seinen Segen. Kirchenvätern wie Franz von Assisi, Thomas von Aquin oder Bernhard von Siena spendete er Kraft und Weisheit. Barfuß pilgerten die deutschen Kaiser Otto III. und Heinrich II. zur Grotte, um demütig um Gnade zu bitten. Auf Knien rutschen auch heute noch ganze Pilgergruppen die 89 Stufen zum Heiligtum hinab und berühren wie in Trance die nackten Felsen der Höhle, auf

Erzengel Michael, Steinrelief, 8./9. Jh.

daß die Kraft des Fußabdruckes Michaels – die wunderbare Spur befindet sich, den Blicken der Gläubigen entzogen, hinter einer silbernen Türe unter dem Altar – auf sie übergehe. Hinter dem Allerheiligsten entspringt, wie auch an allen anderen Stätten des Michaelkults, eine heilkräftige Quelle. Zu sehen ist sie nicht mehr, doch ein dumpfer Geruch nach Moder, vermischt mit Weihrauch und Schweiß, verrät die Feuchtigkeit der von Kerzenruß geschwärzten Felsen.

»Dies ist ein Ort, der Ehrfurcht gebietet, das Haus Gottes und das Tor zur Hölle«, verkündet die lateinische Inschrift auf einem der gotischen Doppelbögen am Treppenabgang. Der Mahnung hätte es nicht bedurft, in dieser mystischen Umgebung will keiner lärmen oder lachen, selbst wenn die aus dem 17. Jh. stammende Michaelsstatue in ihrem Zuckerbäckerstil kaum Respekt einflößt. Doch die Erdentage dieser christlichen Personalunion der heidnischen Götter Mars, Merkur, Herkules, Apoll und Mithra scheinen gezählt. Schon längst pilgern nicht mehr wie noch in der Zeit um 1900 mindestens 30 000 Menschen alljährlich zu seiner Höhle. Die Gläubigen vertrauen ihre Sorgen heute lieber einem Mann an, dessen Güte sogar das Schwert eines Himmelsfürsten stumpf werden ließ.

Padre Pio, schon zu Lebzeiten als Heiliger verehrt, bedarf nicht erst des Segens aus Rom, um als solcher zu gelten. Als der Kapuzinermönch aus Pietrelcina bei Benevent unmittelbar nach dem 50. Jahrestag seiner Stigmatisierung im September 1968 starb, fanden sich mehr als 50 000 Gläubige in San Giovanni Rotondo, der Stätte seines Wirkens, zu seinem Begräbnis ein. Nicht alle konnten damals in dem inzwischen zu einer der größten und bekanntesten Wallfahrtsstätten des Südens gewachsenen Städtchen Quartier finden, viele kampierten auf freiem Feld oder verbrachten die Nächte beim Gebet in der erst 1956 errichteten Kirche Maria der Gnaden. Als hätte Padre Pio, dem seine Wahlheimat neben einem Krankenhaus auch einen enormen wirtschaftlichen Aufschwung verdankt, nur noch auf die Fertigstellung der neuen Krypta seines Konvents gewartet, erlosch sein Leben wenige Stunden nach der Einweihung.

Dort ruhen nun die Gebeine des großen Menschenfreundes in einem 60 Zentner schweren Sarkophag aus blauem Granit. Flüsternd erzählen sich die Gläubigen angesichts des Schreins von den Wundern um Padre Pio. Seine Wundverbände um die Kreuzigungsmale Christi sollen den Duft von Rosen und Veilchen verbreitet haben, Kranke habe er sonder Zahl geheilt, und auch die Fähigkeit der Bilokation, der gleichzeitigen Anwesenheit an zwei verschiedenen Orten, wird ihm zugeschrieben.

Nicht jeder mag diese Berichte für bare Münze nehmen, doch an einer Tatsache kommen selbst die größten Skeptiker kaum vorbei: Daß nämlich ein schlichter Mönch, der sein Kloster ein halbes Jahrhundert lang niemals verließ, den Armen in diesem weltvergessenen Winkel einzig und allein aus Spenden ein Krankenhaus zu stiften vermochte, das damals zu den fortschrittlichsten Europas zählte. Das fast unglaubliche Charisma dieses Mannes, dem sich kaum einer entziehen konnte, war das wahre Wunder am Gargano.

Pure Neugier, gewürzt mit einer gehörigen Prise Mißtrauen, veranlaßte Mitte der 1960er Jahre den britischen Journalisten, Reiseschriftsteller und Nicht-Katholiken H. V. Morton zu einem Abstecher nach San Giovanni Rotondo, um sich das Spektakel um den damals weltweit vermarkteten Klosterbruder (»Wollen Sie Pater Pio sehen? Dann buchen Sie eine Ave-Maria-Tour« oder »Ich erlebte, wie sie seine Wunden reinigten«) anzusehen. Nachdenklich notierte er nach seinem Besuch jedoch: »Ich hatte bisher nur Sanktuarien von Heiligen besucht, die schon tot waren – ein Zustand übrigens, den die Kirche entschieden bevorzugt. In der neuen, großen Basilika, ein kahles Gebäude mit einer Empore, das auf mich wirkte wie ein Postamt, das man rasch für höhere Zwecke hergerichtet hatte, standen die Menschen dicht gedrängt. Das Flüstern der Menge verstummte plötzlich und schweigend erhob sich die Gemeinde, als sich eine Tür öffnete und zwei Mönche mit schwarzen Bärten einen sehr alten Mann ins Innere geleiteten. Sie stützten den nur mühsam sich Bewegenden. Pater Pio ist grauhaarig und weißbärtig. Die Wangen sind hohl, und in sein Gesicht haben sich die Spuren des Lebens in Gebet und Schmerzen eingegraben.

Wie gebannt starrten die Menschen auf die braune Gestalt und auf die Hände. Als der Priester den Altar verließ, stürzten die Männer auf die Sakristei zu. Ich schloß mich ihnen an und befand mich plötzlich in einer sehr schönen Halle mit einer Marmortreppe, die in das Obergeschoß führte. Dies war der Weg, den der Pater von der Empore zu seiner Zelle nahm.«

Audienzen, so erfuhr Morton, fanden dort täglich, jeden Morgen und jeden Abend, statt. Allerdings durften hier Frauen ihren Fuß nicht über die Schwelle des Klosters setzen, während es allen männlichen Besuchern gestattet war, dem Geistlichen unter die Augen zu treten. »Wir mußten nicht lange warten. Es war wie bei einer Papstaudienz: Alle sanken auf die Knie, als sich Pater Pio, auf die Schultern der beiden Mönche gestützt, näherte. Wenn auch das Leben in Meditation, Kasteiung und Schmerzen die Gesichtszüge des Paters verfeinert und stärker ausgeprägt hat, so ist an seiner äußeren Erscheinung doch nichts, was Ungewöhnliches vermuten ließe. Diese Augen schienen mir durchaus eines bauernschlauen Blickes fähig zu sein, und ich konnte mir gut vorstellen, daß er sogar jetzt noch, als Achtzigjähriger, einem Sünder unverblümt ins Gewissen zu reden vermochte. Mir hat von jeher gerade der beißende Spott der Heiligen gefallen, und so würde ich nach meiner Begegnung mit Pater Pio auch ohne weiteres jene Antwort für wahr halten, die er angeblich auf die Frage eines Besuchers, ob denn seine Wunden schmerzten, erteilte: ›Ja, glauben Sie denn, daß der Herr sie mir als Zierde gab?‹ Ich beobachtete, wie er langsam Schritt für Schritt über den schmalen Teppich ging. Er war seit fünf Uhr morgens auf den Beinen gewesen, hatte die Messe zelebriert und viele

Stunden im Beichtstuhl verbracht. Man sah ihm an, wie müde und begierig er war, wieder in der Stille seiner einfachen Zelle zu sein.«

Lange ließ die Heiligsprechung Padre Pios auf sich warten, erst 2002 erfüllte der Vatikan den sehnlichen Wunsch unzähliger Gläubiger. Das Werk des Geistlichen wächst unvermindert weiter. Das verschlafene Gebirgsdorf mauserte sich zu einem respektablen Höhenkurort mit religiösem Flair. Zu Tausenden strömen Tagesbesucher und Langzeiturlauber herbei, so daß selbst der riesige Parkplatz vor dem Sanktuarium und der Treppenanlage mit der Statue des unvergessenen Gottesmannes bald zu klein sein wird. Der unvermeidliche Devotionalienhandel treibt die buntesten Blüten – Padre Pio Superstar. Sein Konterfei blickt aus allen Schaufenstern der von Corso Umberto auf Corso Padre Pio umbenannten Hauptstraße wie einst die Porträts Herbert von Karajans während der Salzburger Festspiele. Aber selbst dagegen hätte der fromme Mann vermutlich nichts einzuwenden gehabt, fließt doch ein gehöriger Prozentsatz der Einnahmen in jene Musterklinik, die neben dem offiziellen Titel *La Guardia* (benannt nach dem ehemaligen Bürgermeister von New York, weil von dort die meisten Spenden stammten) sein Lebensziel als Motto trägt – ›Haus zur Linderung des Leidens‹.

Von Lucera nach Troia

Über San Marco in Lamis (Straße Nr. 272) und San Severo (Straße Nr. 160) gelangt man nun nach **Lucera** **7** (S. 309), einen geschichtsträchtigen Ort an den Ausläufern des Lukanischen Apennin. Die Stadt war eine der Lieblingsresidenzen Friedrichs II., der hier seine sarazenische Leibgarde ansiedelte. Diese konnte, unbehelligt von christlicher Verfolgung, unter dem Schutz des Kaisers ihrem moslemischen Glauben nachgehen. Sogar nach dem Tod Friedrichs hielten die Sarazenen dem staufischen Haus die Treue, erst Karl II. von Anjou vernichtete die ›Ungläubigen‹ im Jahr 1300.

Den Kern des mächtigen, die weite Ebene des Tavoliere strategisch beherrschenden und die Stadt sichernden Kastells, einer der größten Festungsanlagen ganz Italiens, bildete der Palast Friedrichs (1233), der später unter den Anjou ausgebaut und mit einem Befestigungsgürtel umgeben wurde. Von der bereits seit Jahrhunderten fast völlig zerstörten Anlage blieb nur die Bastion erhalten, die jedoch die gewaltigen Ausmaße des mittelalterlichen Bauwerks erahnen läßt.

Das Amphitheater von Lucera wurde über einer früheren römischen Siedlung erbaut

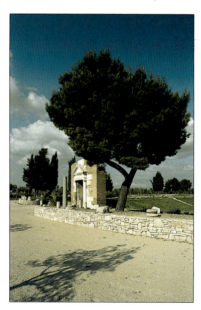

Als eine der schönsten Architekturschöpfungen der Anjouzeit gilt die zu Beginn des 14. Jh. im Stil der südfranzösischen Gotik errichtete dreischiffige Kathedrale. Das Gotteshaus birgt eine Reihe wertvoller Kunstwerke, Bilder, Fresken und Ausstattungsstücke des 14.–17. Jh. Unter ihnen befindet sich ein Holzkruzifix, die Arbeit eines rheinischen Künstlers um 1340, sowie über dem Altar ein Fresko des toten Christus (15. Jh.). Im Museo Civico G. Fiorelli sind kostbare antike Funde zu sehen, so ein römisches Fußbodenmosaik aus dem 1. Jh. Etwa aus dieser Zeit stammt auch das Amphitheater, dessen Ruine nach ihrer Freilegung in den 30er Jahren des 20. Jh. zum Teil falsch rekonstruiert wurde.

In römischer Zeit spielte die heute unbedeutende, von Weizenfeldern auf sanften Hügeln umgebene Agrargemeinde **Troia** 8 (S. 332) als Stützpunkt an der Via Traiana eine wichtige Rolle. Im 11. und 12. Jh. war der Ort am Westrand des Tavoliere Schauplatz von vier Konzilen, wegen seiner Parteinahme für Papst Gregor IX. ereilte ihn jedoch 1229 die Strafe des Stauferkaiser Friedrichs II., der Troia zerstörte. Glücklicherweise aber nicht die seit 1093 über einem byzantinischen Bauwerk errichtete Kathedrale Sant'Assunta, ein eigenwilliges Meisterwerk romanischer Baukunst, das erst in der 2. Hälfte des 13. Jh. vollendet wurde. Die dreischiffige Basilika mit weit ausladendem Querhaus ist vor allem berühmt wegen der prächtigen Steinrosette an der oberen Fassade, der Bronzetür am Hauptportal (1119), der reich geschmückten Kanzel und der byzantinischen Porphyrsäulen mit schönen Kapitellen. Im benachbarten Diözesanmuseum werden unter anderem kostbare Silber- und Elfenbeingeräte aus arabischer Zeit aufbewahrt.

Levantiner, Kathedralen und eine Kaiserkrone

Bari, die Hauptstadt Apuliens, eine lebendige Stadt, die das Klischee von der ›Trägheit des Südens‹ Lügen straft, bildet Ausgangs- und Endpunkt der 175 km langen Rundfahrt, die zu einigen der schönsten normannischen Kathedralen Süditaliens führt. Höhepunkt – auch im geographischen Sinn – ist die imposante Burg Castel del Monte, die ›steinerne Kaiserkrone‹ Friedrichs II.

Bari: »Wir sind alle Levantiner«

Welch ein Glück, daß die Straftat bald ein Jahrtausend zurückliegt, heutzutage gilt Entführung – und sei es die eines Toten – nämlich nicht mehr als Kavaliersdelikt. Seinerzeit aber überschüttete das Volk beherzte Männer für das Kidnapping ihres Lieblingsheiligen mit Ruhm und Ehre. Mindestens ebenso spektakulär wie der Empfang der Gebeine des Evangelisten Markus in Venedig spielte sich die Begrüßung von Nikolaus aus Myra bei seiner Ankunft im Hafen von **Bari** **1** (S. 295) am 7. Mai 1087 ab. Noch heute kann man sich ein Bild vom Jubel über den geglückten Raub machen, feiert doch die ganze Stadt nach wie vor alljährlich drei Tage lang dieses ungemein wichtige Ereignis. Nicht die Gebeine irgendeines Heiligen hatte man den ebenfalls wieder auf der Lauer liegenden Venezianern abgejagt, sondern die eines der prominentesten. Als VIP unter den Himmlischen gebührte ihm selbstredend eine funkelnagelneue Kirche – 1197 fand die Weihe der Basilika San Nicola statt. Die Gläubigen wußten, was sie dem neuen Schutz-

patron schuldig waren. Auf Seeleute, Fischer, Kinder, Diebe und Pfandleiher blickt er seit jeher mit Wohlgefallen, kein Wunder also, daß sich der fromme Mann aus dem Osten in Bari, dem Hafen mit den besten Handelsbeziehungen nach Kleinasien, sogleich zu Hause fühlte.

Levantiner, geschäftstüchtige Mittler zwischen dem Orient und Europa, sind die Baresen geblieben, jeder anrüchigen Wertung dieses Wortes zum Trotz. Wie ihre Vorfahren sehen sie nichts Negatives darin, als gewiefte Kaufleute eine gewisse Schlitzohrigkeit an den Tag zu legen. Der Erfolg zählt, und den können sie mit dem höchsten Lebensstandard des Mezzogiorno nachweisen. In Bari rekrutierte sich die gute Gesellschaft stets aus dem Bürgertum. Und bürgerlich wie ihre Einwohner präsentiert sich auch die mittlerweile auf eine halbe Million Einwohner angewachsene Hauptstadt Apuliens: sauber, fleißig, wohlhabend, konservativ – und so ganz und gar nicht süditalienisch.

In der City liegt an dem von Palmen flankierten Corso Cavour das Teatro Petruzzelli, nach Mailand, Rom und Neapel einst das bedeutendste Opernhaus Italiens. 1991 wurde das Theater Opfer eines Brandanschlags. Seitdem steht nur noch die Fassade, aber der Wiederaufbau hat bereits begonnen. Wann das Opernhaus wieder eröffnet wird, steht allerdings noch in den Sternen. Kultur hat in Bari einen hohen Stellenwert. Nicht zufällig avancierte auf diesem Boden der Buchverlag Laterza zu einem der renommiertesten und sympathischsten Verlagshäuser der Apenninenhalbinsel, in dem sogar Neapels Philosoph

Von Bari über Barletta zum Castel del Monte

Benedetto Croce sämtliche seiner Werke veröffentlichte. Baris obligates Profitstreben ignorierend, gibt Laterza unverdrossen süditalienischen Intellektuellen, die mit Sicherheit nie einen Bestseller zustande bringen werden, eine Chance. Einen Besuch in der gleichnamigen Buchhandlung sollte man sich bei einem Bummel jedenfalls gönnen, selbst wenn man nicht italienisch liest.

Glänzende Augen bekommen Baresen aber weder bei dem Gedanken an ihren prachtvollen Dom noch beim Anblick ihrer Nikolauskathedrale. Auch den großzügigen Lungomare mit seinen protzigen Mussolini-Bauten oder das Hohenstaufer-Kastell nehmen sie als Selbstverständlichkeiten hin, so wie alle Schönheiten ihrer Stadt, die sie lieben, ohne wie ein Neapolitaner wortreich in Verzückung zu geraten. Erst die Fiera del Levante, jene alljährlich im September stattfindende größte Handelsmesse des Mezzogiorno, läßt ihren Blutdruck wirklich steigen.

»Was wollen Sie, wir sind nun einmal alle Levantiner. Gut ist, was fürs Geschäft gut ist.« Lässig zurückgelehnt, bringt Baris einflußreichster Tourismusmanager, Franco Desario, die Mentalität seiner Landsleute auf den Punkt. Damit erklärt er alles. Daß Apulien um so vieles sauberer ist als der Rest des Südens, hat nichts mit einem besser entwickelten Umweltbewußtsein zu tun. »Schmutz läßt sich schwerer verkaufen«, lautet die simple Erklärung. »Ein Umweltgesetz, nein, so etwas brauchen wir nicht. Weigert sich jemand, sein Haus zu streichen, dann malt die Stadt es an und präsentiert anschließend die Rechnung.« Und die mit Hotelanlagen und Privathäusern zugepflasterten Strände, die Verschmutzung des Meeres, regelt sich das auch so einfach? »Da haben wir ein neues Gesetz, bis zu 300 m vom Strand entfernt darf nicht mehr gebaut werden«, meint der Mann, mit deutlichem Bedauern allerdings, da für ihn Fremdenbetten bares Geld bedeuten. Doch wo es eine Vorschrift gibt, da existiert auch ein Hintertürchen, wäre es sonst Italien? »Das gilt glücklicherweise nicht für Campingplätze, die oh-

Alljährlich im Mai wird in Bari ein Fest zu Ehren des heiligen Nikolaus gefeiert

nedies wenig einbringen und noch dazu in den schönsten Buchten liegen. Man darf sie aber in Touristendörfer umbauen, jetzt stellen wir dort eben Bungalows hin.«

Vorbei der Traum, daß vielleicht das reiche Apulien Trendsetter für den Süden, Vorbild in der Umweltpolitik werden könnte? Vielleicht liegt die Hoffnung doch bei den Levantinern von Bari. Weil sie als erste merken könnten, daß ein sauberes Meer und reine Luft bald die kostbarsten Waren der Welt sein werden.

Wie auch immer, die Hafenstadt ist eine längere Erkundung wert. Die interessantesten Baudenkmäler befinden sich in der von Mauern umgebenen Altstadt und deren unmittelbarer Nähe. Das **Kastell** mit trapezförmigem Grundriß geht auf eine byzantinisch-normannische Gründung zurück und wurde unter Friedrich II. und im 16. Jh. (Renaissanceinnenhof) erweitert. An der West-

seite kann man ein schönes gotisches Portal bewundern. Das Gebäude ist heute Sitz der Denkmalbehörde und dient als Schauplatz für große Ausstellungen. Die **Kathedrale San Sabino** stellt eines der Hauptwerke der apulischen Romanik aus dem 12. Jh. dar. Sie wurde durch Restaurierungen in den 80er Jahren weitgehend in den Originalzustand gebracht. An der linken Seite steht die sogenannte *Trulla*, ehemals Taufkapelle aus dem 11. Jh., seit dem 17. Jh. Sakristei. Im angeschlossenen Diözesanmuseum werden kostbare alte Inschriften aufbewahrt.

Die Basilika **San Nicola,** 1087–1197 erbaut, erfuhr im 15. Jh. unter anderem durch Querbögen im Mittelschiff eine Erweiterung. Am Hochaltar ist ein Baldachin aus dem 12. Jh., in der mittleren Chorkapelle ein marmorner Bischofsthron von 1105 und in der linken Chorkapelle ein Tafelbild ›Madonna mit Heiligen‹ (1476) zu sehen. Unter dem Altar

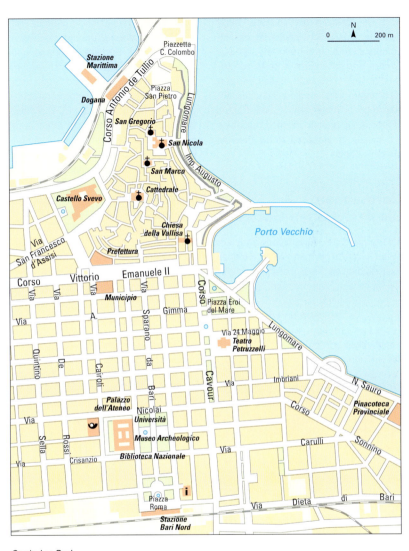

Stadtplan Bari

der Krypta ruhen die entführten Reliquien des hl. Nikolaus. Sehenswerte kleinere mittelalterliche Kirchen in der Altstadt sind **San Gregorio** (11. Jh., im 15. Jh. umgebaut), die **Chiesa della Vallisa** (12. Jh.) nahe dem Fischmarkt und **San Marco** (12. Jh.), das Gotteshaus der in Bari seßhaft gewordenen venezianischen Kolonie.

In der Neustadt fällt die Fassade des **Teatro Petruzzelli** ins Auge. Das 1898 bis 1903 erbaute Opernhaus zählte mit 4000 Plätzen zu den größten Italiens bis es vor einigen Jahren in Flammen aufging. Der **Palazzo dell'Ateneo** (1889) beherbergt Teile der Universität, die Nationalbibliothek mit mehr als 200 000 Bänden und das interessante Museo Archeologico mit der bedeutendsten Sammlung von antiken Fundstücken aus Apulien. Bilder vom 15. Jh. bis zur Moderne kann man in der Pinacoteca Provinciale im **Palazzo della Provincia** besichtigen.

Normannen:
Die Architekten Gottes

Als um die erste Jahrtausendwende ein wilder Haufen normannischer Söldner über Süditalien hereinbrach, glaubten die Menschen, das Weltende sei nahe. Einem Wirbelsturm gleich fegten die Krieger aus dem Norden von Küste zu Küste und erhoben mit der Selbstverständlichkeit von Freibeutern Anspruch auf ein ihnen gänzlich fremdes Land. Daß die Araber, die eben dabei waren, sich nach jahrzehntelangen Kämpfen gegen die Byzantiner hier häuslich niederzulassen, sich heftig wehrten, überraschte die neuen Eroberer kaum. Widerstandslos gibt schließlich niemand ein Paradies wie dieses preis. Sagenhafte Dinge hatte man den Normannen vor ihrem Aufbruch berichtet, von unvorstellbaren Schätzen und der überwältigenden Schönheit der Natur, und die Realität übertraf ihre Erwartungen noch bei weitem. Unter diesem Himmel wollten sie für alle Zukunft bleiben.

Das Schicksal vergönnte ihnen jedoch nur eine kurze Spanne Zeit. Wenig mehr als 100 Jahre durften die Nachfahren der legendären Wikinger ihrer Illusion von einem ewigen Reich im Süden Europas nachhängen. Mit dem Tod des letzten Normannenkönigs Tankred im Jahr 1194 endete der Traum. Doch das

Erbe dieser erstaunlichen Männer, deren Alltag aus einer ununterbrochenen Folge blutiger Gemetzel, Intrigen und Kriegen bestand, hat nichts von seinem Zauber verloren. Staunend steht man vor den Meisterwerken normannischer Baukunst und begreift kaum, wie diese Rabauken, Glücksritter und Abenteurer zu solch grandiosen Architekten Gottes werden konnten, die wie eine Kette aus kostbaren Juwelen Kathedrale an Kathedrale reihten.

Schon in der alten Kathedrale San Corrado des malerischen Städtchens **Molfetta** 2 (S. 312), 1150 begonnen und gegen Ende des 13. Jh. fertiggestellt, finden wir eines der interessantesten Beispiele der Romanik in Apulien. Zwei asymmetrische Türme schließen die unvollständige Fassade des direkt am Hafen liegenden Gotteshauses ab, zwei elegante Glockentürme rahmen den Chor. Zumindest mit den byzantinischen Kuppeln setzt der Dom dem großen Vorbild Bari einen eigenwilligen Architekturakzent entgegen. In der Altstadt, die sich hinter dem Dom erstreckt, ist ein Renaissancestadthaus (Via Amente 32) mit Loggienhof zu entdecken. Die neue Kathedrale stammt aus dem 18. Jh., in der Kirche San Bernardino (1451–1585) finden sich interessante Gemälde aus dem 16. und 17. Jh.

Ein nicht weniger pittoreskes – und in seinem historischen Zentrum zum Teil ebenso verfallenes – Hafenstädtchen ist **Bisceglie** 3 (S. 296), dessen Kathedrale, 1073–1295 errichtet, sich in die Reihe der Nachfolgebauten von Bari einfügt. Im Hochmittelalter setzte nämlich nahezu jedes kleine apulische Städtchen seinen Ehrgeiz darein, es der mächtigen Hauptstadt gleichzutun. Von den Küsten bis tief ins Landesinnere bezeugen die gedrungenen und dennoch von heiterer Leichtigkeit beseelten Meisterwerke romanischer Baumeister und Steinmetze die tiefe Gläubigkeit einer Epoche, in der das Kreuz den Kampf mit dem Halbmond aufnahm.

Ein Jahr nach der Bischofskirche gründete man in Bisceglie die Kirche Sant'Adoeno, deren Bogenportal und Taufbecken, beide noch im Original erhalten, wichtige Zeugnisse mittelalterlicher Baukunst darstellen. Im Hof der kleinen Kirche Santa Margherita (1197) befindet sich das reich geschmückte Grab von Riccardo Falcone, ein Meisterwerk der Steinmetzkunst aus dem ausgehenden 13. Jh. Etwa 5 km außerhalb des Städtchens (Landstraße nach Corato/Ruvo und kurz vor der Autobahn nach links bei der Ortschaft Chianca) steht inmitten eines Olivenhains ein Dolmen, eines der größten Megalithgräber Italiens. Es stammt aus der Bronzezeit (2. Jt. v. Chr.). Die hier entdeckten Funde aus dieser Epoche sind im Archäologischen Museum von Bari zu sehen.

Selbst an heißen Sommertagen weht in **Trani** 4 (S. 331) stets eine frische Brise. Zärtlich umstreicht der Wind den hellen Kalkstein von San Nicola Pellegrino, unumstritten die faszinierendste aller Kathedralen Apuliens, deren Schönheit selbst die sachlichsten Kunstexperten immer wieder zu euphorischen Äußerungen hinreißt. Für Eckart Peterich ist dieses Bauwerk mit seiner Giebelfassade, dem hohen Glockenturm und den drei turmartig aufsteigenden Apsiden »eine leuchtende Gottesburg am Meeresufer«. Und der deutsche Universitätsprofessor und Süditalienspezialist Carl A. Willemsen verstieg sich gar zu einem erotischen Vergleich mit der aus den Wellen auftauchenden Göttin Aphrodite und schwärmte von dem »weißen Leib einer Anadyomene [Bei-

Direkt am Meer erhebt sich die normannische Kathedrale von Trani

name der Aphrodite nach ihrem Aufsteigen aus dem Meer] in der blendenden Helle des südlichen Lichts, der bei Sonnenuntergang im goldbraunen Glanz des Gesteins wie eine alte Monstranz vor dem violetten Tabernakel des Himmels steht«.

Freilich verdankt Trani seinen Dom weder einer späten Hymne an antike Gottheiten (was in diesem Land keineswegs undenkbar wäre) noch christlicher Demut: Purer Neid auf die seit 1087 mit ungeheurem Eifer an ihrer Nikolauskirche bauenden Baresen stand in Wahrheit Pate für das Unternehmen. Weil aber selbst in Zeiten eines florierenden Reliquienhandels die Herbeischaffung eines respektablen Heiligen, dem man eine Kirche bauen konnte, auf gewisse Schwierigkeiten stieß, mußte man sich etwas einfallen lassen. So erschien es den Stadtvätern als Erhörung ihres Gebets, als im Mai des Jahres 1094 ein griechischer Pilger und Kreuzzugsprediger namens Nicola (!) vor der Kirche Santa Maria zusammenbrach und kurz darauf verstarb. Wenige Wunderheilungen an seinem Grab und ein paar Interventionen bei Papst Urban‹. später besaß Trani seinen ›Heiligen‹, einen funkelnagelneuen noch dazu. 1099, etwas mehr als ein Dezennium nach der Grundsteinlegung in Bari, begannen die Traneser mit dem Bau ihres Konkurrenzprojekts, das nicht zuletzt wegen seiner einzigartigen Lage »unmittelbar über dem blauseidenen Spiegel der Adria« (Willemsen) fast wie eine Vision wirkt und keinen Vergleich zu scheuen braucht. Doch den Ruhm, mit ihrer Basilika den Prototyp der romanischen Kirche Apuliens geschaffen zu haben, konnte den Baresen niemand mehr streitig machen.

Die Vollkommenheit von San Nicola Pellegrino zeigt sich nicht nur vom Platz vor der schönen, erhöht über der Krypta befindlichen Fassade, die im Zentrum durch eine Fensterrose und im Erdgeschoß durch eine Blendbogenreihe aufgelockert wird, sondern vor allem auch vom Meer aus. Das Hauptportal ziert eine zwischen 1170 und 1180 entstandene kostbare Bronzetüre des Barisano da Trani, bekannt auch als Schöpfer ähnlicher Tore der Kathedralen von Ravello (Kampanien, 1179) und Monreale (Sizilien, ebenfalls 1179 signiert). Der marmorne Portalrahmen weist Skulpturenschmuck (biblische Szenen) von außerordentlicher Qualität auf. Skulpturen umrahmen das Fenster, das dem Innenraum der Hauptapsis Licht spendet. Wie bei vielen romanischen Kirchen Süditaliens wurden auch bei der Kathedrale in Trani bei Restaurierungen in der 2. Hälfte des 20. Jh. sämtliche Zeugnisse nachmittelalterlicher Ausschmückungen radikal entfernt, so daß der Innenraum relativ kahl wirkt. Mit der monumentalen San Nicola-Krypta, zur Aufnahme der Gebeine des Heiligen bestimmt, begann der mittelalterliche Kathedralbau. Sie ist in nicht weniger als neun Schiffe geteilt, ihre Wölbung wird von einem wahren Säulenwald getragen. Unterhalb des Langhauses befindet sich eine weitere Krypta, Episcopio oder Santa Maria genannt, deren drei Schiffe von antiken Marmorsäulen gestützt werden. Darunter wieder liegt das Ipogeo di San Leucio aus vorromanischer Zeit.

Der Kirchenschatz, Fragmente des Kathedralbaus, eine Ikone des Heiligen aus dem 13. Jh. und andere Kunstwerke werden im Diözesanmuseum an der Piazza del Duomo aufbewahrt. Das Castello Svevo ließ Friedrich II. 1233–49 errichten, es wurde aber im 16. Jh. umgebaut. Im frühen 12. Jh. erbaute die Templer die Chiesa Ognissanti, der ein doppelter Arkadengang vorgelagert ist.

Der Koloß in Barletta

Im Mittelalter hatte **Barletta** 5 (S. 295) seine Blütezeit, heute vermißt man in der Industrie- und Handelsstadt mit schönen Stränden die Eleganz der Vergangenheit, die in manchen Vierteln ärmlicher Schäbigkeit gewichen ist. Dennoch warten hier einige wichtige Sehenswürdigkeiten auf den Reisenden. Die Kathedrale Santa Maria Maggiore wurde 1150–1267 im apulisch-romanischen Stil erbaut und im 14. und 15. Jh. gotisch verändert. Fassaden, Portale, Fenster und Konsolen sind mit phantasievollen Tierskulpturen reich dekoriert. Aus dem 12. und 13. Jh. stammt die Kirche Santo Sepolcro, ein langgestreckter Bau mit barockisierter Fassade. Im Innenraum sieht man ein Taufbecken aus dem 13. Jh., im Bereich der rechten Apsis ein Tafelgemälde der ›Madonna di Costantinopoli‹ (16. Jh.), dem Maler Donato Bizamano aus Venedig zugeschrieben. An der Längsseite der Kirche steht der berühmte Koloß (Il Colosso), eine 5,11 m hohe Bronzestatue aus dem 4. Jh., die wahrscheinlich Kaiser Valen-

Die Schlacht von *Cannae*: Triumph der Strategie

Nach der verlustreichen Alpenüberquerung mit einem Elefantentroß zog das Heer des karthagischen Feldherrn Hannibal, wahrscheinlich um rund 20 000 Mann geschwächt, unter Umgehung der Stadt Rom südwärts. Statt dem Feind durch eine Ermattungstaktik sukzessive die Initiative zu entreißen, riskierten die Römer eine Entscheidungsschlacht, die für sie katastrophal enden sollte. Die römische Armee, die sich am 2. August des Jahres 216 v. Chr. unter dem Kommando des Terentius Varro am rechten Ufer des Flusses *Aufidus* bei der Ortschaft *Cannae* auf den Kampf einließ, umfaßte nicht weniger als 70 000 Mann und 6000 Reiter, denen Hannibal lediglich 40 000 Mann Fußtruppen und etwa 10 000 Reiter entgegenzustellen hatte. Aber auf Zahlen allein kam es bei dem genialen Strategen Hannibal nicht an, und so ist die Schlacht von Cannae, bei der die Römer 70 000 Mann verloren, geradezu zum Lehrstück des Erfolges einer Minderheit und des klassischen Vernichtungsfeldzuges geworden.

Nach eifrigen historischen Studien versuchten Preußens Generäle im Ersten Weltkrieg eine Wiederholung der Cannae-Strategie. Hindenburg und Ludendorff gewannen damit zwar 1914 bei Tannenberg eindrucksvoll eine

tian I. darstellt. Venezianer raubten sie im 13. Jh. in Konstantinopel und ließen sie nach einem Schiffbruch am Strand von Barletta zurück. 1491 mußte die Statue an Armen und Beinen ergänzt werden, weil die Originalteile von den Dominikanern eingeschmolzen und zu einer Glocke gegossen worden waren. Über einer Petruskirche des 6. Jh. hat man im 12. Jh. die Kirche San Andrea errichtet, die ein prachtvolles romanisches Stufenportal hat.

Das Kastell in Hafennähe wurde unter Friedrich II. um einen kleineren normannischen Bau erweitert und 1259 Residenz König Manfreds. Größere Erweiterungen erfolgten Ende des 13. und im 16. Jh. Das prächtig restaurierte Kastell war Mitte der 80er Jahre Drehort von Franco Zeffirellis berühmter ›Othello‹-Verfilmung. Im Innern ist eine ausdrucksstarke Büste Kaiser Friedrichs II. zu bewundern. Sehenswert sind ferner einige Paläste, wie z. B. die Cantina della Disfida, ein spätgotisches Stadthaus mit einem großen Weinkeller oder der Palazzo della Marra (16. Jh.) mit schönem Innenhof. Im Stadtmuseum (Museo e Pinacoteca Comunale) im ehemaligen Dominikanerkonvent werden Bilder des einheimischen Malers Giuseppe De Nittis und archäologische Funde aufbewahrt. In einem Olivenhain zwischen Andria und Corato erinnert das Monu-

Schlacht, den Krieg konnten sie aber ebensowenig wie Hannibal für sich entscheiden. Die Römer verlegten sich nach ihrer Niederlage bei *Cannae* auf eine kluge Defensivtaktik und vermieden offene Konfrontationen mit den Karthagern, deren Mißerfolge sich nun häuften. 183 v. Chr. beging Hannibal in Kleinasien Selbstmord.

Heute ist der Kampf um *Cannae* erneut aufgeflammt. Gefochten wird um den Schauplatz der historischen Schlacht. Nach offizieller Lesart befindet sich dieser zwischen Canosa und Barletta am Ofanto, der als der antike Fluß *Aufidus* gilt. Ein eigenes Komitee *Pro Canne della Battaglia* sorgt dafür, daß die ›Attraktion‹ der Gegend erhalten bleibt. Schließlich hat man nicht unbeträchtliche Summen investiert und eine kleine Ausgrabungsstätte samt angeschlossenem bescheidenem Antiquarium fremdenverkehrsgerecht ausgestattet. Den endgültigen Beweis blieben die Historiker allerdings bis dato schuldig. Da kann der praktische Arzt Dr. Mario Izzo aus Castelluccio Valmag-

giore im rund 100 km von Canne della Battaglia entfernten Celone-Tal (Provinz Foggia) schon mit handfesteren Fundstücken aufwarten, mit Helmen, Pfeilen und Schwertern, dazu Massengräbern von Männern zwischen 25 und 40 Jahren, die gewaltsam ums Leben gekommen waren. Der Mediziner – er stützt seine Thesen auch auf Schilderungen griechischer und römischer Historiker – scheint indes ein Rufer in der Wüste zu sein. Während auf dem von ihm behaupteten Schlachtfeld tagtäglich unzählige Funde von den Bauern beim Pflügen ans Tageslicht gebracht und vernichtet werden, genießen die busweise herangekarrten Touristen vom Hügel des offiziellen *Cannae* lediglich den Blick auf das üppig grüne, friedliche Ofanto-Tal und bedürfen einiger Phantasie, um sich das Gemetzel zwischen Römern und Karthagern vorzustellen. Vielleicht fehlte es Dottore Izzo an der nötigen Strategie, um seiner Theorie bei den Bürokraten des modernen Rom zum Durchbruch zu verhelfen.

mento Disfida di Barletta an den 1503 nach einem Streit im Weinkeller ausgefochtenen Zweikampf zwischen je 13 italienischen und französischen Rittern *(disfida)*.

Wie so viele andere Städte in Italien soll Diomedes, der sagenhafte Held des Trojanischen Krieges, auch **Canosa di Puglia** [6] (S. 298) gegründet haben. Das heute ein wenig heruntergekommene Städtchen an einer Anhöhe über dem Tal des Ofanto war in der Antike für seine Wolle und seine Keramiken bekannt. Robert Guiscards Sohn Bohemund fand in der ihm zugeschriebenen Kathedrale San Sabino seine letzte Ruhestätte. Kaum ein Ort scheint geeigne-

ter, über die Sinnlosigkeit ehrgeiziger Träume, die Vergänglichkeit irdischen Ruhms nachzusinnen, als die in einem schäbigen Hinterhof versteckte und nahezu in Vergessenheit geratene Grabkapelle des Normannen an der Südwand der im 11. Jh. erbauten und später mehrmals veränderten Kirche. Niemand macht sich mehr die Mühe, Staub und welke Blätter von der schmucklosen Grabplatte zu kehren, auf der ein einziges Wort zu lesen steht: *Boamundus.* Weder Titel noch Sterbedatum verraten, daß unter diesem Stein seit dem Jahr 1111 gemeinsam mit dem Fürsten die hochfliegenden Pläne der Nordmänner, nach Süditalien auch Byzanz beherrschen zu können, endgültig begraben liegen. Nur die von grüner Patina überzogenen Bronze-Relieftüren des Gießers Ruggero von Melfi aus dem 12. Jh. berichten in Schrift und Bild vom Heldenmut des letztlich gescheiterten Eroberers, dem man mit seinem ausgefallenen Namen eine schwere Hypothek in die Wiege gelegt hatte: Ein Leben lang wollte sich Robert Guiscards ältester Sohn mit den Großtaten des sagenhaften Riesen Bohemund messen. In dem vom Morgenland beeinflußten Bauwerk mit byzantinisch anmutendem Kuppeldach erzählen der Bischofsthron mit zwei Märchenelefanten, ein Meisterwerk des Bildhauers Romualdo, und die mit einem mächtigen Adler als Symbol des Evangelisten Johannes geschmückte Kanzel des Meisters Accetto von den orientalischen Träumen des Kirchenstifters.

Stimmt das Grab Bohemunds in Canosa noch melancholisch, so umgibt im nahen **Andria** 7 (S. 293) nicht einmal mehr ein Hauch von Romantik die letzte Ruhestätte von zwei Kaiserinnen. In der von seinen normannischen Vorfahren errichteten Kathedrale Santa Maria Assunta – vom Originalblau blieb lediglich der Campanile erhalten – ließ Kaiser Friedrich II. seine Gemahlinnen Jolanda von Brienne 1228 und Isabella von England 1241 beisetzen. Nach marmornen Särgen oder gar einem würdigen Monument wird der Besucher jedoch vergeblich Ausschau halten. Selbst Hunde verscharrt man liebevoller als diese beiden Frauen, deren sterbliche Überreste in morschen Holzkisten im hintersten Winkel der Krypta vor sich hinmodern. Beflissen schaltet der Mesner auf Wunsch die Beleuchtung ein, worauf man freilich besser verzichten sollte. Das grelle Licht nackter Glühbirnen reißt Schädel, Rippen und Gebeine aus dem gnädigen Dunkel und enthüllt einen traurigen Anblick.

Licht, Luft, Sonne – vor allem keine Toten mehr. Im Bischofspalast kann ein Werk von außerordentlicher Schönheit bewundert werden: eine Ikone ›Madonna mit Kind‹, um 1200 entstandenes Werk eines eng an Byzanz orientierten Künstlers. Aus der Stauferzeit stammt das reich geschmückte Spitzbogenportal der Kirche San Agostino, die der Deutsche Orden im 13. Jh. erbauen ließ.

Castel del Monte: ›Kaiserkrone aus Stein‹

»Hinauf reitend über die grünen Hügel hatte ich das wunderbare Schloß stets vor Augen, dessen gelbe Massen sich immer deutlicher gestalteten. Dies vereinsamte Denkmal einer großen Vergangenheit ruft keine Erinnerungen an Schlachten und Kriege, an höfische und politische Frevel, an Ränke von Päpsten und Pfaffen hervor: vielmehr gilt unser Besuch den friedlichen Räumen, wo der geniale Kaiser sich den Studien in ländlicher Stille und den Freuden der Jagd hingegeben hat.« Erstaunlich, wie kühn und seiner Sache sicher Ferdinand Gregorovius 1875 die fiktive Idylle eines abgeklärten Friedrich in **Castel del Monte** 8 malte. Bis heute weiß nämlich niemand, wozu die schönste aller Stauferburgen wirklich diente, ob sie eine waffenstarrende Festung war oder luxuriöse Privatresidenz, spartanische Zuflucht oder architektonisches Experiment. Nirgendwo findet sich auch nur der kleinste Hinweis darauf, daß der kaiserliche Bauherr sein Kastell überhaupt jemals betreten hat. Doch wie auch immer, allein der Anblick dieses majestätisch über der Ebene thronenden ›Diadems des Hohenstauferreichs‹ muß

Castel del Monte

den Kunsthistoriker Gregorovius verhext haben. Mit 54 Jahren dem schwärmerischen Jünglingsalter längst entwachsen, ließ sich der anerkannte Schriftsteller angesichts der ›Krone Apuliens‹ tatsächlich zu den Worten hinreißen: »In einer Fensterscharte fand ich drei rosenrote Vogeleier, größer als solche einer Taube. Sie lagen frei auf dem nackten Stein nebeneinander, und von einem Nest war nichts zu sehen. Dieser Fund machte mir große Freude: es waren Falkeneier. Der Raubvogel, der sie hier niedergelegt hatte, stammte unzweifelhaft in gerader Linie von einem Edelfalken Friedrichs II. Wer das nicht für wahr hält, versuche einmal meinen Irrtum nachzuweisen.«

Abgesehen von dieser letztlich doch liebenswerten Gedankenspielerei eines ernsthaften Kunsthistorikers zählen die ›Wanderjahre in Italien‹ von Ferdinand Gregorovius zu Recht zu den Klassikern der Reiseliteratur. Wie aber das Beispiel zeigt, verwirrt der Mythos um den großen Stauferkaiser offenbar selbst noch nach Jahrhunderten die Sinne der Chronisten. Ob Glorifizierung, Geschichtsklitterung oder gar Chronique scandaleuse, der ›Mann aus Apulien‹ garantierte raffinierten Autoren mit Gespür für den jeweiligen Zeitgeschmack stets einen Spitzenplatz in den Bestsellerlisten. Bevor wir also eine Begegnung mit einer der schillerndsten Persönlichkeiten der europäischen Geschichte riskieren, wappnen wir uns besser erst einmal mit handfesten Tatsachen.

Über die Kindheit des früh verwaisten Friedrich gibt es so gut wie keine Aufzeichnungen. Im Alter von nicht einmal drei Jahren verlor er seinen Vater Heinrich VI., wenige Monate danach setzte die Kaiserwitwe Konstanze, kurz vor ihrem eigenen Tod, die Krönung ihres Sohnes zum König von Sizilien durch. Ein von Aufständen zerrissenes Reich war sein Erbe, Papst Innozenz III. sein Vormund. Auch wenn dem designierten Thronfolger im Spiel der Mächtigen damals noch keine Rolle zukam, als unbeaufsichtigter Straßenjunge, wie romantische Legenden gern berichten, wuchs er sicherlich nicht auf. Unter der Kuratel diverser Erzieher eignete sich Friedrich jedenfalls eine gehörige Portion Wissen und Bildung an, bis er nach normannisch-sizilianischem Recht mit vollendetem 14. Lebensjahr mündig und damit regierungsfähig war. Die Vormundschaft aus Rom ist am 26. Dezember 1208 zu Ende, ein lebenslanger Kampf mit den Männern auf dem Stuhl Petri kann beginnen.

Vier Päpste bestimmen das Schicksal Friedrichs, zwei davon, Gregor IX. und Innozenz IV., seine erbitterten Gegner im Kampf um die Vorherrschaft von Kirche oder Staat, verhängen insgesamt dreimal über ihn den Bann. Seinen strahlenden Aufstieg können sie dennoch nicht verhindern, diplomatisches Geschick und politische Taktik bringen dem normannisch geprägten Staufersohn drei Königs- und eine Kaiserkrone ein. Aus drei Ehen, auf Befehl oder zumindest mit Einwilligung Roms geschlossen, stammen drei Söhne und eine Tochter, seine Geliebten schenkten ihm sechs weitere männliche und mindestens ebenso viele weibliche Nachkommen. Seinen Glücksstern vererbt er jedoch keinem, sie alle sterben jung, in Gefangenschaft oder auf dem Schlachtfeld. Noch grausamer ergeht es seinen Enkeln – Konradin endet 1268 in Neapel unter dem Fallbeil, dessen drei Cousins führen als Geiseln der Anjou ein entsetzliches Dasein. Von der Welt vergessen,

Friedrich II., Ausschnitt aus einem Bild zu ›Von der Kunst, mit Vögeln zu jagen‹, Vatikanische Bibliothek, Rom

schmachteten die letzten Staufer lebenslänglich in den finstersten Kerkern Süditaliens. Einer der schlimmsten war – Castel del Monte.

Wer sich heute dem imposanten Kastell auf dem mit 540 m höchsten Punkt der allmählich von Osten nach Westen ansteigenden Murge nähert, wird ebenfalls keinen Gedanken an diese Unglücklichen verschwenden, genauso wenig wie man angesichts eines funkelnden Diamanten an die Qual der Minenarbeiter denkt. Und diese Burg ist ein einzigartiges Juwel aus goldfarbenen Mauern, ist Architektur von höchster Perfektion und Harmonie. Leisten wir Gregorovius Abbitte. Wenn jemals ein Profanbau Euphorie verdient hat, dann dieses vollkommen regelmäßige Achteck mit acht völlig gleichen achteckigen Türmen und einem achteckigen Hof. Zahllose Spekulationen ranken sich um die schmucklose Feste, die bar ihrer Marmor- und Alabasterverkleidungen, beraubt ihrer kostbaren Orientteppiche und geschnitzten Möbel, heute mehr denn je einer zu Stein gewordenen mathematischen Formel gleicht. Möglicherweise standen drei oktogonale Gotteshäuser Pate – die Pfalzkapelle in Aachen, die byzantinische Kirche San Vitale in Ravenna und der Felsendom in Jerusalem. Der Gedanke, mit Castel del Monte eine weltliche Symbiose der von ihm bewunderten sakralen Meisterwerke in Morgen- und Abendland zu schaffen, könnte Friedrich durchaus fasziniert haben.

Wie auch immer, der Schlüssel des Rätsels liegt zweifellos in der Symbolik des Achtecks. Nach mittelalterlichem Verständnis repräsentierte das Quadrat die weltlichen, der Kreis in seiner Unendlichkeit die göttlichen Kräfte. Dazwischen liegt das doppelte Viereck als Zeichen des Kaisers – einzig und allein ihm,

kleiner als Gott, aber größer als jeder andere Mensch, steht die Mittlerrolle zwischen Himmel und Erde zu. Imperiales Denken zieht sich wie ein roter Faden durch das architektonische Konzept: Purpurfarben leuchtet das Portal aus Korallen-Breccia, ein antiker Giebel und arabische Arabesken unterstreichen den Charakter einer Triumphpforte. Und just an jener Stelle, die in der christlichen Kirche für den Altar, in der Moschee für den *mihrab* reserviert ist, erhebt sich der Thron. Reste hellenistischer Reliefs, aber nirgendwo ein Hinweis auf christliche Darstellungen, kostbare Mosaikböden, Alabaster und Marmor an Säulen und Spitzbögen, doch so gut wie keine der damals üblichen Sicherheitseinrichtungen. Nein, als Verteidigungsburg darf man sich Castel del Monte trotz der strategisch idealen Lage sicherlich nicht vorstellen.

Nur ein einziger Hinweis erlaubt einen Rückschluß auf die Entstehungsgeschichte des Gebäudes. Im Januar 1240 weist Friedrich in einem Dekret aus Gubbio den Gerichtsherrn der Capitanata an, Baumaterial für den Fußboden bereitzustellen. Mehr als ein Jahrzehnt ist dem Kaiser danach noch vergönnt, allerdings sind es schlimme Jahre, die ihm kaum Zeit für Jagdvergnügen und Müßiggang lassen: 1244 fällt Jerusalem an die Araber zurück, eine von Innozenz IV. angezettelte Beamtenverschwörung wird 1246 im letzten Moment aufgedeckt. Die Lombardei siegt 1248 über die kaiserlichen Truppen, die neugebaute Stadt Vittoria vor den Toren Parmas geht in Flammen auf – und mit ihr Staatsschatz, Kaiserkrone und Königssiegel sowie das kostbarste Exemplar seines Falknerbuches ›De arte venandi cum avibus‹, ›Von der Kunst, mit Vögeln zu jagen‹. 1249 begeht sein engster Vertrauter, Petrus von Vinea, Verrat; hinter einem Giftanschlag

Wie sehen Sie sich selbst, Kaiser Friedrich?

Friedrich II., Sohn des römisch-deutschen Kaisers Heinrich VI. und der sizilianisch-normannischen Königstochter Konstanze, am 26. Dezember 1194 in Jesi bei Ancona geboren. Deutscher König, König von Sizilien, römisch-deutscher Kaiser, König von Jerusalem. Gestorben auf seinem Kastell Fiorentino bei Foggia am 13. Dezember 1250, bestattet im Dom von Palermo.

Die Antworten auf diesen Fragebogen, wie ihn das Magazin der Frankfurter Allgemeinen jede Woche einem Zeitzeugen vorlegt, gab Friedrich selbst. Neben mehr als 2500 von ihm unterzeichneten Dokumenten und sechs Bänden seines Falknerbuchs ›Von der Kunst, mit Vögeln zu jagen‹ sind Hunderte seiner Briefe und Manifeste erhalten.

Was ist für Sie das größte Unglück?
Daß mir bei meiner Suche nach dem Sinn des Lebens niemand, nicht einmal die größten Gelehrten meiner Zeit helfen können. An meinem Hof lebten Philosophen wie Michael Scotus aus Schottland, mit dem ich über Aristoteles, die Unsterblichkeit der Seele, über Astrologie und Alchimie diskutierte. Oder der geniale Mathematiker Leonardo Fibonacci, der das Rechnen mit arabischen Zahlen und die Null in Europa einführte. Doch all ihr Wissen bleibt letztlich nutzlos für mich, auf keine meiner unzähligen Fragen bekam ich auch nur eine befriedigende Antwort.

Wo möchten Sie leben?
In Apulien, das ich viel zu oft meiner Regierungsgeschäfte wegen verlassen muß.

Was ist für Sie das vollkommene irdische Glück?
Ein Friedenskaiser zu sein, ein Bewahrer von *ius* und *iustitia,* Recht und Gerechtigkeit.

Welche Fehler entschuldigen Sie am ehesten?
Ungeduld, Widerspruch.

Ihre liebsten Romanhelden?
Die schlagfertigen arabischen Schelme in den Makamen des Al Hamadhani oder Al Hariri.

Ihre Lieblingsgestalt in der Geschichte?
Mein normannischer Großvater Roger II. Er war Sizilien ein großartiger König. Sein Gesetzbuch ist die Grundlage meiner Reformen. Was er begonnen hat, will ich fortsetzen.

Ihre Lieblingsheldinnen in der Wirklichkeit?
Meine Mutter Konstanze, weil sie nach dem überraschenden Tod meines Vaters allein gegen alle für meinen Thronanspruch auf Sizilien gekämpft hat. Und meine erste Frau Konstanze, weil sie im Alter von 25 noch den Mut hatte, mich, ihren frühreifen 14jährigen Ehemann, mit all meinen tollkühnen Zukunfts-

plänen ernst zu nehmen. Ihr ließ ich die Worte auf den Sarkophag meißeln: »Siziliens Königin war ich, Konstanze, dir angetraute Kaiserin; hier wohne ich nun, Friedrich, die Deine.« Und an ihrer Seite will auch ich einmal im Dom von Palermo wohnen.

Ihre Lieblingsheldinnen in der Dichtung?

Mädchen, wie sie Walther von der Vogelweide besingt – tugendhaft und dennoch sinnenfroh. Für seine Minnelieder gab ich dem Deutschen 1215 ein kleines Lehen und nicht für seine politisch ambitionierten Texte, die ich bei aller Kaisertreue weniger schätze.

Ihre Lieblingsmaler?

Die Künstler, denen wir die wunderbaren Mosaiken in der von Kaiserin Galla Placida erbauten Kapelle in Ravenna verdanken. Jahrhundertelang waren sie von Geröll und Sand verschüttet, erst ich habe die einzigartigen Werke freilegen lassen und sogar selbst die Ausgrabungsarbeiten überwacht.

Ihr Lieblingskomponist?

In meiner Jugend liebte ich die Lieder provenzalischer Troubadoure, die meine erste Gemahlin Konstanze von Aragon nach Palermo holte. Einem verlieh ich sogar die Dichterkrone, bevor ich 1212 Sizilien verließ, um zum deutschen König gekrönt zu werden. Heute habe ich für Liedermacher und fahrende Sänger wenig übrig, ihr loses Mundwerk paßt mir nicht, und so habe ich sie bei meiner ersten Gesetzgebung einem strengen Reglement unterworfen.

Welche Eigenschaften schätzen Sie bei einem Mann am meisten?

Treue, Klugheit, Mut und Disziplin. In Wahrheit entspricht ein idealer Falkner dem Bild des vollkommenen Menschen. Er muß sich jederzeit voll und ganz in der Gewalt haben, sollte über

scharfen Verstand und ein gutes Gedächtnis verfügen, mutig, geduldig und ausdauernd sein.

Welche Eigenschaften schätzen Sie bei einer Frau am meisten?

Treue, Klugheit, Mut. Bei Ehefrauen die Mitgift.

Ihre Lieblingstugend?

Geduld. Sie ist die Voraussetzung allen Denkens, allen Forschens.

Ihre Lieblingsbeschäftigung?

Die Falkenjagd.

Wer oder was hätten Sie sein mögen?

Römisch-deutscher Kaiser, was sonst? Aber Herrscher über ein geeintes Nord- und Südreich, in dem sich kein Papst, kein Kirchenstaat, keine lombardischen Städte dem gottgewollten Kaisertum zu widersetzen wagen.

Ihr Hauptcharakterzug?

Diplomatie.

Was schätzen Sie bei Ihren Freunden am meisten?

Ehrlichkeit, Treue und Gehorsam.

Ihr größter Fehler?

Selbstüberschätzung.

Ihr Traum vom Glück?

Erkenntnis über alle Dinge im Himmel und auf Erden.

Was wäre für Sie das größte Unglück?

Der Zerfall des Reichs oder gar der Untergang meines Geschlechts.

Was möchten Sie sein?

Weise.

Ihre Lieblingsfarbe?

Purpur.

Ihre Lieblingsblume?

Das Veilchen.

Ihr Lieblingsvogel?

Der Falke.

Ihr Lieblingsschriftsteller?

Die vom Papst seit 1210 verbotenen Schriften des Aristoteles, auch wenn ich oft anderer Meinung als der Grieche bin. Und Ibn Rushd, genannt Averroes, der in seinem ›Großen Kommentar‹ weit über die aristotelische These hinausgeht, indem er zwar die Ewigkeit der Welt bejaht, die individuelle Unsterblichkeit der Seele jedoch verneint.

Ihr Lieblingslyriker?

Ich will jetzt nicht Vergil oder einen anderen der Großen nennen, die nach ihm kamen. Weil sie alle sich ausschließlich der lateinischen Sprache bedienten. Die von mir geförderten Lyriker hingegen zeigen erstmals ihr Können in der sizilianischen Volkssprache, im *volgare*. Von ihnen ist sicherlich Giacomo da Lentini der bedeutendste. Er schreibt nicht nur virtuose Dialoggedichte, er erfand auch eine gänzlich neue, vierzehnzeilige Poesieform – das Sonett.

Ihre Helden in der Wirklichkeit?

Mein orientalischer Bruder im Geiste, Malik al-Kamil, Sultan über Ägypten, und sein Abgesandter, Emir Fahr ed-Din. Trotz des massiven Widerstands in der gesamten islamischen Welt wagten sie es, mit mir 1229 während meines Kreuzzuges einen zehnjährigen Friedensvertrag über Jerusalem zu schlie-

ßen. Wahres Heldentum zeigt sich nicht auf dem Schlachtfeld, sondern im Mut, riskante Entscheidungen zu treffen, um sinnloses Blutvergießen zu vermeiden.

Ihre Heldinnen in der Geschichte?

Die Frauen meiner normannischen Vorfahren, die wie Löwinnen an der Seite ihrer Männer um die Eroberung Süditaliens gekämpft haben. Ich denke dabei speziell an Robert Guiscards zweite Gemahlin Sichelgaita, von der man sich heute noch erzählt, wie oft sie todesmutig mit dem Speer in der Hand an seiner Seite im Sattel zu sehen war.

Ihre Lieblingsnamen?

Bianca Lancia. So heißt die mir liebste unter all meinen Frauen.

Was verabscheuen Sie am meisten?

Verrat.

Welche geschichtlichen Gestalten verabscheuen Sie am meisten?

Papst Gregor IX., der da saß auf dem Lehrstuhl des verkehrten Dogmas, der Pharisäer, gesalbt mit dem Öle der Bosheit. Er denunzierte mich in aller Welt. Eine Bestie voll Namen der Lästerung – mit diesen und noch viel schlimmeren Worten kämpfte der falsche Statthalter Christi bis zu seinem Tod im Jahre 1241

des Leibarztes Tibaldo steckt wiederum der unversöhnliche Papst. Wenig später nehmen die Bolognesen den unehelichen Kaisersohn Enzio, König von Sardinien, fest. Der einstmals starke Arm des Herrschers erweist sich als zu schwach, um sein eigenes Fleisch und Blut zu retten. Enzio wird nie wieder freikommen, er bleibt bis zu seinem Tode 1272 ein Gefangener.

Am Ende seines Lebens, an seinem längst überholten Herrschaftsbegriff letztlich gescheitert, aufgerieben von jahrzehntelangen Machtkämpfen mit der Kirche, stirbt mit Friedrich II. auch

seine Staatsidee nach dem Vorbild des altrömischen Cäsarentums. Nach der unerbittlichen Gesetzmäßigkeit einer griechischen Tragödie zerfielen seine Gedankengebäude noch rascher als die von ihm errichteten Monumente aus Stein. Nicht als großer Reformator, sondern als Endzeitkaiser steht der *stupor mundi,* das ›Staunen der Welt‹, vor uns. Wir mögen ihn lieben oder hassen, bewundern oder verachten, die Schlußabrechnung der Geschichte kennt keine Emotionen.

Als müßten zumindest sie dem großen Vogelliebhaber Friedrich nach wie

gegen mich. In Wahrheit war er selbst der große Drache, der unheilvolle Verführer des ganzen Erdenrunds.

Welche militärischen Leistungen bewundern Sie am meisten?

Die *Pax Romana*. Eroberung ist eine Sache, die Sicherung eines Weltreiches wie das der Römer eine andere.

Welche Reform bewundern Sie am meisten?

Die Gesetze des Friedenskaisers Augustus und den *Codex Justinianus* aus dem 6. Jh. Für die 1231 verkündeten Konstitutionen von Melfi wählte ich hinsichtlich der Systematik und Geschlossenheit Justinian als Vorbild. In die Geschichte eingehen aber soll das erste staatliche Gesetzbuch des Abendlandes, in dem alle Bereiche des gesellschaftlichen Lebens erfaßt sind, als *Liber Augustalis*.

Welche natürliche Gabe möchten Sie besitzen?

Die Sprache der Vögel noch besser zu verstehen.

Wie möchten Sie sterben?

Astrologen haben mir vorausgesagt, ich werde *sub flore,* »unter der Blume« sterben. Oder genauer, vor eisernen Wänden, sobald ich in eine Stadt mit dem Namen der Blume gelangt sei. Florenz habe ich seither gemieden. Doch wo auch immer der Tod auf mich wartet, ich möchte bei vollem Bewußtsein und im Frieden mit der Kirche meinen letzten Weg antreten.

Ihre gegenwärtige Geistesverfassung?

Durch Innozenz IV. wurde ich 1245 beim Konzil von Lyon nicht nur zum dritten Mal exkommuniziert, der Papst wagte es sogar, mich als Kaiser abzusetzen. Woher diese Frechheit? Woher ein so vermessenes Unterfangen? Noch habe ich meine Krone nicht verloren. Und in einer Hinsicht wird meine Lage dadurch verbessert: Bisher mußte ich ihm einigermaßen gehorchen, wenigstens die Ehre geben. Jetzt aber bin ich jeglicher Verpflichtung ledig, ihn zu lieben, zu verehren und Frieden mit ihm zu halten.

Ihr Motto?

Intentio vero nostra est manifestare ea quae sunt sicut sunt – »Unsere wahre Absicht ist, sichtbar zu machen die Dinge, die sind, so wie sie sind«.
(Diktiert am kaiserlichen Hof zu Grosseto im März 1246)

vor ihre Reverenz erweisen, umkreisen Sperber das einsame Schloß. In den leeren Gemächern liefern Schwalben einander anmutige Verfolgungsjagden, während Spatzen laut schimpfend ihre Nester in den Badezimmern von erstaunlicher Raffinesse bauen. Vielleicht hätte es den Stauferkaiser amüsiert, daß die Jahrhunderte sein Castel del Monte in eine riesige Vogelvoliere verwandelt haben? Von seinen Zeitgenossen wissen wir, wie Friedrich aussah, »rotblond, bartlos und kurzsichtig«. Ob er jedoch Humor besaß, berichten leider weder Freund noch Feind.

Auf den Spuren der Romanik

Und wieder einer der großartigen Sakralbauten der Romanik: Die Kathedrale von **Ruvo di Puglia** 9 (S. 325), im frühen 13. Jh. an einem uralten Kultplatz errichtet, unterscheidet sich schon durch ihre steilen Seitengiebel von anderen apulischen Gotteshäusern dieser Epoche. Das Hauptportal hat vorgestellte Säulen und reichen Skulpturenschmuck, das Innere der dreischiffigen Kirche erhält Licht durch eine große Rosette. Im Archäologischen Nationalmu-

San Valentino in Bitonto

seum Jatta sind antike griechische Vasen zu bewundern.

Fast sklavisch an das große Vorbild San Nicola in Bari hält sich die von 1175–1200 errichtete Kathedrale San Valentino in **Bitonto** 10 (S. 297). Lediglich ein Turmpaar an der Eingangsfront fehlt, im übrigen weist die dreischiffige Basilika nahezu alle wichtigen Elemente des Bareser Heiligtums auf, dessen kunsthistorischer Bedeutung als Meisterwerk der apulischen Romanik sie durchaus gleichkommt. Die Fassaden sind mit Skulpturenschmuck reich ausgestattet, im Inneren wird vor allem die um 1229 entstandene Kanzel mit einer Relief-Darstellung (Friedrich II. mit Mitgliedern seiner Familie) als außerordentlich gerühmt. Hauptzugang zum mittelalterlichen Kern des Städtchens ist die Porta Baresana, durch die man nicht nur zur Kathedrale, sondern auch zu einer Reihe weiterer sakraler und profaner Bauten gelangt, so zum Beispiel zum Palazzo Sylos-Labini, einem der schönsten Renaissancepaläste Apuliens.

Löwen, Zwergenhäuser und Tropfsteine

Eine Schönheitskonkurrenz unter steinernen Löwen, putzige Häuschen, wie dem Zwergenreich eines Walt Disney entsprungen, ein bezauberndes Barockstädtchen und eindrucksvolle Tropfsteinhöhlen warten auf der rund 300 km langen Tour durch Mittelapulien. Mit drohend aufgesperrten Rachen oder grimmig erhobenen Tatzen bewachen Löwen, seit der Antike Sinnbilder von Heldentum und Stärke, nahezu alle normannischen Kathedralen Apuliens. Bereits bei den Assyrern und Griechen flankierten sie die Pforten der kostbarsten Paläste. Niemand Geringerer als der König der Tiere sollte auch den Kirchen der Christenheit für alle Ewigkeit Schutz und Sicherheit garantieren.

Von Altamura bis Gioia del Colle: Im Reich der steinernen Monumente

In dieser Kunstlandschaft eine Schönheitskonkurrenz zu veranstalten, mag vielleicht Kunsthistorikern befremdlich erscheinen, für Reisende, die sich nach der Besichtigung von einem guten Dutzend Kathedralen von der Fülle beachtenswerter Architekturdetails erschlagen fühlen, wird sie zum amüsanten Zeitvertreib. Anwärter auf die Siegespalme sind wohl die besonders prachtvollen Vertreter ihrer Rasse, die sich ihrer Wärterrolle vor der »Königlichen Basilika« von **Altamura** 1 (S. 292) offensichtlich deutlich bewußt sind. Tatsächlich stellt die Kathedrale Santa Maria Assunta als Stiftung Friedrichs II. etwas ganz Besonderes dar. Neben unzähligen Burgen und Kastellen ließ der Herrscher nämlich insgesamt nur zwei Gotteshäuser errichten – bei Lentini auf Sizilien und im apulischen Altamura. Auf ausdrücklichen Befehl des Staufers entstand an der Stelle einer antiken, längst verlassenen Akropolis einer uralten Stadt nicht nur eine neue Siedlung mit vorwiegend jüdischer und griechischer Bevölkerung. Der Kaiser finanzierte ab 1220 – andere Quellen sprechen von 1230, wieder andere von 1232 oder sogar 1250 – aus seiner Privatschatulle auch den Bau einer Kathedrale, für die er dem Papst rechtzeitig vor der Weihe den Status einer *Ecclesia Palatina* abrang. Damit unterstand diese nicht der Jurisdiktion des Bischofs von Gravina, Friedrich konnte selbst das Recht

Löwe am Dom von Altamura

in Anspruch nehmen, an der Bestellung des jeweiligen Erzbischofs entscheidend mitzuwirken.

Ein Erdbeben richtete 1316 große Zerstörungen an, nur die monumentale Rosette und das zweiteilige Fenster im linken Teil der Fassade stammen noch aus staufischer Ära. Das Portal mit Darstellungen aus dem Leben Christi, dem Abendmahl und der von Engeln umgebenen Madonna trägt bereits die Handschrift des 14. Jh. Auch die höchst naturalistischen Löwen, an denen der begeisterte Naturforscher und Raubtierliebhaber Friedrich vermutlich seine Freude gehabt hätte, verdanken ihre Entstehung dem Wiederaufbau durch die Anjou von Neapel.

Welch hochfliegende Pläne auch immer der Kaiser mit Altamura verbunden haben mag, in der Hauptstadt der Murge erinnert lediglich ein Corso Federico II an große Tage. Heute ist die Stadt eine Idylle aus frisch gekalkten Häusern, vor denen Basilikum, Oregano oder Petersilie in glänzenden Blechdosen wachsen, gemütlichen Wohnhöfen und einem Gewirr blitzsauberer Sackgassen, in denen außer Geranien und Oleander vor allem die Kommunikation blüht. Gegenüber dem Geburtshaus des Komponisten Francesco Saverio Mercadante (1795–1870) am Corso Federico II steht die Kirche San Nicola dei Greci. Griechen, vom Stauferkaiser ins Land geholt, hatten dieses Gotteshaus erbaut, dessen reliefgeschmücktes Portal Szenen des Alten Testaments zeigt.

Wenn auch die steinernen Zerberusse vor der Kathedrale mit ihren ondulierten Locken und drohenden Stirnfalten heutzutage kaum noch Schrecken verbreiten, schüchtern vielleicht ihre höchst lebendigen menschlichen Pendants auf

Von der Küste ins Trulli-Land

den Stühlen vor den Türen so manchen ein, der noch keine Ahnung von der Stimmgewalt süditalienischer Frauen hatte. In solch einem Fall sollte man auf dem Domplatz in der sympathischen ›Bar Padre Peppe‹ mit dem gleichnamigen Kräuterlikör Mut tanken. Mehrere Gläser dieses hochprozentigen Digestifs verleihen unter Garantie – Löwenmut.

Wegen der einzigartigen Lage am Abhang einer tiefen Schlucht in den Hoch-Murge ist **Gravina in Puglia** 2 (S. 306) einen Abstecher absolut wert. In dem eher ärmlichen Städtchen finden sich Höhlen, die in prähistorischer Zeit ebenso wie im Mittelalter – manche auch noch in der 2. Hälfte des 20. Jh. – bewohnt waren. Das Museo Pomarici Santomasi hütet als besonderen Schatz den gesamten Freskenzyklus aus der Höhlenkirche San Vito Vecchio, eine Arbeit aus dem späten 13. Jh. Bedeutendste der Höhlenkirchen ist San Michele, fünfschiffig und mit Fresken aus dem 10.–14. Jh. ausgestattet. Nicht unter der Erde, sondern unter freiem Himmel erheben sich Santa Sofia (prachtvolles Renaissancegrabmal der Angela Castriota), Santa Maria delle Grazie (bizarre Fassade in Form eines Adlers) und die Chiesa del Purgatorio (1644, mit zwei Skeletten an den Portalseiten).

Agrarzentrum und Verkehrsknotenpunkt in den Murge ist das lebhafte Städtchen **Gioia del Colle** 3 (S. 306), berühmt wegen seines eindrucksvollen Kastells. Ursprünglich eine normannische Gründung wurde es um 1230 – wahrscheinlich von Friedrich II. – umgebaut und erweitert. In der vorbildlich restaurierten Burg befindet sich ein Museo Archeologico Nazionale mit einer Fülle interessanter Exponate, vorwiegend Funde aus Apulien.

Trulli-Land: Schrebergärten in Olivenhainen

Ungefragt serviert der Kellner einen Teller mit Gurken, Karotten, Radieschen und Fenchel, gewaschen zwar, doch ohne Salz, Pfeffer oder Öl. Mit dieser *sopratavola,* wie die im wahrsten Sinn des Wortes ungehobelten Rohkostplatten heißen, überreichen selbst die feinsten Restaurants in der **Murgia dei Trulli,** dem grünen Hügelland im Dreieck zwischen Bari, Brindisi und Tarent, symbolisch ihre Visitenkarte. Der Wink mit der Selleriestange bedeutet: In unserer Küche sind alle Ingredienzien so frisch wie dieses Gemüse. Doch bei allem Respekt vor den lokalen Kochkünsten, ohne ihre putzigen Zwergenhäuser

müßten die Bewohner des Schrebergartens von Apulien ihr Grünzeug größtenteils selbst essen. Einzig und allein den seltsamen Trulli verdankt vor allem die liebliche **Valle d'Itria,** das sich von Martina Franca bis Alberobello wie eine flache Schale zum Meer hin neigt, seine weltweite Berühmtheit.

Bis ins frühe 20. Jh. hinein interessierte sich freilich niemand für die weißen Häuschen mit den Zipfelmützen. Erst als ihnen 1930 König Viktor Emanuel III. anläßlich der Levante-Ausstellung in Bari einen Besuch abstattete, nahm das offizielle Italien verwundert die steinernen Skurrilitäten zur Kenntnis – und erklärte sie prompt zur *zona monumentale.* Murrend beugten sich die Einheimischen dem staatlichen Gebot, ab sofort nichts mehr am traditionellen Charakter der nunmehr denkmalgeschützten Bauten zu verändern, in denen sie – und nur sie – schließlich leben mußten, und nahmen es als Naturgesetz hin, daß die Obrigkeit offenbar stets ihre Entscheidungen über die Köpfe der Bauern hinweg trifft. Nicht anders ging es schon im 17. Jh. zu Zeiten eines Grafen Gian Girolamo II. zu, der sich die Steuerabgaben – berechnet auf der Basis gemauerter Siedlungen – an seinen Lehnsherrn in Neapel ersparen wollte. Statt in ordentlichen Häusern durfte das Landvolk nur noch in mörtellos aufgeschichteten Rundhütten wohnen. Kündigte sich eine königliche Inspektion an, ließen sich diese in Windeseile in harmlose Steinhaufen verwandeln. Das System funktionierte, der gewitzte Adelige blieb steuerfrei – und die Rechnung zahlten wieder einmal die Bauern. Per Edikt verbot nämlich der gefoppte König nun erst recht jegliche Ver-

wendung von Mörtel, eine Vorschrift, die bis ins 19. Jh. ihre Gültigkeit behielt.

Ungeachtet dieser zweifelsfrei belegten Geschichte streiten die Historiker nach wie vor über den wahren Ursprung der archaisch anmutenden Rundbauten. Leitet sich das Wort *trullo* tatsächlich vom griechischen *tholos* (Kuppel) ab, dann reichen die Wurzeln zurück in eine von Mystik und Mythen beherrschte Zeit, als man den Göttern noch auf freiem Feld Opfer zu bringen pflegte. Dienten die aus unbehauenen Steinen aufgeschichteten Geräteschuppen, aus denen sich erst vor wenigen Jahrhunderten Wohnhäuser entwickelten, einst vielleicht gar als Tempelchen? Wo die Wissenschaftler im Dunkeln tappen, findet sich meist eine weite Spielwiese für phantasievolle Autoren. Kein Wunder, daß die geheimnisvollen Trulli die Spekulations- und Formulierungslust zahlloser Reiseschriftsteller anfachten. Mit versteinerten afrikanischen Runddörfern hat man sie verglichen, mit einem Hütchenspiel der Riesen. Sogar der profunde Italienkenner Eckart Peterich verfiel dem »Zauber der Trulli, die vollkommen zeitlos sind – wie Märchen«, und wagte den Schritt zur Magie: »Sind ihre Kegel, so fragt man sich, nicht dem Boden entsprossen und haben die Erde durchstoßen wie Spargelspitzen? War nicht zumindest das erste dieser Häuser ein steinerner Keim?«

In der nüchternen Sprache der Architekten stellt ein Trullo einfach ein über nahezu quadratischem Grundriß errichtetes Gebäude aus Kalkstein dar, überdacht von einer Kuppel, die aus horizontalen, stetig nach innen vorkragenden, ringförmig und mörtellos verbundenen Steinschichten gebildet ist. Darüber wird eine regenabweisende Bedeckung aus Steinplatten gelegt, die der Kuppel nach außen die Form eines Kegels gibt.

◁ *Trullo im Itria-Tal*

»Alle Neune!« ist man versucht auszurufen – die Steinkegel führen nämlich selten ein Einsiedlerleben. Bienenwaben gleich fügt sich meist Trullo an Trullo, bis Gehöfte mit allen nötigen Nebenräumen entstehen. Oder ganze Straßenzüge wie in **Alberobello** 4 (S. 292), das sich sogar des Trullo Sovrano, eines zweistöckigen Gebäudes, und seit 1960 eines ganzen Hotelkomplexes im Trulli-Stil rühmen darf. Während es in der Nobelherberge an keinem Komfort mangelt, erweist sich das Innenleben der Häuser in Alberobellos historischen Vierteln Monti und Aia Piccola als wenig zeitgemäß. 26 % der 1070 denkmalgeschützten Trulli verfügen nicht über fließendes Wasser, in 35 % der Behausungen muß man ohne Bad und Toilette auskommen. Wer es sich leisten kann, zieht in moderne Wohnungen, das Zentrum der Stadt verkommt mehr und mehr zur Kulisse. Spätabends, wenn die letzten Besucher verschwunden sind, tummeln sich bestenfalls noch streunende Katzen in den verlassenen weißen Gassen.

Ganz anders die Szenerie am frühen Morgen: Eilfertig stoßen die eben erst eingetroffenen Einheimischen die Fensterläden auf, emsig drapieren sie Spitzen, Webereien, Keramiken, Flaschen mit Kräuteröl, Gläser mit eingelegten Oliven oder Artischocken, Ansichtskarten, Luftballons und allerlei anderen Krimskrams. Dekorativ auf ihrem Stuhl plaziert, putzt eine schwarzgekleidete Frau Gemüse, eine andere kehrt mit einem Reisigbesen den Staub von ihrer Haustür, Kinder jagen die Gasse hinunter, während die alten Männer zu ihrem ritualisierten Schwatz an den Straßenecken zusammenkommen, bei dem sie die Welt tagtäglich neu erfinden. Das Bild in

Olivenhain mit Mohnblumen

Bukolische Idylle unter spitzem Dach

Draußen auf den Wiesen blühen roter Klatschmohn und gelbe Margeriten um die Wette, als wüßten sie, daß die sengende Sonne des Südens ihrer Farbenpracht bald den Garaus machen wird. Drinnen in der guten Stube hingegen hält der Mai mit Botticellis ›Frühling‹ das ganze Jahr über Hof. Bunte Kunstdrucke an den Wänden, dümmlich lächelnde Riesenpuppen auf bestickten Kissen, Kristallvasen mit Plastikblumen und ein überdimensioniertes TV-Gerät unter der unvermeidlichen Madonna – bukolische Idylle bei apulischen Bauern. Die Wohnzimmereinrichtung der Familie Convertino unterscheidet sich durch nichts von unzähligen anderen irgendwo auf dem Land. Das Haus hingegen besitzt Charakter, es ließe sich nicht so ohne weiteres verpflanzen. Ein echtes Trullo schlägt in der Heimaterde tiefe Wurzeln, was für seine Bewohner gleichermaßen gilt.

Als Ende des 19. Jh. die erste große Emigrationswelle Hunderttausende von Süditalienern in die Neue Welt schwemmte, blieben die meisten Bauern der Murgia dei Trulli ihrer Scholle treu. Auch später, als in den 20er und 30er Jahren des 20. Jh. erneut bittere Armut ganze Landstriche des Mezzogiorno entvölkerte, verließen nur einige wenige Auswanderer das Trulli-Land.

»Von meiner Familie sind alle geblieben«, erinnert sich Giuseppe Convertino. »Hunger mußte keiner leiden, auch wenn es ihnen nicht so gut gegangen ist wie uns heute.« Auf seinen 10 ha großen Feldern gedeihen wie seit jeher Bohnen, Oliven und Wein, ein gutes Dutzend Schafe, Ziegen und Hühner füllen die Haushaltskasse zusätzlich auf. Von Neuerungen oder gar Experimenten hält der Landwirt wenig, die Anschaffung eines funkelnagelneuen Traktors geht ebenso auf das Konto von Sohn Nicola wie die Pferdezucht. Neun Rösser stehen mittlerweile im Stall, von denen sich der Jungbauer und gelernte Metzger ein gutes Geschäft verspricht, denn »die Stadtleute sind ja ganz verrückt auf's Reiten«. Daß sich viele Wochenendbesucher aus dem nahen Tarent oder Bari jedoch nicht mit sporadischen Ausritten begnügen, sondern gleich einen der pittoresken Trulli kaufen wollen, mißfällt Senior wie Junior gleichermaßen: »Die Fremden bringen viel Neid. Ein Nachbar gönnt es dem anderen nicht, wenn der für seine halbverfallene Steinhütte ohne Strom einen Haufen Geld bekommt. Wir jedenfalls geben kein Stückchen Boden her, weder an Italiener noch an Deutsche, die jetzt auch schon anklopfen.« Entschieden wehren sich die Convertinos gegen ein ›Toskana-Syndrom‹, obwohl sie kaum etwas vom Ausverkauf einer der schönsten Regionen Norditaliens wissen können. Zu Recht fürchten sie den Verlust ihrer Identität, wenn sich das uralte Bauernland in ein rustikales Freizeitdorado verwandeln sollte. Einzig und allein dieser Instinkt, gepaart mit dem Konservativismus der Trulli-Bewohner, kann dem von Trendsettern eben erst entdeckten Winkel Apuliens ein toskanisches Schicksal ersparen.

Nicht ein Tropfen von jenem leichtlebigen levantinischen Blut der Baresen fließt in den Adern dieses Menschenschlages, dem das Festhalten an Traditionen über alles geht. Die 25jährige Angela empfindet es keineswegs als störend, in ihrem Alter nach wie vor bei den Eltern zu wohnen und geduldig darauf zu warten, bis ihr Verlobter genügend verdient, um eine Familie zu gründen. Heiraten könnten die beiden schon längst, dem jungen Mann geht es beruflich nicht schlecht, doch bevor nicht der gesamte Hausstand beisammen ist, läuten hierzulande keine Hochzeitsglocken. Mittlerweile arbeitet die Braut wie die meisten ihrer Schulkolleginnen in einer Teigwarenfabrik und spart auf die Aussteuer. Als Akkordarbeiterin mit Tageslohn lassen sich zwar keine Reichtümer scheffeln, doch das Leben daheim kostet ohnedies so gut wie nichts, und für eine hübsche Garderobe bleibt auch noch etwas übrig. Wozu also etwas überstürzen oder gar aus gewohnten Bahnen ausbrechen? Ebensowenig wie seinerzeit ihre Mutter Anna fürchtet Angela, irgend etwas zu versäumen. Nur äußerlich liegt eine Generation zwischen dem Mädchen in modischer Aufmachung und der Bäuerin in der geblümten Alltagsschürze, in ihren Wünschen und Erwartungen, in der gesamten Denkweise gleichen sie einander völlig.

Für ihn ist die Welt noch in Ordnung: ein Bauer der Murgia dei Trulli

Die große, weite Welt interessiert beide Frauen nicht im geringsten, außer diese kommt via Fernsehschirm in die eigenen vier Wände auf Besuch. Selbst ihre unmittelbare Heimat kennen sie kaum, weder die unglaublichen Grotten von Castellana noch das bezaubernde Barockstädtchen Martina Franca hinterließen nachhaltige Eindrücke. Und das grellweiße Ostuni, wo Reinlichkeit zur Manie ausartet und jedes zarte Fassadendetail unter groben Kalkschichten erstickt, haben sie nie gesehen, von den großen Städten an den Küsten gar nicht zu reden. Anna Convertinos bisher einzige nennenswerte Reise führte nach Rom, als ihr Sohn dort seinen Militärdienst leistete, Angela geht ab und zu mit ihrem Verlobten in Bari aus, das ist alles. Der Kosmos der Trulli-Bauern dreht sich nur um zwei Fixsterne – Alberobello und Locorotondo, wobei sie letzterem aus rein pragmatischen Gründen den Vorzug geben: Die in den 30er Jahren gegründete und seit 1969 florierende Genossenschaft *Cantina Sociale Locorotondo* garantiert selbst dem kleinsten Winzer bescheidenen Wohlstand.

seiner Beschaulichkeit mutet vertraut an, es gleicht jenem in Hunderten von anderen Orten des Südens – und doch, irgend etwas stimmt hier nicht. Das ganze Arrangement erinnert an eine Bühne, auf der Schauspieler und Statisten auf ihren Auftritt warten. Spätestens um neun Uhr morgens, wenn die ersten Touristen busweise eintreffen, beginnt die Show. Die Regieanweisung des immer gleichen Stücks: »Reizendes apulisches Städtchen, wegen seiner Architektur einmalig auf der Welt, präsentiert sich unverfälscht mit seinem Alltagsleben. Hereinspaziert, hier sehen Sie, was Sie noch nie gesehen haben!« Selbstverständlich stellt die Besichtigung Alberobellos auf sämtlichen Apulien-Rundfahrten einen Höhepunkt dar, kein Reiseveranstalter könnte es sich leisten, seinen Gästen dieses Erlebnis vorzuenthalten.

Als Gulliver im Zwergenland schlendert man auf dem geweißten, blitzblanken Pflaster vorbei an den ebenso weißen, niedlichen Häuschen – und hat eigentlich schon bald genug von diesen zwei gänzlich auf Fremdenverkehr ausgerichteten Gassen mit ihren aufdringlich angebotenen Souvenirs zu völlig überhöhten Preisen, wenn sie auch zugegebenermaßen in den meisten Fällen geschmackvoll sind: handgewebte Schals und Halstücher, handgefertigte *orecchiette* (für die Gegend typische Teigwaren in Form kleiner Ohren), schmackhafter Wein aus eigenem Anbau oder hausgemachter Quarkkäse. Süditalien hat viele Gesichter, und nicht jedes muß man lieben. Doch selbst das häßlichste ist interessanter als diese Maske, ist lebendiger als dieses Disneyworld aus Stein.

Um das echte Trulli-Land zu finden, bedarf es keines Geheimtips. Wie ein bunter Teppich mit weißen Tupfen breitet es sich gleich hinter der Ortsausfahrt von Alberobello aus. Jeder der zahllosen kleinen, von niedrigen Mäuerchen gesäumten Wege, die sich zwischen Weinhügeln und Weizenfeldern, Olivenhainen und Wiesen dahinschlängeln, führt zu irgendeinem Trullo, in dem man wohnen kann. Viele dieser ehemaligen Bauernhöfe gehören heute Städtern aus Bari, Brindisi oder Tarent, die ihren Zweitwohnsitz nur selten nutzen und gern zur Miete anbieten. Ein ungewöhnlicheres Feriendomizil wird man schwerlich finden, doch Vorsicht, in einem Trullo hausen will gelernt sein. Bei näherer Betrachtung entpuppen sich die Zwergenhäuser zwar als gar nicht so zwergenhaft, Zwei-Meter-Männer werden dennoch ihre Schwierigkeiten haben, sich in dem winzigen Badezimmer, der Puppenküche oder den diesen Raumverhältnissen exakt angepaßten Betten zurechtzufinden. Des Landlebens Ungewohnte – und man lebt mitten in der *campagna* – könnten sich an all den netten Käfern oder Eidechsen stoßen, die munter aus und ein kreuchen und fleuchen. Auch daß sich bisweilen ein kleiner Skorpion in die gute Stube stiehlt, sollte keine Panik auslösen. Mit den überall in Italien gleichermaßen kühn angebrachten Elektroinstallationen wird sich ein Kenner der Apenninenhalbinsel sicherlich schon abgefunden haben, doch bei einem in ein altes Trullo erst nachträglich eingebauten Badezimmer kommt ein phantasiebegabter Elektriker unter Umständen auf besonders wilde Ideen. Duschen also auf eigene Gefahr, sofern man nicht ohnedies vor der Körperpflege vorsorglich den Strom abschaltet.

Wohnen in einem Trullo bedeutet zugleich Behaglichkeit und ländliches Ambiente. Würzig duftend prasseln die knorrigen Scheite des uralten Olivenholzes im offenen Kamin, der abgesehen von seinem dekorativen Feuer gute Dienste leistet: Wenn nicht gerade die Hochsommersonne herunterbrennt, die sogar innerhalb der meterdicken Mauern für eine gewisse Wärme sorgt, kann es in einem Trullo nämlich bitter kalt werden.

Unberührt von den ausschließlich zur Weinprobe herangekarrten Touristen träumt **Locorotondo** 5, der »kreisrunde Ort« hoch über der Valle d'Itria, friedlich vor sich hin. In der für Süditalien geradezu sensationell ruhigen Altstadt gibt es keine Paläste oder Patrizierhäuser zu besichtigen, denn Mächtige verirrten sich zu allen Zeiten bestenfalls aus Zufall auf diesen wenig spektakulären Hügel der Murge. Nicht einmal mit der stolzen Zahl von sieben Kirchen auf engstem Raum kann das Provinznest in einem Land der Kathedralen auf sich aufmerksam machen. Locorotondo war stets das Reich der kleinen Leute, wovon einige lateinische Inschriften auf rührende Weise Zeugnis ablegen. *Parva, sed apta mihi* – »Klein, aber für mich geeignet« – schrieben am Ende des 18. Jh. unbekannte Handwerker über eine Eingangspforte. Ein gewisser Mercurius Pinto gravierte voll Stolz in Stein, daß er »dieses Haus für sich mit seinen eigenen Händen erbaut hat« – *A. D. 1799 M. Mercurius Pinto domum istam suis sibi construxit manibus*. Andere wiederum kannten ihre Nachbarn nur allzu gut und warnten: *Invidia invidenti nocet* – »Der Neid schadet dem Neider«. Noch so mancher Sinnspruch, versteckt zwischen anmutigen Friesen und Treppenaufgängen, erzählt vom Alltagsleben, von Wünschen, Sehnsüchten und Ängsten der Menschen, denen ein eigenes Dach über dem Kopf – genauso wie den Trulli-Bauern noch heute – das höchste Gut bedeutete.

Von Martina Franca nach Conversano

Jubelnder Barock und verspieltes Rokoko dominieren das reizende Städtchen **Martina Franca** 6 (S. 310), das seinen Namen vom Berg San Martino – hier erfolgte im 10. Jh. seine Gründung durch basilianische Mönche – und von einem Freibrief *(franca)* Philipps von Anjou, Herzog von Tarent, für seine Bewohner bezieht. Durch ein Barocktor gelangt man in die Altstadt. Im Hof des Palazzo Ducale, des heute als Rathaus genutzten Herzogspalastes von 1669, geht im Sommer ein vielbeachtetes internationales Musikfestival über die Bühne. Über dem Eingangsportal der Kollegiatskirche San Martino (1747–75) sieht man eine Reiterstatue des hl. Martin.

Auf drei Hügeln am Rande der Murge liegt inmitten von Olivenhainen **Ostuni** 7 (S. 316), berühmt für die blendend weißen Häuser seiner Altstadt, die dem Ortskern mit zahlreichen Türmchen und Mauern orientalischen Charakter verleihen. Ende des 15. Jh. wurde der Bau der Kathedrale im Übergangsstil von der Romanik zur Gotik vollendet. Sie erhebt sich am höchsten Punkt der Altstadt und weist eine ungewöhnliche dreiteilige Fassade mit geschwungenen Giebeln und einer großen Fensterrosette auf.

Hauptattraktion der Agrargemeinde **Fasano** 8 (S. 304) am Fuß der Murge ist der mit 120 ha größte Safaripark Italiens, dessen mehr als 600 exotische Tiere gewiß eine Attraktion für Groß und Klein sind. Die Besichtigung erfolgt mit dem eigenen Auto oder mit Minibussen. Knapp 10 km nordöstlich befindet sich mit **Egnazia** eine der wichtigsten archäologischen Ausgrabungsstätten der Region. Von der antiken Stadt *Gnathia* wurden bisher Stadtmauern, eine Akropolis, Wohnquartiere, Nekropolen, eine wahr-

Martina Franca

211

Orientalisch anmutende Altstadt von Ostuni

scheinlich für Getreide bestimmte riesige unterirdische Lagerhalle, römische Hafenanlagen sowie die Reste von zwei frühchristlichen Basiliken freigelegt. Ein kleines Museum illustriert die Geschichte der Ansiedlung von der späten Bronzezeit (13./12. Jh. v. Chr.) bis zum 9. Jh.

Ein Naturschauspiel besonderer Art bieten die Tropfsteinhöhlen von **Castellana Grotte** 9 (S. 300), die größten ihrer Art in Italien. Sie haben dem Städtchen, bekannt für sein Kunsthandwerk und seine Glasindustrie, Wohlstand beschert, der freilich durch ständige laute Touristenmassen erkauft wurde. Das Höhlensystem, im 18. Jh. entdeckt und seit 1938 zugänglich, kann (nur im Rahmen einer Führung) relativ bequem besichtigt werden. Warme Kleidung und gutes Schuhwerk sind allerdings erforderlich. Die Temperatur beträgt konstant etwa 15 °C, Grotten und Gänge sind gut ausgeleuchtet. Es werden zwei Rundgänge angeboten: ein kurzer über 500 m und ein langer über 3 km.

Wieder an der Küstenstraße, passiert man auf der Rückfahrt das Städtchen **Monópoli** 10 (S. 313), einst ein wichtiger Orienthafen, an dem sich heute noch das Kastell sowie die Kirche Santa Maria degli Amalfitani erheben, die letzten noch erhaltenen Bauten aus dem Mittelalter. Der Überlieferung nach ließen Bürger aus Amalfi (Kampanien) die Kirche im 12. Jh. errichten. Die Kathedrale (1107, im 18. Jh. erneuert) birgt kostbare Fragmente des Originalportals mit reichem Skulpturenschmuck und eine hochverehrte byzantinische Madonnenikone aus dem 13. Jh. In der Altstadt befindet sich die Kryptenkirche Madonna del Soccorso, in die man von der Via S. Domenico 73 gelangt.

In **Polignano a Mare** 11 (S. 320), einem Ort auf zerklüfteten Felsen, wartet mit der ›Grotta Palazzese‹ ein höchst ungewöhnliches Restaurant auf den hungrigen Gast. Hier speist man in einer von Meereswellen umspülten Grotte – Fisch natürlich, was sonst. Ob einem beim Schmausen wirklich Nixen über die Schulter blicken, bleibt der jeweiligen Phantasie überlassen.

Von ausgedehnten Kirschgärten umgeben ist das alte Städtchen **Conversano** 12 (S. 302). Vom Vorplatz des aus normannischer Zeit stammenden, aber mehrmals umgebauten Kastells genießt man einen schönen Blick auf die friedliche Landschaft. Die Kathedrale aus dem 12.–14. Jh. wurde 1911 nach einem Großbrand originalgetreu wiederaufgebaut. Eine Anlage von größerem kunsthistorischen Wert stellt das Kloster San Benedetto dar, es gilt als älteste Niederlassung der Benediktiner in Apulien (8. Jh.). Die dazugehörige Kirche San Benedetto stammt aus dem 11. Jh., deren prächtiges Renaissanceportal von 1658. In zum Großteil gut restauriertem Zustand befindet sich der anschließende Kreuzgang aus romanischer Zeit.

Am Absatz des Stiefels

Der südliche Teil Apuliens mit der Halbinsel Salento, besser bekannt als Italiens Stiefelabsatz, ist Gegenstand der – ohne die Abstecher nach Massafra und Castellaneta (70 km) – rund 350 km langen Rundfahrt, die zum Teil über Autobahnen und Schnellstraßen führt.

Tarent: Stahl statt Gold

Hinter einer verstaubten, gesprungenen Scheibe ordiniert Don Cataldo. Schlichter läßt sich die Tätigkeit des Friseurs, der seinen blütenweißen Kittel ebenso stolz trägt wie den Namen seines Stadtpatrons, kaum bezeichnen. Als Barbier von **Tarent** 1 (S. 329) steht man dem berühmteren Kollegen von Sevilla jedenfalls um nichts nach, im Gegenteil. Schließlich komponierte Giovanni Paisiello, Zeitgenosse Mozarts, nicht nur für gekrönte Häupter wie Rußlands Zarin Katharina oder Frankreichs Napoleon, bereits vor Gioacchino Rossini schuf er mit seinem ›Barbier von Sevilla‹ der Zunft der Figaros ein musikalisches Denkmal. Heute greifen freilich nur noch wenige Opernhäuser auf die Werke des Süditalieners zurück, lediglich in seiner Heimatstadt erinnern die Via Paisiello und eine Gedenktafel an seinem Geburtshaus an den raketenhaften Aufstieg des Tierarztsohnes aus Tarent zu einem der berühmtesten Komponisten seiner Zeit.

In unseren Tagen erklingen höchst selten Opernarien in den dunklen Gassen der Tarentiner Altstadt. Wenn schon Musik Tristesse und Resignation aus den verfallenen Bourbonenpalazzi vertreiben soll, dann bevorzugen die verbliebenen Bewohner die Hitparade im Radio. Wo sich vor bald 3000 Jahren die mächtige Akropolis einer der reichsten Städte Großgriechenlands erhob, wo 272 v. Chr. ein eherner Zeus als größtes Denkmal der Antike nach dem Koloß von Rhodos mit seinem Gewicht sogar den plündernden Römern widerstand, scheinen heute alle bösen Geister des Mezzogiorno ihre Sünden versammelt zu haben. Vom kul-

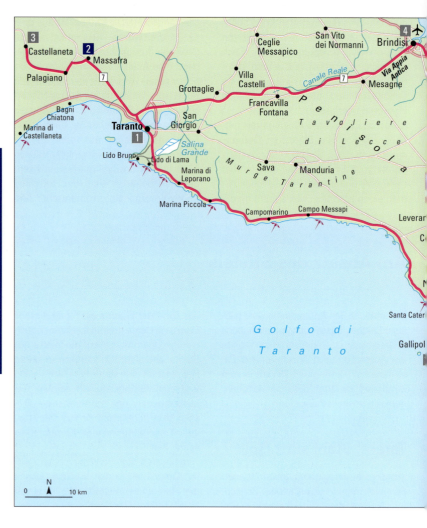

tivierten Lebensstil des gerühmten, beneideten *molle Tarentum,* vom *savoir vivre* dieser gelassenen, gänzlich unkriegerischen Metropole blieb nichts, aber auch gar nichts übrig. Die meisten der 250 000 Tarentiner drängen in die neuen, gesichtslosen Viertel, im alten Teil will keiner mehr wohnen. Was soll man auch in einer der vier Straßen oder mehr als 100 *vicoletti,* was bieten denn diese mittelalterlichen, engen Gäßchen außer Schmutz, Elend und katastrophalen sanitären Bedingungen?

Abgesehen von einigen glücklosen Einheimischen, denen eine Flucht aus der *città vecchia* noch nicht gelungen ist, überqueren nur beflissene Kulturtouristen eine der beiden Brücken zur Altstadt. Einst gerühmt wegen ihrer Lage zwischen dem *Mar Grande* und dem *Mar Piccolo,* den beiden Meeren im Golf von Tarent, verwandelte der Aus-

Der Stiefelabsatz

ßem Stil zu restaurieren und zu revitalisieren, überläßt man die bröckelnden Mauern ihrem Schicksal – oder Spekulanten.

Keine der drei Sehenswürdigkeiten, weder der überraschenderweise vorzüglich instand gehaltene Dom **San Cataldo** noch das düstere **Kastell** des Ferdinand von Anjou und schon gar nicht die kläglichen Reste des **Neptun-Tempels** lohnen wirklich einen Besuch. Wer einmal sämtliche Vorurteile bestätigt sehen möchte, eile, noch kann er das endlich einmal zur unbestreitbaren Realität gewordene Klischee vom armen, unterentwickelten Süden hautnah erleben. Doch er sollte dann nicht vergessen, daß auch hier traurige Ausnahmen nicht die Regel und schon gar nicht unabänderliche Tatsachen sind.

Eine Zeitmaschine in die Zukunft können wir, bei allem Optimismus, nicht bieten, wohl aber eine in die Vergangenheit. Gleich zu Beginn der Neustadt, nur wenige Schritte nach der Drehbrücke und dem attraktiven Corso Due Mari, bietet das **Museo Nazionale** neben den Nationalmuseen von Neapel und Reggio di Calabria die wohl beeindruckendste Sammlung von Kunstschätzen Großgriechenlands. Doch nicht so sehr die Vasen, Amphoren und Münzen, Skulpturen, Reliefs und Götterstatuen, auch nicht der seines Blitzes verlustig gegangene Zeus lassen das ehemals glanzvolle *Taras* auferstehen. Und auch nicht das berühmte ›Gold von Tarent‹, jene unglaublich fein gearbeiteten Diademe, Ohrgehänge, Ringe, Blütenkränze und Ketten, Schmuckstücke, wie es sie weltweit kein zweites Mal gibt. Kleine, 5 bis maximal 30 cm hohe Figürchen aus Terrakotta sind es, deren Zau-

bau des Kriegshafens im 19. Jh. das historische Zentrum durch einen künstlichen Kanal in eine Insel. Dagegen wäre an sich nichts einzuwenden, denn jede Distanz zum hektischen Verkehrsgetriebe könnte sich heutzutage als Gewinn an Lebensqualität erweisen, wenn, ja wenn kluge Stadtväter mit gefüllten Taschen ans Werk gegangen wären. Für eine Sanierung fehlt es sowohl an Engagement als auch an Geld. Statt in gro-

Tarent

Stadtplan Tarent

ber noch nach Jahrtausenden unvermindert wirkt.

Welchen Charme strahlen diese 50 000 Miniaturskulpturen aus, wie viel erzählen sie von Träumen und Mythen, aber auch von Sport, Spaß und Spiel, seit sie bei Bauarbeiten für ein modernes Tarent rein zufällig aus ihren Gräbern befreit wurden. Flügelschlagend springt Eros seiner Mutter Aphrodite mit beiden Knien in den Nacken, mühsam um sein Gleichgewicht kämpfend, während die Göttin der Schönheit, von seinem Gewicht niedergedrückt, von dieser stürmischen Liebesbezeugung wenig begeistert zu sein scheint. Gekonnt zeigen Artisten Handstände und Brückenschlag, mit ausgestreckten und abgewinkelten Beinen; traumverloren tanzt ein umschlungenes Pärchen, anmutig neigt sich ein anderes im Gleichklang zurück. Springende Faune, taumelnde Bacchanten, selbstvergessene Schönheiten in schwingenden Gewändern, Mütter mit ihren Kindern im Arm, christlichen Madonnen verblüffend ähnlich, jede einzelne dieser hinreißenden Terrakottafiguren zeugt von der Kultur, vom Humor dieser Stadt.

So gesehen erscheint es erstaunlich, daß ausgerechnet die strengen, kriegerischen Dorer an der Wiege der friedliebenden, genußfreudigen Tarentiner standen. Es war auch nicht ganz so – wer hätte je schon etwas von einem leichtlebigen Spartaner gehört? Sogenannte Parthenier, ›Jungfernkinder‹, gründeten 706 v. Chr. unter ihrem Führer Phalantos die spartanische Siedlung, die einzige in der *Magna Graecia* überhaupt. Motive auszuwandern gab es zwar damals viele, von simpler Abenteuerlust bis zu bitterer Not, dieser Fall aber lag völlig anders. Von ihren Männern während eines jahrelangen Feldzuges allein gelassen, trösteten sich die Spartanerinnen mit ihren Sklaven, den rechtlosen Heloten. Was die schließlich heimgekehrten Krieger zum Liebesleben ihrer Frauen und Töchter sagten, ist nicht überliefert, wie die Gehörnten mit den leibhaftigen Beweisen der Untreue verfuhren, hingegen schon. Wieder ganz Herren der Lage, warfen sie die Bastarde, pardon, die jungfräulich empfangenen Kinder, einfach hinaus.

Erst sehr viel spätere Generationen erinnerten sich wieder gerne an den einer Boulevardkomödie gleichenden Anfang, die bald wohlhabend gewordenen Nachkommen der ersten Siedler hingegen griffen lieber in die bewährte und schier unerschöpfliche Trickkiste uralter Mythen: Taras, Sohn des Poseidon und einer Nymphe des Landes, habe den Grundstein der Stadt gelegt. Und fürwahr, der Gott des Meeres beschenkte sie großzügig, mit Fischen und Seegetier von solchem Reichtum an Arten und Mengen, daß die tarentinische Küche berühmt werden mußte. Und er gab ihr Berge von Murex-Schnecken, deren purpurroter Farbstoff in der Antike nur mit viel Gold aufzuwiegen war. Poseidon sorgte für die Seinen, mindestens 300 000 Menschen lebten an diesem Golf, handelten mit Meeresfrüchten und Purpur, mit feinster Wolle und kunstvollen Keramiken. Oder frönten dem *Dolcefarniente,* dem süßen Nichtstun, worin sie es laut dem römischen Historiker Strabon mit mehr Fest- als Arbeitstagen zur wahren Meisterschaft brachten.

Was noch zum vollkommenen Glück fehlte, war ein kluger Staatsmann, der sich um lästige Dinge wie internationale Beziehungen einerseits und die Geschicke daheim andererseits kümmerte, der den Frieden garantierte und mit dem man auch reüssieren konnte. In dem um 400 v. Chr. geborenen Archytas erfüllten sich alle diese Wünsche, dem Philosophen, Mathematiker und Feldherrn konnte man getrost die Politik anvertrauen. Ohne zu zögern, bestätigten die Bürger ihn, einen Freund Platons, Jahr für Jahr erneut in seinem Amt. Als er viel zu früh (etwa 365 v. Chr.) starb, ging zunächst unmerklich, aber unaufhaltsam das goldene Zeitalter von *Taras* seinem Ende zu.

Mehr als 2000 Jahre später verschleiert übelriechender Dunst den Golf von Tarent, ohne Bedenken hat Rom der Stadt seit den 60er Jahren riesige Eisenhüttenwerke des Italsider und Raffinerien, Zement- und Sägewerke sowie allerlei andere Großunternehmen beschert. Freilich, dafür fanden gleich zu Beginn der Industrialisierungskampagne 12 000 Leute Beschäftigung, mittlerweile sind es sogar Hunderttausende. Aber: Doppelt so viele Menschen wie im übrigen Apulien erkranken an Krebs; Drogenhandel und Kriminalität nehmen überhand. Das Gold von Tarent, unsere Zeit hat es eingetauscht – gegen Stahl.

In den Schluchten der Murge

Ein ›Seitensprung‹ zu Höhlenkirchen und in den Geburtsort eines unsterblichen Filmcharmeurs: **Massafra** 2 (S. 311) besticht durch eine einzigartige Lage an den Rändern der San Marco-Schlucht, in denen sich Grotten und Höhlen mit basilianischen Krypten verbergen. Von zwei Brücken aus kann man einen wunderschönen Blick auf die Gravina (Schlucht) und ihre Höhlen werfen, die im Mittelalter von Einsiedlern bewohnt, später aber für den liturgischen Bedarf ausgebaut und mit byzantinischen Fresken geschmückt worden waren. Zu den berühmtesten Höhlenkirchen gehört die Cripta della Candelora, die in den Fels gehauen ist, heute allerdings keine Eingangswand mehr besitzt. Der dreischiffige Raum weist an der Decke verschiedenartige Gewölbeformen auf. In den Wandnischen befinden sich Fresken aus dem 13. und 14. Jh., die aber zum Großteil verfallen sind. Die Cripta San Marco ist noch gut erhalten, ihre Entstehungszeit allerdings unklar. Zum Santuario della Madonna della Scala (1731, etwa 1 km außerhalb des

Castellaneta

Ortes) gelangt man über eine Barocktreppe von der Aussichtsterrasse über einer Schlucht. In der Nähe der Wallfahrtskirche findet man die Cripta della Buona Nuova mit einem 3 m hohen Christusfresko. Eine Besichtigung der Höhlenkirchen ist nur mit einem Führer möglich.

Kaum weniger atemberaubend erscheint die Lage der Ortschaft **Castellaneta** 3 (S. 301), deren Häuser scheinbar jeden Augenblick über den Rand in die 145 m tiefe Murge-Schlucht zu stürzen drohen. Die ärmliche Gemeinde hat außer dem Kirchlein Santa Maria Assunta (Anfang 14. Jh.) und der immer wieder umgebauten Kathedrale (14. Jh., Fassade aus dem 18. Jh.) nicht allzu viele Sehenswürdigkeiten aufzuweisen, ist aber dennoch vielbesuchtes Pilgerziel von Filmfans. In dem bescheidenen Haus Via Roma Nr. 14 wurde 1895 Rodolfo Valentino, Hollywoods erster großer Frauenheld, geboren. Ein Museum, eine Gedenktafel und ein Denkmal erinnern an den Stummfilmstar aus Apulien.

Mann aus Apulien: Hollywoods erster Herzensbrecher

Er war das Idol einer ganzen Frauengeneration: Rodolfo Valentino, in den 20er Jahren Inbegriff des ›schönen Mannes‹, der erste echte Star der Traumfabrik Hollywood. Seine Wiege stand in Castellaneta, wo er am 6. Mai 1895 als Sohn eines Tierarztes zur Welt kam.

Als er sich 1913 in Neapel in das Zwischendeck eines der vielen Auswandererschiffe drängte, mit denen die Hoffnung von Millionen Emigranten und Abenteurern aus dem armen Süden Italiens westwärts dampfte, ließ er sich wohl nicht träumen, daß er einmal zum größten Herzensbrecher des Stummfilms avancieren und wahre Vulkane an Leidenschaft zum Ausbruch bringen würde. Aber schon wenige Jahre nach seiner Ankunft in der Neuen Welt steht er erstmals vor der Kamera, nachdem er sich zuvor – gar nicht einmal so erfolglos – als Tänzer sein Brot verdiente. Aus Rodolfo Alfonso Rafaele Pietro Filippo Guglielmi de Valentino d'Antonguella, so sein richtiger Name, wird Rodolfo Valentino, der sein begeistertes Publikum als edler Liebhaber zu Tränen rührt. Später übernimmt er auch humorvolle Rollen und beweist damit, daß er nicht nur schön, sondern auch ein talentierter Schauspieler ist. Zu seinen berühmtesten Filmen zählen ›Die vier apokalyptischen Reiter‹ (1921), ›Der Scheich‹ (1921) und ›Der Sohn des Scheichs‹ (1926).

Als er am 23. August 1926 im Alter von nur 31 Jahren an einem Herzleiden stirbt, nehmen in Hollywood mehr als 100 000 Menschen an seiner Beerdigung teil. Es kommt zu hysterischen Ausbrüchen seiner Fangemeinde, Frauen fallen reihenweise in Ohnmacht, Fensterscheiben gehen zu Bruch. Zahlreiche unglückliche Verehrerinnen folgen ihrem Idol in den Tod, das im Privatleben trotz zweier Ehen alles andere als ein feuriger *Latin lover* gewesen sein soll. Die letzten Tage des Idols beschäftigten die amerikanische Öffentlichkeit mehr als aktuelle politische Themen. Zum ersten Mal in der Geschichte des Films wird selbst noch der Tod eines Darstellers für Hollywood zum Kassenschlager.

Bis heute ist Rodolfo Valentino unvergessen. Auf seinem Grab auf dem Prominentenfriedhof von Los Angeles finden sich beinahe täglich frische Blumen. Auch die Heimatstadt hat ihrem berühmten Sohn ein Denkmal gesetzt: Auf der Panorama-Promenade von Castellaneta wurde Rodolfo 1961 in einer überlebensgroßen, dunkelblau leuchtenden Keramikstatue in seiner Paraderolle als Beduinenscheich verewigt. Und an seinem Geburtshaus in der Via Roma 14 erinnert eine Gedenktafel, gestiftet vom Rodolfo-Valentino-Club aus Cincinnati, Ohio, an den kleinen Italiener, der mit Charme die Welt erobert hatte.

Zurück in Tarent führt die Route über die Straße Nr. 7 nach **Francavilla Fontana** (S. 302) mit einem hübschen historischen Zentrum und weiter bis zur Hafenstadt Brindisi.

Brindisi: Aufbruch zu anderen Ufern

Kein noch so kleines Abenteuer hielt Jules Verne für Phileas Fogg in **Brindisi** ▢4 (S. 297) bereit, nichts zwang den Helden, auf seiner ›Reise um die Erde in 80 Tagen‹ länger als notwendig zu bleiben. Aus unerfindlichen Gründen hat der sicherste Naturhafen der Adria noch nie die Phantasie eines Schriftstellers entzündet. Ob als messapisches *Brendon,* griechisches *Brentesion,* römisches *Brundisium* oder italienisches Brindisi, zu allen Zeiten sahen Reisende in dieser Stadt bloß eine Zwischenstation. Genauso wie heute diente sie in der Antike als Brückenkopf zwischen der Apenninenhalbinsel und Hellas. Um dem mächtigen Tarent Überseegeschäfte wegzuschnappen, bauten die Römer 190 v. Chr. ihre ›Schnellstraße‹ bis zu dem strategisch so wichtigen Handelsstützpunkt aus. Zwei kostbare Marmorsäulen markierten das Ende der Via Appia, eine steht nach wie vor auf ihrem Platz, die andere schmückt seit dem 17. Jh. die Piazza S. Oronzo in Lecce.

Dank der guten Verbindung nach Rom gewann *Brundisium* zwar an Bedeutung, aber kaum an Attraktivität. Nur für Vergil, den Liebling der Götter, war die Stadt eine Station auf dem Weg zur Unsterblichkeit: Am 21. September des Jahres 19 v. Chr. starb er hier auf dem Weg von Griechenland, kurz vor seinem 51. Geburtstag. Seinem letzten Willen entsprechend ruht er jedoch nicht hier, sondern in Neapels Erde (s. S.31 f.).

Nach dem Abgang der Römer von der Weltbühne hatte auch die apulische Hafenstadt ausgespielt. Erst als Papst Urban II. 1089 der Christenheit das Startzeichen zur ›Befreiung‹ Jerusalems gab, übernahm Brindisi wieder die Rolle des begehrtesten Umschlagplatzes im West-Ost-Verkehr. Tausende von Kreuzfahrern schifften sich dort ein. Und viele von ihnen sahen mit diesem Ufer zum letzten Mal in ihrem Leben das Abendland. Dann aber fällt der Vorhang. Venezianer, Franzosen und Spanier übernehmen in Süditalien das Ruder, unter ihrer rücksichtslosen Herrschaft verarmt der einstmals wohlhabende Adriahafen. Erst mit der Eröffnung des Suezkanals im Jahr 1869 erhielt Brindisi nach 800 Jahren endlich wieder eine Chance – als Durchgangsstation. Wer von London oder Paris auf schnellstem Weg nach Bombay wollte, mußte – wie Phileas Fogg – in dem süditalienischen Hafen an Bord gehen. Zwei Weltkriege und ein kurzes Gastspiel als provisorische Hauptstadt Italiens später (unter der Exilregierung Badoglios von September 1943 bis Februar 1944) war auch das vorbei. Nur der verblichene Glanz so mancher alter Hotels erzählt noch von jenen spleenigen Engländern, die mit ihren unbeirrbaren Vorstellungen von britischem Komfort und kultiviertem Lebensstil eine ganze Epoche prägten.

Seit *presto* anstelle von *adagio* das Tempo des Reisens angibt, wälzt sich ein ganz anderes Völkchen über den Corso Garibaldi zum Hafen, von dem Tag und Nacht Schiffe nach Griechenland auslaufen. Marktschreierisch weisen schon Kilometer vor der Stadteinfahrt Pfeile mit der Aufschrift ›Grecia‹ die Richtung, bereits an den Einfallstraßen kaufen Eilige ihre Tickets für die Überfahrt, um nur ja keine Zeit in Brindisi zu vergeuden. Was sollen sie auch hier, wo die Preise in den Lokalen unverschämt, die Qualität des Essens miserabel und die Einheimischen Touristen gegenüber gleichgültig sind? Brindisi ist doch nichts anderes als eine Transitstation, oder?

Auf die meisten Sehenswürdigkeiten läßt sich tatsächlich unschwer verzichten. Mussolinis schauerliches Monument zu Ehren der italienischen Marine, seit 1933 ›Zierde‹ des Hafenbeckens, ignoriert man am besten. Das staufische Kastell, von Karl V. umgebaut, dient wie die meisten dieser Wehranlagen nun als Sitz des Militärkommandos und bleibt somit Zivilisten versperrt. Im Dom nahm zwar Friedrich II. im Jahr 1225 Jolanda von Brienne, ein halbes Kind noch, aber Erbin des Königreichs Jerusalem, zur zweiten Ehefrau, aber Apulien als Reich der Kathedralen hat Großartigeres zu bieten, zumal das Gebäude nach Zerstörung durch ein Erdbeben im 18. Jh. nicht sehr stilgerecht wiederaufgebaut wurde. Und an der Fontana di Tancredi, dem 1192 vom letzten normannischen Herrscher, Tankred von Lecce, errichteten Brunnen, wo angeblich die Kreuzfahrer vor ihrem Aufbruch nach Palästina die Pferde tränkten, braust laut und enervierend der Verkehr vorbei.

Doch auch im geschäftigen Brindisi zwitschern Vögel und duften Rosen, selbst in dieser Stadt ohne Siesta blüht Schönheit im Verborgenen. Die meisten schenken der unscheinbaren Kirche Santa Maria del Casale an der Straße zum Flughafen wenig Beachtung. Hinter der schlichten, mit geometrischen Mustern aus mehrfarbigem Stein verzierten Fassade vermuten nur Kenner der Gotik eine Überraschung. Tatsächlich schmücken prachtvoll restaurierte Fresken aus dem 14. Jh. nahezu den gesamten Innenraum. Weder das theatralische Rot des brüchigen Samtvorhangs

am Eingangstor noch eine mit verstaubten Plastiklilien bedachte Madonna können dem strengen Ernst in den Gesichtern der Heiligen Abbruch tun. Byzantinische Tradition führte zweifelsfrei die Pinsel der apulischen Maler im Dienste der Anjou, denen mit ihren Darstellungen des Jüngsten Gerichts, der Verkündigung, dem Letzten Abendmahl und einem thronenden Christus einzigartige frühgotische Meisterwerke gelangen.

In dem angrenzenden kleinen Kreuzgang übertönt das Summen der Hummeln die vom nahen Flughafen aufsteigenden Düsenjets, die Zeit hat unter den weit ausladenden Palmen und verwitterten Spitzbögen ihre Bedeutung verloren. Verweilen möchte man auf einmal, bleiben, in dieser Stille in sich ruhen. Irgendwann ruft eine Schiffssirene zurück in die Gegenwart, mahnt zum Abschied. Brindisi entsinnt sich seines Schicksals, nur für eine kurze Weile Aufenthaltsort sein zu dürfen, Zwischenstation vor dem Aufbruch zu anderen Ufern.

Lecce: Barockjuwel in biederer Fassung

Gleich nach dem Aufstehen, wenn sanftes Morgenlicht gnädig die Spuren des Alterns verschleiert und ein unwiderstehlicher Duft sie umgibt, zeigt sie sich in ihrer ganzen üppigen Schönheit: **Lecce 5** (S. 308), die kapriziöse Primadonna unter Süditaliens Städten, verträgt grellen Sonnenschein nicht mehr so gut wie in jungen Jahren. Hitze, Staub und Abgase haben Falten in ihr weiches Antlitz gegraben und eine graue Patina über den honigfarbenen Teint gelegt. Noch weniger aber liebt sie die Nacht, wenn niemand ihr verspieltes Prunkgewand beachtet, weil die Touristen längst gegangen und die Einheimi-

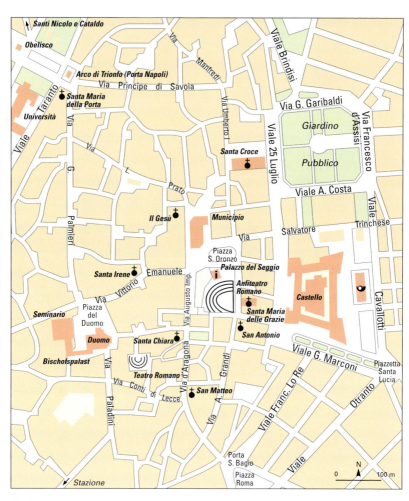

Stadtplan Lecce

schen in modernen Wohnvierteln zu Hause sind. Frühmorgens aber, wenn in die Büros und Ämter in den alten Palazzi Leben einkehrt, die eleganten Geschäfte in den engen Gassen aufsperren und sich die ersten Besucher auf dem Domplatz einfinden, dann gibt sich das barocke Lecce der Illusion hin, endlich wieder im Mittelpunkt des Geschehens zu stehen.

Tatsächlich läßt sich der einstigen Hauptstadt Apuliens um diese Tageszeit eine gewisse Würde nicht absprechen. Mit den obligaten Aktenkoffern in den Händen streben Beamte ihren Schreibtischen zu, gravitätisch schreiten Bankiers zu ihren Verabredungen, wohin man auch blickt, gehen korrekt gekleidete Männer ihren Geschäften nach. Aus den Bäckereien riecht es köstlich nach frischem Brot, aus jeder Bar strömt der verlockende Geruch von Cappuccino und Brioche. Die Sinne trügen nicht, in Lecce speist man seit der Antike vorzüglich. Was die Römer einst in ihrer Stadt trieben, ist den meisten Bewohnern allerdings ziemlich egal, und dementsprechend gleichgültig nehmen sie auch das römische Amphitheater zur Kenntnis, das sich sensationellerweise bis ins 20. Jh. hinein mitten im Zentrum verbarg. Doch eine Ausnahme gibt es: Den römischen Dichter Quintus Ennius, 239 v. Chr. vor den Toren Lecces, in *Rudiae,* geboren, kennt und schätzt man, weil er eines der ersten Kochbücher des Abendlandes unter dem Titel ›*Hedyphagetica*‹, ›Delikatessen‹, publizierte. Daß Ennius seinen Ruhm eigentlich nicht diesem kulinarischen Exkurs, sondern den ›*Annales*‹ verdankt, 18 Bänden, in denen er in Hexametern die gloriose römische Geschichte besang, bewegt die Lecceser ebensowenig wie die Tatsache, daß sämtliche Lexika den Geburtsort des Poeten nach wie vor fälschlich mit Kalabrien angeben.

Bis ins 7. Jh. hielt sich nämlich jene im Altertum für die Salentiner Halbinsel gebräuchliche Bezeichnung ›Calabria‹. Erst als die Langobarden Brindisi und Tarent eroberten, retteten die Byzantiner den alten Namen hinüber auf den südwestlichen Teil des Stiefels, die Terra d'Otranto mit Lecce als Zentrum ging in Apulien auf. An den Verlust nomineller Identität war man zu diesem Zeitpunkt freilich schon gewöhnt. *Syrbar* hieß die Ansiedlung in ihrer Frühzeit in Anlehnung an das sagenhafte *Sybaris;* die Römer mit ihrem Wolfskomplex tauften es auf *Lupiae* um, *Lycium* lautete schließlich die normannische Variante. Wie es nun einmal ihrer Art entsprach, rissen die Eroberer aus dem Norden das verschlafene Städtchen, seit der Zerstö-

rung in den Gotenkriegen kaum mehr als ein Provinznest, aus seiner Lethargie und erhoben es zu einem der wichtigsten Lehen des Hauses Hauteville. Tankred von Lecce, der letzte Normannenkönig Siziliens, stiftete 1180 mit Santi Nicolo e Cataldo eine der berührendsten romanischen Kirchen des Südens. Vor der ergreifenden Schlichtheit dieses Gotteshauses kapitulierte selbst das frivole Barock, das sich mit seinen Schnörkeln weder an die herrlichen Portale noch an die orientalische Kuppel heranwagte.

Im übrigen hielt Lecce im 17. Jh. von Zurückhaltung und Bescheidenheit nur noch wenig. Die von Karl V. zu einem Bollwerk gegen die Türkengefahr befestigte Stadt begann ihr neues Selbstbewußtsein mit Prunkbauten zu dokumentieren. In dem weichen, goldfarbenen Baustein des Salento fanden die Architekten ein ideales Material, um den Überschwang ihrer Epoche auszudrükken. Unbeeinflußt von bedeutenderen Metropolen entwickelte Lecce einen eigenen Stil. Ob es mit dieser Eigenwilligkeit nicht ein wenig übertrieb, sei dahingestellt. Mädchen vom Land putzen sich eben gerne heraus, wenn sie sich als Damen von Welt fühlen, und begreifen nur selten, daß weniger oft mehr sein kann.

Wer Barock prinzipiell nicht besonders liebt, wird es doppelt schwer haben, diesem Überfluß an Karyatiden und Putti, an steinernen Tieren und Pflanzen etwas abzugewinnen, vielleicht sogar vor der Sturzflut von Ornamenten und Symbolen die Flucht ergreifen. In diesem Fall erfüllen die grinsenden Affen, zähnefletschenden Ungeheuer und schaurigen Masken ihre Aufgabe, den bösen Blick des Betrachters abzuwenden, nach wie vor tadellos. Gegen ein Lächeln aber sind sie machtlos. Also schenken wir den an ihre Fassaden gebannten Dämonen ein Augenzwinkern auf unserem Weg durch die krummen Gäßchen. Jedes Bürgerhaus der heute noch durch und durch bürgerlichen Stadt erweist sich als Architekturjuwel seiner Art, wie auch jeder Brunnen, jeder Erker. Wenn sich die hinreißende Piazza vor dem Dom in einen Parkplatz verwandelt und Busse kaum einen Blick auf die perfekte Harmonie des Priesterseminars erlauben, wenn dunkelgrüne Plastikplanen die wieder einmal renovierungsbedürftige Kirche Santa Croce verhüllen, dann bleiben immer noch genügend andere Kirchen und versteckte Palazzi mit erstaunlichen Innenhöfen als reizvolle Zufluchtsorte.

In Lecce jedoch bloß eine Kulisse für ein Melodram aus dem aufgeplusterten 18. Jh. zu sehen, die Stadt lediglich nach ihrem kunsthistorischen Wert zu messen, wäre traurig. Mischt man sich für eine Weile unter das Jungvolk, das ungeachtet der strengen Miene des hl. Oronzo unter der antiken Säule aus Brindisi fröhlich lärmt, verschiebt sich die Perspektive.

Provinzialismus der angenehmsten Sorte ist's, womit Lecce bezaubert. Wohlüberlegte Rückständigkeit, ein Schuß Spießertum sowie ein gerüttelt Maß an Mißtrauen gegenüber der großen weiten Welt bewahrten dem Städtchen seine barocke Gartenzwergromantik. Und verschonten es vor Aufständen, Revolten und letztlich auch dem Industrialisierungswahn Roms.

Die meisten wichtigen Sehenswürdigkeiten sind zu Fuß von der zentralen Piazza S. Oronzo zu erreichen. Auf diesem großen Hauptplatz der Altstadt erhebt sich die **Colonna di S. Oronzo,** eine der beiden Endsäulen der Via Appia (ursprünglich in Brindisi) mit der Statue des Heiligen. Daneben befindet sich das

erst zur Hälfte freigelegte **Amphitheater** aus dem 2. Jh., das ein Fassungsvermögen von 25 000 Zuschauern hatte. Gegenüber steht die Kirche **Santa Maria delle Grazie** (16. Jh.), einige Gassen dahinter das unter Karl V. errichtete **Kastell** (16. Jh., mit schönem Renaissancehof). Weiterhin sieht man auf der Piazza S. Oronzo den **Palazzo del Seggio,** auch Sedile genannt, 1592 erbaut und ehemaliges Rathaus der Stadt, sowie das Kirchlein **San Marco** (1543).

Von erlesenen Barockbauten wird die harmonische Piazza del Duomo umsäumt. Der **Duomo,** 1114 gegründet, 1659–70 von Giuseppe Zimbalo neu errichtet, hat besonders prächtige Fassaden und einen hohen, sich nach oben verjüngenden Glockenturm. Im Inneren findet man eine hölzerne Kassettendecke und reich geschmückte Altäre mit kostbaren Gemälden. An den Dom schließen sich der **Bischofspalast** (1632) mit einer die gesamte Fassade einnehmenden Loggia und der **Seminarspalast** an, in dessen Hof ein üppig geschmückter Barockbrunnen des Bildhauers Giuseppe Cino sehenswert ist.

Zu den bedeutendsten barocken Komplexen zählen **Kirche und Kloster Santa Croce,** in immer wieder lange unterbrochenen Bauabschnitten im Auftrag des Zölestinerordens zwischen 1549 und 1695 entstanden. Das Gotteshaus weist eine zweigeschossige, über und über mit Reliefbildern, einem Balkon und einem prachtvollen Rosettenfenster ausgestattete Fassade auf, ebenso reichhaltig ist die Ausstattung des hellen, von Säulen klar gegliederten Innenraums. Neben der Kirche erstreckt sich die beinahe überladen wirkende Fassade des ehemaligen Klosters, heute Sitz der Bezirksregierung.

Der Triumphbogen, auch **Porta Napoli** genannt, wurde 1548 zu Ehren

Santi Nicolo e Cataldo

Karls V. errichtet. Außerhalb der Mauern der Altstadt und innerhalb des heutigen Friedhofs liegt die Kirche **Santi Nicolo e Cataldo,** der einzige mittelalterliche Bau der Stadt, 1180 von Tankred von Lecce gestiftet. Das mit orientalisch beeinflußten Pflanzenarabesken und Resten eines Madonnenfreskos kunstvoll verzierte Hauptportal, ein wahres Wunderwerk aus dem 12. Jh., wurde in die barocke Fassade von 1716 integriert. Fresken des 15.–17. Jh. schmücken das Innere der von einer hohen Kuppel gekrönten Kirche im romanischen Stil. Dem Gotteshaus sind zwei Renaissancekreuzgänge angeschlossen.

Der Lebensbaum von Otranto

Apropos Normannenkirchen: In **Otranto** 6 (S. 316) hatte alles angefangen. Hier legte im Jahr 1080 Robert Guiscards Sohn Bohemund den Grundstein zu einem Gotteshaus, das beispielgebend für alle Normannenkathedralen Apuliens werden sollte. Hier, im ehemals griechischen *Hydruntum,* entstand in nur achtjähriger Bauzeit eine Basilika, die mit antiken Säulen und einer symmetrisch ausgerichteten, fünfschiffigen Hallenkrypta zu den bemerkenswertesten Sakralbauten des Landes zählt. Von manchen Kunsthistorikern ein wenig verächtlich abgetan, begeistert vor allem der erst in den 60er Jahren des 12. Jh. entstandene Mosaikboden, der sich vom Westportal bis zum Altar und zur Apsis wie ein riesiges Bilderbuch ausbreitet. In kunterbunter Folge ließ der Künstler, ein Mönch namens Pantaleone, einen Lebensbaum wachsen, Adam und Eva aus dem Paradies vertreiben, Noah an seiner Arche basteln, Kain und Abel ihren verhängnisvollen Streit austragen. Zwischen alttestamentarische Szenen mischen sich Dromedare und

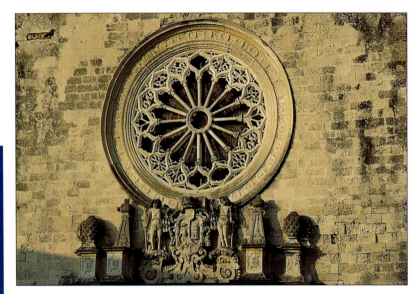

Fensterrosette der Kathedrale von Otranto

Elefanten, Drachen und Kentauren, während Göttin Diana auf Hirschjagd geht und König Artus seine Tafelrunde hält. Möglicherweise zählt der steinerne Teppich wirklich nicht zu den Meisterwerken der Einlegearbeit des Mittelalters, die Freude an phantasievollen Darstellungen sollte man sich indes keineswegs trüben lassen.

Nur 70 km trennen Otranto von Albanien, eine verhängnisvoll kurze Distanz, wie die östlichste Stadt des italienischen Festlands im 15. Jh. erfahren sollte. 1480 griff eine aus Rhodos vertriebene türkische Flotte den friedlichen Hafen an, zwei Wochen warteten die Belagerten vergebens auf Entsatztruppen aus Neapel. Die Kapitulation endete mit einem Massaker in der Kathedrale, in die sich die verzweifelten Bürger geflüchtet hatten. Erbarmungslos schlachteten die Muselmanen mehr als 800 Gefangene, den gesamten Klerus und Adel, ab. Seither ruhen die Gebeine der Märtyrer als gespenstisches *memento mori* in sieben gläsernen Schreinen in einer Seitenkapelle des Gotteshauses. Nach diesem schrecklichen Ereignis wurde die Stadt im Auftrag Ferdinands von Aragon durch ein mächtiges Kastell gesichert, das man im 16. Jh. nochmals ausbaute. Inmitten der Altstadt findet sich die kleine Kirche San Pietro, eine in die 2. Hälfte des 10. Jh. datierte Kreuzkuppelkirche mit Fresken aus verschiedenen Stilepochen.

Salento: Ein kleines Stück vergessenes Glück

Terra incognita, »unbekannte Erde«, *fines terrae,* »das Ende der Welt« – was muß das für ein Winkel Europas sein, dem solche Attribute noch immer anhaften? Dem Absatz von Italiens Stiefel zollte man zu allen Zeiten bloß flüchtige Aufmerksamkeit. *Salento* nannten schon die Alten die von zwei Meeren umspülte Halbinsel, wobei vermutlich schon das Wort *sal* für »Sumpf« Pate stand. Ausgebreitet wie ein Tischtuch, wehrlos feindlichen wie freundlichen Einflüssen ausgeliefert, stand dieses Land in Sichtweite der Balkanküste bereits mit den ältesten mediterranen Kulturen in Verbindung. Doch es mußte stets auf der Hut sein. In keinem anderen Teil Süditaliens vermittelte der Schreckensruf »*Mamma, gli Turchi!*« – »Mutter, die Türken« so oft Angst und Schrecken wie zwischen Brindisi und Santa Maria di Leuca. Und nirgendwo in Süditalien stehen heute noch die Ruinen von so vielen sogenannten Sarazenentürmen wie an dieser zerklüfteten Adriaküste. Im Jahr 1748 betrug die Gesamtzahl dieser Alarm- und Vorwarnsysteme im Königreich beider Sizilien 379, doch allein in Apulien zählten die Beamten des Hofes von Neapel 121 Türme – davon 25 in der Capatinata, 16 im Gebiet um Bari und nicht weniger als 80 in der Terra d'Otranto, wie die Salentinische Halbinsel damals offiziell hieß.

»Nur ein armes, stets ausgebeutetes Land wechselt in seiner Geschichte oft den Namen«, erklärt der sizilianische Historiker Fabio Oliveri die Tragödie einer Region, die einst Iapygien, Peucetien, Messapien und schließlich Kalabrien hieß, bis es auch diese Bezeichnung im späten 7. Jh. an südwestlichere Gefilde abtreten mußte. Seit dem Einfall der Langobarden gilt die *Peninsula Salentina* als Teil von *Puglia.* Doch während der Rest von Apulien zumindest in der Epoche der Normannen und Staufer eine Hauptrolle auf der Weltbühne spielen durfte, gestand die Geschichte dem Salento wiederum nur den undankbaren Job eines Statisten zu. Mitgegan-

Bukolische Idylle im Salento

gen, mitgefangen, mitgehangen – unter diesem Motto mußte die Salentinische Halbinsel ohne vorheriges Mitspracherecht stets im nachhinein auslöffeln, was die anderen eingebrockt hatten. Dementsprechend wehrlos steht sie auch heute der Bauwut an ihrer ionischen Küste gegenüber, wo sich langsam aber sicher rund um das bezaubernde Städtchen Gallipoli die Offensive apulischer Tourismusmanager bemerkbar macht. In wenigen Jahren wird *Kallipolis* – die »schöne Stadt« der Griechen – vom Feind unserer Tage, lieblosen Hotelsilos und halbleeren Apartmenthäusern, restlos umzingelt sein. An der scharfzackigen Adriaküste hingegen erweist sich der südliche Salento so sicher wie noch nie, denn an diesen bis zu 100 m tief abfallenden Klippen zerschellte bisher noch jede Spekulantenlust. Als kleines Stück eines in Vergessenheit geratenen Glücks eröffnet sich dort dem Reisenden unerwartet eine Traumküste wie aus dem Bilderbuch.

Die herbe Idylle beginnt unmittelbar südlich des Capo d'Otranto, dem östlichsten Punkt des italienischen Festlands. Fast zur Gänze in den Fels gehauen, krallt sich die Straße wie ein todesmutiger Bandwurm an bizarren Felsen fest. Einer Achterbahn gleich senkt sie sich einmal unvermittelt hinab bis zum Meer, um nach einer Kurve plötzlich wieder bis zu einer Höhe von 80 m anzusteigen. Zwischen Torre San Emiliano und der 1970 entdeckten Steinzeitmalereien wegen nicht zugänglichen Grotta dei Cervi liegt **Porto Badisco** 7, ein Naturhafen von dramatischer Schönheit, von salentinischen Lokalpatrioten hartnäckig als Landungsplatz des Äneas und seiner Gefährten

An der apulischen Küste

bezeichnet. Ob die Flüchtlinge aus Troja tatsächlich an diesem Gestade ihren erleichterten Begrüßungsschrei »*Italiam, Italiam!*« ausgestoßen haben, sei dahingestellt. Wer sich aber mit geringerem als einem Originalschauplatz Vergilscher Geschichtsschreibung zufrieden gibt, für den hält der nächste Ort eine ungewöhnliche Legende bereit.

In längst vergangener Zeit lebte im heutigen **San Cesarea Terme** 8 ein Mann namens Aloysius, der über den Tod seiner Frau nicht hinwegkommen konnte und deshalb seine eigene Tochter, das Ebenbild der geliebten Verstorbenen, heiraten wollte. Entsetzt über dieses Vorhaben floh das Mädchen, und die Gottesmutter zeigte Erbarmen. Während sie den ruchlosen Aloysius ertrinken ließ, öffnete sich für seine Tochter Cesarea ein lichtdurchfluteter Felsen, aus dessen Innerem sie wie in einem Fahrstuhl kerzengerade in den Himmel auffuhr. Noch heute erzählen Fischer am Vorabend des Himmelfahrtstages manchmal von einer geheimnisvoll von innen erleuchteten Klippe. Cesarea gilt jedenfalls seit ihrem Verschwinden als Heilige und Schutzpatronin des kleinen Thermalkurortes, der schon bessere Tage gesehen haben dürfte. Doch mögen auch die altmodischen Badeanlagen, die schaurig-schöne Villa in ›maurischem Stil‹ oder die mosaikgeschmückte Synagoge ein wenig heruntergekommen sein, ihr Charme ging nicht verloren. Es ist zu hoffen, daß nicht irgendwann einmal ein modernes Kurzentrum inmitten dieser grandiosen Einsamkeit entsteht, in der außerhalb der wenigen Dörfer nur Felsen, Bäume und das Meer regieren.

Felsen, Bäume und Meer unter einem endlos weiten Himmel, ab und zu ein am Steilabfall zur Küste verborgenes Haus, mehr gibt es auch auf der Weiterfahrt zu dem malerischen Badeort **Castro** nicht zu sehen. Die Abstecher zu den Grotten Romanelli – mit prähistorischen Felszeichnungen, aber für Besucher gesperrt – und Zinzulusa – eine eher uninteressante Tropfsteinhöhle mit Stalagmiten und Stalaktiten (apulisch *zinzuli*) – lohnen kaum, ein Mittagsmahl im verträumten Castro Marina hingegen sehr wohl. Gourmets überlassen spätestens jetzt das Erforschen der zahlreichen weiteren Grotten und Höhlen bis zum Kap neuzeitlichen Troglodyten und delektieren sich im ›Ristorante L'Aragosta‹ an allerlei Seegetier, das hier garantiert immer frisch und köstlich zubereitet auf den Tisch kommt.

Mit winzigen Fischerdörfern und dazwischen Natur pur hält auch weiterhin jeder einzelne der 50 km von Otranto bis zum »Ende der Welt«, was der vorhergehende versprach. Unterhalb der strahlend weißen, bis zu 60 m in den Himmel ragenden Kalkfelsen des **Capo Santa Maria di Leuca** [9] (S. 310) vereinigen sich die blauen Wogen des Adriatischen und die grünen des Ionischen Meeres. Vielleicht kann man an manchen Tagen oder zu gewissen Stunden tatsächlich das vielzitierte Farbenspiel sehen, dieses Glück ist jedoch, wie selbst die Einheimischen zugeben müssen, nur wenigen beschieden.

Das Schicksal meint es dennoch gut mit jedem, der seinen Fuß auf diese Stelle setzen darf, auf der sich einst ein Minerva-Tempel erhob und seit 1720 die Kirche Santa Maria di Leuca, auch Santa Maria de Finibus Terrae genannt, steht. Denn obwohl der Vatikan bis jetzt Garantieerklärungen hartnäckig verweigert, glaubt jeder echte Pilger fest daran, daß er sich mit einer Wallfahrt zur Muttergottes von Leuca eine Freikarte in den Himmel erwirbt. Weil nämlich der Apostel Petrus selbst an diesem Platz einst

an Land ging, öffnet er angeblich nur jenen die Pforten des Paradieses, die seinem Beispiel folgen und den weiten Weg nicht scheuen. Ausreden wie Mangel an Gelegenheit während des Erdenlebens läßt der gestrenge Pförtner Christi nicht gelten. Wer nicht zur rechten Zeit kommt, muß sich eben nach dem Tode zur Marienstatue auf der uralten griechischen Säule oder besser noch gleich zur wachsbleichen Madonna in ihrem gläsernen Schrank im Inneren der Wallfahrtskirche begeben.

Ob man sich nun die Sinne von all den umherflitzenden Seelen bei ihren Aufwartungsbesuchen oder gar noch vom heidnischen Zauber der Minerva verwirren läßt, das Capo Santa Maria di Leuca zählt zweifellos zu jenen wenigen magischen Plätzen, wo seit Anbeginn des Menschengeschlechts den himmlischen Mächten gehuldigt wurde. Einer der größten Leuchttürme Italiens, 47 m hoch, krönt heute dieses Kap, seine antiken Vorgänger dürften einst nicht weniger beeindruckend gewesen sein. Denn zu allen Zeiten hielten Seefahrer ungeduldig nach dem »Ende der Erde« Ausschau – um danach mit frischem Elan neue Welten zu erobern.

Enge, verwinkelte Gäßchen und weißgetünchte Häuser zeichnen die auf einer Insel liegende malerische Altstadt von **Gallipoli** [10] (S. 305) aus. Mag auch die neue Zeit der einstmals »schönen Stadt« nichts als häßliche Wunden schlagen, das historische Zentrum, glücklicherweise nicht ganz so verfallen und heruntergekommen wie in Tarent, lädt zu einem stimmungsvollen Bummel ein. Ehe man über eine Brücke die Altstadt erreicht, passiert man die eindrucksvolle Fontana Ellenistica, einen 1560 unter Einbeziehung dreier hellenistischer Reliefs aufgestellten Brunnen. Auf der Insel befinden sich das Ende des

Am Hafen von Gallipoli

15. Jh. auf einer byzantinischen Festungsanlage errichtete Kastell und die Kathedrale Sant'Agata von 1630 mit prunkvoller Barockfassade und einer reichhaltigen Bildergalerie mit Werken neapolitanischer Malerei des 17. und 18. Jh. im Inneren.

Als bedeutendes Barockstädtchen erweist sich schließlich **Nardò** [11] (S. 315) nach jahrzehntelangen Restaurierungsarbeiten, die nach wie vor nicht vollständig abgeschlossen sind. Der Ort ist ein architektonisches Juwel des Salento. Im historischen Stadtkern stehen neben bemerkenswerten Sakralbauten zahlreiche Barockpaläste und ein im 17. Jh. umgebautes Schloß, heute Sitz des Rathauses. Vom Ursprungsbau der Kathedrale Santa Maria de Nerito von 1090 blieb zwar nichts erhalten, jedoch einige Teile aus dem 13. und 14. Jh., die nicht späteren Veränderungen zum Opfer fielen. Ein Werk der Renaissance ist das Portal der Kirche Santa Maria del Carmine (1532), ein üppiger Barockbau mit Bildern aus dem 17. und 18. Jh. die Kirche San Domenico. 10 km nördlich liegt das Städtchen Copertino, das durch seinen ›fliegenden Mönch‹ Berühmtheit erlangte.

Selig die Armen im Geiste: Der fliegende Mönch von Copertino

Orte wie Copertino in der Provinz Lecce finden sich in Apulien zu Dutzenden. Mit einem Kastell oder einer Kollegiatskirche aus der Renaissance macht ein Städtchen in einem Land, in dem es von romanischen Kathedralen und Burgen nur so wimmelt, keinen Stich. Daß dennoch zumindest ein kurzer Hinweis auf ihre wenig interessante Gemeinde in keinem guten Reiseführer fehlen sollte, verdanken die Copertiner dem brillanten britischen Reiseschriftsteller Norman Douglas. Durch puren Zufall war der Autor von ›Old Calabria‹ um 1900 herum in einem neapolitanischen Antiquariat auf einen Bericht über die Wundertaten des Giuseppe Desa, genannt ›Der fliegende Mönch von Copertino‹, gestoßen. Neugierig geworden, stöberte er eine Reihe zeitgenössischer Quellen in Wort und Bild auf, die allesamt keinen Zweifel an dem bemerkenswerten Talent dieses wohl außergewöhnlichsten Franziskanerpaters des 17. Jh. aufkommen ließen. »Er flog. Da er ein Mönch war, blieben seine Taten vorerst natürlich auf Klöster und ihre nächste Umgebung begrenzt. Aber das ändert nichts an den Tatsachen«, schreibt Douglas in seinem 1915 in London erschienenen Bericht. »Von den Flügen, die er allein in der kleinen Stadt Copertino unternahm, finden sich mehr als siebzig in den Protokollen beglaubigt, die die eidlichen Aussagen von Augenzeugen nach seinem Tode enthalten.«

Setzte der 1603 als Sohn eines Zimmermanns auf der salentinischen Halbinsel geborene Joseph vorerst bloß seine unmittelbare Nachbarschaft in Erstaunen, wenn er mit lauten Entzückensschreien in der Kirche kerzengerade in die Höhe stieg und hoch über dem Altar eine Runde drehte, so nahmen mit seinem Ruhm auch die Flugdistanzen zu. Neapel, Rom oder sogar Assisi in direkter Luftlinie aufzusuchen, bereitete ihm nicht die geringsten Schwierigkeiten. Bald trieb er es so bunt, daß sogar die Inquisition begann, sich mit diesem seltsamen Mönch zu beschäftigen, der ganz ohne Formalitäten geweiht werden mußte, weil seine Intelligenz für das Priesterexamen nicht ausreichte. Dennoch als Armer im Geiste selig, eroberte sich Joseph bereits zu Lebzeiten ein Stück des ihm ohnedies sicheren Himmelreichs. Zwischen seinen Exkursionen trieb er Teufel aus, vermehrte Brot und Wein oder ließ Lahme gehen und Blinde sehen. Ganz besonders glücklich aber machte es ihn, wenn er vor einem honorigen Publikum seine Kunststücke vollbringen durfte. Einen seiner spektakulärsten Auftritte in der Heimat seines Ordensgründers lieferte er vor Zeugen, deren Glaubwürdigkeit außer Frage stand.

Hier der Auszug aus einem in Rom bestätigten Bericht:

»Als der Fürst Großadmiral von Kastilien, spanischer Gesandter beim Vatikan, im Jahre 1645 durch Assisi kam, befahl der Guardian des Klosters dem Joseph, aus seiner Zelle in die Kirche zu kommen, wo die Admiralsgattin auf ihn wartete, in dem Verlangen, ihn zu sehen. Kaum daß er die Kirche betreten und seine Augen zu einer über dem Altar stehenden Statue erhoben hatte, schwang er sich in die Luft, um deren Füße in einer Höhe von zwölf Schritten zu umarmen, wobei er über die Köpfe der ganzen Versammlung hinwegflog. Nachdem er einige Zeit so verweilt hatte, flog er mit seinem üblichen Schrei zurück und begab sich sogleich in seine Zelle. Der Admiral war aufs höchste erstaunt, seine Gattin fiel in Ohnmacht, und alle Zuschauer waren von frommem Schrecken ergriffen.«

Zu Josephs Anhängerschar zählten keine geringeren als Papst Urban VIII., Prinzessin Maria, Infantin von Savoyen, Fürst Kasimir, der spätere König von Polen, Fürst Leopold von Toskana sowie Herzog Friedrich von Braunschweig, der sogar zum Katholizismus konvertierte, nachdem er Zeuge einer Flugshow geworden war. Auf die Ehre, sich gemeinsam mit dem Mönch selbst in die Lüfte zu erheben, verzichtete der Deutsche jedoch. Auch diese Gunst vergab der Ordensmann des öfteren, wobei er sich nicht erst lange nach dem Einverständnis seiner Passagiere erkundigte. »So sah man ihn einmal, als die Mönche beim Gebet waren, aufstehen und eilig auf den Beichtvater des Klosters zugehen, dann faßte er ihn an der Hand, hob ihn mit übernatürlicher Kraft vom Boden hoch und zog ihn in jubelnder Ekstase mit sich fort, wobei er ihn in einem *violento ballo* herumwirbelte; der Beichtvater wurde von Joseph bewegt und Joseph von Gott«, schilderte ein Augenzeuge nicht frei von Schadenfreude.

Nach dieser Eskapade verhängte der Abt ein Flugverbot. Als auch das nichts nützte, ließen die Mönche ihren unberechenbaren Bruder kaum mehr aus den Augen. Unmittelbar vor seinem Tod im Jahre 1663 entwischte er ihnen noch einmal für einen letzten kurzen Rundflug zu den Deckenfresken der Kathedrale von Osimo bei Loreto. In dem angeschlossenen Franziskanerkloster in den Marken mußte er auf höheren Befehl – fern seiner Heimat – seinen Lebensabend verbringen.

Berührender jedoch als alle Überlieferungen von Josephs Kunststücken sind seine Worte auf dem Sterbelager. Stets hatte er von sich selbst als *asinello* gesprochen, sich »kleinen Esel« genannt. »L'asinello macht sich daran, den Berg zu besteigen; l'asinello ist schon halb oben; l'asinello hat den Gipfel erreicht; l'asinello kann nicht mehr weiter und wird sein Fell jetzt hinter sich lassen«, flüsterte er – und verschied mit einem Lächeln.

Die sterblichen Überreste des Heiligen – die Kanonisierung erfolgte 104 Jahre nach seinem Tod – blieben in der Provinz Ancona, doch sein Herz kehrte schließlich doch zurück. Seit 1953 ruht es unter dem Altar in der 1754 unmittelbar vor seinem unscheinbaren Geburtshaus errichteten Kirche. Als Patron seiner Heimatstadt darf der fliegende Mönch von Copertino bis zum Ende aller Tage, nun sogar ganz offiziell und ohne um Erlaubnis bitten zu müssen, hoch oben im Himmel über den Häuptern seiner Schutzbefohlenen schweben – so lange und so oft er nur will.

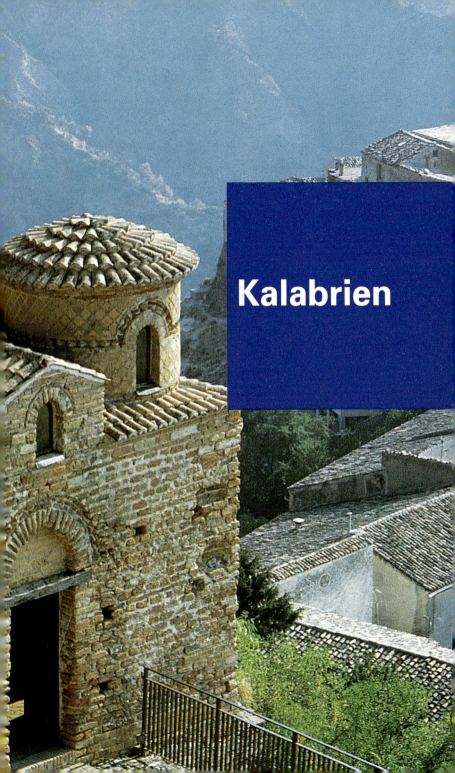
Kalabrien

Zwei Männer, die jede Wahl zum ›Mister Universum aller Zeiten‹ spielend gewinnen würden, wären für eine Reise an die Fußspitze Italiens allein schon Grund genug: Die ›Krieger von Riace‹ genannten Bronzeskulpturen aus dem 5. Jh. v. Chr., seit den 1980er Jahren die prominentesten Bewohner von Reggio di Calabria, gehören unumstritten zu den Höhepunkten jeder Süditalienreise. Als sie 1972 vor einem winzigen Badeort an der ionischen Küste am Meeresboden gefunden wurden, kamen sie gerade rechtzeitig, um einer der ärmsten Regionen des Mezzogiorno touristische Entwicklungshilfe zu leisten.

Mit diesem archäologischen Sensationsfund rückte die Region Kalabrien weltweit ins Scheinwerferlicht der Öffentlichkeit. Endlich konnte das vergessene Land auch auf seine unzähligen anderen Schätze aufmerksam machen, von denen bis dahin kaum jemand wußte: auf das byzantinische Kirchlein Cattolica in Stilo, das inmitten einer hinreißenden Gebirgslandschaft thront. Oder auf die dichten Wälder der Sila, ein von keinem sauren Regentropfen berührtes Naturschutzgebiet, in dem noch immer Füchse und Wölfe einander gute Nacht sagen dürfen.

Von wilden Schluchten wie im Land der Skipetaren bis zu den Orangengärten am Tyrrhenischen Meer, an dem sich rund um Tropea kleine Fischerorte zu einem Urlaubsdorado mit mediterranem Flair gemausert haben, reicht die Palette der so lange verkannten Region an der südlichsten Festlandspitze der Apenninenhalbinsel.

Küstenorte und Bergstädtchen Nordkalabriens

Diese 350 km lange Route ist nur für Kurvenfeste geeignet. Zwar führt eine kurze Strecke sogar über die Autobahn, auch die Küstenstraßen sind gut ausgebaut, der Großteil der Fahrt schlängelt sich aber über enge, kurvenreiche Bergstraßen. Wer Umwege nicht scheut und auf manche Sehenswürdigkeiten verzichten kann, weicht auf Schnellstraßen aus. Wem das Städtchen Páola als Standort wegen der vielen Wallfahrer zu laut ist, der findet in Richtung Norden in einem der Badeorte der Riviera dei Cedri Möglichkeiten für Übernachtungen oder einen Urlaubsaufenthalt.

◁ *Cattolica in Stilo*

Vom Wallfahrtsort Páola ins sagenumwobene Cosenza

Als übermächtiger Konkurrent seines international berühmteren Namensvetters aus Assisi konnte in Kalabrien San Francesco di Páola (1416–1507) die Gläubigen für sich gewinnen. Bereits zwölf Jahre nach seinem Tod wurde der fromme Mann aus dem Städtchen **Páola 1** (S. 318) vom Medici-Papst Leo X. heiliggesprochen. Für die Kalabresen ist er der einzig ›echte‹ Franziskus, sein inzwischen viel zu klein gewordenes Heiligtum erfreut sich solch enormer Popularität, daß ein großer Kirchenneubau dank reichlich fließender

Nordkalabrien

Spenden der Gläubigen nach kurzer Bauzeit Mitte 2000 eingeweiht werden konnte. Das Wallfahrtsziel erreicht man von Páola über einen rund 2 km langen Pilgerweg, wie er sich typischer nicht denken läßt: Er ist flankiert von Tabernakelhäuschen mit Mosaikdarstellungen der Wundertaten des Heiligen. So sieht man zum Beispiel, wie Franziskus, auf seinem Pilgermantel stehend, die Meerenge von Messina überquert. Kein Wunder also, daß Italiens Seeleute ihn zu ihrem Schutzpatron erklärt haben.

Solcherart stimmt jeder Meter Weg die frommen Büßer bereits auf das über einer Schlucht des Flüßchens Isca errichtete Santuario di San Francesco und das von ihm gegründete Kloster mit einem bezaubernden Kreuzgang ein. Über den Ponte del Diavolo, die Teufelsbrücke, geht es zur Grotte, der ehemaligen Eremitenklause des Heiligen, deren Sortiment an Votivgaben mit jedem Fachgeschäft für orthopädischen Bedarf spielend mithalten könnte: Krücken, Prothesen, Bruchbänder stapeln sich an den Wänden, ein schaurig bizarrer Anblick, den freilich keiner der einheimischen Gläubigen als solchen empfindet. Für sie ist es völlig normal, ihrem göttlichen Fürsprecher künstliche Gliedmaßen zu überbringen, sei es aus Dank für oder in Erwartung auf Heilung. Und es würde sie auch nicht im geringsten erstaunen, wüßten sie, daß bereits ihre Vorfahren vor Jahrtausenden es so hielten: Auch die Griechen erhofften durch das Opfern tönerner Arme, Beine oder gar Gebärmuttern Gesundheit und Fruchtbarkeit, wie unzählige Funde beweisen.

In **Cosenza** 2 (S. 302) erhebt sich die Kirche **San Francesco di Páola** beherrschend über dem rechten Ufer des Crati kurz vor dem Zusammenfluß mit dem Busento. Das im 18. Jh. erbaute Gotteshaus birgt ein Triptychon aus dem frühen 16. und ein phantastisches Chorgestühl aus dem 17. Jh. Unterhalb der Stufen zur Kirche erstreckt sich der belebte Corso Plebiscíto, Promenade und pittoresker Markt.

Glückliches Cosenza, das seinen Bewohnern mit der waldreichen Sila ein riesiges Naherholungsgebiet und damit viel gute Luft bieten kann, ist der Reisende versucht zu denken, sobald nach der Bergstraße von Páola, für die man im Winter bisweilen sogar Schneeketten benötigt, die Silhouette der Provinzhauptstadt auf den grünen Hügeln auftaucht. Doch spätestens beim Anblick der historischen Altstadt, die erst langsam restauriert wird, verdrängt Mitleid jeden euphorischen Gedanken. Armes Cosenza, was hat man dir bloß angetan? Kläglicher kann einstiger Glanz nicht verblassen, armseliger kaum ein Erbe sich erweisen. Kein Lichtblick erhellt die Tristesse der Altstadt, längst zum Slum geworden rund um den verwinkelten Corso Telesio und die wunderschöne gotische **Kathedrale** (12./13. Jh.), in der Heinrich VII., der 1242 in Ungnade gestorbene Sohn Friedrichs II., und Isabella von Aragon (gest. 1271) bestattet wurden, letztere in einem Grabmal im Stil der französischen Gotik.

Mit bestem Willen läßt sich nichts Pittoreskes an den abblätternden Fassaden der Renaissancepaläste finden, in denen Menschen zwischen feuchten, ungesunden Mauern hausen müssen. Friedrich II., der auch das mächtige **Kastell** am 383 m hohen Colle Pancrazio hatte erbauen lassen, krönte 1222 durch seine Anwesenheit die feierliche Einweihung der Kathedrale, damals, als die Stadt als reich und angesehen galt. Jahrhunderte später verhalf der Philosoph Bernardino Telesio (1509–88) seiner Vaterstadt, die man dank seiner Geistesgröße das ›Athen von Kalabrien‹ nannte, zu neuem Ruhm.

Wallfahrtsort Páola

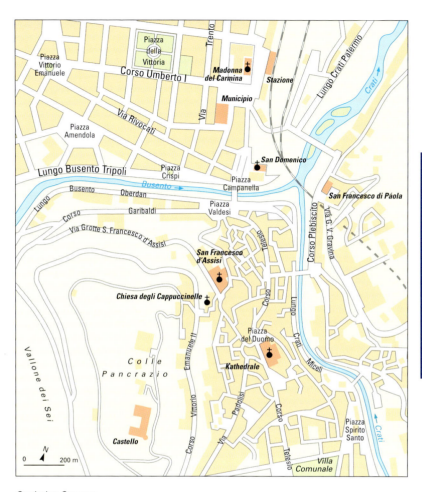

Stadtplan Cosenza

Jedem deutschsprachigen Schulkind zum Begriff aber wurde Cosenza durch den Dichter August von Platen, dem die sagenhafte Bestattung des Westgotenkönigs Alarich im Jahr 410 jene berühmt gewordenen, schwülstigen Verse eingab: »Nächtlich am Busento lispeln, bei Cosenza, dumpfe Lieder, aus den Wassern schallt es Antwort, und in Wirbeln klingt es wider!« Aus dem Rinnsal Busento, wo der Gote hoch zu Roß mit dem kurz zuvor in Rom zusammengerafften Schatz von seinen Getreuen angeblich bestattet wurde, schallt heute allerdings nichts mehr wider. Eine unappetitliche wilde Mülldeponie am Fuße einer Teigwarenfabrik »lispelt« mit vom Winde verwehten Plastiktüten und läßt wahrlich keinerlei Romantik mehr aufkommen. Seriöse Archäologen haben die Suche nach dem Königsgrab jedenfalls längst aufgegeben.

Opernleidenschaft und Realität: Der ›Strafakt Bajazzo‹

Lache, Bajazzo, die wahrscheinlich berühmteste aller Tenorarien der italienischen Opernliteratur, geht auf einen Kriminalfall zurück, der sich am 5. März 1865 in dem kleinen kalabrischen Bergstädtchen Montalto Uffugo nahe Cosenza ereignet hatte. Nach der gemeinsam besuchten Vorstellung eines Wandertheaters wurde der 22jährige Gaetano S. von den Brüdern Luigi und Giovanni A. durch Messerstiche so schwer verletzt, daß er acht Stunden später in seiner Wohnung starb. Gaetano und Luigi hatten um eine Frau, vermutlich ein Mitglied der Theatergruppe, gebuhlt, schon einmal war es daher zwischen ihnen zu Auseinandersetzungen gekommen. Vom Schwurgericht in Cosenza erhielten die Brüder lebenslange beziehungsweise 20 Jahre Haft aufgebrummt, die Strafen wurden später auf zehn respektive sieben Jahre Zuchthaus reduziert.

Ein alltäglicher, banaler Eifersuchtsmord, der niemals in die Operngeschichte eingegangen wäre, hätte nicht der Vater des aus Neapel gebürtigen Komponisten Ruggiero Leoncavallo den Fall als Untersuchungsrichter bearbeitet. Obwohl Leoncavallo – er verbrachte einige Jahre seiner Kindheit in Montalto Uffugo – zur Tatzeit erst sie-

Rauhes Bergland zwischen Montalto Uffugo und Papasidero

Opernfreunde werden in **Montalto Uffugo** 3 auf den Spuren des Komponisten Ruggiero Leoncavallo und seiner großartigen Oper ›Bajazzo‹ wandeln. Kunstexperten pilgern in das mittelalterliche Bergstädtchen mit traumhafter Aussicht vor allem wegen einer kostbaren Skulpturengruppe in der ursprünglich aus dem 13. Jh. stammenden und im Laufe der Zeit mehrmals veränderten Kirche Santa Maria della Serra. Über dem Hauptaltar der mit hoher Barockfassade und barocker Freitreppe ausgestatteten Kirche steht die ›Thronende Madonna mit Kind‹ (15. Jh.), eine der wenigen erhaltenen mittelalterlichen Holzplastiken Kalabriens.

Auf einer Anhöhe über dem Tal des Esaro thront in 455 m Höhe das lebendige Städtchen **Altomonte** 4 (S. 292), ursprünglich eine arabische Siedlung, die unter den Anjou an Bedeutung gewann. Aus dieser Zeit stammt auch die Kirche Santa Maria della Consolazione, eines der beachtlichsten gotischen Gotteshäuser Kalabriens. Es wurde 1336 auf Anordnung des Feudalherrn Filippo Sangineto, Graf von Altomonte, auf den Ruinen einer normannischen Kirche erbaut. Die gewaltige Fensterrose über dem Hauptportal mußte in jüngster Zeit erneuert werden, einige Originalteile

ben Jahre alt war, erinnerte er sich später an den Strafakt, als er, trotz zahlreicher Operetten und Revuen erfolglos geblieben, nach einem dem damaligen Stil des *verismo* entsprechenden dramatischen Opernstoff suchte. Und diesen, wie er zunächst glaubhaft machen konnte, in den verstaubten Aktenbergen seines Vaters und dank seines guten Gedächtnisses fand. Zwar bediente er sich in Wahrheit schamlos und ohne Skrupel einer Textvorlage eines französischen Autors, verlegte jedoch sicherheitshalber den Ort der Handlung nach Montalto Uffugo und die Zeit auf den 15. August, das Fest Mariä Himmelfahrt.

Um nach der umjubelten Premiere des ›Bajazzo‹ – Originaltitel ›Pagliacci‹ – am 21. Mai 1892 unter Arturo Toscanini an der Mailänder Scala peinlichen Plagiatsvorwürfen zu begegnen, trieben Leoncavallo und sein Verleger in dem pittoresken kalabrischen Städtchen angebliche Zeugen auf, die beschworen, daß sich der Mord wie in der Opernhandlung ereignet und ein eifersüchtiger Wanderkomödiant seine Frau und deren Liebhaber auf offener Bühne erstochen habe. Sogar einer der inzwischen längst freigelassenen Täter mußte sich zur Ehrenrettung des Komponisten als Vorbild für die Figur des Bajazzo zu erkennen geben.

Dichtung oder Wahrheit, wen kümmert es angesichts eines solchen musikalischen Geniestreichs? Montalto Uffugo, auf verschlungenen Wegen in den Opernhimmel geschlüpft, sagte dafür seinem Ehrenbürger mit einer Gedenktafel und einer Via Ruggiero Leoncavallo Dank. Die verwaschenen und ausgeblichenen Hinweise auf den Komponisten sind zwar kaum mehr lesbar, alljährlich im September aber ehrt ihn die Gemeinde mit einem ganz und gar untouristischen, unverfälschten Folklore-Festival auf den Stufen vor der Kirche Madonna della Serra, bei dem sich die Kinderkapelle des Ortes mit rührend falschen Tönen sogar an die Ouvertüre der Oper heranwagt – »Lache, Bajazzo«

Montalto Uffugo

241

werden im angrenzenden Museum aufbewahrt, das bedeutende Kunstwerke hütet, unter ihnen das ›Triptychon des hl. Ladislaus von Ungarn‹, das Simone Martini (1284–1344) zugeschrieben wird, sowie eine Ikone ›Madonna mit der Birne‹ (16. Jh.). Mittelalterliche Elemente blieben trotz mehrerer Zerstörungen in der rekonstruierten Normannenburg erhalten.

Im Sommer finden in dem kulturell höchst ambitionierten Städtchen zahlreiche Veranstaltungen statt, wie zum Beispiel ein nationaler Wettbewerb für Wandmalereien *(murales)*. Am Platz vor der Kirche werden regelmäßig Konzerte, Opern- und Theateraufführungen veranstaltet, ganzjährig geöffnet sind die Kunsthandwerksläden, die geschmackvolle Souvenirs abseits der üblichen Massenware bieten. In der *Cooperativa La Genuina* findet man kulinarische Mitbringsel wie eingelegte Auberginen, Pilze und getrocknete Tomaten.

Je nach Lust und Laune geht es nun entweder über die Autobahn oder über gewundene Bergstraßen nach **Castrovillari** 5 (S. 301), ein selbstbewußtes Landwirtschafts- und Industriezentrum am Fuß des Pollino-Massivs. Es besteht aus einem antiken Stadtkern auf einem Hügelvorsprung und dem nichtssagenden modernen Teil in der Ebene. Die größten Schätze hütet die 1090 errichtete und nach Zerstörungen im 14. und 18. Jh. wieder aufgebaute Basilika Santa

Maria del Castello: eine byzantinische Madonnenikone, ein Hochrelief ›Madonna mit Kind‹ (14. Jh.) und ein 1633 datiertes Vortragekreuz aus Silber. Im Zentrum befindet sich auch die gut erhaltene, quadratisch angelegte Aragonesenburg (1490) mit zylinderförmigen Ecktürmen. Das kleine, etwas verstaubte Stadtmuseum zeigt recht interessante Steinzeitfunde. Berühmt ist Castrovillari für seine hervorragenden Weine der Marken Balbino (strohfarben, trocken) und Lacrima di Castrovillari (rot, trokken, relativ schwer).

Für die nun folgende Bergstrecke sollte man sich Zeit lassen, gibt es doch beinahe hinter jeder Kurve neue landschaftliche Schönheiten zu entdecken, die man auf der kühn angelegten Autobahn kaum wahrnehmen kann. Auch dem pittoresken, stufenförmig angelegten Bergstädtchen **Morano Calabro** sollte man zumindest ein Viertelstündchen reservieren, entweder um von den Ruinen der ehemaligen Normannenburg am höchsten Punkt des Ortes die Aussicht zu genießen oder in der Kirche San Bernardino (15. Jh.) sakrale Kunstwerke aus dem 14.–17. Jh. zu bewundern. Ein Wanderweg führt von hier aus auf den 2248 m hohen Monte Pollino.

25 km nach der Autobahnausfahrt Mormanno erreicht man die Ortschaft **Papasidero** 6. Sie ist byzantinischen Ursprungs und wartet mit den Resten einer mittelalterlichen Burg und der Wallfahrtskirche Santa Maria di Costantinopoli auf, in der byzantinisch beeinflußte Fresken (16. Jh.) – unter ihnen eine kostbare ›Madonna mit Kind‹ – besichtigt werden können. Das gesamte Gemeindegebiet steht unter Naturschutz. Im Fluß Lao, der eine das ganze Jahr hindurch konstante Wasserführung aufweist, werden Rafting-Touren veranstaltet. Berühmtheit erlangte der kleine

Wäscherinnen in Kalabrien

Richtig Reisen
Thema

›Giotto der Vorgeschichte‹

Mit kühnen, drängenden Linien könnte er von einem modernen Künstler stammen, obwohl sein Alter auf mindestens 10 000 Jahre geschätzt wird: der ›Stier von Papasidero‹. Die 1,2 m lange Ritzzeichnung auf einem 2,3 m breiten Felsen in der Grotta del Romito, gehört zu den faszinierendsten prähistorischen Kunstwerken Italiens, in seiner Bedeutung den Felszeichnungen von Lascaux (Frankreich) und Altamira (Spanien) durchaus ebenbürtig.

Die Höhle an einem Abhang des Lao-Flusses diente den Menschen der Altsteinzeit als Unterstand, wie die Funde von drei Skeletten und zahlreichen Steinwerkzeugen beweisen. Geradezu sensationell war allerdings die Entdeckung der Ritzzeichnung, die aus drei Abbildungen des *Bos Primigenius* (Auerochse) besteht. Während zwei davon bloß angedeutet sind, ist die dritte deutlich sichtbar. Aufgrund der Präzision und Sicherheit der Linienführung sowie der Andeutung perspektivischer Darstellung bezeichneten Archäologen den steinzeitlichen Künstler als ›Giotto der Vorgeschichte‹.

Ort durch die 1961 entdeckte Grotta del Romito mit altsteinzeitlichen Zeichnungen, wie dem ›Stier von Papasidero‹. Zu Tage kamen auch Skelette von Steinzeitmenschen, unter ihnen eines, dessen Brust von einer steinernen Pfeilspitze durchbohrt war. Die schmale Straße zur Grotte führt durch Gärten und Felder, Kastanien- und Eichenwäldchen bis zu einem Parkplatz des kleinen, aber feinen Urgeschichts-Museums, in dem die Höhlenfunde dokumentiert werden. Der Kustos der Grotte, Battista Cersosimo, wohnt im benachbarten Bauernhaus.

Die Zedernküste

Noch einmal 23 km Kurven, dann erreicht man die **Riviera di Cedri,** die von **Práia a Mare** (S. 322) im Norden bis Páola im Süden reicht (s. Tip S. 157).

Nur an diesen oft irreführenderweise mit Zedernküste übersetzten Stränden sowie auf einem schmalen Streifen im Hinterland gedeiht eines der interessantesten Gewächse des Mezzogiorno, die sogenannte Cedrat-Zitrone, *il cedro,* die diesem Teil Kalabriens ihren Namen verlieh. Schon die Römer kannten die *citrus medica macrocarpa,* von ihnen ›medischer Apfel‹ genannt, nach seinem Ursprungsland Medien, der antiken Landschaft im Nordwesten des heutigen Iran zwischen Elbrus, Salzwüste und Mesopotamien. Die dicken Schalen dieses Zitrusgewächses fanden, in Zucker eingekocht, noch vor einigen Jahren als Zitronat Verwendung, bevor dieses von billigeren Nachahmungen wie kandiertem, aromatisiertem Kürbis weitgehend aus den Küchen verdrängt wurde.

Daß die Bauern Kalabriens *il cedro* nach wie vor in großem Stil pflanzen,

geschieht aus einem ganz anderen Grund. Unter dem Namen *Esrog* zählt diese Frucht nämlich zu einem der vier Bestandteile des Feststraußes beim jüdischen Laubhüttenfest. Der Überlieferung nach verspielte Adam das Paradies mit einem Biß in einen jener ›medischen Äpfel‹, von denen einige wenige Exemplare nach wie vor an der bräunlich verfärbten Spitze, auf der die vertrocknete Blüte sitzt, die Spuren seiner Zähne zeigen. Bereits im Mittelalter zählte Kalabrien zu den Hauptlieferanten für die in den jüdischen Gemeinden Mittel- und Osteuropas benötigten Cedrat-Zitronen. Nach dem Zweiten Weltkrieg entwickelte sich ein gut florierender Handel mit den USA, die sich die kalabrischen ›Adamsäpfel‹ einiges kosten lassen. Höchstpersönlich untersuchen amerikanische Rabbis alljährlich die 3 bis 4 m hohen Zitrusbäume und prüfen, ob sie nicht vielleicht auf andere Agrumen gepfropft sind, was sie unrein und somit wertlos machen würde. Rabbiner, die sich mit der Lupe in der Hand im tiefkatholischen Italien selbst als Erntearbeiter betätigen, weil Christenhände die Früchte nicht berühren dürfen, zählen zweifellos zu den exotischsten Erscheinungen, mit denen man im Mezzogiorno rechnen kann.

In Treppen *(a scalinate,* daher der Name) auf einem Hügel über dem Tyrrhenischen Meer angelegt ist der reizende Fremdenverkehrsort **Scalea** 7

Die Zedernküste

(S. 327). Während die im höher gelegenen Teil erbaute Altstadt zu einem Bummel durch die mittelalterlichen Gäßchen einlädt, erheben sich entlang des 3 km langen und 200 m breiten Strandes Hotels aller Kategorien, ausgenommen die absolute Luxusklasse. An touristischer Infrastruktur herrscht hier kein Mangel.

Der Ort hat auch zwei kunsthistorische Juwele zu bieten: Die kleine Chiesa dell'Ospedale an der Spitze des Hügels ist mit interessanten Fresken des 11.–13. Jh. ausgemalt. Sie stellen neben dem hl. Nikolaus, wahrscheinlich Schutzpatron der Kirche, verschiedene zu ihrer Entstehungszeit populäre Heilige dar. Im unteren Teil des Ortes befindet sich die Kirche San Nicola in Plateis, in deren Apsis noch Teile des ursprünglich gotischen Baus zu sehen sind. In der Krypta steht das Grabmal des Ademaro Romano, eines Admirals der Anjou, aus dem 14. Jh., eines der schönsten Beispiele kalabrischer Skulptur dieser Zeit.

Zu den Diamanten der an reizvollen Fischerdörfern reichen Küste, die freilich an manchen Stellen mit häßlichen Apartmentbauten zubetoniert wurde, zählt trotz explodierender Fremdenverkehrsindustrie – der Name sagt es – der gemütliche Ort **Diamante** 8 (S. 303) mit verwinkelten Gäßchen im Zentrum und großzügig geschwungenen Buchten. Daß das Fischerdorf auch originell sein kann, beweisen die 1981 von 77 Künstlern aus ganz Italien gestalteten Wandmalereien, die allesamt Kalabrien zum Thema haben. Mittlerweile zählen die *murales* zu den Attraktionen, an denen sich auch Tagestouristen auf ihrem Weg in den Süden gerne delektieren.

Als Hauptquartier für einen Badeurlaub erweist sich das Städtchen, das außer den eher kläglichen Resten eines Wachturms aus dem 16. Jh. keinerlei historische Sehenswürdigkeiten, dafür aber einen fast 4 km langen Sand- und Felsenstrand aufweisen kann, ebenso ideal wie als Ausgangspunkt für Exkursionen ins Landesinnere. Mit schroffen Höhen und tiefen Schluchten kündigt sich bereits unmittelbar hinter der Küste an, was Eindringlinge erwartet: Ein rauhes, widerspenstiges Land hinter dem Strand, das seine Schätze nicht anbietet, seine Geheimnisse nicht leichtfertig preisgibt. Eben Kalabrien pur – eine spröde Schöne, die wie zu allen Zeiten erobert und vor allem verstanden sein will. Allein vom Strand aus wird dies allerdings nicht gelingen.

Durch das Herz der Sila Grande

Keine Kalabrien-Tour ohne Bergstrekken. Nur kurz währt bei einem Blick auf die Landkarte die Freude über schnurgerade Schnellstraßen in der Ebene von Sibari und entlang der Küste, denn zunächst geht es mitten in das Herz der Sila Grande bis in eine Höhe von mehr als 1000 m. Nach einem Ort mit alter Tradition im Bau von Musikinstrumenten und einem kleinen, ehemals albanischen Thermalbad folgen zum Abschluß der 380 km langen Rundfahrt die Ruinen eines griechischen Schlaraffenlandes und ein Bergstädtchen, dessen Diözesanmuseum die schönste griechische Evangelienhandschrift aus dem 6. Jh. hütet.

Die Griechenstadt Crotone

Schöne Strände, Feriendörfer, Hotels von einem bis vier Sterne, Campingplätze und eine ausgezeichnete touristische Infrastruktur zeichnen die Gemeinde **Isola di Capo Rizzuto** 1 (S. 307) aus, ein idealer Standort zur Erkundung der Sila Grande. Für die Ferienwochen geeignet sind die am Meer liegenden Ortsteile La Castella, Capo Rizzuto und Fratte. Im Ort selbst ist vor allem die Kirche des 1818 aufgehobenen alten Bischofssitzes von Interesse, die einst eine Kathedrale war. Sie wurde in dieser Form in der Renaissance errichtet und im 17. und 18. Jh. ausgebaut. Sehenswert sind eine bischöfliche Kathedra, eine Kanzel und ein schönes Chorgestühl, alles kunstvolle Arbeiten aus Holz.

La Castella mit seinen hübschen Sandbuchten vor einem eindrucksvol-len, im 16. Jh. erweiterten Aragonesenkastell hat sich von einem ärmlichen Fischerdorf zu einem zumindest in der Hochsaison turbulenten Ferienzentrum entwickelt. Emigration ist die einzige Chance – dieses alte Motto Kalabriens gilt hier jetzt nicht mehr, denn der Tourismus brachte den Bewohnern bescheidenen Wohlstand. Einem der ersten – allerdings höchst unfreiwilligen – Auswanderer errichteten die Bürger von La Castella sogar ein Denkmal. Als Gian Dionigi Galeni, Sohn eines Landarbeiters, im 16. Jh. von sarazenischen Piraten verschleppt wurde, begann seine geradezu phantastische Karriere. Nach dem Übertritt zum Islam brachte es der kluge junge Mann bis zum Admiral der türkischen Flotte und entwickelte sich zum Schrecken des gesamten Mittelmeers. Respektvoll Pascha Occhiali genannt, residierte der nunmehr ›Ungläubige‹ zum Entsetzen der christlichen Barone viele Jahre lang mit orientalischem Prunk in seiner Heimatstadt, über die nun seine Büste, schnauzbärtig und turbangekrönt, mit strengem Ausdruck wacht. Eine solche Karriere war seither kaum mehr einem kalabrischen Gastarbeiter beschieden, doch sind die meisten höchst zufrieden, sich mit dem in Deutschland oder der Schweiz Ersparten in der Heimat eine kleine Existenz aufbauen zu können.

Auf eine große Vergangenheit kann die uralte Griechenstadt **Crotone** 2 (S. 302) zurückblicken, natürlich setzt man daher auf Tradition. Wo sich heute eine mächtige Männerorganisation – die Mafia – stark macht, zogen bereits vor zweieinhalb Jahrtausenden Pythagoras und seine Jünger einen einflußreichen

Die Sila Grande

Geheimbund auf. Wie heute hing das Wohlbefinden der Bürger davon ab, wie gut sie sich mit der ›Ehrenwerten Gesellschaft‹ arrangieren konnten. Als Pythagoras, Sohn eines Goldschmieds, 570 v. Chr. auf der Insel Samos geboren, nach Großgriechenland kam, führte er in seinem Reisegepäck nicht nur die Weisheiten ägyptischer Priester mit sich, er wußte auch ganz genau, was er wollte: Macht und Mythos. Beides erlangte der Gründer einer nach ihm benannten Geistesschule sehr bald. Wie jeder Sektenführer umgab er sich erst einmal mit einem Nimbus und behauptete, Anhänger der Reinkarnation, bereits mehrmals auf dieser Welt gewandelt zu sein. Zweitens setzte er auf

Askese, was sich in dem von Luxus und Lastern degenerierten *Kroton* erstaunlich genug ausmachte. Zu guter Letzt stellte er eine Reihe recht merkwürdiger Regeln auf, denen sich sämtliche Mitglieder seines Geheimbundes zu unterwerfen hatten. So durfte kein Pythagoreer einen weißen Hahn anrühren, Brot brechen oder sich neben einem Lichte im Spiegel betrachten. Als schlimmstes Sakrileg aber galt es, Bohnen zu verzehren, ein wahrhaft prophetisches Verbot, denn in einem Bohnenfeld sollte der Mathematiker, Politiker und Philosoph nach einer Version sein Erdendasein für dieses Mal beenden.

Tatsächlich rankt sich um Leben und Sterben des Pythagoras eine Unzahl von Legenden. Fest steht nur, daß unter seinem moralisierenden Einfluß *Kroton* dem luxuriösen *Sybaris* den Krieg erklärt und die sagenhafte Stadt der Genüsse und Lustbarkeiten dem Erdboden gleichgemacht hat. Nicht alle Krotonen jedoch zeigten sich über diesen barbarischen Sieg begeistert, auch erschien die Sekte in ihrer Machtentfaltung und Arroganz so manchem langsam gefährlich. Ob ihr Meister nun wirklich auf der Flucht in einem Acker zwischen dem ihm verhaßten Gemüse starb oder ob er sich im Musentempel von *Metapont* durch Nahrungsverweigerung verabschiedete, bleibt wohl für alle Ewigkeit ungeklärt. Fest steht jedoch, daß der durch den pythagoreischen Lehrsatz unsterblich gewordene Grieche mit seinem mafiosen Intrigenspiel um Geld und Einfluß bereits seinen Zeitgenossen nicht ganz geheuer war. Erst die Historiker späterer Zeiten bis hin zum romantisch-verklärten 19. Jh. verliehen dem ›Weisen von Kroton‹ das Image edlen Hellenentums. Dem klugen Engländer Norman Douglas muß Pythagoras jedenfalls von Herzen zuwider gewesen

sein, schreibt er doch in seinem geistreichen Reisebericht ›Old Calabria‹: »Es ist so sehr viel vornehmer – und soviel leichter –, leeres Gerede über Seelenwanderung von sich zu geben, als eine Mondfinsternis zu berechnen oder sich um die Erkenntnis des Blutkreislaufs zu mühen. Daß ein Mann seiner Spekulationskraft, der so viele außergriechische Völker kannte, gelegentlich auch einmal einen guten Einfall gehabt hat, ist schließlich zu erwarten. Aber seine paar guten Gedanken sind bloß Nebenprodukte. Im übrigen verband sich mit unserem reformfreudigen Weisen die in solchen Fällen unvermeidliche Scharlatanerie. Auch seine wärmsten Bewunderer müssen zugeben, daß an ihm in nicht geringem Grade der Geruch frommen Betruges haftet. Alle diese Zauberformeln und Amulette, diese dunklen gnomischen Sprüche, die zum Vorrat aller religiösen Geschäftemacherei gehören, die Lockung mit einem künftigen Leben, die priesterliche Aura, gekoppelt mit der unvermeidlichen Unaufrichtigkeit, die Geheimhaltung der Lehre, das wichtigtuerisch-mysteriöse ›Entweichen‹, die ›heilige Vier-Zahl‹, der Humbug mit den Bohnen … Er hatte etwas vom richtigen Derwisch an sich.«

Mit einer Piazza Pitagora ehrt das heutige Crotone trotzdem den großen Mann, den man in seiner Wahlheimat nicht zuletzt gerade wegen seines Showtalents bis zum heutigen Tag schätzt. Riten und Zeremoniell zählen eben nicht ganz zufällig nach wie vor zum Handwerkszeug der Einflußreichen unter dieser Sonne. Italoamerikanische Mafiosi, gestylt wie in Hollywoodfilmen aus den 50er Jahren, bekommt man in solch lupenreiner Ausführung selbst in Kalabrien nur noch selten zu sehen. Versteckt hinter spiegelnden Sonnenbrillen oder breitkrempigen Hüten geben sie sich zigarrenrauchend ihr Stelldichein auf dem Platz des Pythagoras. Und entscheiden dort vor aller Augen das Schicksal des modernen Sibari. Im Gegensatz zu den antiken Krotonen will die ›Ehrenwerte Gesellschaft‹ die Stadt jedoch nicht zerstören, sondern aufbauen, um aus einer nagelneuen Ferienkolonie mit künstlichen Häfen, Jachten und Bungalowdörfern noch mehr Reichtum, noch mehr Macht zu gewinnen. In der Theorie können die Nachfahren dem alten Philosophen sicherlich nicht das Wasser reichen, in der Praxis aber sind sie ihm offensichtlich eindeutig überlegen.

Wie eine Warze schiebt sich vor Crotone eine Halbinsel ins Meer, einst ein Schönheitspflästerchen im Antlitz Großgriechenlands, nun ein wüster, verlassener Landstrich mit verbrannten Weideflächen und steinigen Äckern. Eine einzige, einsame Säule auf **Capo Colonna** 3 erinnert noch daran, daß sich an der äußersten Landspitze des Kaps der größte Tempel der ionischen Küste Italiens erhoben hat. Gegen einen Hintergrund dunkler Haine, unmittelbar am schwarzblauen Wasser des *Mare Ionio*, erhob sich in leuchtenden Farben das Heiligtum der Hera Lacina. Niemand weiß heute zu sagen, wie alt der Tempel gewesen sein mag, nach Vergil befand er sich schon in den Tagen des Äneas dort, wo sich ein unendlich weiter Himmel über scharfzackigen Klippen spannt und steter Wind die weißen Schaumkronen der Wellen vor sich hertreibt. Noch im 3. Jh. v. Chr. stand der Kult um Hera bei Crotone in höchster Blüte, denn der lateinische Dichter griechischer Abstammung notierte: »Der Tempel war umgeben von dichtem Wald mit hochragenden Fichten, in dessen Mitte Vieh aller Art graste, und zwar ohne Hirten.

Angeblich scheute sogar Hannibal vor einer gänzlichen Plünderung des

Capo Colonna

Hera-Tempels zurück, in dem sich außer dem Goldschatz das berühmte Bild der Helena befand, vom gefeierten Maler Zeuxis um 400 v. Chr. geschaffen und in der damaligen Welt ebenso unbezahlbar wie heute die ›Lilien‹ von van Gogh. Sogar der Skandal um die Entstehungsgeschichte des Werkes ist uns überliefert: Erst als der Künstler nach einer antiken Miss-Wahl die fünf schönsten Mädchen des Landes nackt in Augenschein nehmen durfte, akzeptierte er den Auftrag. Spätere Zeiten nahmen weniger Rücksicht auf die Kunstschätze der Griechen, nach Hannibal bedienten sich die Römer, später die Goten. Den Garaus machte dem Heiligtum schließlich das 16. Jh., als seine kostbaren behauenen Quader für den Hafenausbau herhalten mußten; den endgültigen Todesstoß versetzte ihm jedoch ein Erzbischof von Crotone namens Lucifero, indem er mit den verbliebenen Resten seinen Dom verschönerte. Doch wie so oft im Mezzogiorno erweisen sich die alten Götter vitaler als christliche Bibelweisheit sich träumen läßt: Jeden zweiten Sonntag im Mai bittet die kleine Madonna di Capo Colonna zum Fest. Daß die Muttergottes in ihrer unscheinbaren Kapelle gleich neben der einsamen Säule von den Gläubigen mit größter Selbstverständlichkeit als ›Madonna von Hera‹ verehrt wird, mag vielleicht den Papst in Rom irritieren, einem Süditaliener erscheint dies völlig normal.

In der Sila Greca

Über die hervorragend ausgebaute Straße Nr. 107 erreicht man bald das Städtchen **San Giovanni in Fiore** 4 (S. 326), das bizarr inmitten von nahezu vegetationslosen Granitfelsen in 1049 m Höhe liegende Herz der Sila Grande. Erst etwas höher wachsen die schönen Kiefern-, Tannen- und Buchenwälder, die für den Namen Sila (lateinisch *silva*, ›Wald‹) Pate standen. 1189 gründete Gioacchino da Fiore, vormals Zisterziensermönch, hier eine klösterliche Gemeinschaft, die Badia Florense. Kloster und Kirche, die Anfang des 13. Jh. entstand, mußten nach Zerstörungen fast vollständig rekonstruiert werden.

Das einschiffige Gotteshaus hat ein beachtenswertes gotisches Portal und im Inneren ein Chorgestühl aus dem 17. Jh. In der Krypta unter dem Querhaus befinden sich Reliquien Gioacchinos. Im linken Flügel der Abtei wurde ein kleines Volkskunde-Museum eingerichtet, das die alten, heute immer noch gepflegten Traditionen des Teppichwebens – dafür gibt es sogar eine eigene Schule – und der Goldschmiedekunst dokumentiert. Bekannt ist der Ort auch für die schönen alten Trachten, die von den Frauen bisweilen nach wie vor im Alltag getragen werden.

Als Sommerfrische wie als Wintersportort gleichermaßen beliebt ist die Ortschaft **Camigliatello** 5 (S. 298) in 1600 m Höhe. Skifreunde werden in Kalabrien kaum bessere Möglichkeiten vorfinden. Abgesehen davon, daß dieses Bergdorf zwischen Dezember und März eine höhere Schneesicherheit aufweisen kann als so mancher berühmte Skiort in den Alpen, stehen mehr als 6 km bestens präparierter Abfahrtspisten und Langlaufloipen, zahlreiche Aufstiegshilfen (Sessel- und Schlepplifte) und eine Skischule zur Verfügung. Im Oktober wird zum Höhepunkt der Pilzsaison eine *sagra dei funghi* veranstaltet, ein Fest, das kein Pilzfreund versäumen sollte. Zu allen Jahreszeiten gibt es in den besonders appetitlichen Lebensmittelläden des Ortes eingelegte Pilze, aber auch pikante Würste und den bekömmlichen Digestif Amaro Silvano.

Nach Verlassen der *superstrada* geht es jetzt über die schmalere Straße Nr. 177 entlang des Lago di Cecita und am Rande des Kalabrischen Nationalparks (schöne Wanderungen auf gut markierten Wegen!) in das Bergstädtchen **Longobucco** 6. Es ist eines jener Orte, die einen unverwechselbaren Stempel tragen und in denen jedes Detail in den buckligen Gassen echt ist: die Trachten der Frauen, getragen der Schönheit und nicht der touristischen Attraktion wegen, die traditionellen Feiern zu den kirchlichen Festtagen, aber auch die liebevoll behüteten, verstaubten Dorfmuseen, in denen sich der Bogen mühelos von den Ureinwohnern bis zur Neuzeit spannt. Hier befindet man sich bereits mitten in jenem Teil des Berggebietes, das den Namen Sila Greca trägt. Nähert man sich der Stadt, so öffnet sich nach einer Kurve plötzlich eine überwältigende Dachlandschaft, wie sie typischer für Kalabrien nicht sein könnte. Der mittelalterliche Kern blieb überraschend gut erhalten. In der Chiesa Madre, deren Campanile sich bedenklich der Neigung des schiefen Turms von Pisa nähert, befindet sich eine kostbare Statue ›Madonna mit Kind‹ aus dem 16. Jh. Mit viel Liebe gepflegt wird immer noch das traditionelle Kunsthandwerk, die Teppichweberei und die Herstellung orientalisch-farbenfroher Bettdecken.

Ein weiterer für die Sila Greca typischer Ort ist **Acri** 7 (S. 291), erbaut auf zwei durch einen schmalen Sattel verbundenen Hügeln. Von der Vergangenheit zeugen die Mauerreste eines Kastells (15. Jh.), die Kirche San Nicola (16. Jh.) mit einem Altar aus dem 17. Jh., San Francesco di Páola mit einer schönen Holzdecke und die Chiesa dei Dominicani mit einem Portal aus dem 16. Jh. Die meisten Besucher kommen freilich der Landschaft wegen, ist doch der Ort ein idealer Ausgangspunkt für Wanderungen in der Sila Greca.

In **Bisignano** 8 hängt der Himmel voller Geigen. Das verträumte Städtchen – es erhebt sich auf acht Hügeln über dem Tal des Flusses Crati, den Ausläufern der Sila Greca – lebt überwiegend vom Bau von Musikinstrumenten. Weltweit gefragt sind dabei vor allem die Geigen und Lauten aus der Werkstatt der Familie De Bonis, aus der die sogenannten *battente* kommen, eine Spezialgitarre, deren Saiten nicht gezupft, sondern mit den Fingern geschlagen werden. Die Geheimnisse der Instrumentenherstellung werden von Generation zu Generation

Winter in Camigliatello

Sybaris: Schlaraffenland auf Zeit

Unglaubliche Dinge werden von *Sybaris,* der Weltstadt zwischen den Flüssen Crati und Coscile, erzählt. Die Gewässer quollen über vor Fischen, ein gesätes Weizenkorn an deren Ufern ergab 100 neue; die Rebhühner verdunkelten den Himmel, umliegende Höhenzüge sorgten für Überfluß an Wild, auf den Wiesen tummelten sich riesige Schafherden; Holz gab es, so viel man nur brauchte, aber auch Honig und Wachs; in den nahen Bergen der Sila Greca fand sich Silber in Hülle und Fülle; und das Klima erwies sich als so zuträglich, daß der griechische Feldherr und Staatsmann Themistokles noch kurz vor der Zerstörung der im 8. Jh. v. Chr. gegründeten Stadt meinte, es wäre gut, ganz Athen dorthin zu verpflanzen, wo wohlschmeckendes Olivenöl und würziger Wein in Strömen flössen.

Lust ist der ideale Lebenszweck, lautete schon bald die Losung der Sybariten, und so verbrachten sie ihre Tage mit Schlemmereien, wie sie die antike Welt nie zuvor gekannt hatte. Als wüßten sie, daß ihnen die Götter nur zwei Jahrhunderte vergönnen würden, kosteten sie jede Stunde bis zur Neige aus. Nebenbei erwiesen sich die Bewohner dieses Schlaraffenlandes auch als gewitzte Geschäftsleute, indem sie im 7. Jh. mit *Paestum* einen Handelsstützpunkt auf der anderen Seite des Stiefels gründeten. Jetzt verdienten sie auch noch an den Importgütern aus Griechenland oder Kleinasien, die nicht mehr länger durch die gefährliche Straße von Messina nach *Cumae* transportiert werden mußten. Die Reeder löschten ihre Waren gleich in *Sybaris,* von dort brachten Karawanen die kostbaren Güter auf dem Landweg in die

weitergegeben, was die kontinuierliche Qualität begründet.

Der Ort hat eines der besterhaltenen historischen Zentren Kalabriens mit zahlreichen Palästen des 17. und 18. Jh. Die engen Gassen strahlen die Atmosphäre der Vergangenheit aus. In barockem Stil präsentiert sich heute die Kathedrale, von den früheren Zerstörungen blieben das steinerne Portal (15. Jh.) und ein Taufbecken (14. Jh.) verschont.

In dem kleinen Thermalbad **Spezzano Albanese** 9 entspringt aus fünf Quellen 21 °C warmes Wasser, das Linderung bei Leiden der Atemwege und des Darms sowie bei rheumatischen Beschwerden verspricht. Die Thermalanlage befindet sich rund 5 km nördlich auf der Straße nach Castrovillari und ist von Juni bis Oktober geöffnet. Wie alt der Ort ist, beweist eine in der Umgebung entdeckte Nekropole aus der frühen Eisenzeit. Die Albaner, die jedoch heute nur mehr eine winzige Minderheit bilden, siedelten sich hier im 16. Jh. an.

Die letzten Strahlen der Sonne streicheln noch einmal über die tiefgrüne

neue Hafenstadt am Tyrrhenischen Meer.

Aus Mißgunst, Neid und einem von dem Mathematiker, Politiker und Philosophen Pythagoras geschürten moralischen Bewußtsein erklärte im Jahre 510 v. Chr. *Kroton* der sündigen Stadt Köche zu Ehrenbürgern ernannten. Mehr als zwei Monate dauerte das Sterben der stolzen Stadt, dann stand kein Stein mehr auf dem anderen. Fürwahr, die Krotonen leisteten ganze Arbeit. Nach ihrem Sieg leiteten sie sogar den Fluß *Kratis* (heute: Crati) um. Was von

den Krieg. Nicht länger sollten die aufgetakelten Sybariten in ihren Straßen lustwandeln und sich an ihren Gastmahlen erfreuen, für die sie die besten den goldenen Tempeln und Palästen noch übrig war, versank unter einer 6 m dicken Schlammschicht, wer noch lebte, ertrank.

Ebene von **Sibari** 10 (S. 328), bevor sie im Erlöschen das gesamte Firmament mit rosaroter Farbe übergießen. Jetzt ist die Zeit der blauen Berge angebrochen, denn zu dieser Stunde vertauschen die Bergketten des Pollino-Massivs ihr braungraues Tageskleid mit ihrer Abendrobe.

Der überwältigende Sonnenuntergang täuscht jedoch: Als müsse es für die Sünden seiner Väter Buße tun, präsentiert sich Sibari als einer der häßlichsten Orte Kalabriens. Ein gänzlich uninteressantes, staubiges Straßendorf am Schnittpunkt zweier Eisenbahnlinien und eine Archäologische Zone mit Überresten eines Wohnviertels aus dem 6. Jh. v. Chr. – mehr blieb von dem unermeßlich reichen *Sybaris* nicht übrig, das in alle europäischen Sprachen als Synonym für verschwenderischen Luxus Eingang gefunden hat.

Erst Spärliches hatten die Archäologen ans Tageslicht bringen können, als sie 1966 eine Hiobsbotschaft erreichte. Auf dem Ausgrabungsgelände sollte der größte Ölhafen Italiens, kombiniert mit einer riesigen Industriezone, errichtet werden. Buchstäblich im letzten Moment stoppten unerwartete, vielversprechende Funde, dank derer man endlich die so lange gesuchte antike Stadt lokalisieren konnte, das Wahnsinnsprojekt. Möglicherweise wird niemals wirklich Spektakuläres ans Tageslicht kommen, doch dem Landstrich blieb das Schicksal von Tarent oder Augusta auf Sizilien erspart. Wo Qualm aus Fabrikschloten den Himmel an dieser seit jeher gepriesenen Küste verschleiert hätte, entstand an den Lagunen der Sibari-Seen ein gepflegter Jachthafen mit einem großen Apartmentkomplex. Wenn auch außerhalb der Hochsaison eine tote Stadt – alles ist besser als eine Raffinerie.

Das Städtchen **Rossano** [11] (S. 324) erhebt sich auf einem Plateau in den nordöstlichen Ausläufern der Sila Greca. Es ist eines der wichtigsten Zentren byzantinischer Zivilisation in Kalabrien und Geburtsort des hl. Nilus (906–1004), dem in erster Linie das Basilianerkloster Santa Maria del Patire, 18 km von Rossano entfernt, zu verdanken ist. Heute dienen die verfallenen Mauern der 1101 gegründeten Abtei, deren Kirche mit gotischen Portalen und einem beachtenswerten Fußbodenmosaik mit Tiermotiven (12. Jh.) ausgestattet ist, vorzugsweise als Wochenend-Picknickplatz. Aus einem unscheinbaren Gasthaus, in dem sich Jugendliche beim Tischfußball vergnügen, dröhnen die neuesten Hits, während andere mit knatternden Mopeds ihre Runden um das verlassene Gotteshaus drehen. Und doch, wenn im sanften Abendlicht das gelb-rosa Gestein aufleuchtet, verwandelt sich das bröckelnde Mauerwerk für Minuten noch einmal in jenes ehrwürdige Gebäude, das seinerzeit als reichstes Kloster weit und breit galt.

Weit besser dem Zahn der Zeit widerstanden hat die Kirche San Marco in Rossano selbst, neben der berühmten Cattolica in Stilo (s. S. 283) schönstes Beispiel byzantinischer Architektur in Süditalien. Sie wurde Ende des 11. Jh. auf einem Felsen im Südosten der Stadt errichtet und besitzt einen von Pfeilern unterteilten Innenraum, drei Apsiden und fünf Kuppeln.

Aber weder die Abtei noch San Marco können es mit dem größten Schatz der Stadt aufnehmen, dem Codex Purpureus Rossanensis, der schönsten aller griechischen Evangelienhandschriften aus dem 6. Jh., die im Diözesanmuseum (Erzbischöfliches Palais) aufbewahrt wird. Melkitische Mönche haben dieses älteste erhaltene Bilder-Evangelium aus Syrien oder Konstantinopel mitgebracht. Wieso ausgerechnet 188 der ursprünglich 400 Seiten dieses kostbaren Codex der Zerstörung entgingen, zählt zu den ungelösten Rätseln der Geschichte.

Zufällig hörte der deutsche Theologe Adolf von Harnack 1879 von einem ›sehr alten Buch‹. Mit keineswegs hochgespannten Erwartungen unternahm er die beschwerliche Reise in den Süden – und landete den Glückstreffer seines Lebens.

Der unbekannte Künstler malte die Gestalten hintergrundlos auf das rote Pergament. Christus trägt auf allen Darstellungen dieselbe Kleidung – eine blaue Tunika mit Ärmeln, darüber einen schweren goldenen Mantel, der die rechte Schulter freiläßt, seine Füße sind mit Sandalen bekleidet. Reich wallt das dunkelblonde Haar dem Gottessohn über den Nacken, stets blickt er ernst und dennoch milde. Das Haupt umgibt ein großer, goldener Heiligenschein, in dem sich ein griechisches Kreuz befindet.

Die Piazza: Zentrum der Kommunikation

Schwefelbad in der Nymphengrotte

Das Schild ›Antro delle Ninfe‹ in einer Kurve auf der steilen Straße unweit von Cerchiara di Calabria, keine 30 km von Sibari entfernt, weckt Neugier, denn *antro* bedeutet so viel wie Höhle (aber auch Spelunke), *ninfe* eindeutig und verheißungsvoll – Nymphen. Welche hübschen weiblichen Naturgeister mögen den Besucher wohl hier erwarten? Ein mit tiefem Baß gesprochenes »Buona sera« läßt jedoch keinen Zweifel offen, daß die Phantasie mit dem Reisenden durchgegangen ist. Mit schlanken Elfenwesen haben die stämmigen Brüder Giuseppe und Pietro Carlomagno, Pächter der bei Einheimischen weithin bekannten und populären Schwefelquelle in der sogenannten ›Nymphengrotte‹, sichtlich wenig gemeinsam. Wohl aber mit jenem sympathischen Menschenschlag, dem man in Kalabrien immer wieder begegnet. In Windeseile zaubert Giuseppe für die späten Gäste noch ein einfaches aber köstliches Mahl herbei, ehe er sie in der Dunkelheit zu dem kleinen, gemütlichen Apartmenthaus begleitet. Viel Schweiß und eine Menge Arbeit stecken in dem schmucken Häuschen, das Geld dafür mußte sich Giuseppe Carlomagno zuerst als Gastarbeiter in Stuttgart und anschließend in New York verdienen. Ein Emigrantenschicksal wie Tausende, doch dieses fand ein Happy-End.

Stolz flattert das Sternenbanner neben der italienischen Nationalflagge über den Köpfen der ersten Besucher, die sich schon früh am Morgen zu einem Gesundheitsbad einfinden. Aus der Grotte fließt lauwarmes und schwefelhaltiges Wasser, Eimer voll heilkräftigen Fango-Schlamms stehen bereit. Innerhalb weniger Minuten verwandeln sich zivilisierte Badegäste in Urzeitwesen. Manch einer hat sich die heilkräftige Erde nur ins Gesicht geschmiert, das solcherart einer furchterregenden Maske gleicht, andere wiederum bedecken sich zur Gänze mit einer grauweißen Schlammschicht, die ihnen das Aussehen einer Horde von Neandertalern oder eines afrikanischen Stammes auf Kriegspfad verleiht. Sobald jedoch dem Pizzaofen von Giuseppe und Pietro verlockende Düfte entströmen, ist der Spuk vorbei. Bei Tisch haben Gespenster nichts zu suchen. Wer sich nicht unter einer der kräftigen Schwallbrausen seines Schlammkleides entledigt, unter dem jede Speckfalte, jeder noch so kleine Schönheitsfehler unbarmherzig deutlich sichtbar werden, hat keinerlei Chance auf Bedienung. Giuseppe Carlomagno hält auf Stil, schließlich ist er das seiner glückbringenden Nymphe schuldig.

In Rotkäppchens Sommerfrische

Vom Blumengarten am Tyrrhenischen Meer führt die rund 350 km lange Route in die waldreiche Sila Piccola, deren Herz eine romantische Siedlung ›hinter den sieben Bergen‹ ist. Läßt sich die Hauptstadt der Region relativ schnell abhaken, so wird man in einem schönen mittelalterlichen Städtchen gerne länger verweilen.

Badevergnügen am Golf von Santa Eufemia

Tropea **1** (S. 332) entspricht unter allen Badeorten an der tyrrhenischen Küste des süditalienischen Festlandes wohl am meisten mitteleuropäischen Vorstellungen von einem gepflegten Urlaubsort. Verwitterte Palazzi und dekorative Torbögen verleihen den verwinkelten Gassen das entsprechende Ambiente, gut sortierte Boutiquen laden zum Einkaufsbummel und sauberes Wasser, schöne Sandstrände, kleine idyllische Buchten zu Bilderbuch-Ferien ein. An klaren Tagen genießt man einen Blick über die Küstengebirge und die Sila bis zur weit entfernten Cilento-Küste mit dem Capo Palinuro.

Die erstaunlich gut erhaltene Kathedrale auf einem kleinen, von Arkaden (13. Jh.) umgebenen Platz wurde vermutlich in vornormannischer Zeit gegründet, da der Bischofssitz auf das 8. Jh. zurückgeht. Das heutige Gotteshaus stammt aus dem späten 12. Jh. und wurde später mehrmals verändert. Im Inneren werden das beeindruckende ›Schwarze Kruzifix‹ (15. Jh.), eine Statue der ›Madonna del Popolo‹ des Bildhauers Giovanni Montorsoli aus Messina (1555) und ein hochverehrtes Bildnis der ›Madonna di Romania‹ (14. Jh.), das byzantinischen Ursprungs sein dürfte, aufbewahrt. Im alten Stadtzentrum stehen noch einige weitere interessante Kirchen, wie zum Beispiel San Francesco d'Assisi mit einer schönen gotischen Kapelle. Abgeschieden auf einer Halbinsel am Fuß des Städtchens erhebt sich Santa Maria dell'Isola, eine basilianische Benediktiner-Wallfahrtskirche aus dem Hochmittelalter.

Daß es am 4. August 1943 mit dem alten Tropea um ein Haar vorbei gewesen wäre, dokumentieren zwei meterhohe amerikanische Fliegerbomben im Inneren der Kathedrale, die wie durch ein Wunder nicht explodiert waren. »So hat die Muttergottes ihren Sohn gerettet« – auf einem kleinen Metallschild bedanken sich die Einwohner demütig für das Eingreifen der Madonna. Nicht zuletzt ihr zu Ehren schufen die Kalabresen nach dem Zweiten Weltkrieg an diesen Stränden einen Garten von üppiger Schönheit. Wohin auch immer man sich nördlich oder südlich von Tropea wendet, der Duft von Lilien und Narzissen, Veilchen und Rosen begleitet den Reisenden, die Farbenpracht der Bougainvillea wetteifert mit dem Rot der Weihnachtssterne, leuchtende Orangen konkurrieren mit dem intensiven Gelb der Zitronen. Daß auf der fruchtbaren, paradiesischen Halbinsel mit dem Capo Vaticano an der Spitze auch eine berühmte, in alle Welt exportierte Zwiebelsorte wächst, erfreut den Feinschmecker. Die süße *cipolla di Tropea* läßt sich ohne Tränen wie ein Apfel essen. Auch Oliven und Weintrauben sind von besonders hoher Qualität.

Santa Maria dell'Isola in Tropea

Wehe dem, der kalabrisches Temperament unterschätzt. Joachim Murat, für eine kleine Weile König von Neapel, bezahlte seinen Irrglauben, einfache Fischer wären weder der Denunziation noch der Grausamkeit fähig, mit dem Leben. Als er, der Schwager Napoleons, 1815 nach der Restauration der Bourbonenherrschaft im Königreich beider Sizilien mit einigen Getreuen in dem Dorf **Pizzo** 2 (S. 319) an Land ging, bescherte die Bevölkerung dem Mann in seiner mit Federn und Diamanten geschmückten Operettenuniform und seinen Begleitern alles andere als einen herzlichen Empfang. Gerupft wie Hühner, zerkratzt und geschunden, doch immerhin vor der Lynchjustiz sicher, fanden sich die Franzosen im Kerker des 1486 auf einer Klippe über dem Meer errichteten Aragonesenkastells wieder.

Doch die Hinrichtung des ›Hochverräters Murat‹ auf Befehl Ferdinands I. sollte nicht lange auf sich warten lassen. Von Eilboten aus Pizzo verständigt, bestand der Bourbone auf Tod durch Erschießen. Als Judaslohn verlieh Ferdinand I. dem Städtchen den Titel *fedelissima* – ›Allertreueste‹ – und ließ ein Jahr lang kostenlos Salz an die Einwohner verteilen.

Heute befindet sich an der Stätte von Murats Ende eine Jugendherberge. Das Kastell kann besichtigt werden. Im Rahmen der Führung sieht man auch eine Kopie des letzten Briefes, den der unglückselige Gefangene vor seiner Exekution an seine Familie geschrieben hatte. Zu den Attraktionen des pittoresken Badeortes zählen riesige Schwärme von Raben und Schwalben rund um die Felsen an der Küste sowie eine große

Vom Golf von Santa Eufemia in die Sila Piccola

Zahl von guten und gemütlichen Restaurants. Die Sandstrände erstrecken sich über 800 m.

Wie ein großes Amphitheater wird die fruchtbare Ebene von **Lamezia Terme** 3 (S. 308) auf drei Seiten von steil aufsteigenden Hügeln und Bergen und auf einer Seite vom Meer eingefaßt. Hier werden Wein, Erdbeeren, Zuckerrüben und andere wertvolle Früchte angebaut. Die Stadt im geographischen Zentrum Kalabriens und an der mit nur knapp 40 km schmalsten Stelle des Stiefels zeigt gute Ansätze einer Aufwärtsentwicklung der Wirtschaft und könnte ›Boom-town‹ der Region werden. Doch leider mischt auch hier die kalabrische Spielart der Mafia, die *'ndrangheta*, mit und kassiert kräftig ab, was potentielle Investoren verständlicherweise abschreckt.

Die Stadt entstand durch Zusammenlegung von drei Gemeinden, der eher häßlichen modernen Siedlung Santa Eufemia Lamezia, deren wenige historische Reste bei Erdbeben endgültig zerstört wurden, dem am Fuß der Berge liegenden Sambiase mit einer sulfatschwefelhaltigen, 39,4 °C heißen Mineralquelle Terme Caronte (Thermalanlage geöffnet Juni–September) und der von allen dreien größten Ortschaft Nicastro, deren pittoreskes altes Viertel San Teodoro von einem Normannenkastell überragt wird. Von Nicastro führt die Straße Nr. 109 in unendlich scheinenden Windungen über Soveria Manelli direkt in die Sila Piccola. Linker Hand erhebt sich der Monte Reventino (1417 m), in dessen dichten Wäldern köstliche Pilze wachsen. Weiter geht es über die Straße Nr. 108 b und die Straße Nr. 179 dir zum

Autostrada del Sole:
Völkerverbindendes Betonband

Sie öffnete den Süden Italiens für den Waren- und Fremdenverkehr: die *Autostrada del Sole,* Sonnen-Autobahn, technisches Wunderwerk der 50er und 60er Jahre. Goethe mußte für seine Reise nach Sizilien ab Neapel das Schiff benutzen, erst im 20. Jh. eroberte die Eisenbahn das ›wilde Kalabrien‹. Vor Eröffnung der Autostrada nahm zum Beispiel die Strecke von Rom nach Cosenza auch für schnelle Autofahrer zwölf nervenaufreibende Stunden in Anspruch. Heute ist diese Distanz in lockeren fünf Stunden zu schaffen, sofern sich nicht gerade – wie zu Ferragosto – ganz Italien auf Achse befindet.

Am 19. Mai 1956 wurde in San Donato Milanese der Grundstein für den Bau der Autobahn Mailand–Neapel (A 1) gelegt, die Fertigstellung der 755 km langen Strecke erfolgte am 4. Oktober 1964. Zur Überwindung von Berg und Tal mußten 113 Brücken und Viadukte sowie 38 Tunnel angelegt werden. Seit Juli 1988 steht auch eine großräumige Umfahrung von Rom (Fiano–San Cesareo) zur Verfügung, mit der sich der

malerischen Bergsee Lago Ampollino. Schon einige Kilometer vorher allerdings zweigt die Straße Nr. 179 nach rechts in Richtung Catanzaro ab. Nach einem knappen Dutzend Kilometern steht man plötzlich mitten in Rotkäppchens Sommerfrische.

In der Sila Piccola

Holz, wohin man blickt. Aus Holz bestehen die roh gezimmerten Häuser rund um den Lago Passante, die sich mit ihren spitzen Dächern genauso gut an Abhänge irgendwo in den Alpen ducken könnten. Holz, liebevoll angepinselt, diente als Baumaterial für die wohl eigenwilligste Architektur inmitten der Sila Piccola. Doch zugleich weisen die Ferien- und Wintersportorte Villaggio Racise und viel mehr noch **Villaggio Mancuso** 4 (S. 330) verblüffende Ähnlichkeit mit einem karibischen Dorf auf. Beide gehören zum Gemeindegebiet des pittoresken Bergstädtchens **Taverna** (S. 330), dem Geburtsort des bedeutenden Barockmalers und Caravaggio-Schülers Mattia Preti (1613–99). Auf kurzen, stummelartigen Pfählen erheben sich gedrungene, weiß, grün und braun bemalte Holzhütten zwischen himmelhohen Kiefern und Tannen. Weißgestrichene Lattenzäune markieren dezent Picknick- und Parkplätze. Sie nehmen sich seltsam unwirklich aus an diesem verwunschenen Ort am Rande des fast 1100 ha großen Staatlichen Naturschutzgebietes *Poverella,* in dem sich endlich wieder ein paar Wölfe und dazu

stets überlastete Autobahnring um die Tiber-Metropole (Grande Raccordo Anulare) vermeiden läßt.

Die größte Herausforderung für die Ingenieure stellte jedoch der rund 450 km lange Abschnitt zwischen Salerno und Reggio di Calabria dar. Auch die Finanzierung drohte das Projekt zu sprengen. Die italienische Regierung vergibt den Autobahnbau grundsätzlich an Privatfirmen, die sich die Kosten über die Benutzungsgebühren wieder hereinholen – und dabei blendend verdienen. Im dünn besiedelten, armen Süden wollte jedoch niemand sein Geld investieren, zumal die technischen Schwierigkeiten beinahe unüberwindbar schienen. Da sprang – auch im Sinne einer Entwicklungshilfe – die staatliche Straßenbaubehörde ANAS ein. Zwischen 1960 und 1974 waren Tausende beim Autobahnbau beschäftigt, die *Autostrada* fungierte gute zehn Jahre lang als der größte und wichtigste Arbeitgeber Kalabriens.

Welchen Aufwand die Gebirgsstrecke erforderte, läßt sich allein daran ermessen, daß mehr als 10 % der gesamten Route südlich von Salerno über Brücken, durch Tunnel oder entlang künstlich abgesicherter Berghänge verlaufen. Mit 1015 m erreicht die *Autostrada* in den Bergen der Provinz Basilikata ihren höchsten Punkt. Glatteis, Nebel und Schnee sind im Winter in diesem Gebiet übrigens keine Seltenheit. Mit der Streckenführung abseits der entlang der Küste fahrenden Bahn wurde auch das Landesinnere Kalabriens erschlossen.

Das völkerverbindende Betonband zwischen Nord und Süd hat wesentlich zum wirtschaftlichen Aufschwung des Mezzogiorno beigetragen. Insbesondere der Tourismus erfuhr durch die Sonnen-Autobahn einen enormen Impuls, seit man von Salerno bis nach Reggio nur mehr gute vier Autostunden benötigt. Diese Strecke ist übrigens mautfrei zu befahren.

schwarzweiße Eichhörnchen, braunschwarze Wildschweine, Hirsche, Rehe, Kaiseradler sowie Falken und Sperber ohne Furcht vor Jägern gute Nacht sagen dürfen. Nur Rotkäppchens Auftritt auf dem weichen Moosteppich unter Pinien, Kastanienbäumen, Steineichen, Ginster- und Weißdornbüschen fehlt noch, dann wäre die Szenerie perfekt.

Die zauberhaften Fachwerk- und Holzbauten der Feriensiedlungen stammen großteils aus den 20er und 30er Jahren des 20. Jh. Damals stiegen in erster Linie Franzosen, Engländer und Malteser hier ab, die das Reizklima in einer Seehöhe zwischen 1000 und 1300 m zu schätzen wußten. Erst später entwickelte sich der Winter-Fremdenverkehr, gleichzeitig aber blieb die internationale Klientel zunehmend aus. Heute

kommen die Gäste aus der näheren Umgebung, vor allem aus der keine Autostunde entfernten Regionshauptstadt Catanzaro sowie im Hochsommer aus den großen norditalienischen Metropolen.

Davide Bianchi führt die Geschäfte der ›Villa Maria‹, eines kleinen, gemütlichen Hotels in einem modernen Neubau etwas abseits der hölzernen Vergangenheit von Villaggio Mancuso. Er ist ein eloquenter, intelligenter und engagierter junger Mann mit ernsthaften Interessen an der Bewahrung einer heilen Umwelt und profunden Kenntnissen über sein Land. Er kritisiert mit scharfen Worten den Massentourismus, der mit seinen unkontrollierten Auswüchsen mehr ruiniert als er einbringt. Und erzählt schließlich von den kalabrischen Brigan-

ten, deren letzter 1861 in Catanzaro unter der Guillotine starb. In seinen Augen waren das allerdings keine Banditen, sondern Partisanen, Freiheitskämpfer gegen die Bourbonen. Sympathie, mehr noch Solidarität mit den Gesetzlosen – gänzlich unerwartete Äußerungen aus dem Mund dieses feinsinnigen Kalabresen. Doch offenbar ist nichts unmöglich in diesem Land, in dem sich seit jeher ungezügelte Wildheit mit uralter Kultur paarte. Davide Bianchi weiß noch um verzauberte Plätze, um Feenwiesen ebenso wie um vergessene Hinrichtungsstätten. Er kennt die Hexen in den Dörfern, hört von stigmatisierten weisen Frauen oder gar Wundern, die sich auch heute noch in den Bergen ereignen.

Ein knappes Jahrhundert ist vergangen, seit der Engländer Norman Douglas sein ›Old Calabria‹ bereiste und dem staunenden West- und Mitteleuropa von dem geheimnisvollen Land ›hinter den sieben Bergen‹ am Ende Italiens berichtete, von Aberglauben und tiefer Frömmigkeit, von unglaublichen Ereignissen und archaischen Sitten. An

In der Sila Piccola

schen Vorstellungen ausgerottet sein werden. Die Magie Süditaliens verdient ein eingehendes Studium; denn das Land ist ein Hexenkessel der Dämonologie, worin orientalische Glaubensvorstellungen – unmittelbar aus Ägypten, dem klassischen Land der Hexenkunst – sich mit solchen des Abendlandes gemischt haben.« Daß auch noch Anfang des dritten Jahrtausends seine Erfahrungen in den Schluchten der Sila Gültigkeit besitzen würden, hätte jedoch selbst der Skeptiker Douglas niemals gedacht.

Über Tiriolo und Catanzaro zum Golf von Squillace

Das Bergdorf **Tiriolo** 5 (S. 330) ist für seine einzigartige Lage am Isthmus von Catanzaro mit einem herrlichen Blick auf das Ionische und das Tyrrhenische Meer berühmt. Es lohnt den etwas mühsamen Umweg über Gimigliano, zur Schnellstraße Due Mari zwischen Lamezia Terme und Catanzaro sind es dann nur noch 7 km. Weit über die Grenzen Kalabriens hinaus bekannt gemacht haben den Ort auch die schönen Trachten, die von den Frauen an Sonntagen und zu lokalen Festen getragen werden. Dazu gehören die schwarz-weißen Seiden- und Wollschals, *vancali* genannt, die nach alter Tradition gewebt werden. Für Mineralienfreunde ist Tiriolo der wichtigste Platz in ganz Kalabrien: Am 838 m hohen Monte Tiriolo findet man große Vorkommen verschiedener Gesteinsarten.

Wer die Provinz- und Regionshauptstadt **Catanzaro** 6 (S. 299) links liegen

den von Fremden überschwemmten Küsten oder im lauten und dennoch langweiligen Catanzaro, wo es angeblich mehr Autos gibt als Einwohner, geschehen keine Absonderlichkeiten mehr. Doch in den dunklen Wäldern treiben die Faune, Kobolde und Werwölfe wie eh und je ihr Unwesen. Dort fürchtet man noch ihren bösen Blick, dort ist im Rauschen der Wipfel noch ihr Gelächter zu hören, dort herrscht noch Angst vor ihren Verwünschungen. Im Jahr 1915 schrieb Douglas: »Es wird noch eine Zeitlang dauern, ehe diese abergläubi-

Cassiodorus: Mittler zwischen den Zeiten

Ausgerechnet ein Römer des 6. nachchristlichen Jahrhunderts, der in Squillace zur Welt gekommene Flavius Magnus Cassiodorus (490–583), sollte dafür sorgen, daß in der ehemaligen *Magna Graecia* das Band zur Antike noch vor der geistigen Kolonisierung der Basilianer fest geknüpft blieb. Er avancierte zum Staatsmann am Gotenhof zu Ravenna, bevor er sich wieder in die wilde Berglandschaft seiner Heimat zurückzog und das Kloster Vivarium errichten ließ. Dort überarbeitete er nicht nur sein erstes Werk, eine zwölfbändige Geschichte der Goten, er verfaßte auch eine Reihe theologischer und enzyklopädischer Schriften, in denen er die wissenschaftlichen Erkenntnisse der Alten an das Mittelalter weiterreichte. Der größte Verdienst des hochkultivierten Einsiedlers aber war die Aufwertung der Skriptorien in den Abteien. Unter seinem Einfluß verwandelte sich das ganze Land in eine einzige Schreibstube, in der die Mönche im Kopieren von Manuskripten höchste Meisterschaft erlangten. Von der Klosteranlage des Cassiodorus blieben nur verstreute Steine übrig, sein geistiges Gebäude aber überdauerte die Zeiten. Bis zum heutigen Tag kennt in Squillace jedes Kind seinen Namen.

läßt, versäumt nicht allzu viel. Wirklich schön ist lediglich die Lage an einem Ausläufer der zerklüfteten Hänge oberhalb des Zusammenflusses von Fiumarella und Musofalo. Zwei dekorative Brücken über einer tiefen Schlucht, Überreste eines von den Normannen errichteten Kastells, als einzig erhaltenes mittelalterliches Bauwerk die kleine Kirche San Omobono (13. Jh.), einige hübsche alte Gäßchen und lebhafte Geschäftsstraßen, sonst hat die von einem permanenten Verkehrschaos heimgesuchte Beamtenburg in Blickweite des Ionischen Meeres wenig zu bieten.

Das trifft freilich nicht auf das mittelalterliche Bergstädtchen **Squillace** 7 (S. 329) oberhalb des gleichnamigen Golfs zu. Hier ist die Vergangenheit noch lebendig, hier pflegt man die Zeugnisse der Geschichte liebevoll. So wurde das mächtige Normannenkastell mit Akribie restauriert, und auch die auf eine frühchristliche Gründung zurückgehende Kathedrale aus normannischer Zeit wurde nach Zerstörungen durch ein Erdbeben 1783 wieder vollständig aufgebaut. Im Palazzo Pepe, heute Rathaus, werden mehrere römische Grabsteine aufbewahrt. Das lokale Kunsthandwerk ist für schöne Keramiken und Objekte in Terrakotta bekannt.

In 7 km Entfernung, rund 150 m neben der Küstenstraße, steht im Gebiet eines Archäologischen Parks in einem romantischen Olivenhain ein rätselhaf-

Bei Squillace

ter Monumentalbau: die mächtigen Ruinen der Kirche **Santa Maria della Roccella,** auch *La Roccelletta del Vescovo di Squillace* (Roccelletta des Bischofs von Squillace) genannt. Die Kirche wurde vermutlich im 11. Jh. von den Normannen errichtet, aber niemand weiß genau, aus welcher Zeit dieser seltsam römisch und gleichzeitig mittelalterlich wirkende, möglicherweise niemals vollendete Bau aus roten Ziegeln ursprünglich stammt. Die 1965 begonnenen Ausgrabungen brachten bisher römische Thermen, ein Theater, ein Amphitheater und zwei Nekropolen zu Tage.

Eine kleine Episode der Geschichte verdankt der Ort **Maida** seine Eintragung in den Londoner Stadtplan. Im Verlauf der Napoleonischen Kriege waren die Streitkräfte des Korsen 1806 in der Ebene von Maida von den Engländern vernichtend geschlagen worden, womit die französische Kontrolle über Kalabrien beendet war. Die Kunde von diesem Sieg entfachte bei den Londonern eine derartige Begeisterung, daß sie ihren eben fertiggestellten Stadtteil spontan Maida Vale nannten. Wohl nur die wenigsten Bewohner dieses Viertels oder gar anderer Bezirke der Themse-Metropole wissen, daß der Name von einem einstmals bettelarmen kalabrischen Dorf kommt, das inzwischen zu einer blühenden Agrargemeinde aufgestiegen ist.

Südkalabrien: Rund um das Aspromonte-Massiv

Ein interessantes Volkskunde-Museum, mittelalterliche Städtchen, ein byzantinisches Kirchenjuwel und eine romantische Kartause stehen auf dem Programm der 400 km langen Südkalabrien-Tour, die im wesentlichen rund um das mächtige Aspromonte-Massiv führt. Unbestrittener Höhepunkt freilich sind die zwei Bronzefiguren der ›Krieger von Riace‹ im Nationalmuseum von Reggio di Calabria, die zweifellos zu den schönsten Männern der Antike gehören. Daß die Stiefelspitze den beiden Griechen auch wirtschaftlichen Segen verdankt, verleiht ihnen vollends echten Kultstatus.

Entlang dem Golf von Gioia

Von Tropea geht es diesmal Richtung Süden über die durch die Halbinsel führende, leider nicht besonders gut ausgebaute Landstraße nach **Nicótera** 1 (S. 315), einem hoch auf einem Felsen liegenden Ort über der Ebene von Gioia. Keine modernen Bauten stören die Harmonie des hervorragend erhaltenen historischen Zentrums mit schmalen Gäßchen, Durchgängen und Treppen. Am höchsten Punkt befindet sich das Castello dei Ruffo (1763), in dem unter anderem die Gemeindebibliothek untergebracht ist. Das Städtchen war in früheren Zeiten berühmt für seinen in der Umgebung gewonnenen Granit, der gleich an Ort und Stelle bearbeitet und in alle Welt verschickt wurde. Noch heute kann man in Privathäusern, Kirchen und auf öffentlichen Plätzen die von lokalen Handwerkern und Künstlern geschaffenen Granit-Objekte bewundern: Säulen, Obelisken, Treppen, Portale und Brunnen. Im 4 km entfernten **Nicótera Marina** findet man eine Ferienclubanlage, mehrere Hotels, Pensionen und eine Reihe guter Fischrestaurants.

Eine moderne, nach dem verheerenden Erdbeben von 1908 leider besonders häßlich wiederaufgebaute Stadt in traumhaft schöner Lage über dem Tyrrhenischen Meer ist **Palmi** 2 (S. 318) gemeinsam mit der Nachbarstadt Gioia Tauro fest in der Hand der Mafia. Einen Besuch wert ist allerdings das Museo Civico di Etnografia e Folclore, eines der bedeutendsten Volks-

Trachten im Volkskunde-Museum, Palmi

Castello dei Ruffo in Scilla

kunde-Museen Italiens: liebevoll geschnitzte Krippenfiguren, Teufelsmasken, Wachsköpfe, Töpferwaren, phantasievolle Tierdarstellungen aus Brotteig und vor allem die mehr als 3 m hohen mit Trachten bekleideten Figurenpaare *Mata e Griffone* begeistern die Besucher. Eine eigene Abteilung ist dem berühmtesten Sohn der Stadt, dem Komponisten Francesco Cilea (1866–1950), Schöpfer von Opern wie ›L'Arlesiana‹ und ›Adriana Lecouvreur‹ gewidmet, der in einem monumentalen Mausoleum an der Piazza Pentimalli bestattet wurde.

Der Felsen, an dessen Flanken sich **Scilla** 3 (S. 327) erhebt, galt bei Homer als Sitz des gefürchteten sechsköpfigen Ungeheuers Skylla, das gemeinsam mit dem gegenüber hausenden Strudel Charybdis (bei der heutigen Ortschaft Cariddi auf Sizilien) die Meerenge von Messina bewachte. Für kleinere Schiffe ist die Meerenge mit heimtückischen Strudeln und Strömungen nach wie vor gefährlich, den riesigen Fähren zwischen dem Festland und Sizilien können die Naturgewalten allerdings nichts anhaben.

Das Castello dei Ruffo an der Spitze des Felsens dient heute als Schauplatz für Ausstellungen und Kongresse. Die Marina Grande ist das Zentrum des Schwertfischfangs. Gut erhaltene Gebäude aus dem 17. und 18. Jh. prägen das Bild des Stadtkerns, der einige besonders malerische Ecken aufweist. Im Meer stehen die Grundmauern mancher Häuser des Viertels Chianalea, in dem das Wasser nur allzu oft bis vor die Haustüren steigt.

›Krieger von Riace‹: Entwicklungshelfer aus der Antike

Einen großen Sohn gibt es immer. Selbst **Reggio di Calabria** 4 (S. 323), die ungeliebte Stiefelspitze Italiens, darf sich eines antiken Dichters rühmen, den spätestens seit Friedrich Schiller jedes deutschsprachige Schulkind kennt. Ibykos, der ›Götterfreund‹, verfaßte im 6. Jh. v. Chr. in seiner Geburtsstadt *Rhegium* vorwiegend erotische Lieder, bevor er es auf Samos am Hof des Polykrates – schon wieder Schiller! – zum Chormeister brachte und schließlich auf seinem Weg »zum Kampf der Wagen und Gesänge« unter die Räuber fiel. Um sein Leben muß zweieinhalb Jahrtausende später selbst in Kalabrien kein Reisender mehr fürchten, auch wenn die Kriminalstatistik der südlichsten Festlandprovinz mit erschreckenden Zahlen aufwartet. Mord und Totschlag stehen zwar auf der Tagesordnung, doch suchen die Killerkommandos der kalabrischen Mafia heute ihre Opfer ausschließlich in den eigenen Reihen. Die Industrie des Verbrechens sei die einzige florierende Aktiengesellschaft Kalabriens, behaupten Zyniker.

Eine trügerische Ruhe liegt über der einstigen Regionalhauptstadt Reggio di Calabria, die dieses Privileg 1971 unter heftigen Protesten an Catanzaro abtreten mußte. Trügerisch in jeder Hinsicht. Der unglückselige Kompromiß aus Rom, das weitaus größere Reggio der Vorrangstellung zu berauben, das unbedeutende Cosenza zum Sitz der Università della Calabria zu machen und somit drei gleichwertige Zentren zu schaffen, verstärkte nur den Kampfgeist der

Die Stiefelspitze

Mafia. Seither läuft an der Meerenge zwischen dem Kontinent und Sizilien nichts mehr ohne ihren Sanktus. Gibt der Staat Milliarden um Milliarden nicht freiwillig, so gebraucht man Gewalt – rücksichtsloser als in Palermo, unbarmherziger als in Neapel. Umgekehrt proportional zur Realität präsentiert sich die kalabrische Hafenstadt vergleichsweise recht harmlos, doch die Optik täuscht. Weil das Erdbeben von 1908 in Reggio – ebenso wie in dem von der Welt weit mehr bedauerten Messina – kaum einen Stein auf dem anderen belassen hatte, verschwand auch das düstere Gewirr uralter Gassen, in dem man sich eine ›Unterwelt‹ weit besser hatte vorstellen können.

Daß sich die großzügig angelegten, hellen Straßen als ebenso gutes Pflaster für dunkle Geschäfte eignen, entgeht einem Fremden meist, dem der Sinn nach einem Einkaufsbummel durch die Fußgängerzone des Corso Garibaldi steht. Eingedeckt mit allerlei wohlriechenden Essenzen lokaler Produktion – Parfum aus Bergamotten, Jasmin oder Orangenblüten – und gestärkt durch den Besuch einer der ausgezeichneten Bars oder Konditoreien, könnte er die freundliche, doch völlig gesichtslose Stadt eigentlich gleich wieder verlassen. Wenn, ja wenn nicht ein unergründliches Schicksal zwei außerordentlich interessante Männer nach einer langen, gefahrvollen Reise ausgerechnet nach Reggio verschlagen hätte. Täglich außer Montag gewähren sie Besuchern aus aller Welt Audienz, und so mancher Verehrer macht ihnen sogar schon zum wiederholten Mal seine Aufwartung. Wie es sich für Stars gebührt, zieren ihre Konterfeis in allen nur denkbaren Variationen Auslagen, Souvenirläden und Restaurants, Abbildungen der beiden ›Ehrenbürger‹ schmücken Ansichtskarten, Servietten und sogar Plakate, auf denen für ein Motorenöl geworben wird.

Reggio di Calabria

Reggios Bergamotten:
Ein Duft erobert die Welt

Auf keinem Boden, weder auf Sizilien noch im Westen Indiens (die einzigen Anbaugebiete außerhalb Kalabriens), gedeiht die Bergamotte so üppig wie im engen Umkreis von Reggio. Von der Zehenspitze Italiens aus startete das Zitrusgewächs mit seinen blaßgelben, dickschaligen, bitteren und meist birnenförmigen Früchten im 18. Jh. seine Weltkarriere. Ihr türkischer Name *beg armudy*, Herrenbirne, weckte Erinnerungen an die italienische Stadt Bergamo – so entstand der Name Bergamotte. Der 1709 aus Domodossola in der Provinz Novara nach Köln zugewanderte Gianmaria Farina soll ihre ätherischen Öle erstmals zur Herstellung eines Duftwassers – Eau de Cologne – verwendet haben, nach anderen Quellen gilt der Mailänder Giovanni Paolo Feminis als der Erfinder der oft nachgeahmten, doch nie erreichten Rezeptur. Wie auch immer, die Zusammensetzung der seit 1742 gemixten Originalessenz blieb jedenfalls bis zum heutigen Tag ein streng gehütetes Geheimnis der Familie Farina.

Nur wenige Gehminuten vom Hafen und der Anlegestelle der Tragflügelboote von und nach Messina entfernt, steht ihre Residenz: Nach vielen bürokratischen und medialen Schlachten schlugen die ›Krieger von Riace‹ 1981 als prominenteste Untermieter im Museo Nazionale di Reggio Calabria endgültig ihr Quartier auf. Ihnen – und nur ihnen – verdankt die Stadt seither einen nie zuvor erlebten Besucherstrom, von dem Tausende von Einheimischen profitieren. Nicht selten bilden sich vor dem Museum lange Warteschlangen, denn nur eine limitierte Anzahl von Personen darf sich gleichzeitig mit den beiden Zwei-Meter-Männern aus Bronze im selben Raum befinden. Zu hohe Luftfeuchtigkeit könnte ihrer empfindlich gewordenen Haut schaden, seit Restauratoren sie ihrer Schutzschicht aus Muschelkalk und Algen beraubten. Zwar kann das weitläufige Nationalmuseum auch noch mit einer Reihe anderer Kostbarkeiten aufwarten. Doch verblassen neben den sensationellen Kriegern selbst die nackten Marmorkörper der Dioskuren oder die rührende Darstellung Persephones mit ihrem Unterwelt-Gemahl Pluto auf einem Pinax aus *Locri*, die umfangreiche Münzsammlung aus ganz *Magna Graecia* oder die neue Abteilung für Unterwasserarchäologie. Die meisten lassen die prähistorischen und antiken Sammlungen links liegen, ignorieren die Pinakothek mit zwei sehenswerten Bildern von Antonello da Messina und umschwirren wie Bienen einen vollen Honigtopf ausschließlich den Eingang zu den geheimnisumwitterten

Durch Zufall entdeckte man nur wenige hundert Meter vom Strand die ›Krieger von Riace‹

Griechen, wo eine Fotodokumentation zeigt, wie alles begann.

Einen Tag nach Ferragosto, am 16. August 1972, wäre der Chemiker Stefano Mariottini aus Rom beim Schnorcheln vor Schreck fast ertrunken. 300 m vom Strand des eher langweiligen Badeortes Riace Marina entfernt, erblickte der Urlauber in 8 m Tiefe einen ausgestreckten menschlichen Arm. Überzeugt davon, ein Mafiaopfer entdeckt zu haben, ging er spornstreichs zur Polizei. Bei einem Lokaltermin stellte sich rasch heraus, daß auch noch ein zweiter Mann im Sand begraben lag, es sich jedoch keineswegs um Leichen handelte, sondern um etwas weit Interessanteres. Am 21. August bargen Taucher der Carabinieri-Brigade von Messina den Sensationsfund: zwei unglaublich gut erhaltene Bronzestatuen, über und über mit Muschelkalk bedeckt. Sofort machten sich Experten des Denkmalamtes von Kalabrien an die Arbeit, eines der größten archäologischen Rätsel unserer Zeit zu lösen: In welcher antiken Werkstatt und wann wurden diese Figuren geschaffen? Wen stellen sie dar und wohin sollten sie gebracht werden? Gingen sie gemeinsam mit einem Schiff unter oder warf man sie in einem Sturm als entbehrlichen Ballast einfach über Bord? Bevor Kalabriens ausgezeichnete Wissenschaftler auch nur eine dieser Fragen beantworten konnten, rissen ihre Kollegen aus der Toskana die Kompetenz an sich. Nur im Norden verfügten Restauratoren über das entsprechende Handwerkszeug respektive Fachwissen, hieß es. Vorsorglich ließ sich das Denkmalamt in Reggio jedoch seine Zuständigkeit noch 1973 vom Ministerium in Rom und später auch die Rückgabe der einzigartigen Skulpturen bestätigen, reine Vorsorgsmaßnahmen, die sich noch als bedeutsam entpuppen sollten.

Von 1975 bis 1980 leisteten die Fachleute in Florenz tatsächlich exzellente

Arbeit. Was nach der behutsamen Entfernung der Ablagerungen aus Jahrtausenden zum Vorschein kam, übertraf selbst die kühnsten Erwartungen. Künstler des 5. Jh. v. Chr., möglicherweise aus der Schule des Pheidias, schufen vermutlich die Bronzestatuen aus einem Guß. Kupferlegierungen hoben Lippen und Brustwarzen hervor, für Augen und Zähne verwendete man Elfenbein und Silber. Alles weitere jedoch blieb bis zum heutigen Tag reine Spekulation, was die Popularität der rätselhaften Männer aus dem Meer freilich noch steigern sollte. Ihr erstes Auftreten in der Öffentlichkeit löste einen Massenandrang aus, wie man ihn selbst in der toskanischen Hauptstadt noch bei keiner Ausstellung erlebt hatte. Prompt verzögerte sich die Heimkehr der über Nacht zu Weltberühmtheiten avancierten Griechen von Monat zu Monat, bis schließlich der Vorschlag, sie für immer in Florenz zu behalten, zur Diskussion stand. In einer unglaublichen Kampagne in Presse und Fernsehen versuchte der Norden, Kalabrien seines Schatzes zu berauben. Das Argument: Nur Florenz könne den entsprechenden Rahmen für Millionen Besucher bieten. Wer hingegen verirrt sich schon nach Kalabrien?

Als Chef der Denkmalbehörde von Reggio führte der Archäologe Giuseppe Foti einen verzweifelten Kampf. Ihn erboste nicht nur die Unverfrorenheit der in jeder Hinsicht reichen Toskana, vor den Augen der Welt einen beispiellosen Kunstdiebstahl an einer der ärmsten Regionen Italiens in Szene zu setzen, er betrachtete die ›Krieger von Riace‹ auch ganz realistisch als bitter benötigte Entwicklungshelfer aus der Antike. Ihr Ruhm versprach klingende Münzen und Arbeitsplätze, vor allem aber sollte ihr Glanz das seit Jahrhunderten angeknackste Selbstbewußtsein der Menschen des Südens aufpolieren. Mit jedem Zoll ihrer zwei Meter verkörperten *I Bronzi Magna Graecia,* Kalabriens verlorenen Traum. Nach einem letzten unfairen Angriff aus Florenz – man warf Foti vor, schon bei der Bergung Fehler begangen und die ersten Restaurierungen unsachgemäß ausgeführt zu haben – und einem Zwischenaufenthalt in Rom landeten sie im August 1981, fast auf den Tag genau neun Jahre nach ihrer Entdeckung, endlich doch in Reggio. Noch galt es, sich der in letzter Sekunde vom Norden aufoktroyierten Bewährungsprobe zu stellen, ob das Interesse ein Verbleiben der Statuen tatsächlich rechtfertigen würde. Der Mezzogiorno bestand die Herausforderung bravourös, das Museo Nazionale di Reggio Calabria registrierte in nur zwei Monaten 300 000 Besucher, im Durchschnitt 5000, manchmal sogar bis zu 20 000 pro Tag.

Nie wieder, schworen die Kalabresen den obligaten Eid der Sieger, niemals wieder dürften die Bronzen außer Landes, ein Versprechen, das bald der ersten großen Versuchung standhalten mußte. Um jeden Preis wollten die Amerikaner die antiken Athleten nach Los Angeles locken, als klassischen Aufputz für die Olympischen Sommerspiele 1984. Je heftiger sich die Süditaliener dagegen wehrten, desto hartnäckiger verhandelten die USA mit Rom und desto höher steigerten sie das finanzielle Angebot. Gebrannte Kinder scheuen das Feuer, es blieb beim Nein.

Daß Neptun seine kostbare Beute überhaupt freigegeben hatte, grenzt an ein Wunder. Ausgerechnet im sandigen Wasser vor der ionischen Küste, an der es für Taucher absolut nichts zu sehen gibt, fand ein unbedarfter Schnorchler, wonach professionelle Unterwasserarchäologen ein Leben lang vergebens suchen. Mit rechten Dingen kann es nicht zugegangen sein, so lautet jedenfalls die einhellige Meinung der Leute von Riace. Sind die von den Göttern geforderten Dankopfer denn nicht ein ausreichender Beweis? Ehefrau und Sohn des Entdeckers starben unmittelbar nach dem Sensationsfund, der Lenker des Transportfahrzeugs verunglückte nach der Überführung der Statuen nach Reggio tödlich, und noch eine ganze Reihe von Personen, die unmittelbar mit ihnen zu tun gehabt hatte, ereilte ein frühzeitiges Ende. Auch Giuseppe Foti erlebte die Rückkehr seiner Krieger nicht mehr, er wurde nur wenige Wochen zuvor zu Grabe getragen.

Ungeachtet dieses typisch mediterranen Aberglaubens identifizierten die Einheimischen die zwei Unbekannten auf Anhieb als ihre Lieblingsheiligen Cosimo und Damian. Seit urdenklichen Zeiten frönen die Gläubigen in der Ortskirche dem Kult um die Zwillingsbrüder, in denen sich unschwer die Nachfolger von Castor und Pollux erkennen lassen. Als aufopfernde Ärzte bekannt, kümmern sie sich seit ihrem Märtyrertod im Jahr 303 um die Gesundheit der Christen. Alljährlich finden ihnen zu Ehren in Riace im Mai und im September große Prozessionen statt. Was liegt also näher, als daß die treuen Anhänger den beiden auch einmal einen Besuch abstatten? Wie so oft kommen auch in diesem Fall Heiden- und Christentum süditalienischer Prägung einander nicht in die Quere. Zutiefst befriedigt über die glückliche Heimkehr seiner ›Heiligen‹, begab sich das einfache Volk aus Riace und Umgebung bei erster Gelegenheit auf eine Pilgerfahrt ins Museum. »Mit der größten Selbstverständlichkeit streckten sie auf hocherhobenen Armen ihre Kinder den Statuen entgegen, damit diese sie berühren konnten«, schildert Professor Luigi M. Lombardi Satriani von der

Krieger A

Universität Cosenza die Szenen in den Augusttagen des Jahres 1981. »Das sieht man sonst nur in katholischen Wallfahrtsstätten. Durch den Körperkontakt, und sei er auch nur indirekt, begibt man sich gleichsam unter göttlichen Schutz.«

Anhand eines weiteren Beispiels illustriert der Wissenschaftler vielleicht noch deutlicher, wie vielschichtig die physische Ausstrahlung der Nackten aus dem Meer tatsächlich ist. In großer und bald vergriffener Auflage publizierte ein Mailänder Verlag eine Serie von pornographischen Comicbüchern. Sukia, die emanzipierte Heldin, ersetzte die ›Krieger von Riace‹ auf ihrem Weg von Florenz nach Reggio durch Kopien und entführte die Originale nach New York. In der Neuen Welt zeigten die beiden, wozu selbst Jahrtausende alte Griechen immer noch imstande sind: Statue A beglückt Sukia, Statue B ihren homosexuellen Partner. In Wort und Bild. »Für manche mag das ein Schock sein, doch als Hauptdarsteller eines Pornos sind die beiden ebenso erfolgreich wie als Kunstwerk. Man reißt sich um sie, weil sie nun einmal umwerfend sexy sind«, spricht Lombardi Satriani klipp und klar aus, was sich so mancher Be-

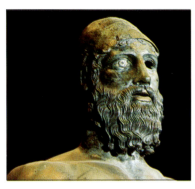

Krieger B

trachter vielleicht nicht eingestehen will: daß sich keiner, egal ob Mann oder Frau, der enormen erotischen Anziehungskraft dieser vollendeten Körper entziehen kann.

Interessanterweise aber schlägt A eindeutig B, in der Publikumsgunst ebenso wie in den Medien. An der Universität von Cosenza versuchte Professor Franco Fileni diesem Phänomen auf die Spur zu kommen, das sich durch Interviews mit Museumsbesuchern und eine statistische Auswertung von Zeitungsartikeln eindeutig nachweisen läßt. Stets bleibt der ernst blickende Krieger B im Hintergrund, die Titelseiten beherrscht der Held mit dem lächelnden Mund. »Um genau dieses Lächeln geht es. Es zeigt, mit welchem Selbstbewußtsein dieser Mann seine Nacktheit trägt, mit welcher Arroganz er der Welt gegenübertritt. Kommt nur, besagt es, ich werde euch schon zeigen, wo Gott wohnt, egal ob Ares oder Eros«, kommentiert der seriöse Kunsthistoriker das überraschende Untersuchungsergebnis unwissenschaftlich locker. Geballte Erotik attestiert also auch Fileni den Kriegern, wobei er in erster Linie ihre unfreiwillige und von ihrem Schöpfer nie geplante Entwaffnung für die ungewöhnlich starke sexuelle Ausstrahlung verantwortlich macht: »Vermutlich hatten sie Schilde und Speer respektive Schwert bereits vor ihrer Seefahrt ablegen müssen, der Transport wäre sonst viel zu umständlich gewesen. Doch weil den Skulpturen diese durchaus phallischen Attribute fehlen, konzentriert sich die Aufmerksamkeit der Betrachter um so mehr auf die unübersehbaren Symbole ihrer Männlichkeit. Auf das elegante Spiel der Muskeln, den kraftvollen Schwung der Gliedmaßen und natürlich auf die herausfordernd zur Schau gestellte Beckenpartie.«

Wo auch immer das martialische Handwerkszeug hingekommen sein mag, es blieb bis zum heutigen Tag verschollen. Glücklicherweise verzichteten die Restauratoren auf jegliche Rekonstruktion, weder drückten sie den Kriegern Waffen in die Hände noch ersetzten sie das fehlende Auge oder den verlorengegangenen Helm von Statue B. Lediglich auf Abbildungen dürfen sich die beiden Griechen in voller Montur präsentieren – so schön, wie der gottbegnadete Künstler sie einst schuf. Ob mit der perfekten Pose tatsächlich ein wenig von ihrem Sex-Appeal auf der Strecke bleibt, wie der Professor meint? Mit Gelehrten soll man nicht streiten, diese rein akademische Frage erübrigt sich ohnedies spätestens nach Verlassen des Museums. Denn im Gegensatz zu vielen anderen Kunstschätzen, die man angeschaut, für gut befunden und bald wieder vergessen hat, lassen sich die ›Krieger von Riace‹ nicht so einfach in die Schublade flüchtiger Erinnerungen stecken. Eine ganze Weile spuken sie nämlich noch in den Köpfen ihrer Bewunderer, erscheinen zum Greifen nahe – einer Fata Morgana gleich. Doch vielleicht liegt das nicht allein an der unglaublichen Vitalität der beiden Herren, mögli-

Sprachinseln in den Bergen: Griechen, Albaner, Franzosen

Von der traditionellen Toleranz der Süditaliener zeugen die Sprachinseln in Kalabrien und der Basilikata. Während Arabisch, Hebräisch, Französisch und Spanisch in die Dialekte des Mezzogiorno Eingang gefunden haben, werden neben dem Italienischen drei Sprachgruppen offiziell anerkannt: Griechisch, Albanisch und provençalisches Französisch.

Die knapp 5000 Griechen leben heute in fünf Gemeinden Kalabriens: Bova, Marina, Condofuri, Roccaforte del Greco und Roghudi. Sie sind direkte Nachfahren der Bewohner *Magna Graecias* und der Byzantiner, ihre Sprache gleicht trotz manch archaischer Formen und Ausdrücke jener des modernen Griechenland. Noch heute sind sie Spezialisten in der Bearbeitung von Holz, mit der Wiederentdeckung des rustikalen Stils erlebten sie einen bescheidenen wirtschaftlichen Aufschwung.

Mitte des 15. Jh. erfolgte die Besiedlung durch die Albaner, die ihre Heimat auf der Flucht vor den Türken verlassen mußten. Im Mezzogiorno konnte die alte Kultur weitgehend bewahrt werden, die in Albanien zuerst durch die islamische Herrschaft und zuletzt durch das rigide KP-Regime bloß im Verbor-

cherweise hilft wieder einmal die verspielte Fee Morgan ein wenig nach. Wie schon damals, als die zauberkundige Stiefschwester von König Artus und Lancelots verschmähte Geliebte dem Normannen Roger Hauteville die Erfüllung seiner Träume vorspiegelte. Aus ihrem kristallenen Palast in der Tiefe der Meerenge von Messina sandte sie ihm die sehnsüchtig herbeigewünschte Flotte zur Eroberung Siziliens. Doch der alte Haudegen verließ sich lieber auf sich selbst und mißtraute solcher Hexerei, der so manch anderer erliegen sollte.

Selbst im Dunstschleier der Industrieabgase narren an dieser Küste noch heute Luftspiegelungen hin und wieder die Sinne, gaukeln Schönheit vor, wo Häßlichkeit regiert. Eine Fata Morgana kennt man mittlerweile in der ganzen Welt, aber nirgendwo wird eine gute Fee dringender benötigt als in Reggio. Weil dieser Stadt wirklich nur noch mit Zauberkraft zu helfen ist. Mit Wundern wie den ›Kriegern von Riace‹.

Vom Griechen-Commonwealth zum Reich der Byzantiner

Als Fotomodell hat es das Dorf Pentedattilo unter dem ›Fünffingerfelsen‹ an der Südspitze Kalabriens weit gebracht, die bizarre Gesteinsformation zählt zu den am häufigsten abgelichteten Moti-

genen blühen konnte. Kein Wunder, daß einer der größten albanischen Nationaldichter des 18. Jh., Giulio Variboba, aus San Giorgio Albanese in der Provinz Cosenza stammt. Die albanische Bevölkerung Süditaliens – mindestens 70 000 Menschen – verteilt sich heute auf fünf Gemeinden in der Basilikata und mehr als 40 Ortschaften in Kalabrien sowie auch in Sizilien.

In Dörfern mit albanischer Mehrheit, so zum Beispiel in San Basile oder Lungro (beide in Kalabrien), sind sämtliche offiziellen Aufschriften wie Ortstafeln oder Hinweisschilder zweisprachig. Die kulturelle Selbständigkeit manifestiert sich nicht nur in der liebevollen Pflege der farbenprächtigen, religiös geprägten Folklore und zahlreichen Denkmälern des albanischen Nationalhelden Georg Kastriota (1403–68), besser bekannt unter dem Namen Skanderbeg, sondern auch in der Publikation eigener Bücher und Zeitschriften. Eine Neuansiedlung von Albanern wird nur mehr in Einzelfällen gestattet. Die Mitte der 90er Jahre während eines Bürgerkrieges in Massen über die Adria gekommenen Flüchtlinge wurden in ihre Heimat zurückgeschickt.

Die kleinste sprachliche Minderheit spricht eine französisch-provençalische Mundart. Die Nachkommen der Waldenser, einer im 12. Jh. von Petrus Waldus in Lyon zur Predigt des Evangeliums und Rückkehr zur apostolischen Einfachheit gegründeten christlichen Sekte, bewohnen heute vor allem die Kleinstadt Guardia Piemontese (Provinz Cosenza). Von der Inquisition grausam verfolgt und beinahe ausgerottet, konnten die überlebenden Waldenser in die Berge Kalabriens flüchten. Aber auch dort ereilte sie ihr Schicksal, und nur diejenigen, die ihrem Glauben abschworen, blieben verschont. In die von den Dominikanern kontrollierte Gemeinde Guardia Piemontese verbannt, gelang es ihnen aber dennoch, zumindest ihre kulturellen und sprachlichen Traditionen bis heute zu erhalten.

Aspromonte

ven der Region. Doch dafür können sich die wenigen noch verbliebenen Einwohner dieses weltvergessenen Winkels auf den rutschenden Hängen oberhalb von Melito di Porto Salvo ebensowenig etwas kaufen wie für ihr griechisches Erbe, das unverkennbar im Ortsnamen durchschimmert. Nach wie vor leben Italo-Griechen im Gebiet zwischen Reggio di Calabria und Locri, doch nur noch selten mischen sich archaische Brocken in die Alltagsdiktion dieser *Grecani*. Bis zum Ende des Mittelalters verständigte man sich im gesamten Aspromonte-Gebiet ausschließlich auf Griechisch, wovon nach wie vor die meisten topographischen Begriffe Zeugnis ablegen. Die Wissenschaft sah darin stets bloß eine Tradition aus der byzantinischen Epoche, die immerhin mehr als ein halbes Jahrtausend – von 535 bis 1071 – währte. Erst um 1920 wies ein Forscher nach, daß einige Menschen in dieser entlegenen Bergregion sogar noch bis zum Ende des 19. Jh. lupenreines Altgriechisch beherrschten – die Sprache Homers. Italienisch und Neugriechisch sind die Straßenschilder einiger Küstendörfer beschriftet, z. B. in Bova Marina, wo auch ein kleines Museum das griechische Erbe dokumentiert.

Ob *Magna Graecia* oder Byzanz, die Grenzen zwischen Zeit und Raum verschwimmen in einem Land, in dem die sommerliche Mittagsglut jedes Leben zur Reglosigkeit verdammt. Noch immer schlägt die Stunde des Pan, wenn die Luft über den verbrannten Weiden vor Hitze flimmert und sich kein Hauch über dem zu einem Spiegel erstarrten Meer regt. Sobald die Natur selbst Siesta hält und sogar die Zikaden ihr Zirpen einstellen, gibt es an dieser Küste kaum einen stimmungsvolleren Aufenthaltsort als die rund 3 km außerhalb der modernen Stadt liegende Archäologische Zone von **Locri** 5 (S. 308). Im Schatten eines Olivenhains träumen in den Mauerresten der im 8. Jh. gegründeten griechischen Siedlung *Locri Epizephiri* Geister von den großen Tagen, als die gierigen Bewohner von *Kroton* vergebens nach dem Goldschatz im Tempel der Persephone trachteten. Mit Hilfe der Dioskuren schlugen 10 000 Mann aus *Locri* den angeblich zehnmal so starken Gegner an den Ufern des Flusses Sagra. Dieser fast unglaubliche Sieg schenkte dem Griechischen Commonwealth ein neues Sprichwort: Wenn etwas beschrieben werden sollte, wofür es keine Worte gab, sagten die Alten schlicht »wie die Schlacht am Sagra«. Pan in seinem verfallenen Heiligtum beschäftigt sich hingegen nicht mit Heldentaten, sondern kichert vermutlich amüsiert bei dem Gedanken an die Entstehungsgeschichte der Stadt. Lebenslustige Griechinnen sollen kurzerhand mit ihren Sklaven durchgegangen sein und *Locri* gegründet haben, als ihre Männer wieder einmal irgendwo viel zu lange Krieg führten. Noch im 2. Jh. entrüstete sich der hellenistische Historiker Polybios über diesen lange zurückliegenden Skandal.

Das Ende der Griechenstadt kam weder mit den römischen Schatzräubern während des Zweiten Punischen Krieges noch mit dem Waffengeklirr der Sarazenen, es kroch allmählich herbei, ein leises, langsames Sterben. Malaria trieb die griechisch sprechenden Bewohner hinauf in die Berge, wo im 9. Jh., nur 10 km von der Küste entfernt, aus dem Baumaterial der Antike **Gerace** 6 (S. 306) entstand. Viel hat sich in dem mittelalterlichen Städtchen seither nicht geändert. Stille umfängt die kleinen Innenhöfe der alten Häuser, keine Hektik stört die Ruhe eines Ortes, der nur ein einziges Mal den Pulsschlag der Geschichte zu spüren bekam, als er sich als Bollwerk der Byzantiner gegen die Araber erfolgreich zur Wehr setzte. Lediglich die Piazza del Tocco, der »Platz der Berührung«, erinnert an ein zweites historisches Ereignis: Anstatt sich gegenseitig ihre Dickschädel einzuschlagen, fielen an dieser Stelle die Normannenbrüder Roger und Robert Guiscard einander nach einem bösen Streit gerührt in die Arme.

Vernunft regiert offenbar auch bei den modernen Stadtvätern von Gerace, die sich des ihnen anvertrauten Schatzes durchaus bewußt zu sein scheinen. Als erster Ort Kalabriens hat man nämlich das historische Zentrum für den Autoverkehr gesperrt. Von einem Parkplatz bringen kleine Elektrowägelchen die Besucher zum höchsten Punkt, den noch recht gut erhaltenen Mauern eines Normannenkastells (12. Jh.), von dem aus sich ein atemberaubender Panoramablick öffnet. Langsam schlendert man nun bergab durch pittoreske Gäßchen, unter alten Torbögen und über stimmungsvolle Plätze mit schönen Kunsthandwerksläden bis zur Kathedrale, dem größten Sakralbau Kalabriens. Im lichtdurchfluteten Inneren des 1045 geweihten dreischiffigen Gotteshauses befinden sich 39 Säulen, die vermutlich von den griechischen Tempeln von *Locri* stammen. Unter dem Querhaus erstreckt sich eine weiträumige Hallenkrypta mit ebenfalls antiken

Die Sarazenenküste

Säulen. Beachtung verdient auch die Kirche San Francesco d'Assisi mit einem prächtigen gotischen Portal (spätes 13. Jh.) an der Seitenfront, dem mit Marmorintarsien üppig geschmückten Hochaltar (1664) und dem reich skulptierten Grabmal des Nicola Ruffo (1372).

Namen sind Schall und Rauch. Wer mit Kalabriens **Costa dei Gelsomini** (Jasminküste) zwischen dem Capo dell'Armi am Eingang zur Meerenge von Messina und dem Capo Spartivento bei Brancaleone liebliche Assoziationen mit duftenden Gestaden verbindet, muß leider erkennen: Kein Meter der Strecke hält, was die poetische Bezeichnung verspricht. Genau umgekehrt verhält es sich mit dem nächsten Küstenabschnitt Richtung Norden. Die **Costa dei Saraceni,** die Sarazenenküste, am Ionischen Meer mit aufstrebenden Badeorten wie Bianco, Bovalino Marina, Siderno oder Marina di Caulonia bis Crotone zählte einst als Spielwiese brutaler Piraten und eroberungswütiger Araber zu den unwirtlichsten Plätzen der Apenninenhalbinsel. Heutzutage garantieren gepflegte Palmenpromenaden an kilometerlangen Buchten mit weichem Sand oder feinkörnigem Kies ungetrübtes Badevergnügen, das dem Abstecher in die Vergangenheit zusätzliche Würze verleihen.

Etwa nach **Riace** [7], dem Fundort der berühmten Bronze-Krieger (S. 269 ff.). Bietet der Badeort Riace Marina nicht einmal einen Hinweis auf die Stelle am Strand, in deren Sichtweite die sensationelle Entdeckung gelang, und auch sonst wenig Abwechslung, so zeigt sich das 6,6 km entfernt auf einem Hügel im Landesinneren liegende Riace Vecchia als eine gut erhaltene mittelalterliche Ortschaft, die teilweise noch von Mauern mit Stadttoren umgeben ist. Von mittelalterlichem Ursprung sind auch die jüngst restaurierten Kirchen San Nicola di Bari (mit original erhaltenem Portal und Glockenturm) und Santi Cosma

Aspromonte oder: Rauhe Wirklichkeit zwischen schroffen Felsen

Gespannt blickte Europa in den Augusttagen des Jahres 1862 auf einen weltvergessenen Winkel Italiens. Zwei Jahre nach seinem spektakulären ›Zug der Tausend‹ hatte sich der Berufsrevolutionär Giuseppe Garibaldi mit seinen Rothemden in den Höhen des Aspromonte verschanzt, wo er einer Abteilung des italienischen Heeres ein blutiges Gefecht lieferte. Erstmals verließ ihn da sein Glück. Er wurde verwundet und geriet in Gefangenschaft, doch mehr noch als seine Verletzungen schmerzte den Volkshelden der tiefe Kratzer an seinem Image. Die Erfahrung, daß selbst ein Mann vom Charisma eines Garibaldi vor Niederlagen nicht gefeit war, bescherte dem italienischen Freiheitskampf eine schwere Krise. Doch ein Garibaldi-Mausoleum, 3 km von dem zu einem kleinem Fremdenverkehrszentrum avancierten **Gambarie d'Aspromonte** (S. 305) entfernt, erinnert daran, wen die Geschichte schlußendlich doch zum Sieger erklärte.

Keine Helden, sondern Verbrecher der übelsten Sorte sorgten mehr als 100 Jahre später dafür, daß diese gottverlassenen Berge in den Schlagzeilen der Medien nach wie vor Erwähnung finden. Menschenraub zählt zu den einträglichsten Geschäften der kalabrischen Mafia *'ndrangheta,* die ihre Opfer vorzugsweise in die unwegsamen Schluchten an der Stiefelspitze Italiens verschleppt. *Nomen est omen,* denn Aspromonte bedeutet nichts anderes als ›rauher, harter Berg‹. Und rauh ist die Wirklichkeit heute noch, allem Fortschritt und jeder Entwicklungshilfe zum Trotz. Nach polizeilichen Schätzungen verbergen sich bis zu 2000 Menschen in dem offiziell kaum besiedelten Gebiet, in dem der Reisende immer wieder auf ein Großaufgebot an Polizei stößt. Allerdings nehmen in der Regel weder die Mafiosi noch die schwer bewaffneten

e Damiano. Die beiden Heiligen, denen letztere geweiht wurde, werden hier besonders verehrt.

Ein Ausflugsziel ist auch der Hügel von Punta Stilo, der südlichste Punkt des Golfs von Squillace, an dem italienische Archäologen unweit von **Monasterace Marina** 8 das antike *Caulonia* ausgegraben haben. Das einstige Zentrum der *Magna Graecia* war schon in römischer Zeit verlassen worden. Bisher wurden Ruinen eines dorischen Tempels des Apollo Katharsios aus der Mitte des 5. Jh. v. Chr., Teile einer 3 km langen Stadtmauer und erst 1960 ein nun im Nationalmuseum von Reggio di Calabria ausgestellter Mosaikfußboden aus einer antiken Thermenanlage freigelegt.

◁ *Bizarre Felsformationen im Aspromonte*

Carabinieri-Einheiten in ihren gepanzerten Fahrzeugen Notiz von harmlosen Touristen, die sich die wilde Schönheit der schroffen Felsen und tiefen Abgründe nicht entgehen lassen wollen. Auf Wegelagerer wird man kaum noch stoßen, heute geht es den Banditen um erpreßbare Millionenbeträge – in Dollar – und nicht um unbedeutendes Reisegepäck. Doch eine zufällige Begegnung oder Beobachtung könnte der Gesundheit nicht unbedingt zuträglich sein, und wenn Einheimische ohne große Erklärungen vor einer Weiterfahrt warnen, dann halten Kluge sich daran.

Die 'ndrangheta ist allgegenwärtig in der Provinz Reggio Calabria. Ortschaften von unglaublicher Häßlichkeit wie Palmi oder Gioia Tauro vermitteln jene ungreifbare und doch spürbare Atmosphäre von Angst und Resignation. Skrupellose Spekulationen wie der Bau eines niemals in Betrieb genommenen Stahlwerks ruinierten 300 ha uralter Olivenbaumbestände. Fabriken in fruchtbaren Ebenen verwandelten sich in ›Kathedralen in der Wüste‹, wie jene mit großem Aufwand errichteten Industrieanlagen genannt werden, an deren Bau einige ein Vermögen verdienten. Nachdem gigantische Summen in die entsprechenden Taschen geflossen sind, richtet sich das Interesse auf andere Projekte, zurück bleiben technische Ruinen, die weder Arbeitsplätze schaffen noch sonst für irgend etwas zu gebrauchen sind.

Als Zeitgenosse der Französischen Revolution schrieb der neapolitanische Sozialreformer Antonio Genovesi über Kalabrien: »Das Land ist arm; wollt ihr wissen warum? Sagt nicht, es sei aus Faulheit, Verschwendung, üblen Sitten und weil niemand mehr einen eigenen noch allgemeinen Glauben hätte. Das ist alles Geschwätz. Alle diese Mißstände sind nicht die Ursache, sondern die Folgen der Armut. Aber woher kommt diese? Nicht von der Bodenbeschaffenheit, nicht vom Klima, sondern von der politischen Verfassung.« Viel hat sich seither offenbar nicht geändert, denn außer parlamentarischen Untersuchungskommissionen fällt Rom bis zum heutigen Tag wenig ein, um im Sorgenkind unter Italiens Regionen mit Mord und Erpressung aufzuräumen. Man nimmt zur Kenntnis, daß der kalabrische Volkscharakter unter einer dünnen Tünche moderner Zivilisation in alter, verzweifelter Härte durchschimmert. Mit wenigen Worten hatte der Priester und Journalist Vincenzo Padula, 1819 in Cosenza geboren, in seiner kleinen Zeitung *Il Bruzio* die Gedankenwelt seiner Landsleute umrissen: »Ich küsse dem Herrn die Hand – am liebsten, wenn sie abgehackt ist!«

Das 10 km landeinwärts liegende Dörfchen Caulonia hatte sich 1945 zur »selbständigen Republik« erklärt, der Spuk wurde aber schon nach einem halben Jahr durch eine Carabinieri-Einheit beendet. Interessanter als diese kleine Episode ist die leider verfallene Kirche San Zaccaria, in deren Apsis immer noch Fresken aus dem 12. und 13. Jh. zu sehen sind.

Nur 10 km abseits der Küste entdeckt man eine ganz besondere Kostbarkeit, die byzantinische Cattolica von **Stilo** 9 (S. 329), eine kleine Kirche von bezaubernder Anmut. »Für mein Gefühl das schönste Bauwerk Kalabriens, dessen Anblick uns fast magisch in eine andere Welt, nach Griechenland, ja nach Anatolien versetzt. Sein Zauber ist seine echt hellenistische Reinheit und Schlichtheit;

hier fühlen wir eine frühchristliche, eine orientalische, ja eine eremitische Frömmigkeit«, geriet der Kunstkenner Eckart Peterich ins Schwärmen. Einfacher Backstein diente den griechischen Ordensbrüdern im 10. Jh. als Baumaterial, gewöhnliche Ziegel bedecken die fünf Kuppeln – Sinnbilder für Christus und die vier Evangelisten. Im Innenraum tragen vier schlichte Säulen die Gewölbe. Das größte Freskenfragment zeigt die Himmelfahrt Christi in einem von Engeln getragenen Heiligenschein, während andere Engel sich den Aposteln zuwenden. Ein winziges Gotteshaus, hingeduckt unterhalb der hoch aufragenden Felsenkämme des Monte Consolino und oberhalb des stufenförmig angelegten Städtchens; doch welches Feuer muß jene Basilianerbrüder vor einem Jahrtausend beseelt haben, daß sie in den einsamen Bergen Kalabriens allen Verfolgungen zum Trotz solche Monumente des Glaubens errichten konnten! Denn mit dem einstmals bedeutenden Stilo als Mittelpunkt besaß das griechische Mönchtum allein an der ionischen Küste acht Klöster, von den anderen tief in den dunklen Wäldern der Sila erst gar nicht zu reden. Wenig mehr als Ruinen blieben jedoch von den gezählten 1500 Basilianerabteien auf Sizilien sowie in Kalabrien und dem restlichen Italien kaum übrig.

Wie ein unsichtbarer Bogen spannt sich byzantinisches Kulturgut über ganz Süditalien, von dem frühchristlichen Pergament von Rossano bis zu den Fresken in der Cattolica von Stilo, jener Stadt, in deren Umgebung – in **Stignano** – mit Tommaso Campanella (1568–1639) einer der wohl seltsamsten Kirchenmänner geboren wurde. Für seine Vision von einem Sonnenstaat kommunistischer Prägung nahm der kalabrische Mönch Verfolgung und Kerker, Spott und Hohn auf sich. Doch noch heute sprechen selbst die einfachsten

Detail des Freskos in der Cattolica von Stilo

Bürger von Stilo mit Hochachtung von dem ungewöhnlichen Dominikanermönch, auch wenn sie vermutlich keines seiner utopisch-philosophischen Werke gelesen haben. Mit müden, weisen Augen blickt Campanella von seinem Denkmal auf die Welt – mit exakt jenem Ausdruck, der sich unter den schweren Lidern griechischer Engel an verblassenden Kirchenwänden wiederfindet.

Ein anderer Bezug zu Campanella findet sich im Dom Santa Maria d'Ognissanti, von dessen mittelalterlichem Gründungsbau nur noch das gotische Portal (14. Jh.) erhalten ist. Das Gotteshaus bewahrt eines der kostbarsten Werke der Malerei des 17. Jh., die ›Madonna d'Ognissanti‹ des Neapolitaners Battistello Caracciolo, der es 1618 für Campanellas Arzt Tiberio Carnevale malte. Über dem Städtchen ragen die Reste eines Normannenkastells in den Himmel, unweit davon findet man die Ruinen eines Basilianerklosters und der Kirche San Giovanni Vecchio.

Die Straße Nr. 110 windet sich in unzähligen Kurven bis in mehr als 1300 m Höhe. Nach etwa 25 km zweigt eine Stichstraße nach **Ferdinandea** ab, zum einsam im Wald stehenden ehemaligen Jagdschloß des Bourbonen Ferdinand II. aus der 1. Hälfte des 19. Jh. Heute wird das Anwesen als Wirtschaftshof geführt. Der Kastellan führt gerne durch den Herrensitz mit seinen abblätternden Fresken und nach wie vor prachtvollen Holzdecken.

Inmitten schöner und dichter Wälder liegt das Bergstädtchen **Serra San Bruno** 10 (S. 328). In der Kirche San Biagio findet man – eine ausgesprochene Rarität in Süditalien – Werke eines deutschen Bildhauers, des »David Müller tedesco«, wie er sich auf dem Sockel einer Madonnenstatue aus Marmor und an-

Der Teich mit der Statue des San Bruno soll mit heilkräftigem Wasser gespeist sein

derer Skulpturen in diesem Gotteshaus verewigte. In einem Wäldchen rund 1 km südlich des Ortes verzaubert das mystische Ambiente der **Certosa di Serra San Bruno** (s. S. 32). Die alte Kartause war bei einem Erdbeben 1783 fast völlig zerstört worden, in einem Seitentrakt der neueren Klosteranlage wurde ein – auch für Frauen zugängliches – Museum eingerichtet, in dem die Geschichte des Kartäuserordens dokumentiert wird.

Dorfszene in der Basilikata ▷

Tips & Adressen

Tips & Adressen

▼ Das erste Kapitel, **Adressen und Tips von Ort zu Ort**, listet die im Reiseteil beschriebenen Orte in alphabetischer Reihenfolge auf. Zu jedem Ort finden Sie hier Empfehlungen für Unterkünfte und Restaurants sowie Hinweise zu Museen und anderen Sehenswürdigkeiten, zu Festen, Unterhaltungsangeboten etc. Piktogramme helfen Ihnen bei der raschen Orientierung.

▼ Die **Reiseinformationen von A bis Z** bieten von A wie ›Anreise‹ bis V wie ›Verkehr‹ eine Fülle an nützlichen Hinweisen – Antworten auf Fragen, die sich vor und während der Reise stellen.

Bitte schreiben Sie uns, wenn sich etwas geändert hat!
Alle in diesem Buch enthaltenen Angaben wurden von den Autoren nach bestem Wissen erstellt und von ihnen und dem Verlag mit größtmöglicher Sorgfalt überprüft. Gleichwohl sind – wie wir im Sinne des Produkthaftungsrechts betonen müssen – inhaltliche Fehler nicht vollständig auszuschließen. Daher erfolgen die Angaben ohne jegliche Verpflichtung oder Garantie des Verlages oder der Autoren. Beide übernehmen keinerlei Verantwortung und Haftung für etwaige inhaltliche Unstimmigkeiten. Wir bitten daher um Verständnis und werden Korrekturhinweise gerne aufgreifen:
DuMont Reiseverlag, Postfach 10 10 45, 50450 Köln
E-Mail: info@dumontreise.de

Inhalt

■ **Adressen und Tips von Ort zu Ort**

Acerenza (Basilikata)............... 291
Acri (Kalabrien).................... 291
Alberobello (Apulien).............. 292
Altamura (Apulien)................. 292
Altomonte (Kalabrien).............. 292
Amalfi (Kampanien)................. 293
Andria (Apulien)................... 293
Avellino (Kampanien)............... 294
Bàcoli (Kampanien)................. 294
Bari (Apulien)..................... 295
Barletta (Apulien)................. 295
Benevento (Kampanien).............. 296
Biscéglie (Apulien)................ 296
Bitonto (Apulien).................. 297
Brindisi (Apulien)................. 297
Camigliatello Silano (Kalabrien)... 298
Canosa di Puglia (Apulien)......... 298
Capri (Kampanien).................. 298
Capua (Kampanien).................. 299
Caserta (Kampanien)................ 299
Castellammare di Stabia
  (Kampanien)...................... 300
Castellana Grotte (Apulien)........ 300
Castellaneta (Apulien)............. 301
Castrovillari (Kalabrien).......... 301
Catanzaro (Kalabrien).............. 301
Conversano (Apulien)............... 302
Cosenza (Kalabrien)................ 302
Crotone (Kalabrien)................ 302
Cuma (Kampanien)................... 303
Diamante (Kalabrien)............... 303
Ercolano/Herculaneum (Kampanien).. 303
Fasano (Apulien)................... 304
Foggia (Apulien)................... 304
Francavilla Fontana (Apulien)...... 305
Gallìpoli (Apulien)................ 305
Gambàrie d'Aspromonte (Kalabrien).. 305
Gerace (Kalabrien)................. 306
Gioia del Colle (Apulien).......... 306
Gravina in Puglia (Apulien)........ 306
Ischia (Kampanien)................. 307
Isola di Capo Rizzuto (Kalabrien).. 307
Lamezia Terme (Kalabrien).......... 308

Lecce (Apulien).................... 308
Locri (Kalabrien).................. 308
Lucera (Apulien)................... 309
Manfredonia (Apulien).............. 309
Maratea (Basilikata)............... 310
Marina di Leuca (Apulien).......... 310
Martina Franca (Apulien)........... 310
Massafra (Apulien)................. 311
Matera (Basilikata)................ 311
Melfi (Basilikata)................. 312
Metaponto (Basilikata)............. 312
Molfetta (Apulien)................. 312
Monópoli (Apulien)................. 313
Monte Sant'Angelo (Apulien)........ 313
Napoli/Neapel (Kampanien).......... 314
Nardò (Apulien).................... 315
Nicótera (Kalabrien)............... 315
Ostuni (Apulien)................... 316
Otranto (Apulien).................. 316
Padula (Kampanien)................. 317
Paestum (Kampanien)................ 317
Palinuro (Kampanien)............... 318
Palmi (Kalabrien).................. 318
Páola (Kalabrien).................. 318
Pèschici (Apulien)................. 319
Pisticci (Basilikata).............. 319
Pizzo (Kalabrien).................. 319
Policoro (Basilikata).............. 319
Polignano a Mare (Apulien)......... 320
Pompei/Pompeji (Kampanien)......... 320
Positano (Kampanien)............... 321
Potenza (Basilikata)............... 321
Pozzuoli (Kampanien)............... 322
Praia a Mare (Kalabrien)........... 322
Pròcida (Kampanien)................ 322
Ravello (Kampanien)................ 323
Reggio di Calabria (Kalabrien)..... 323
Rionero in Vùlture (Basilikata).... 324
Rivello (Basilikata)............... 324
Rossano (Kalabrien)................ 324
Ruvo di Puglia (Apulien)........... 325
Salerno (Kampanien)................ 325
San Giovanni in Fiore (Kalabrien).. 326
San Giovanni Rotondo (Apulien)..... 326

Sant'Agata sui Due Golfi
(Kampanien) 326
Santa Maria Capua Vetere
(Kampanien) 327
Scalea (Kalabrien) 327
Scilla (Kalabrien) 327
Serra San Bruno (Kalabrien) 328
Sibari (Kalabrien) 328
Sorrento/Sorrent (Kampanien) 328
Squillace (Kalabrien) 329
Stilo (Kalabrien) 329
Taranto/Tarent (Apulien) 329
Taverna (Kalabrien) 330
Tiriolo (Kalabrien) 330
Torre Annunziata (Kampanien) 330
Torre del Greco (Kampanien) 331
Trani (Apulien) 331
Tremiti-Inseln (Apulien) 331
Troia (Apulien) 332
Tropea (Kalabrien) 332
Venosa (Basilikata) 332
Vieste (Apulien) 333
Vietri sul Mare (Kampanien) 333

■ **Reiseinformationen von A bis Z**
Anreise 334
. . . mit dem Auto 334
. . . mit dem Flugzeug 334
. . . mit der Bahn 334
. . . mit dem Bus 334
Auskünfte 334
Autofahren 335
Leihwagen 335
Pannenhilfe 335
Straßen und Autobahnen 335
Tankstellen 336
Tempolimit, Vorschriften 336
Versicherung 336
Behinderte 336
Benehmen 336
Camping 336

Diplomatische Vertretungen
(Konsulate) 337
Deutschland 337
Österreich 337
Schweiz 337
Einkaufen 337
Feiertage 337
Feste 337
Geld und Banken 338
Gesundheit 339
Klima und Reisezeit 339
Kriminalität 339
Literatur 340
Naturschutzgebiete/Nationalparks . . . 340
Notrufnummern 341
Post und Telefon 341
Sehenswürdigkeiten 341
Souvenirs 341
Sport 342
Angeln 342
Gokart 342
Golf 342
Radfahren 342
Reiten 342
Segeln/Surfen/Tauchen/Wasserski . 342
Tennis 342
Wandern 342
Sprache 343
Theater, Musik, Festspiele 343
Trinkgeld 343
Unterkunft 343
Agriturismo 343
Hotels 344
Verkehr 344
Bahn 344
Bus 344

Abbildungs- und
Quellennachweis 345

Register 346

Adressen und Tips von Ort zu Ort

■ **Preiskategorien**
… für Unterkünfte:
Preise pro Doppelzimmer oder 2-Personen-Apartment mit Frühstück in der Hauptsaison, alle Steuern inklusive. Außerhalb der Monate Juli und August liegen die Preise bis zu 30% niedriger.
sehr preiswert: 20–70 €
günstig: 70–110 €
moderat: 110–180 €
teuer: 180–280 €
sehr teuer: ab 280 €

… für Essen und Trinken:
Als Maßstab wurde der Preis für ein durchschnittliches Menü (Antipasti, Pasta, Hauptgericht Fisch oder Fleisch mit Salat) plus 1/2 l Hauswein genommen:

günstig: 10–15 €
moderat: 15–30 €
teuer: ab 30 €

■ **Abkürzungen**
AA (Azienda Autonoma di Cura Soggiorno e Turismo) – Lokale Fremdenverkehrs- und Kurverwaltung
Pro Loco – Örtliches Fremdenverkehrsbüro
IAT (Ufficio Informazioni e di Accoglienza Turistica) – Lokales Fremdenverkehrsbüro
EPT (Ente Provinciale per il Turismo)/APT (Agenzia Provinciale Turismo) – Fremdenverkehrsbüro der Provinz
AAT (Assessorato al Turismo) – Fremdenverkehrsbüro der Region
SS – Staatsstraße

Acerenza (Basilikata)

Lage: Vordere Umschlagkarte F 6. PLZ 85011. Bergstädtchen mit schönem Panorama. Atmosphäre: malerisch.

c/o Municipio, Via Vittorio Emanuele III, Tel. 09 71 74 10 21.

Il Casone, Contrada da Bosco, Tel. 09 71 74 10 39, Fax 09 71 74 11 41, moderat. Ruhiges, komfortables Hotel mit Sportangeboten (Tennis, Mountainbike).

Osteria Due Lanterne, Via Vittorio Emanuele 319, Tel. 09 71 74 10 76, moderat. Solide Hausmannskost.

Kathedrale (12. Jh.).

Corteo Storico, Festzug in mittelalterlichen Kostümen in Erinnerung an den Bau der Kathedrale durch Robert Guiscard (12. August).

Acri (Kalabrien)

Lage: Vordere Umschlagkarte G 3/4. PLZ 87041. Idealer Ausgangspunkt für eine Exkursion in die Sila Greca. Atmosphäre: angenehm.

www.comune.acri.cs.it

Panoramik, Via Seggio 38, Tel. 09 84 94 48 85, Fax 09 84 94 16 18, moderat. Modernes, zweckmäßig eingerichtetes Hotel mit schöner Aussicht.
La Vecchia Noce, Contrada Montagnola 342, Tel. 09 84 94 63 19, günstig. Einfaches Hotel mit rustikalem Restaurant.
Agriturismo: **Val Calamo,** Via Zaccaria, Tel. 09 84 94 12 87, günstig. 2 km außerhalb des Ortes, Camping, Reiten, Mountainbikes, Trekking.

 La Venere, Via Amendola 394, Tel. 09 84 95 35 16, günstig. Gute hausgemachte Pasta und Würste.

Alberobello (Apulien)

*Lage: Vordere Umschlagkarte H 6.
PLZ 70011. Pittoreskes Trulli-Städtchen.
Atmosphäre: außerhalb der Touristenzone
beschaulich.*

IAT, Piazza Ferdinando IV, Tel. 08 04
32 51 71.

Hotel dei Trulli, Via Cadore 29, Tel.
08 04 32 35 55, Fax 08 04 32 35 60,
teuer. Elegantes Haus im Trulli-Stil mit
allem Komfort.
Astoria, Viale Bari 11, Tel. 08 04 32 33 20,
Fax 08 04 32 12 90, moderat. Hotel aus den
1960er Jahren in zentraler Lage.
Colle del Sole, Via Indipendenza 63, Tel.
08 04 32 18 14, Fax 08 04 32 13 70, günstig.
Einfaches Haus im Grünen.

Il Poeta Contadino, Via Indipendenza 21, Tel. 08 04 32 19 17,
außerhalb der Saison So abends und Mo
geschl., teuer. Top-Restaurant mit kreativer
Küche, die ihren Preis hat.
Trullo d'Oro, Via Felice Cavalotti 28, Tel.
08 04 32 39 09, Mo Ruhetag, moderat.
Herzhafte apulische Küche mit viel frischem Gemüse.

Die Ortsteile Monti und Aia Piccola
mit insgesamt rund 1000 Trulli.

Altamura (Apulien)

*Lage: Vordere Umschlagkarte G 6.
PLZ 70022. Stadt auf der Hochebene der
Murge. Atmosphäre: verträumt.*

Pro Loco, Piazza Repubblica 11, Tel.
0 80 84 39 30.

San Nicola, Via Luca De Samuele
Cagnazzi 29, Tel. 08 03 10 51 99, Fax
08 03 14 47 52, teuer. Luxushotel in einem
Palazzo aus dem 18. Jh.
Svevia, Via Matera 2/A, Tel. 08 03 11
17 42, Fax 08 03 11 26 77, günstig.
Modernes Haus in einem hübschen
Wäldchen.

Corso, Corso Federico II 76, Tel. 08
03 14 14 53, Mi Ruhetag,
moderat/teuer. Spezialitäten aus dem
Meer und von den Bergen in sympathischem Ambiente.

Romanisch-gotische Kathedrale; Kirche San Nicolò dei Greci; Archäologisches Museum (Via Santeramo 88, Tel.
08 03 14 64 09, 9–13.30 und 14.30–19.30
Uhr, So nachmittag geschl.).

Panificio del Duomo, Via N. Melodia 10/12: Hier gibt es das echte
Altamura-Brot (ein flaumiges Weißbrot)
und andere Back-Spezialitäten.

Altomonte (Kalabrien)

*Lage: Vordere Umschlagkarte F 4.
PLZ 87042. Mittelalterliches Städtchen.
Atmosphäre: lebendig, fröhlich.*

Pro Loco, Via Luigi Sparano, Tel.
09 81 94 85 80.

Barbieri, Via San Nicola 30, Tel.
09 81 94 80 72, Fax 09 81 94 80 73,
günstig. Ausgezeichneter Familienbetrieb
mit prachtvollem Blick auf den Dom. Gutes
Restaurant, Swimmingpool, Tennisplatz,
Wandertouren.
D'Ambra, Via S. Martino, Tel./Fax 09 81
94 80 74, sehr preiswert. Kleines 36-Betten-Haus, sehr einfach.

Oasi di Pace, Via San Nicola 30
(Tel./Fax siehe Hotel Barbieri),
moderat. Herzhafte lokale Speisen auf
Fleischbasis.
Al Ristoro del Principe, Piazza Santa
Maria della Consolazione, Tel. 09 81 94 87
43, Mo Ruhetag, moderat. Ausgezeichnete
rustikale Küche im historischen Zentrum.

Gotische Kirche Santa Maria della
Consolazione, angeschlossenes
Museo Civico (Piazza T. Campanella 1, Tel.
09 81 94 80 41, April-Sept. tgl. 8.30–13 und
15–20 Uhr, Okt.–März tgl. 10–13 und 16–19
Uhr).

Festival Mediterraneo dei Due Mari: Theater, Musik, Tanz in dem 1988 eröffneten modernen Amphitheater (Juli/August).

Amalfi (Kampanien)

Lage: Vordere Umschlagkarte D 5.
PLZ 84011. Berühmter Badeort.
Atmosphäre: pittoresk, in der Saison total überlaufen.

AA, Corso Roma 19/21, Tel. 0 89 87 11 07, Fax 0 89 87 26 19, www.costa diamalfi.it (auch englisch).

Cappuccini Convento, Via Annunziatella 46, Tel. 0 89 87 18 77, Fax 0 89 87 18 86, teuer. Luxuriöses Hotel in einem ehemaligen Kloster, wegen der alten Kapelle bei Hochzeitspaaren sehr beliebt.
Amalfi, Via dei Pastai 3, Tel. 0 89 87 24 40, Fax 0 89 87 22 50, moderat. Nettes Mittelklassehaus im historischen Zentrum.
Marina Riviera, Via P. Comite 9, Tel. 0 89 87 11 04, Fax 0 89 87 10 24, moderat. Intimes Haus, alle Zimmer mit Meerblick.
La Bussola, Lungomare dei Cavalieri 22, Tel. 0 89 87 15 33, Fax 0 89 87 13 69, günstig. Gemütliches Hotel in ehemaliger Mühle, einfache, hübsche Zimmer.

Caravella, Via M. Camera 12, Tel. 0 89 87 10 29, Di Ruhetag, teuer. Hier läßt es sich grandios tafeln, sofern man das nötige Kleingeld dazu hat.
Da Gemma, Via Fra Gerardo Sasso 10, Tel. 0 89 87 13 45, Mi Ruhetag, teuer. Rustikales Feinschmeckerlokal am Dom.
Eolo, Via P. Comite 3, Tel. 0 89 87 12 41, außerhalb der Saison Di Ruhetag, teuer. Terrasse mit Traumblick. Hervorragende Fischspezialitäten. Rechtzeitig reservieren!
Marina Grande, Viale della Regione 4, Tel. 0 89 87 11 29, außerhalb der Saison Mi Ruhetag, teuer. Elegantes Fischrestaurant mit eigenem Strand.
Da Maria, Piazza Lorenzo d'Amalfi 14, Tel. 0 89 87 18 80, Mo Ruhetag, moderat. Gemütliche Trattoria mit herzhafter Küche.

Dom aus dem 9. Jh., 1203 im arabisch-normannischen Stil umgebaut, Portal mit Bronzetüre aus Konstantinopel (1066), in der Krypta die Reliquien des Apostels Andreas; das angeschlossene Chiostro del Paradiso (9–21 Uhr) wurde 1266 als Friedhof für Adel und reiche Bürger errichtet.
Papiermuseum »Museo della Carta« (Via delle Cartiere 23, Tel. 08 98 73 62 11, variable Öffnungszeiten).

Andria (Apulien)

Lage: Vordere Umschlagkarte F 7.
PLZ 70031. Vitales Landwirtschaftszentrum an den Osthängen der Murge.
Atmosphäre: lebhaft.

IAT, Via Vespucci 114, Tel./Fax 08 83 59 22 83.

Cristal Palace, Via Firenze 35, Tel. 08 83 55 64 44, Fax 08 83 55 67 99, günstig/moderat. Modernes Haus mit allem Komfort. Großer Sportkomplex mit Hallenbad, Sauna, Solarium.
L'Ottagono, SS 170 bei km 20,1, Tel. 08 83 55 78 88, Fax 08 83 55 60 98, günstig/moderat. Schönes Hotel mit großem Garten.
Villa dei Pini, Via Brindisi 3, Tel. 08 83 59 94 50, Fax 08 83 55 55 29, sehr preiswert. Einfache Gartenvilla in Zentrumsnähe.
Agriturismo: **Tenuta Tannoia,** Loc. Castel del Monte, SS 170, km 25, Tel. 08 83 54 57 31, günstig. Landgut aus dem 17. Jh., komfortable Zimmer.

Antichi Sapori, Loc. Montegrosso, Via Sant'Isidoro 9, Tel. 08 83 56 95 29, Mo Ruhetag, moderat. Lokale Küche, familiäre Atmosphäre.
Falcone, Contrada Posta di Mezzo, Castel del Monte, Tel. 08 83 56 98 92, Mo und September geschl., moderat. Nettes Lokal in rustikalem Stil.
Fenice, Via Firenze 35a, Tel. 08 83 55 02 60, So abends und Mo geschl., moderat.

Tips von Ort zu Ort

293

Apulische Spezialitäten in elegantem Ambiente.
Taverna Sforza, Via Castel del Monte, Tel. 08 83 56 99 96, außerhalb der Saison Mo Ruhetag, moderat. Gediegendes Landgasthaus, seit fast 100 Jahren in Familienbesitz.

Kathedrale Santa Maria Assunta; Palazzo Vescovile mit Diözesanmuseum (Besuch auf Anfrage, Tel. 08 83 59 25 96); in 18 km Entfernung Castel del Monte, die ›Krone Apuliens‹ (Info unter Tel. 08 62 93 84 04 11, tgl. 9–14 im Winter, bzw. 19 Uhr im Sommer, Mittagspause).

Avellino (Kampanien)

Lage: Vordere Umschlagkarte D 6. PLZ 83100. Provinzhauptstadt in den grünen Hügeln der Hirpinien. Atmosphäre: nüchtern.

EPT, Via Due Prinzipati 5, Tel. 0 82 57 46 95, Fax 0 82 57 47 57.
Informationsbüro, Piazza Libertà 50/51, Tel. 0 82 57 47 32.

De la Ville, Via Palatucci 20, Tel. 08 25 78 09 11, Fax 08 25 78 09 21, teuer. Modernes, komfortables Hotel mit gutem Restaurant »Il Cavallino«.
Jolly Avellino, Via Tuoro Cappuccini 97/A, Tel. 0 82 52 59 22, Fax 08 25 78 00 29, moderat/teuer. Funktionell.

Antica Trattoria Martella, Via Chiesa Conservatorio 10, Tel. 0 82 53 11 17, So abends, Mo und August geschl., moderat. Empfohlen seien Gemüsesuppe, frische Pasta mit schwarzen Trüffeln und Kaninchen.
Evoè, Via del Gaizzo 12/14, Tel. 0 82 57 49 51, So und im Aug. geschl., nur abends geöffnet, moderat. Kultivierte Weinbar mit feinen Snacks.

Kathedrale mit neoklassizistischer Fassade; die Exponate im Museo Provinziale Irpino (Palazzo della Cultura, Corso Europa, Tel. 0 82 53 85 82, Mo–Fr 8–14 und 15–18 Uhr, Sa, So geschl.) reichen von archäologischen Funden bis zu moderner Kunst.

Bàcoli (Kampanien)

Lage: Vordere Umschlagkarte C 6. PLZ 80070. Badeort am Golf von Pozzuoli. Zur Gemeinde gehört auch Baia, in der Antike als Baiae modernster Badeort (Thermalquellen). Atmosphäre: provinziell.

Pro Loco, Loc. Baia, Via Lucullo 50, Tel. 08 18 68 89 87.

 Cala Moresca, Capo Miseno, Via Faro 44, Tel. 08 15 23 55 95, Fax 08 15 23 55 57, moderat. Das komfortable kleine Haus (28 Zimmer) hat einen eigenen Zugang zum Meer.
Il Gabbiano, Via G. Temporini 99, Tel. 08 18 54 50 20, Fax 08 18 04 02 55, günstig. Nettes Mittelklassehaus, 300 m zum Meer.
Sorriso, Loc. Miliscola 31, Tel. 08 15 23 14 69, günstig. Kleiner Garten, Meerlage.

La Misenetta, Via Lungolago 2, Tel. 08 15 23 41 69, außerhalb der Saison Mo Ruhetag, teuer. Klassische Meeresküche in elegantem Ambiente.

Sepolcro di Agrippina, keineswegs das Grab der Mutter Neros, sondern vermutlich das Odeon einer römischen Villa (9 Uhr bis eine Stunde vor Sonnenuntergang, Auskunft im Ristorante Garibaldi); Cento Camerelle (»Hundert Kämmerlein«), eine Wasserspeicheranlage in zwei Stockwerken (Auskunft beim Pförtner in der Via Cento Camerelle 161); Piscina Mirabilis, die größte erhaltene Zisterne der Antike aus der Zeit des Augustus (Pförtnerin in der Via Ambrogio Greco 10); Archäologischer Park von Baia (9 Uhr bis eine Stunde vor Sonnenuntergang); Castello di Baia mit Archäologischem Museum der Phlegräischen Felder (Via Castello di Baia, Tel: 08 15 23 37 97, tgl. außer Mo 9–14.30 Uhr).

Bari (Apulien)

*Lage: Vordere Umschlagkarte G 6.
Stadtplan: S. 185
PLZ 70100. Regional- und Provinzhauptstadt. Atmosphäre: großstädtisch.*

 APT, Piazza Aldo Moro 33/A, Tel. 08 05 24 23 61, Fax 08 05 24 23 29, aptbari@pugliaturismo.com.
AA, Corso Vittorio Emanuele 68, Tel. 08 05 21 99 51.

Villa Romanazzi Carducci, Via Capruzzi 326, Tel. 08 05 42 74 00, Fax 08 05 56 02 97, teuer. Ein Haus der Mercure-Hotelkette inmitten eines 23 000 m² großen denkmalgeschützten Parks am Meer.
Boston, Via Piccinni 155, Tel. 08 05 21 66 33, Fax 08 05 24 68 02, moderat. Gut ausgestattetes Hotel im Zentrum der Stadt.
Victor Clarine, Via Nicolai 71, Tel. 08 05 21 66 00, Fax 08 05 21 26 01, moderat. Gehobene Mittelklasse nahe der Altstadt.
Adria, Via L. Zuppetta 10, Tel. 08 05 24 66 99, Fax 08 05 21 32 07, günstig. 1997 eröffnetes Haus beim historischen Zentrum.
Orchidea, Via Giulio Petroni 11/2, Tel. 08 05 42 19 37, Fax 08 05 42 69 43, sehr preiswert. Familiäres Hotel in Bahnhofsnähe.

Piccinni, Via Piccinni 28, Tel. 08 05 21 12 27, So und 2 Wochen im August geschl., teuer. Klassische Mittelmeerküche und danach hervorragende Süßspeisen.
Pignata, Corso Vittorio Emanuele 173, Tel. 08 05 23 24 81, So abends, Mo und August geschl., teuer. Spitzenlokal im Herzen Baris, ob Gemüse, Fisch oder Früchte – alles ganz frisch.
Alberosole, Corso Vittorio Emanuele 13, Tel. 08 05 23 54 46, Mo Ruhetag, moderat/teuer. Kreative Küche mit stets frischen Produkten.
Manfredi, Via Re Manfredi 19, Tel. 08 05 23 64 99, Mo Ruhetag, moderat. Feine apulische Küche mit rustikalem Einschlag.
Terranima, Via Putignani 213/215, Tel. 08 05 21 97 25, So und August geschl., moderat. Einfache, schmackhafte lokale Speisen zu vernünftigen Preisen.

Altstadt: Kastell mit Gipsothek (Tel. 08 05 28 62 63, Di–So 8.30–19 Uhr, Mo geschl.); romanische Kathedrale San Sabino mit angeschlossenem Diözesanmuseum (Via Dottula, Tel. 08 05 21 00 64, Do, Sa, So 9.30–12.30, Sa auch 16.30–19.30 Uhr, an den übrigen Tagen auf Anfrage); Basilika San Nicola mit Museo della Basilica (Tel. 08 05 23 72 47, Besichtigung auf Anfrage).
Neustadt: Pinacoteca Provinciale (Kunstwerke des 16.–20. Jh., Mo–Sa 10–13 und 17–19 Uhr, So 9–12 Uhr); Museo Archeologico (Piazza Umberto I, Tel. 08 05 21 15 59, derzeit wegen Neuaufstellung geschl.).

 Flughafen Bari-Palese (10 km nordwestlich), Tel. 08 05 31 62 20;
City Air Terminal, Via Calefati 37.

Barletta (Apulien)

*Lage: Vordere Umschlagkarte F 7.
PLZ 70051. Hafenstadt mit schönen Stränden. Atmosphäre: quirlig.*

 IAT, Corso Garibaldi 208, Tel. 08 83 53 15 55.

Artù, Piazza Castello 67, Tel. 08 83 33 21 21, Fax 08 83 33 22 14, moderat. Gutes Mittelklassehotel mit Blick auf das Kastell.
Dei Cavalieri, Via Foggia 40, Tel. 08 83 57 14 61, Fax 08 83 52 66 40, günstig. Modernes 80-Betten-Haus in kleinem Garten.
Royal, Via L. de Nittis 13, Tel. 08 83 53 11 39, Fax 08 83 33 14 66, günstig. Trotz zentraler Lage ruhige Zimmer mit zweckmäßiger Möblierung.

Antica Cucina, Via Milano 73, Tel. 08 83 52 17 18, Mo Ruhetag, moderat/teuer. Rustikales Ambiente in der Nähe des berühmten Kolosses, Meeresfrüchte vom Feinsten.
Il Brigantino, Via Litoranea di Levante, Tel. 08 83 53 33 45, kein Ruhetag, moderat/teuer. Elegantes Fischrestaurant mit Privatstrand, Pool und Tennisplatz.

👁 Kathedrale Santa Maria Maggiore; Basilica del Santo Sepolcro, davor die Bronze-Reiterstatue Il Colosso; Museo e Pinacoteca im Kastell (Piazza Castello, Tel. 08 83 57 86 13, tgl. außer Mo 9–13 und 16–20 im Sommer, bzw. 15–19 Uhr im Winter); Piazza della Sfida mit der Cantina della Sfida (Tel. 08 83 53 22 04, tgl. außer Mo 9–13 Uhr).

In **Canne della Battaglia,** dem angeblichen Austragungsort der Schlacht von Cannae (216 v. Chr.), befinden sich eine Archäologische Ausgrabungsstätte *(Scavi di Canne)* sowie ein Antiquarium (tgl. 9-13 und 14 Uhr bis eine Stunde vor Sonnenuntergang).

Benevento (Kampanien)

Lage: Vordere Umschlagkarte D 6.
PLZ 82100. Provinzhauptstadt, Zentrum von Industrie, Handel und Landwirtschaft Kampaniens. Ehemalige Metropole der Samniten. Atmosphäre: lebendig.

🛏 EPT, Via Sala 31, Tel. 08 24 31 99 11, Fax 08 24 31 23 09.
AA (Informationsbüro), Piazza Roma 11, Tel. 08 24 31 99 38.

🛏 **Grand Hotel Italiano,** Viale Principe di Napoli 137, Tel. 0 82 42 41 11, Fax 0 82 42 17 58, moderat. Moderner Komplex in Bahnhofsnähe, komfortable Zimmer.
President, Via G. B. Perasso 1, Tel./Fax 08 24 31 67 16, moderat. Zentrale Lage in der Altstadt.
De la Ville, Contrada da Piano Cappelle, Tel. 08 24 31 37 87, Fax 08 24 31 37 96, günstig. Solider Familienbetrieb 5 km außerhalb der Stadt (an der Straße nach San Giorgio del Sannio), dafür sehr ruhig.

🍴 **Pedicini,** Via Grimoaldo Re 16, Tel. 0 82 42 17 31, Mo und August geschl., moderat. Traditionsreiches Lokal im Stadtzentrum.
Pina e Gino, Viale Università, Tel. 0 82 42 49 47, So Ruhetag, moderat/günstig. Pizza, Pasta und deftige Fleischgerichte.

Vecchie Carozze, Contrada da Piano Cappelle, Tel. 0 82 47 81 15, Mo Ruhetag, günstig. Nettes Landgasthaus im Grünen.

👁 Trotz starker Zerstörungen durch Bombardements 1943 konnte die Stadt zumindest im Zentrum ihr historisches Aussehen bewahren. Reliefgeschmückter Trajansbogen *(Arco di Traiano;* 114 am Ende der Via Appia Traiana errichtet); Teatro Romano (2. Jh.; 9 Uhr bis eine Stunde vor Sonnenuntergang), das seinerzeit 20 000 Menschen faßte.

Von dem 1943 total zerstörten Dom, einem mittelalterlichen Bau, wurden die Krypta (6. Jh.), die Fassade und der Glockenturm (beide 13. Jh.) originalgetreu rekonstruiert. Diözesanmuseum im Erzbischöflichen Palais (Piazza Orsini 27, Tel. 0 82 44 28 25, Besichtigung auf Anfrage). Kirche Santa Sofia, frühchristlicher Rundbau mit schönem Portal aus dem 12. Jh. und einem barocken Glockenturm.

Im ehemaligen Kloster Santa Sofia (prächtiger, hochmittelalterlicher Kreuzgang) ist das Museo del Sannio (Piazza Santa Sofia, Tel. 0 82 42 18 18, tgl. außer Mo 9–13 Uhr) untergebracht, dessen Spektrum von archäologischen Funden bis zu moderner Kunst reicht. Die Abteilung Geschichte (Schwerpunkt: Einigung Italiens) befindet sich an der Piazza IV. Novembre (Tel. 08 24 77 45 85, tgl. 10–13 und 16–20 Uhr).

Biscéglie (Apulien)

Lage: Vordere Umschlagkarte G 7.
PLZ 70052. Malerisches Hafenstädtchen. Atmosphäre: beschaulich.

🛏 Pro Loco, Via Aldo Moro 50, Tel./Fax 08 03 96 80 84.

🛏 **Salsello,** Via Siciliani 32, Tel. 08 03 95 59 53, Fax 08 03 95 59 51, moderat. Elegantes Haus in einem großen Park, gutes Restaurant.
Villa, Viale Latesta 2, Tel. 08 03 98 00 31, Fax 08 03 98 02 12, moderat. Gepflegtes Haus im Grünen und am Meer.

Europa, Via Piave 21, Tel. 08 03 92 15 77, sehr preiswert. Kleines Hotel im historischen Zentrum.

L'Antica Locanda, Via O. Tupputi 36, Tel. 08 03 92 90 00, So Ruhetag, moderat. Landestypische Gastwirtschaft in der Altstadt.
Otium Dei, Via Mauro dell'Olio 13, Tel. 08 03 98 04 08, Mo Ruhetag, moderat. Spezialitäten von Land und Meer.

 Kathedrale (11.–13. Jh.); Kirchen Santa Margherita (1197) und Sant' Adoeno (1074, im 14. Jh. umgebaut); Museo Civico Archeologico im ehem. Kloster Santa Croce (Via Frisari 5, Tel. 08 03 95 75 76, Mi, Do 9–13 und 16–18 Uhr, alle übrigen Tage geschl.); 5 km außerhalb Dolmen.

Bitonto (Apulien)

Lage: Vordere Umschlagkarte G 6.
PLZ 70032. Mittelalterlicher Stadtkern und schöne Barockpaläste.
Atmosphäre: beschaulich.

 c/o Polizia Municipale, Corso Vittorio Emanuele 8/14, Tel. 08 09 51 10 14.

 Nuovo, Via E. Ferrara 21, Tel. 08 03 75 11 78, Fax 0 80 31 85 46, günstig. Nettes Familienhotel mit gutem Restaurant.
Predis, Via Modugno, SS 98 bei km 75, Tel. 08 03 74 64 43, günstig. 25-Betten-Haus außerhalb des Zentrums.
Agriturismo: **Donna Giselda,** Contr. Donna Giselda, Fraz. Mariotto, Tel. 08 03 73 64 43. 8 nette Zimmer, Verkauf landwirtschaftlicher Produkte.

La Frisola, Piazza Marconi 39, Tel. 08 03 74 65 57, moderat. Beste apulische Hausmannskost in Altstadtnähe.

 Kathedrale San Valentino (13. Jh.); gotische Kirche San Francesco (14. Jh.); Abtei San Leone (ursprünglich 11. Jh.); Palazzo Sylos-Labini (Renaissance).

Brindisi (Apulien)

Lage: Vordere Umschlagkarte J 6.
PLZ 72100. Provinzhauptstadt, Handels- und Industriezentrum; seit der Antike einer der wichtigsten Häfen des Mittelmeers.
Atmosphäre: hektisch.

APT, Via Colombo 88, Tel. 08 31 56 21 26, Fax 08 31 56 21 49, aptbrindisi@pugliaturismo.com. Informationsbüro, Lungomare Regina Margherita, Tel. 08 31 52 30 72.

Internazionale, Lungomare Regina Margherita 23, Tel. 08 31 52 34 73, Fax 08 31 52 34 76, moderat/teuer. 2000 eröffnetes, komfortables Stadthotel beim historischen Zentrum.
Majestic, Corso Umberto 151, Tel. 08 31 59 79 41, Fax 08 31 52 40 71, moderat. Gutes Mittelklasse-Haus in Bahnhofsnähe, bequeme Zimmer.
Mediterraneo, Viale Moro 70, Tel. 08 31 58 28 11, Fax 08 31 58 78 58, moderat. Modernes Haus mit allem Komfort.
Barsotti, Via Cavour 1, Tel. 08 31 56 08 77, Fax 08 31 56 38 51, günstig. Familiäres Hotel, nahe der Schiffsanlegestelle.
Altair, Via Giudea 4, Tel./Fax 08 31 56 22 89, sehr preiswert. 15-Zimmer-Haus in der Altstadt, recht einfach.

Pantagruele, Via Salita di Ripalta 1–3, Tel. 08 31 56 06 05, So Ruhetag, moderat/teuer. Das Beste aus Meer und Garten, Fleisch vom Grill, hausgemachte Süßspeisen.
Cascipò, Via San Benedetto 45, Tel. 08 31 52 83 48, Mi Ruhetag, August geschl., moderat. Leichte Hausmannskost, frisch und bekömmlich.
La Lanterna, Via Tarantini 18, Tel. 08 31 56 40 26, So und August geschl., moderat. Das klassische Fischrestaurant im Herzen der Altstadt.
Penny, Via San Francesco 1, Tel. 08 31 56 30 13, So und die ersten zwei Augustwochen geschl., moderat. Frische Meeresfrüchte sind hier Trumpf.

👁 19 m hohe Säule (2./3. Jh.) am Ende der Via Appia (Hafen); Dom (11. Jh., nach Erdbeben im 18. Jh. wiederaufgebaut); am Domplatz gotische Bögen des Portico dei Cavalieri Templari (Reste eines Stadthauses) und die Loggia Balsamo (14. Jh.); Kirche San Giovanni al Sepolcro, nach dem Vorbild des Felsendoms in Jerusalem von den Templern errichteter Rundbau aus dem 12. Jh.; Museo Archeologico Provinziale ›Francesco Ribezzo‹ (Piazza Duomo 3, Tel. 08 31 22 14 01, Mo–Fr 9–13.30, Di auch 15.30–18.30 Uhr, Sa, So geschl.); in Flughafennähe die vorbildlich restaurierte Kirche Santa Maria del Casale aus dem späten 13. Jh.

 Flughafen Brindisi-Papola in Santa Maria del Casale (6 km nordwestlich), Tel. 08 31 41 21 41.

Camigliatello Silano (Kalabrien)

Lage: Vordere Umschlagkarte G 3.
PLZ 87052. Sommerfrische und beliebter Wintersportort in der Sila.
Atmosphäre: fröhlich.

ℹ Pro Loco, Via Roma 5 (Casa del forestico), Tel. 09 84 57 82 43, Fax 0 98 42 73 04.

🛏 **Camigliatello,** Via Federici, Tel. 09 84 57 84 96, Fax 09 84 57 86 28, moderat. Nettes Haus am Waldesrand, solide Einrichtung.
Sila, Via Roma 7, Tel. 09 84 57 84 84, Fax 09 84 57 82 86, moderat. Mittelklasse mit annehmbarem Komfort.
Aquila + Edelweiß, Via Stazione 13, Tel. 09 84 57 80 44, Fax 09 84 57 87 53, günstig. Einfaches Hotel im Alpenstil, saubere Zimmer.
Cozza, Via Roma 77, Tel./Fax 09 84 57 80 34, sehr preiswert. Schlichte, saubere Zimmer.

🍴 **Tavernetta,** Contrada Campo S. Lorenzo, Tel. 09 84 57 90 26, Mi und November geschl., moderat. Kräftige Hausmannskost in rustikalem Ambiente.

 Lago di Cecìta (Stausee in schöner Berglage).

Canosa di Puglia (Apulien)

Lage: Vordere Umschlagkarte F 7.
PLZ 70053. In der Antike berühmt für Wolle und Keramiken.
Atmosphäre: etwas heruntergekommen.

ℹ Pro Loco, Via Kennedy 49, Tel. 08 83 61 16 19.

🛏 **Boemondo,** Corso San Sabino 86, Tel. 08 83 61 19 86, Fax 08 83 61 24 24, günstig. Acht-Zimmer-Hotel im historischen Zentrum, einfach.
Agriturismo: **Tenuta Leone,** Loc. Cefalicchio, km 4,3, Tel./Fax 08 83 66 27 67. Vier nette Zimmer, Verkauf von Öl, Wein und Obst.

👁 Kathedrale San Sabino mit dem Grabmal des Bohemund; Baptisterium San Giovanni mit interessanten Fußbodenmosaiken; Museo Civico (Eingang Via Varrone 45, Tel. 08 83 66 36 85, Sommer 9–13 und 17–19, Winter 8–14 Uhr, So nur vormittags, Mo geschl.) mit schönen Beispielen der antiken Keramikkunst.

Capri (Kampanien)

Lage: Vordere Umschlagkarte D 5.
PLZ 80073 (Capri) und 80071 (Anacapri).
Vielbesungene Trauminsel. Atmosphäre: international, mondän.

ℹ AA, Piazzetta Cerio 11, Tel. 08 18 37 04 24, Fax 08 18 37 09 18, www.capriturism.com.
Auskunftsbüros, Piazza Umberto I, Tel. 08 18 37 06 86; Marina Grande, Banchina del Porto, Tel. 08 18 37 06 34; Anacapri, Via G. Orlandi 19/A, Tel. 08 18 37 15 24.

🛏 **Quisisana,** Via Camerelle 2, Tel. 08 18 37 07 88, Fax 08 18 37 60 80, sehr teuer. Zählt zu den berühmtesten Luxushotels der Welt. Auch das angeschlossene

Restaurant »Quisi« ist das Spitzenlokal der Insel.
La Pazziella, Via P. Reginaldo Giuliani 4, Tel. 08 18 37 00 44, Fax 08 18 37 00 85, teuer. Zentrale Lage und dennoch ruhig, sehr schöne Zimmer.
Syrene, Via Camerelle 51, Tel. 08 18 37 01 02, Fax 08 18 37 09 57, teuer. Haus im Mittelmeerstil in einem Zitronenhain.
Quattro Stagioni, Loc. Marina Piccola, Tel./Fax 08 18 37 00 41, moderat. Nettes Sommerhotel mit kleinem Garten.
Villa Sarah, Via Tiberio 3/A, Tel. 08 18 37 78 17, Fax 08 18 37 72 15, moderat. Typische Capri-Villa in einem schönen Garten.
Florida, Via Fuorlovado 34, Tel. 08 18 37 07 10, Fax 08 18 37 00 42, günstig. Einfache Zimmer, Pool und Tennisplatz.
La Tosca, Via D. Birago 5, Tel./Fax 08 18 37 09 89, günstig. 20-Betten-Haus im Zentrum.

Aurora, Via Fuorlovado 18, Tel. 08 18 37 01 81, Di Ruhetag, teuer. Elegant-rustikales Restaurant mit gepflegter Mittelmeerküche.
La Capannina, Via delle Botteghe 12, Tel. 08 18 37 07 32, Mi (außer August) und November bis März geschl., teuer. Spezialitäten aus Meer und Garten.
Da Paolino, Via Palazzo a Mare 11, Tel. 08 18 37 61 02, Mi und im Winter geschl., teuer. Perfekte Mischung einer capresischen und internationalen Küche.
Da Gemma, Via Madre Serafina 6, Tel. 08 18 37 71 13, Mo und November geschl., moderat. Restaurant und Pizzeria mit Tradition und erschwinglichen Preisen.
La Savardina, Via Lo Capo 8, Tel. 08 18 37 63 00, im Winter Di Ruhetag, nur abends geöffnet, moderat. Feine Hausmannskost.

Capri: Piazza Umberto I mit der Kirche San Stefano; Certosa di San Giacomo mit Museo Diefenbach (Tel. 08 18 37 62 18, tgl. außer Mo 9–14 Uhr); Villa Jovis (Tiberius-Villa, tgl. 9 Uhr bis eine Stunde vor Sonnenuntergang); Arco Naturale; Belvedere di Tragara mit Blick auf die Faraglioni; Parco Augusto und Via Krupp.

Anacapri: Axel Munthes Villa San Michele (Via Axel Munthe 34, Tel. 08 18 37 14 01, Mai–Sept. tgl. 9–18, Okt., April tgl. 9.30–17, Nov.–Febr. tgl. 10.30–15.30, März tgl. 9.30–16.30 Uhr); Kirche San Michele; *Grotta Azzurra* (Blaue Grotte).

Capua (Kampanien)

Lage: Vordere Umschlagkarte C/D 6. PLZ 81043. Die Stadt wurde anstelle des Hafens des antiken Capua gebaut. Atmosphäre: betriebsam.

 Siehe Caserta.

Capys, Via S. Maria la Fossa 24, Tel./Fax 08 23 96 12 99, günstig. Kleines Hotel mit Garten in Bahnhofsnähe.
Mediterraneo, Via G.C. Falco 26, Tel. 08 23 96 15 75, Fax 08 23 62 26 11, sehr preiswert. Schlichtes Mittelklassehaus für Rundreisende.

Romano, Corso Appio 34/36, Tel. 08 23 96 17 26, Di Ruhetag, günstig. Gute Hausmannskost, abends auch Pizze.

Museo Provinciale Campano (Via Roma 68, Tel. 08 23 96 14 02, tgl. außer Mo 9–13 Uhr) mit Exponaten von der Frühzeit bis zum Barock; Dom mit Diözesanmuseum (Piazza Landolfo, Tel. 08 23 96 10 81, Mo–Fr 9.30–13 Uhr, an übrigen Tagen auf Anfrage); 5 km Richtung Nordosten bedeutende mittelalterliche Kirche San Angelo in Formis.

Caserta (Kampanien)

Lage: Vordere Umschlagkarte D 6. PLZ 81100. Die moderne Provinzhauptstadt ist berühmt für ihr Königsschloß. Interessanter ist das 10 km entfernte mittelalterliche Caserta Vecchia. Atmosphäre: langweilig.

 APT, Palazzo Reale, Tel. 08 23 32 22 33, Fax 08 23 32 63 00.

Informationsbüro, Corso Trieste, Ecke Piazza Dante, Tel. 08 23 32 11 37.

Europa, Via Roma 19, Tel. 08 23 32 54 00, Fax 08 23 24 58 05, moderat. Modernes Hotel im Geschäftszentrum, komfortable Zimmer, gutes Restaurant »Via Roma«.
Jolly, Viale Vittorio Veneto 9, Tel. 08 23 32 52 22, Fax 08 23 35 45 22, moderat. Bewährter Standard einer guten Hotelkette.
Centrale, Via Roma 122, Tel. 08 23 32 18 55, Fax 08 23 32 65 57, günstig. Einfaches Haus in zentraler Lage, jüngst renoviert.

La Castellana, Caserta Vecchia, Via Torre 4, Tel. 08 23 37 12 30, Do Ruhetag, moderat. In diesem Lokal werden gastronomische Traditionen liebevoll gepflegt.
Chalet delle Ville, Via delle Ville 47, Tel. 08 23 32 84 80, Di Ruhetag, moderat. Familienbetrieb, in dem der Gast mit bester lokaler Küche verwöhnt wird.
Le Colonne, Via Nazionale Appia 13, Tel. 08 23 46 74 94, Di Ruhetag, moderat. Spezialitäten der Region, Schloßnähe.
Massa, Via Mazzini 55, Tel. 08 23 45 65 27, Mo Ruhetag, moderat. Hier essen die Angestellten der umliegenden Banken und Büros – immer ein gutes Zeichen.

Palazzo Reale (Historische Räumlichkeiten, Vanvitelli-Museum, Tel. 08 23 32 11 27; Sommer: tgl. außer Mo 9–13.30, Fr, Sa auch 15–18, So bis 21 Uhr; Winter: tgl. außer Mo 9–13 Uhr) mit prachtvollem Park; Caserta Vecchia.

Castellammare di Stabia (Kampanien)

Lage: Vordere Umschlagkarte D 6.
PLZ 80053. Thermalkurort und Industriezentrum.
Atmosphäre: im Zentrum turbulent.

AA, Piazza Matteotti 58, Tel./Fax 08 18 71 13 34.

La Medusa, Passeggiata Archeologica 5, Tel. 08 18 72 33 83, Fax 08 18 71 70 09, teuer. Bezaubernde Villa in einem großen Park nahe der Thermalanlage, komfortabel.
Stabia, Corso Vittorio Emanuele 101, Tel./Fax 08 18 72 25 77, moderat. Neoklassisches Haus, sehr gepflegt, zentral.
Orazzo, Via R. Margherita 86, Tel. 08 18 72 62 26, Fax 08 18 71 81 31, günstig. Einfaches Mittelklassehotel in Meernähe.
Istituto Salesiano S. Michele, Via Salario 12, Tel. 08 18 71 71 14, Fax 08 18 71 52 60, sehr preiswert. Geistliche Herberge mit erstaunlichem Komfort und guter Küche.

Virginia, Corso Garibaldi 120, Tel. 08 18 71 16 28, wechselnde Ruhetage, moderat. Familiäres Fischrestaurant am Meer.

Piazza Giovanni XXIII mit Dom (16. Jh.) und Chiesa del Gesù (1615); Antiquarium Stabiano (Via Marco Mario 2, Tel. 08 18 70 72 28, tgl. 9–18 Uhr)*; Scavi di Stabiae (9 Uhr bis eine Stunde vor Sonnenuntergang), das Ausgrabungsgebiet im Nordosten der Stadt am Varano-Hügel.*

Castellana Grotte (Apulien)

Lage: Vordere Umschlagkarte H 6.
PLZ 70013. Vitales Städtchen. Atmosphäre: touristisch.

Pro Loco, Via Apulia 5, Tel. 08 08 96 51 91. Informationsbüro bei der Grotte, Tel. 08 08 96 55 11.

Relais e Le Jardin, Contrada da Scamardella 59, Tel. 08 04 96 63 00, Fax 08 04 96 55 20, moderat. Bezauberndes, kleines Landhaus (10 Zimmer), Grünlage 2 km außerhalb des Ortes, ausgezeichnetes Restaurant.
La Vetta Europa, Via Matarrese 35, Tel. 08 04 96 88 56, Fax 08 04 96 82 36, günstig. Familienbetrieb im Grünen unweit der Grotten.
Autostello, Piazzale Anelli, Tel. 08 04 96 54 95, Fax 08 04 96 59 16, sehr preiswert.

Kleines Hotel (7 Zimmer) mit großem Restaurant beim Grotteneingang.
Agriturismo: Masseria Torricella, Strada Principale Canale di Pirro 19, Tel./Fax 08 09 30 99 94. Elf nette Zimmer, Verkauf von Obst und Gemüse.
Serra Gambetta, Loc. Serragambetta, Via Conversano 204, Tel./Fax 08 04 96 21 81. Zwei Zimmer, Verkauf Öl, Obst, Mandeln, hausgemachte Süßigkeiten.

Fontanina, Strada Provinciale per Alberobello 33, Tel. 08 04 96 80 10, Mo Ruhetag, moderat. Rustikale Speisen in rustikalem Ambiente.
Taverna degli Artisti, Via Matarrese 23/27, Tel. 08 04 96 82 34, Do Ruhetag, moderat. Nettes Gasthaus in der Touristenzone.

Grotte di Castellana (Piazzale Anelli, Tel. 08 04 99 82 13, Fax 08 04 99 82 19, nur mit ein- bis zweistündigen Führungen zu besichtigen, Sommer 8.30–19, Winter 9.30–16 Uhr).

Castellaneta (Apulien)

Lage: Vordere Umschlagkarte G 5/6. PLZ 74011. Atemberaubende Lage am Rande einer tiefen Schlucht in der Murge, schöne Strände am Meer. Atmosphäre: freundlich.

Siehe unter Taranto.

Jonico, Castellaneta Marina, SS 106, km 465, Tel. 09 98 43 30 82, Fax 09 98 43 31 82, günstig. Modernes Haus, gut für angenehme Übernachtungen. Beliebtes Restaurant.
Villa Giusy, Castellaneta Marina, Via Sputnik 4, Tel. 09 98 43 00 31, Fax 09 98 43 07 66, günstig. Einfaches Hotel am Meer.
Rudy, Piazza dell'Assunta 15, Tel./Fax 09 98 49 24 15, sehr preiswert. 25-Betten-Haus für Anspruchslose.

Kathedrale; Santa Maria Assunta; Museo Rodolfo Valentino (Via Municipio 19, tgl. außer Mo 10–13 und 17–20 Uhr).

Castrovillari (Kalabrien)

Lage: Vordere Umschlagkarte F 4. PLZ 87012. Hübsche Kleinstadt am Fuß des Monte Pollino (Nationalpark). Atmosphäre: ländlich.

Pro Loco, Corso Garibaldi 160, Tel./Fax 0 98 12 77 50.
Informationsbüro an der Autobahn-Raststation Frascineto Ovest (Richtung Süden), Tel. 0 98 13 25 91.

La Locanda di Alia, Via Jetticelle 69, Tel. 0 98 14 63 70, Fax 0 98 14 65 22, moderat. Geräumige Zimmer in Gartenbungalows, mit vielgerühmtem Feinschmecker-Restaurant (So Ruhetag).

Museo Civico Archeologico (Corso Garibaldi, Tel. 0 98 12 52 28, Mo–Fr 8–14 und 15–19 Uhr, Sa, So geschl.); Santa Maria del Castello.

Catanzaro (Kalabrien)

Lage: Vordere Umschlagkarte G 2/3. PLZ 88100. Provinz- und Regionshauptstadt. Atmosphäre: geschäftig.

AAT, Via San Nicola 8, Tel. 09 61 72 02 60, Fax 09 61 85 68 91, www.regione.calabria.it.
APT, Via Spasari 3 (Galleria Mancuso), Tel. 09 61 74 39 01, Fax 09 61 72 79 73.
Informationsbüro, Piazza Prefettura, Tel. 09 61 74 17 64.

Guglielmo, Via A. Tedeschi 1, Tel. 09 61 74 19 22, Fax 09 61 72 21 81, moderat. Modernes Haus in Zentrumsnähe, gilt als bestes Hotel der Stadt.
Bellamena, Via F. Plutino 16, Tel. 09 61 70 11 91, Fax 09 61 74 46 24, günstig/moderat. Relativ neues 70-Betten-Haus nahe der Altstadt.

Benny, Via G. da Fiore 2, Tel. 09 61 77 17 91, Fax 09 61 77 33 66, günstig/moderat. Funktionelles Haus mit gutem Restaurant »Bell-Italia«.
Belvedere, Via Italia 33, Tel./Fax 09 61 72 05 91, sehr preiswert. Sehr einfach, Altstadtlage.

La Brace, Catanzaro Lido, Via Melito Porto Salvo 102, Tel. 0 96 13 13 40, moderat/teuer. Mediterrane Spezialitäten, Gartenbetrieb.
Uno Più Uno, Galleria Mancuso, Tel. 09 61 74 12 49, So Ruhetag, günstig. Restaurant, Konditorei und Café – alles unter einem Dach.

Lebhafte Hauptstraße Corso Mazzini mit Chiesa del Rosario (18. Jh.); Museo Provinciale mit sensationeller Münzsammlung (Villa Margherita, Tel. 09 61 72 00 19, tgl. außer Mo 9.30–13, Di–Fr auch 15.30–17.30 Uhr).

Conversano (Apulien)

Lage: Vordere Umschlagkarte G 6. PLZ 70014. Städtchen inmitten eines Kirschgartens. Atmosphäre: dörflich.

Pro Loco, Piazza Castello 13, Tel. 08 04 95 12 28.

G. H. D'Aragona, Contrado S. Donato, Tel. 08 09 95 23 44, Fax 08 09 95 42 65, moderat. Modernes, komfortables Hotel in einem Park.
Agriturismo: **Masseria del Pino,** Contrada Campanella (3 km auf der Straße Conversano-Polignano), Tel./Fax 08 04 95 99 80. Gute Küche, Kinderspielplatz.

Emma, Via De Amicis 11, Tel. 08 04 95 19 08, Mo und September geschl., moderat. Hausgemachte Pasta, Gemüse, Pilze und Fleisch sind die Höhepunkte auf der Speisekarte.

Kastell (innen nicht zu besichtigen); Kathedrale; Kirche und Klosteranlage San Benedetto.

Cosenza (Kalabrien)

Lage: Vordere Umschlagkarte F 3. Stadtplan: S. 239 PLZ 87100. Von Hügeln umgebene Provinzhauptstadt mit moderner Universität. Atmosphäre: lebendig.

APT, Corso Mazzini 92, Tel. 0 98 42 72 71, Fax 0 98 42 73 04.
Informationsbüro, Via Rossi 70, Tel. 09 84 39 05 95.

Royal, Via Molinella 24/E, Tel. 09 84 41 21 65, Fax 09 84 41 24 61, moderat. Modernes Haus mit ausreichendem Komfort.
Centrale, Via del Tigrai 3, Tel. 0 98 47 57 50, Fax 0 98 47 36 84, günstig. Zeitgemäßes Interieur in klassischem Ambiente, zentrale Lage, gutes Restaurant.
Excelsior, Piazza Matteotti 14, Tel. 0 98 47 43 83, Fax 0 98 47 43 84, günstig. Schlichtes Hotel in Altstadtnähe.

Da Giocondo, Via Piave 53, Tel. 0 98 42 98 10, So Ruhetag, moderat. Trümpfe des Hauses: Fisch, Lamm und Gemüse.
Luna Rossa, Via Sicilia 94, Tel. 0 98 43 24 70, Mi Ruhetag, moderat. Fisch oder Fleisch, auf jeden Fall kalabrische Spezialitäten.

Piazza Campanella zwischen modernem und altem Teil mit der Kirche San Domenico; gotischer Dom; gotische Kirche San Francesco d'Assisi; Castello; San Francesco di Paola (1510); Museo Civico Archeologico (Piazza XV Marzo, Tel. 09 84 81 33 24, Mo–Fr 9–13 Uhr, Mo und Do auch 15–18.30 Uhr, Sa, So geschl.).

Crotone (Kalabrien)

Lage: Vordere Umschlagkarte H 3. PLZ 88074. Wohlhabende Provinzhauptstadt. Atmosphäre: gediegen.

APT, Via Torino 148, Tel. 0 96 22 31 85, Fax 0 96 22 67 00.

Informationsbüro, Via G. Manna 25, Tel. 0 96 22 67 00.

Casarossa, Via per Capo Colonna, Tel. 09 62 93 42 00, Fax 09 62 93 42 01, moderat. Kleines Feriendorf im Grünen mit großem Strand; zahlreiche Sportmöglichkeiten.
Costa Tiziana, Via per Capo Colonna, Tel. 0 96 22 56 01, Fax 0 96 22 14 27, moderat. Komfortabler Hotelkomplex in großem Park am Meer.
Helios, Via per Capo Colonna, Tel. 09 62 90 12 91, Fax 0 96 22 79 97, günstig. Architektonisch außergewöhnliches Haus in Strandnähe, bequeme Zimmer.
Tortorelli, Viale Gramsci 6, Tel. 0 96 22 72 02, Fax 0 96 22 04 12, sehr preiswert. Einfaches Mittelklassehaus in Strandnähe.
Agriturismo: **Tenuta del Fallao,** Fraz. Fallao, Loc. Gabella Grande, Tel. 0 96 26 31 58. Sechs Zimmer, Sportmöglichkeiten (Reiten, Radfahren).

Da Ercole, Viale Gramsci 122, Tel. 09 62 90 14 25, Mo (ausgen. Juli/Aug.) Ruhetag, teuer. Frisches aus dem Meer, mit Liebe zubereitet.
Casa di Rosa, Viale C. Colombo 117, Tel. 0 96 22 19 46, So Ruhetag, moderat. Rosa Papa kocht in ihrem Lokal am Hafen Köstlichkeiten der kalabrischen Küche.
Sosta, Via Corrado Alvaro, Tel. 0 96 22 38 31, So Ruhetag, moderat. Gelungene Mischung von internationalen und bodenständigen Rezepten.
Zio Emilio, Via M. Nicoletta 79, Tel. 0 96 22 72 83, Mo Ruhetag, günstig/moderat. Familiäre Trattoria, abends gibt es auch Pizza.

Kathedrale mit byzantinischer Madonna; Castello mit Stadtbibliothek und Museo Civico (Piazza Castello, Tel. 09 62 92 15 35, Di-Sa 9–13 und 15–19, So nur 9–13 Uhr, Mo geschl.); Museo Archeologico Nazionale (Via Risorgimento 120, Tel. 0 96 22 30 82, tgl. 9–19.30 Uhr, jeden 1. und 3. Mo im Monat geschl.); 11 km südwestlich Capo Colonna.

Cuma (Kampanien)

Lage: Vordere Umschlagkarte C 6.

Parco Archeologico (9 Uhr bis eine Stunde vor Sonnenuntergang); Arco Felice (römisches Stadttor).

Diamante (Kalabrien)

Lage: Vordere Umschlagkarte F 4
PLZ 87023. Familien-Badeort.
Atmosphäre: locker.

Pro Loco, Via P. Mancini 10, Tel. 09 85 87 60 46.

Club Cirella, Loc. Cirella, Via Vittorio Veneto 240, Tel. 0 98 58 60 17, Fax 0 98 58 65 28, moderat/teuer. Gepflegte Ferienanlage in 4 ha großem Park am Meer.
Ferretti, Via Lungomare Poseidone, Tel. 0 98 58 14 28, Fax 0 98 58 11 14, moderat. Gemütliches Haus im Mittelmeerstil; eigener Strand, Restaurant »La Pagoda«.
Riviera Bleu, Via Lungomare Poseidone, Tel./Fax 0 98 58 13 63, moderat. Hübsche Anlage am Meer, ideal für Familien.
Cristina, Via Pietrarossa, Tel. 0 98 58 12 10, Fax 09 85 87 62 24, günstig. Nettes Mittelklasse-Hotel mit gutem Restaurant, 300 m bis zum Strand.

Il Giardino, Via Piane, Tel. 0 98 58 16 19, kein Ruhetag in der Saison, moderat. Von Einheimischen frequentiertes, preiswertes Gasthaus.

Malerische Altstadt mit modernen Wandmalereien *(murales).*

Ercolano/Herculaneum (Kampanien)

Lage: Vordere Umschlagkarte D 6.
PLZ 80056. Dicht bevölkerte Stadt am Golf von Neapel.
Atmosphäre: schäbig, Ausgrabungen überwältigend.

Siehe Napoli EPT.

Punta Quattroventi, Via Marittima 59, Tel. 08 17 77 30 41, Fax 08 17 77 37 57, moderat. Moderner Komplex am Meer, gutes Restaurant.

Archäologische Zone *Scavi di Erco-lano* (9 Uhr bis eine Stunde vor Son-nenuntergang).

Fasano (Apulien)

Lage: Vordere Umschlagkarte H 6. PLZ 72015. Agrargemeinde am Fuß der Murge. Atmosphäre: friedlich.

AA, Piazza Ciaia 10, Tel. 08 04 41 30 86.

Masseria San Domenico, Cont-rada Petolecchia, Litoranea 379 per Savelletri, Tel. 08 04 82 79 90, Fax 08 04 82 79 78, teuer.
Fünf-Sterne-Luxushotel der Sonderklasse mit entsprechendem Restaurant.
La Sorgente, Loc. Savelletri, Via Sco-gliera 18, Tel. 08 04 82 90 06, Fax 08 04 82 90 72, günstig.
Nettes Mittelklasse-Hotel mit eigenem Strand.
Rosa, Via Mignozzi 85, Tel. 08 04 41 38 88, Fax 08 04 41 31 39, sehr preiswert.
Einfaches 20-Zimmer-Haus.
Agriturismo: **Masseria Marzalossa,** Contrada Pezze Vicine 65, Tel./Fax 08 04 41 37 80. Gepflegtes Landgut mit 20 Gäste-betten.
Masseria Narducci, Via Lecce 131, Tel./Fax 08 04 81 01 85.
Familienfreundlicher Betrieb mit 28 Betten und guter Küche, Verkauf von feinem Oli-venöl.

Il Fagiano da Vittorio, Frazione Selva, Viale Toledo 13, Tel. 08 04 33 11 57, außerhalb der Saison So abends und Mo geschl., teuer. Raffiniert zuberei-tete Speisen in klassisch-elegantem Ambiente.

Coccodrillo, Contrada Sant'Elia, Tel. 08 04 39 18 30, Di (außer August) Ruhetag, moderat. Originelles Lokal im Safaripark.
Il Veliero, Loc. Savelletri, Piazza del Porto 5, Tel. 08 04 82 00 22, Di und November geschl., moderat. Beliebtes Fischlokal am Meer.

Chiesa Matrice (16. Jh.) im Zentrum; 1 km südlich Safaripark (nur mit Auto zu besichtigen; April bis September 9 Uhr bis eine Stunde vor Sonnenunter-gang. Januar und Februar nur So; Oktober, November, Dezember und März geschl.); 9 km nordöstlich die Archäologische Zone *Egnazia* (8.30–13.30 und 14.30 bis eine Stunde vor Sonnenuntergang; Führungen im Museum anmelden) mit dem Museo Archeologico Nazionale (Tel. 08 04 82 90 56, Öffnungszeiten wie Arch. Zone).

Foggia (Apulien)

Lage: Vordere Umschlagkarte E 7. PLZ 71100. Vitale Provinzhauptstadt. Atmosphäre: nüchtern.

APT, Via Perrone 17, Tel. 08 81 72 31 41, Fax 08 81 72 55 36, aptfoggia@pugliaturism.com.

Cicolella, Viale XXIV Maggio 60, Tel. 08 81 56 61 11, Fax 08 81 77 89 84, moderat/teuer. Von Grund auf renovier-tes Traditionshaus, trotz zentraler Lage ruhige Zimmer; ausgezeichnetes Restau-rant.
White House, Via Monte Sabotino 24, Tel. 08 81 72 16 44, Fax 08 81 72 16 46, mode-rat/teuer. Komfortables Stadthotel nahe dem historischen Zentrum.
Europa, Via Monfalcone 52, Tel. 08 81 72 17 43, Fax 08 81 77 14 92, günstig. Modernes Hotel mit großen Zimmern.

Ventaglio, Via G. Postiglione 6, Tel. 08 81 66 15 00, So abends und Mo Ruhetag, Juli/Aug. auch an Wochenenden geschl., teuer.
Kreative apulische Küche in elegantem Ambiente.

La Nuova Mangiatoia, Viale Virgilio 2, Tel. 08 81 63 44 57, Mo Ruhetag, moderat/teuer. Spezialitäten vom Grill, Kinderspielplatz.
Trattoria Giordano da Pompeo, Vico al Piano 14, Tel. 08 81 72 46 40, So und zwei Wochen im August geschl., moderat. Familienbetrieb mit bodenständigen Speisen, raffiniert verfeinert.

 Kathedrale; Palazzo Arpi mit Museo Civico (Piazza Nigri 1, Tel. 08 81 77 18 23, derzeit wg. Restaurierung geschl.).

Francavilla Fontana (Apulien)

Lage: Vordere Umschlagkarte H 5.
PLZ 72021. Hübsches Städtchen mit barockem Zentrum.
Atmosphäre: beschwingt.

 IAT, Via Municipio 16, Tel. 08 31 81 12 62.

 Centrale, Via San Francesco 94, Tel. 08 31 84 18 19, Fax 08 31 81 03 85, sehr preiswert. Einfaches, kleines Hotel zum Übernachten.

 Al Piccolo Mondo, Via S. Francesco 98/100, Tel. 08 31 85 36 18, Mo Ruhetag, moderat/günstig. Apulische und internationale Küche, gute heimische Weine, abends auch Pizzeria.

 Palazzo Imperiali (1450 errichtet, im 16. Jh. vergrößert und 1730 endgültig ausgebaut); Dom (1743).

Gallìpoli (Apulien)

Lage: Vordere Umschlagkarte J 5.
PLZ 73014. Lebhafter Hafen mit pittoresker Altstadt auf einer Insel.
Atmosphäre: leider ein wenig ärmlich.

IAT, Piazza Aldo Moro, Tel. 08 33 26 25 29. Pro Loco, Via D'Elia 1, Tel. 08 33 26 23 86.

 Grand Hotel Costa Brada, Litoranea per Santa Maria di Leuca, Tel. 08 33 20 25 51, Fax 08 33 20 25 55, moderat/teuer. Gepflegtes Ferienhotel inmitten eines Parks am Meer, Beauty-Center.
Le Sirenuse, Litoranea per Santa Maria di Leuca, Tel. 08 33 20 25 36, Fax 08 33 20 25 39, moderat. Komfortables Strandhotel inmitten eines Pinienwaldes, zahlreiche Sportmöglichkeiten.
Joli Park, Piazza Salento 2, Tel./Fax 08 33 26 33 21, günstig. Modernes Stadthotel mit geräumigen Zimmern.
Agriturismo: **La Masseria,** Loc. S. Maria al Bagno (SS 101, km 3), Tel. 08 33 20 22 95, Fax 08 33 27 44 47. Großes Landgut mit 40 Apartments, Reitstall, Wein- und Ölverkauf.

 Marechiaro, Lungomare Marconi, Tel. 08 33 26 61 43, im Winter Di Ruhetag, teuer. Meeresspezialitäten auf einer Terrasse am Meer.
Capriccio, Viale Bovio 14, Tel. 08 33 26 15 45, Mo Ruhetag, moderat/teuer. Man sollte sich von dem ungemütlichen Saal nicht abschrecken lassen: Hier werden ganz hervorragende Fischgerichte serviert.
La Puritate, Via S. Elia 18, Tel. 08 33 26 42 05, moderat. Gemütliche Trattoria mit schmackhaften Fischspezialitäten.
Paranza, Largo Dogana, Tel. 08 33 26 66 39, Mi und November geschl., moderat. Lokal nahe dem Fischmarkt – frischere Meeresfrüchte gibt's kaum.

 Fontana Ellenistica; Altstadt mit Kathedrale Santa Agata (1630).

Gambàrie d'Aspromonte (Kalabrien)

Lage: Vordere Umschlagkarte F 1.
PLZ 89050. Sommerfrische und Wintersportort im Aspromonte-Gebiet.
Atmosphäre: alpin.

 Pro Loco, Piazza Mangeruca, Tel. 09 65 74 32 95.

Miramonti, Via degli Sci 10, Tel. 09 65 74 30 48, Fax 09 65 74 31 90, günstig/moderat. Rustikale Chalets, gemütlich eingerichtet.

Garibaldi-Mausoleum (in 5 km Entfernung Richtung Gambàrie Rumia).

Wandern, Mountainbiking im Aspromonte-Nationalpark – Information und Organisation »Aspromonte Up&Down«, Via degli Sci 10, Tel. 09 65 74 30 61. Als Mountainbike-Führer empfiehlt sich Fabio (Tel. 09 65 74 30 62 oder Handy 33 31 19 13 83)

Gerace (Kalabrien)

Lage: Vordere Umschlagkarte F 1.
PLZ 89040. Mittelalterliches Städtchen.
Atmosphäre: freundlich.

IAT, Piazza Tribuna 10, Tel. 09 64 35 68 88.

La Casa di Gianna, Via P. Frascà 4, Tel. 09 64 35 50 24, teuer.
Klein, aber fein.

Lo Sparviero, Via L. Cadorna 3, Tel. 09 64 35 68 26, günstig/moderat. Gute Hausmannskost, serviert in einem alten Stadtpalast.

Altstadt mit Normannenburg, Kathedrale und der Kirche San Francesco.

Gioia del Colle (Apulien)

Lage: Vordere Umschlagkarte G 6.
PLZ 70023. Agrarzentrum in der Murge.
Atmosphäre: freundlich, sauber.

Pro Loco, Piazza Luca D'Andrano 2, Tel./Fax 08 03 44 85 97.

Svevo, Via per Santeramo 319, Tel. 08 03 48 27 39, Fax 08 03 48 27 97, moderat. Großes, modernes und komfortables Haus; ausgezeichnetes Restaurant.
Villa Duse, SS 100, km 39, Tel. 08 03 48 12 12, Fax 08 03 48 21 12, moderat. Modernes Haus mit viel Komfort.
Agriturismo: **La Masseria,** Via Corvello 5634, Tel./Fax 08 03 49 92 46. Sechs Zimmer, Reservierung – auch für das Restaurant des Hauses – erforderlich.

Ciacco, Via Garibaldi 1, Tel. 08 03 43 04 50, So abends geschl., günstig. Lokale Spezialitäten in familiärer Atmosphäre.

Kastell (9–13 und 16–19 Uhr) mit Museo Archeologico Nazionale (Piazza dei Martiri, Tel. 08 03 48 13 05, Öffnungszeiten wie Kastell).

Gravina in Puglia (Apulien)

Lage: Vordere Umschlagkarte F/G 6.
PLZ 70024. Kleinstadt in einzigartiger Lage in der Hoch-Murge.
Atmosphäre: ärmlich.

c/o Municipio, Via Vittorio Veneto, Tel. 08 03 22 10 40 oder APT Bari.

Peucetia, Via Bari 96, Tel. 08 03 26 98 15, Fax 08 03 26 46 10, sehr preiswert. Schlichte, saubere Zimmer.

Madonna della Stella, Via Madonna della Stella, Tel. 08 03 25 63 83, Di Ruhetag, moderat. Rustikales Lokal in einer Grotte mit Blick auf die Altstadt.
Osteria di Salvatore Cucco, Piazza Pellicciari 4, Tel. 08 03 26 18 72, Mo Ruhetag, moderat/günstig. Hausmannskost nach apulischer Art.

Kathedrale, Chiesa del Purgatori; Höhlenkirchen San Michele, San Vito Vecchio, Santa Maria degli Angeli; Museo Pomàrici Santomasi (Via Museo 20, Tel. 08 03 25 10 21, Di-Sa 9–12.30 und 16–19, So 9–12.30 Uhr, Mo geschl.).

Ischia (Kampanien)

*Lage: Vordere Umschlagkarte C 6.
Das Eiland (46 000 Ew.) teilt sich in sechs Gemeinden auf: Ischia (PLZ 80077), Casamicciola (PLZ 80074), Lacco Ameno (PLZ 80076), Forio (PLZ 80075), Serrara Fontana (PLZ 80070) und Barano (PLZ 80070).
Die Insel im Golf von Neapel ist vulkanischen Ursprungs.
Atmosphäre: elegant bis leger, fest in deutscher Hand.*

AA, Ischia, Via Vittoria Colonna 116, Tel. 08 15 07 42 11, Fax 08 15 07 42 30, www.ischiaonline.it.

Ischia: **Excelsior Belvedere,** Via E. Gianturco 19, Tel. 0 81 99 15 22, Fax 0 81 98 41 00, sehr teuer. Elegantes Haus in ruhiger Lage, mit allen Kureinrichtungen ausgestattet.
Continental Terme, Via M. Mazzella 74, Tel. 0 81 99 15 88, Fax 0 81 98 29 29, teuer. Mehrere Schwimm- und Thermalbecken, nette Zimmer.
Bristol, Via V. Marone 10, Tel. 0 81 99 21 81, Fax 0 81 99 32 01, günstig. Seit Generationen in Familienbesitz, angenehme Atmosphäre.
Lacco Ameno: **Grazia Terme,** Via Borbonica 2, Tel. 0 81 99 43 33, Fax 0 81 99 41 53, moderat. Ruhige Grünlage, komfortable Zimmer.
Villa Angelica, Via IV Novembre 28, Tel. 0 81 99 45 24, Fax 0 81 99 80 184, günstig/moderat. Kleines Haus mit angenehmer Atmosphäre.
Sant'Angelo: **La Palma,** Via Commandante Maddalena 15, Tel. 0 81 99 92 15, Fax 0 81 99 95 26, günstig. Preiswertes Hotel im Ortszentrum.

Damiano, Ischia, Via Variante Esterna, SS 270, Tel. 0 81 98 30 32, November bis März geschl., nur Abendbetrieb, teuer. Hier sind erstrangige Köche am Werk.
Il Melograno, Forio d'Ischia, Via Giovanni Mazzella 110, Tel. 0 81 99 84 50, Januar/Februar geschl., außerhalb der Saison Mo Ruhetag, teuer. In einer Villa unweit der Poseidon-Gärten erwartet den Gast ein gastronomisches Fest.
Pirata, Via Sant'Angelo 77, Tel. 0 81 99 92 51, mittags sowie So und Januar/Februar geschl., moderat. Romantisches Lokal mit Tischen auch im Freien, frische Meeresfrüchte.
Da Pasquale, Sant'Angelo, Via Sant'Angelo 79, Tel. 0 81 90 42 08, kein Ruhetag, günstig. Pizzeria von höchster Qualität.

 Castello Aragonese in Ischia; Santa Maria del Soccorso in Forio; Poseidon-Gärten in Forio; Wallfahrtskirche Santa Restituta (9.30–12 und 16–19.30 Uhr) mit Museum (Öffnungszeiten wie Kirche) in Lacco Ameno.

Isola di Capo Rizzuto (Kalabrien)

*Lage: Vordere Umschlagkarte H 3.
PLZ 88076. Kleine Agrargemeinde mit schönen Stränden.
Atmosphäre: im Ort provinziell, am Meer bezaubernd.*

Siehe Crotone.

Le Castella, Loc. Le Castella, Tel. 09 62 79 50 54, Fax 09 62 79 51 50, moderat. Großzügige Ferienclub-Anlage im Mittelmeerstil, Tennis und Wassersport.
Valtur Hotel Villaggio, Loc. Meolo, Tel. 09 62 79 11 21, Fax 09 62 79 42 22, moderat. Gepflegtes Clubdorf am Strand, ideal für Familien.
Le Rose Residence, Loc. Capo Piccolo, Tel. 09 62 79 93 50, Fax 09 62 79 93 54, günstig. Modernes Haus in Traumlage über dem Meer, geräumige Zimmer.

Annibale, Loc. Le Castella, Via del Duomo 35, Tel. 09 62 79 50 04, Mo Ruhetag (Winter), moderat. Traditionsreicher Familienbetrieb in rustikalem Ambiente, schmackhafte Fischspeisen.
I Campanacci, Via Faro, Tel. 09 62 79 92 14, Mi Ruhetag, moderat. Hausgemachte Pasta, frischer Fisch.

Aragonesenkastell (16. Jh.) in Le Castella; Bronzebüste des türkischen Admirals Occhiali.

Lamezia Terme (Kalabrien)

Lage: Vordere Umschlagkarte F 2/3. PLZ 88046. Wichtiger Verkehrsknotenpunkt in der fruchtbaren Ebene von Sant'-Eufemia. Atmosphäre: keine.

 Pro Loco, Nicastro, Corso Numistrano 1, Tel. 0 96 82 14 05.

 Grand Hotel Lamezia, Sant'-Eufemia, Piazza Lamezia, Tel. 0 96 85 30 21, Fax 0 96 85 30 24, günstig. Einfaches Mittelklassehotel in Flughafennähe.
Savant, Nicastro, Via Cap. Manfredi 8, Tel. 09 68 44 19 45, Fax 09 68 2 61 61, günstig. Schöne Lage im historischen Zentrum, bequemes Haus, auch für Behinderte geeignet.

 Al Tempo Perso, Nicastro, Via Antonino d'Ippolito 22, Tel. 0 96 82 58 83, So und August geschl., moderat. Kleines, aber feines Lokal im Herzen der Altstadt, kreative Küche.
Safari, Contrada Quattrocchi, Tel. 09 68 45 44 80, Di Ruhetag, moderat. Familienbetrieb, Grillspezialitäten.

 Flughafen Sant'Eufemia Lamezia, Tel. 09 68 41 41 11.

Lecce (Apulien)

Lage: Vordere Umschlagkarte J 5. Stadtplan: S. 222 PLZ 73100. Provinzhauptstadt mit hinreißendem barockem Zentrum. Atmosphäre: bürgerlich-solid.

 APT, Via Monte San Michele 20, Tel. 08 32 31 41 17, Fax 08 32 31 02 38, aptlecce@pugliaturism.com.

 **Patria Palace,** Piazzetta Riccardi 13, Tel. 08 32 24 51 11, Fax 08 32 24 50 02, teuer. Prachtvoll renoviertes Spitzenhotel in einem Altstadt-Palast, hervorragendes Restaurant »Atenze«.
Delle Palme, Via di Leuca 90, Tel./Fax 08 32 34 71 71, moderat. Ruhige Lage nahe dem historischen Zentrum.
President, Via A. Salandra 6, Tel. 08 32 45 61 11, Fax 08 32 45 66 32, moderat. Modernes Kongresshotel nahe der Altstadt mit großen, komfortablen Zimmern.
Risorgimento, Via Augusto Imperatore 19, Tel. 08 32 24 21 25, Fax 08 32 24 55 71, günstig. Im Herzen der Altstadt, ruhig und gemütlich.

 Barbablù, Via Umberto I 7, Tel. 08 32 24 11 83, So abends und Mo geschl., teuer. Lokale Spezialitäten mit allerlei Kräutern des Salento.
Adriatico, Via Adriatica km 2, Tel. 08 32 39 92 10, Mi Ruhetag, moderat. Frischer Fisch vom Grill, elegante Atmosphäre.
Satirello, 9 km auf der Straße Lecce–Torre Chianca, Tel. 08 32 37 86 72, Di und Juli geschl., moderat. In dieser Masseria aus dem 18. Jh. werden Köstlichkeiten aus Meer und Garten serviert.
Via Monti, Via Monti 7, Tel. 08 32 39 01 74. So Ruhetag, moderat. Internationale Speisen, mit Raffinesse zubereitet.

 Piazza S. Oronzo; Amphitheater (2. Jh.); Santa Maria delle Grazie (16. Jh.); Palazzo del Seggio und San Marco (1543); Kastell; Dom; Bischofspalast mit Priesterseminar; Basilika Santa Croce; Triumphbogen Porta Napoli; Santi Nicolò e Cataldo.

Locri (Kalabrien)

Lage: Vordere Umschlagkarte F 1. PLZ 89044. Moderner Badeort. Atmosphäre: lebhaft.

Pro Loco, Via Matteotti 90, Tel./Fax 0 96 42 96 00.

Costa Blu, Contrada da Mandorleto 1, Tel. 09 64 39 01 06, Fax 09 64 23

00 75, sehr preiswert. Einfaches Haus in Strandnähe.

La Fontanella, Piazza Contrada Moschetta, Tel. 09 64 39 00 05, Mo und November geschl., moderat. Reizendes Landgasthaus mit Spezialitäten Kalabriens.

 Ausgrabungen *Scavi di Locri Epizefiri* (Sommer: 9 Uhr bis eine Stunde vor Sonnenuntergang, Winter: Di–Sa 9–13 und 14–16.30 Uhr, So, Mo nur 9–13 Uhr); Museo Archeologico Nazionale (Contrada Marasà, Tel. 09 64 39 00 23, tgl. 9–19 Uhr, jeden 1. und 3. Mo geschl.).

Lucera (Apulien)

Lage: Vordere Umschlagkarte E 7. PLZ 71036. Geschichtsträchtiger Ort an den Ausläufern des Tavoliere. Atmosphäre: romantisch.

 Pro Loco, Via De Nicastri 38, Tel. 08 81 54 68 78.

Sorriso, Viale Raffaello, Tel./Fax 08 81 54 03 06, günstig. 35-Betten-Haus nahe der Altstadt.

Alhambra, Via De Nicastri 14, Tel. 08 81 54 70 66, So abends und einige Wochen im September geschl., teuer. Elegant-rustikales Lokal zwischen Museum und Kathedrale in einem Haus aus dem 18. Jh.
La Cantina del Pozzo, Via P. Giannone 1, Tel. 08 81 54 73 73, Di Ruhetag, moderat. Pasta-Spezialitäten und Fisch vom Grill.

Amphitheater; Dom; Museo Civico ›Giuseppe Fiorelli‹ (Via De Nicastri 74, Tel. 08 81 54 70 41, tgl. außer Mo 9–13, Di, Fr auch 16–19, bzw. 15–18 Uhr im Winter) mit kostbaren antiken Ausgrabungen; Kastell (7–13 und 14–20 Uhr, Mo geschl.).

Manfredonia (Apulien)

Lage: Vordere Umschlagkarte F 7. PLZ 71043. Hafenstadt am Tor zum Gargano. Atmosphäre: freundlich.

 IAT, Piazza del Popolo, Tel. 08 84 58 19 98.

 Gabbiano, Lido di Siponto, Viale Eunostides 20, Tel. 08 84 54 25 54, Fax 08 84 54 23 80, günstig. Netter Familienbetrieb direkt am Meer.
Gargano, Viale Beccarini 2, Tel. 08 84 58 76 21, Fax 08 84 58 60 21, günstig. Haus im Mittelmeerstil mit Meerblick und Pool.
Agriturismo: **Posta del Falco,** Contrada S. Leonardo, SS 89, km 174,8, Tel. 08 84 54 39 73. Vier Apartments, Reitmöglichkeiten.

Porto, Piazza della Libertà 3, Tel. 08 84 58 18 00, Mo Ruhetag, teuer. Traditionsreiche Küche in einem alten Palazzo.
Il Baracchio, Corso Roma 38, Tel. 08 84 58 38 74, Do und Juli geschl., moderat. Fisch und Meeresfrüchte dominieren die Speisekarte.

 Kathedrale; mächtiges Stauferkastell mit Museo Nazionale del Gargano (Tel. 08 84 58 78 38, tgl. 8.30–13.30 und 15.30–19.30 Uhr, erster und letzter Mo im Monat geschl.); 3 km außerhalb Santa Maria di Siponto (tgl. 9–12.30 und 15–18.30 Uhr, Kustode Michele unter Tel. Handy 33 35 92 16 93); in 10 km Entfernung San Leonardo di Siponto (wechselnde Öffnungszeiten sollten angeschrieben sein, sonst Kustode unter Tel. Handy 34 76 51 90 76).

 Fest des Schutzheiligen S. Lorenzo mit farbenprächtigem Umzug (7. Februar); **Prozession** mit dem Gnadenbild Maria SS di Siponto (30.8.).

Maratea (Basilikata)

*Lage: Vordere Umschlagkarte F 4.
PLZ 85046. Hauptort des gleichnamigen Küstenabschnitts am Tyrrhenischen Meer. Atmosphäre: zum Verlieben.*

APT, Piazza del Gesù 40, Tel. 09 73 87 69 08, Fax 09 73 87 74 54.

Santavenere, Fiumicello-Santa Venere, Tel. 09 73 87 69 10, Fax 09 73 87 76 54, sehr teuer. Luxusherberge inmitten einer wunderschönen Parkanlage über dem Meer.
La Locanda delle Donne Monache, Via Mazzei 4, Tel. 09 73 87 74 87, Fax 09 73 87 76 87, teuer. Höchster Komfort in einem ehemaligen Kloster in Panoramalage.
Villa Cheta Elite, Acquafredda, Via Timpone 46, Tel. 09 73 87 81 34, Fax 09 73 87 81 35, moderat. Romantische Jugendstil-Villa mit Meerblick, umgeben von einem Park; vorzügliches Restaurant.
Gabbiano, Acquafredda, Via Lucca 24, Tel. 09 73 87 80 11, Fax 09 73 87 80 76, günstig. Haus am Meer mit schönen Balkonzimmern.
Mary, Acquafredda, Via Luppa, Tel. 09 73 87 80 22, Fax 09 73 87 80 25, sehr preiswert. Intime Pension, nette Zimmer.

Taverna Rovita, Maratea, Via Rovita 63, Tel. 09 73 87 65 88, außerhalb der Saison Di Ruhetag, teuer. Gemütliches Lokal im historischen Zentrum.
Zà Mariuccia, Maratea Porto, Via Grotte 2, Tel. 09 73 87 61 63, Do Ruhetag (Juli und August nur mittags geschl.), teuer. Exzellente Fischspezialitäten hoch über dem Hafen.
Settebello, Fiumicello, Via Fiumicello 52, Tel. 09 73 87 62 77, November bis April geschl., moderat. Reichhaltige Mittelmeerküche nach Rezepten der Region.

Il Borgo, der mittelalterliche Stadtteil von Maratea mit der Kirche Santa Maria Maggiore; Wallfahrtskirche San Biagio mit 21 m hoher Christusstatue auf dem Belvedere di Biagio (624 m); Grotta di Maratea (Mai–Sept. 9–13 und 17–20 Uhr).

Marina di Leuca (Apulien)

*Lage: Vordere Umschlagkarte J 4.
PLZ 73030. Kapspitze der Salentiner Halbinsel. Atmosphäre: beschaulich.*

IAT, Lungomare Colombo 53, Tel. 08 33 75 81 61.

Terminal, Lungomare Colombo 59, Tel./Fax 08 33 75 82 42, günstig. Einfaches Sommerquartier am Meer.

 Fidele, Via B. Croce 55, Tel. 08 33 75 87 32, außerhalb der der Saison Mi Ruhetag, moderat. Man serviert selbstgefangenen Fisch.
Zio Tom, Loc. Ciardo (3 km von Leuca), Litoranea Lecce–Gallipoli, Tel. 08 33 76 78 70, Di abends geschl., moderat. Die Wirtsleute Cordella führen ihr Lokal mit viel Liebe – und so schmecken auch die Speisen.

Wallfahrtskirche Santa Maria di Leuca.

Martina Franca (Apulien)

*Lage: Vordere Umschlagkarte H 6.
PLZ 74015. Bezauberndes Barockstädtchen. Atmosphäre: zum Wohlfühlen.*

IAT, Piazza Roma 37, Tel. 08 04 80 57 02.

Park Hotel San Michele, Viale Carella 9, Tel. 08 04 80 70 53, Fax 08 04 80 88 95, moderat. Schöne Gartenlage im Zentrum, komfortable Zimmer.
Dell'Erba, Viale dei Cedri 1, Tel. 08 04 30 10 55, Fax 08 04 30 16 39, günstig. Grünlage im Zentrum, Tennisplatz, Hallenbad, Sauna, Solarium.
Villa Ducale, Piazza S. Antonio, Tel. 08 04 80 50 55, Fax 08 04 80 58 85, günstig. Preiswertes, intimes Stadthotel.

Il Ritrovo degli Amici, Via Messapia 8, Tel. 08 08 83 92 49, Mo Ruhetag, moderat. Spezialitäten von Meer und Land in gemütlicher Atmosphäre.

La Rotonda, Villa Comunale Garibaldi, Tel. 08 04 80 83 38, Di Ruhetag, moderat. Restaurant im Grünen.
Trattoria delle Ruote, Via Monticello 1, Tel. 08 04 83 74 73, Mo Ruhetag, moderat. Traditionelle Küche des Itria-Tales.
Villaggio In, Largo Magli 6, Tel. 08 04 80 50 21, Mo und November geschl., moderat. Lokal in elegant-rustikalem Stil mit guter bodenständiger Küche.

 Palazzo Ducale; Kollegiatskirche San Martino mit gotischem Glockenturm; Chiesa del Carmine (1730).

Massafra (Apulien)

*Lage: Vordere Umschlagkarte G/H 5. PLZ 74016. Pittoreske Lage an einer tiefen Schlucht.
Atmosphäre: etwas verkommen.*

 Ufficio Turistico Comunale, Cooperativa Nuova Hellas, Via Vittorio Veneto 15, Tel./Fax 09 98 80 46 95.

 Appia Palace, SS Appia, km 633, Tel. 09 98 85 15 01, Fax 09 98 85 15 06, günstig. Mittelklasse-Haus mit entsprechendem Komfort.

La Ruota, Via Barulli 28, Tel. 09 98 80 77 10, So abends und Mo geschl., moderat. Vom Lokal sieht man das Meer – von dort kommen auch die Spezialitäten.

Zur Besichtigung der Höhlenkirchen in der Gravina di San Marco wende man sich an das Büro der Kooperative Nuova Hellas (s. o.).

Matera (Basilikata)

Lage: Vordere Umschlagkarte G 6. PLZ 7510. Provinzhauptstadt, kulturhistorisch bedeutendster Ort der Basilikata. Atmosphäre: überwältigend.

APT, Via De Viti De Marco 9, Tel. 08 35 33 19 83, Fax 08 35 33 34 52.

Informationsbüro Via Condotti 10/B, Tel. 08 35 33 35 41.

 Del Campo, Via Lucrezio, Tel. 08 35 38 88 44, Fax 08 35 38 87 57, moderat/teuer. Landhaus aus dem 19. Jh., höchster Komfort, Spezialtarife für Wochenenden.
Italia, Via Ridola 5, Tel. 08 35 33 35 61, Fax 08 35 33 00 87, günstig. Traditionsreiches Haus in der Nähe der *sassi*.
Sassi, Via San Giovanni Vecchio 89, Tel. 08 35 33 10 09, Fax 08 35 33 37 33, günstig. Kleines Hotel in einem alten Palazzo.

 Da Mario, Via XX Settembre 14, Tel. 08 35 33 64 91, moderat. Üppige Speisenfolgen und süffige Weine – ein gastronomischer Glücksfall im Zentrum.
Le Spighe, Via Gravina 2, Tel. 08 35 38 88 44, moderat. Traditionelle Speisen, mit Kreativität verfeinert.
Il Terrazzino, Vico S. Giuseppe 7, Tel. 08 35 33 25 03, moderat. Klassische regionale Küche in der Altstadt.
Venusio, Borgo Venusio, Via Lussemburgo 2–4, Tel. 08 35 25 90 81, So abends und Mo geschl., moderat. Die Speisekarte richtet sich nach den Jahreszeiten – nur Fisch hat immer Saison.

 Kathedrale (1268–1270); Palazzo Lanfranchi mit Galleria Nazionale della Basilicata, einer der reichhaltigsten Kunstsammlungen Süditaliens (Piazza Pascoli 1, derzeit wegen Restaurierung geschl.); im ehemaligen Kloster Santa Chiara (1698) Museo Nazionale Archeologico ›Domenico Ridola‹ (Via Ridola 24, Tel. 08 35 33 00 58, Di–So 9–20, Mo 14–20 Uhr); Chiesa del Purgatorio (1747), mit Totenschädel-Fassade; San Francesco d'Assisi; in ihrem Inneren die Felsenkirche Santi Pietro e Paolo; Sasso Caveoso und Sasso Barisano wurden in die Liste des Weltkulturerbes aufgenommen.

Melfi (Basilikata)

Lage: Vordere Umschlagkarte E/F 6.
PLZ 85025. Ehemalige Sommerresidenz
Friedrichs II.
Atmosphäre: bescheiden, ländlich.

☐ Siehe APT Potenza.

🛏 **Due Pini,** Piazzale Stazione,
Tel. 0 97 22 10 31, Fax 0 97 22 16 08,
sehr preiswert. Neubau in zentraler Lage,
einfache, saubere Zimmer.
Agriturismo: **Masseria Canestrello,**
71024 Candela (rund 20 km nördlich Richtung Foggia), Tel. 08 85 66 07 92.
Liebevoll restauriertes Landgut, sechs
geräumige Gästezimmer, Pool, Sportmöglichkeiten.

🍴 **Lucano,** Via F. Del Zio 29,
Tel. 09 72 23 73 91, Fr Ruhetag,
moderat. Rustikale Gastwirtschaft mit
freundlichem Service.
Novecento, Contrada Incoronata,
Tel. 09 72 23 74 70, Mo Ruhetag, moderat.
Schmackhafte Fleischspeisen, elegante
Atmosphäre.
Vaddone, Via Santa Abruzzese,
Tel. 0 97 22 43 23, So abends und Mo mit-
tags geschl., moderat. Bodenständige, ein-
fache Küche.

👁 Mittelalterliche Stadtmauern; Dom
mit Glockenturm aus dem 12. Jh.;
Kastell (12. Jh.) in beherrschender Position
mit Museo Archeologico Nazionale (Tel.
09 72 23 87 26, Di–So 9–20, Mo 14–20 Uhr),
das als wertvollstes Exponat den reich verzierten Sarkophag von Rapolla (2. Jh.)
birgt; in Rapolla (5 km) die mittelalterliche
Felsenkirche Santa Lucia.

Metaponto (Basilikata)

Lage: Vordere Umschlagkarte G 5.
PLZ 75010. Kleine, moderne Ortschaft mit
2,5 km entfernten Badeständen (Lido di
Metaponto).
Atmosphäre: nur im Sommer lebhaft.

☐ Lido di Metaponto, Viale delle
Sirene, Tel. 08 35 74 19 33 (nur in der
Saison).

🛏 **Palatinum,** SS 106 Jonica bei km
449,3, Tel. 08 35 74 53 12, Fax 08 35
74 53 20, sehr preiswert. Ein Haus zum
Übernachten, mehr nicht.
Turismo, Lido di Metaponto, Viale delle
Ninfe 5, Tel. 08 35 74 19 18, Fax 08 35 74 19
17, sehr preiswert. Typisches Strandhotel,
im Winter geschl.
Agriturismo: **Macchiagricola,** SS 106, km
444, Tel. 08 35 58 21 93, Fax 08 35 47 01 94.
18 Apartments, Mindestaufenthalt sieben
Tage, Sportmöglichkeiten.

👁 Museo Archeologico Nazionale (Via
Aristea, Tel. 08 35 74 53 27, Di–So
9–20, Mo 14–20 Uhr); rund 3 km nordwestlich Archäologische Zone *Scavi di Meta-*
ponto (9 Uhr bis eine Stunde vor Sonnenuntergang); an der SS 106 Richtung Tarent
die eindrucksvollen *Tavole Palatine* (15
Säulen eines dorischen Tempels aus dem
5. Jh. v. Chr., tgl. 9 Uhr bis eine Stunde vor
Sonnenuntergang).

Molfetta (Apulien)

Lage: Vordere Umschlagkarte G 6/7.
PLZ 70056. Moderne Hafenstadt mit male-
risch verfallenem Zentrum.
Atmosphäre: lebhaft.

☐ Pro Loco, Piazza Municipio, Tel.
08 03 34 82 22.

🛏 **Garden,** Via Provinciale per Terlizzi,
Tel. 08 03 34 17 22, Fax 08 03 34 92
91, günstig. Gartenlage ein wenig außerhalb der Stadt, einfache Zimmer.

🍴 **Borgo Antico,** Piazza Municipio 20,
Tel. 08 03 97 43 79, Mo und November geschl., teuer. Intimes Lokal im historischen Zentrum, die Küche hat sich mit
Hingabe dem Meer verschrieben.
Bufi, Via Vittorio Emanuele 17, Tel. 08 03
97 15 97, So abends und Mo geschl.,
teuer. Ein Gourmet-Dorado in dieser Stadt.

La Brasserie, Piazza Garibaldi 49, Tel. 08 03 97 11 22, Mi Ruhetag, moderat. Gute Küche, mangelhafte Bedienung.

 Duomo Vecchio (1150); barocke Kathedrale; San Bernardino (15. Jh.); Palazzo di Città (16. Jh., mit Loggienhof); Sala dei Templari (13. Jh.).

Monópoli (Apulien)

Lage: Vordere Umschlagkarte H 6. PLZ 70043. Einst bedeutender Orienthafen, heute ein lebhaftes Provinzstädtchen. Atmosphäre: nett.

 Siehe APT Bari.

 Il Melograno, Contrada Torricella 345, Tel. 08 06 90 90 30, Fax 0 80 74 79 08, sehr teuer. Traumhotel in einem befestigten Gehöft aus dem 16. Jh., hier befindet man sich in einer anderen Welt, die freilich ihren Preis hat.
Vecchio Mulino, Viale A. Moro 192, Tel. 0 80 77 71 33, Fax 0 80 77 76 54, moderat/teuer. Modern und komfortabel, eigener Strand, Sportmöglichkeiten.
Atlantide, Contrada Lamandia 13, Loc. Capitolo, Tel. 0 80 80 12 12, Fax 08 04 82 90 44, moderat. 24-Zimmer-Haus in einem großen Park, gutes Restaurant.
Lido Torre Egnazia, Loc. Capitolo, SS 379, km 8,8, Tel. 080 80 10 02, Fax 080 80 15 95, günstig. Einfaches Mittelklassehotel für Badeferien.
Agriturismo: **Curatori,** Loc. Cristo delle Zolle 227, Tel./Fax 0 80 77 74 72. Schönes Landgut mit 24 Gästebetten inmitten riesiger Olivenhaine.

Cala Fontanelle, Via Barnaba 9, Tel. 08 09 37 17 17, Di Ruhetag, teuer. Bareser Küche vom Besten, Fisch-Fondues und andere Spezialitäten.
Il Trappeto, Loc. Cristo delle Zolle, Tel. 08 06 90 91 11, Di–Sa nur abends geöffnet, teuer/moderat. Grillspezialitäten in einer riesigen Felsenhöhle, elegant-rustikal.

Lido Bianco, Via Procaccia 3, Tel. 08 08 87 67 37, Mo Ruhetag, moderat. Schöne Terrasse am Meer.

 Kirche Santa Maria Amalfitana (frühes 12. Jh.); Archäologisches Museum, Sammlung »L. Meo-Evoli« (Contrada S. Oceano Cozzana 154, Tel. 0 80 80 30 52, derzeit wegen Restaurierung geschl.); Kathedrale; in der Altstadt hochmittelalterliche Kryptenkirche Madonna del Soccorso (Eingang Via S. Domenico 73).

Monte Sant'Angelo (Apulien)

Lage: Vordere Umschlagkarte F 7. PLZ 71037. Berühmter Wallfahrtsort am Gargano. Atmosphäre: erstaunlich ruhig.

 Pro Loco, Via Reale Basilica 40, Tel. 08 84 56 55 20, Fax 08 84 56 80 56.

 Michael, Via Reale Basilica 86, Tel. 08 84 56 55 19, Fax 08 84 56 30 79, günstig. Zehn-Zimmer-Haus im historischen Zentrum.
Rotary, Via per Pulsano, km 1, Tel./Fax 08 84 56 21 46, günstig. Modernes Hotel in ruhiger Lage.

Al Barone, Via Gambadoro 3, Tel. 08 84 56 25 77, Di Ruhetag, moderat. Elegantes Altstadt-Restaurant, feine apulische Gerichte.
Al Grottino, Corso Vittorio Emanuele 179, Tel. 08 84 56 11 32, Mo Ruhetag, moderat. Rustikales Lokal mit guter einheimischer Küche.
Taverna Li Jalantuumene, Piazza de Galganis, Tel. 08 84 56 54 84, im Winter Di Ruhetag, moderat. Regionale Küche auf Basis frischer Produkte.
La Caravella, Via Reale Basilica 84, Tel. 08 84 56 14 44, im Winter Di Ruhetag, günstig/moderat. Lokale Spezialitäten, nahe Michaels-Heiligtum.

 Santuario di San Michele Arcangelo, eines der ältesten Heiligtümer der

Christenheit. Mittelalterlicher Stadtkern:
Tomba di Rotari (12. Jh.), ein über einem
Grab errichtetes Baptisterium; Reste der
romanischen Kirche San Pietro; Santa
Maria Maggiore (1170) mit orientalischen
Stileinflüssen; Normannenkastell.

Napoli/Neapel (Kampanien)

Lage: Vordere Umschlagkarte D 6.
Stadtplan: S. 72/73
PLZ 80100. Geschichtsträchtige Hauptstadt
der gleichnamigen Provinz und der Region
Kampanien, einst königliche Residenz.
Atmosphäre: Himmel und Hölle an einem
Ort.

AAT, Via Santa Lucia 81, Tel. 08 17
96 20 34, Fax 08 17 96 20 27.
EPT, Piazza dei Martiri 58, Tel. 0 81 40 53 11.
AA Napoli, Piazza Plebiscito, Palazzo Reale, Tel. 08 12 52 57 11, Fax 0 81 41 86 19.
Informationsbüros am Hauptbahnhof (Stazione Centrale), am Flughafen und auf der
Piazza Gesù Nuovo 7/8. Zugauskunft FS
(Staatsbahnen) Stazione Centrale, Piazza
Garibaldi, Tel. 08 15 53 41 88; Ferrovia Circumvesuviana, Corso Garibaldi 387, Tel. 08
17 79 24 44; Ferrovia Cumana e Circumfle-
grea, Piazza Montesano, Tel. 08 17 35 41
11. Über Museen, Ausstellungen und
andere Veranstaltungen informiert die
Monatsbroschüre »Qui Napoli« (auch englisch), erhältlich in Hotels, Reisebüros und
Fremdenverkehrsstellen.

Royal, Via Partenope 38, Tel. 08 17
64 48 00, Fax 08 17 64 57 07, teuer.
Komfortables Haus mit Blick auf das
Castell dell'Ovo.
Belvedere, Via T. Angelini 51, Tel. 08 15
78 81 69, Fax 08 15 78 54 17, moderat. Der
Name verpflichtet: Traumblick vom
Vomero über die Stadt.
Executive, Via del Cerriglio 10, Tel. 08 15
52 06 11, Fax 08 15 52 81 63, moderat.
Gemütliches kleines Hotel im historischen
Zentrum.
Palace, Piazza Garibaldi 9, Tel. 0 81 26 70
44, Fax 0 81 26 43 06, moderat. Einfaches
Haus (19. Jh.), zum Teil modernisiert.

Splendid, Via A. Manzoni 96, Tel. 08 17 14
64 28, Fax 08 17 14 64 31, moderat.
Schöne Lage am Posillipo, 200 m von der
Seilbahn nach Mergellina entfernt.

La Cantinella, Via Cuma 42, Tel.
08 17 64 86 84, So, um Weihnachten
und zweite Augusthälfte geschl., teuer.
Spitzengastronomie zu Spitzenpreisen,
aber jeden Cent wert!
La Sacrestia, Via Orazio 116, Tel. 0 81 66
41 86, Mo und im Juli und August So
Ruhetag, teuer. Nach wie vor eines der
führenden Restaurants der Stadt, Terrasse
mit Traumblick über den Golf.
Rosiello, Posillipo, Via Santo Strato 10,
Tel. 08 17 69 12 88, Mi und zwei Wochen
im August geschl., teuer. Vornehm speisen
auf einer Terrasse mit Neapel zu Füßen.
Ciro a Santa Brigida, Via S. Brigida
71–73, Tel. 08 15 52 40 72, So und zweite
Augusthälfte geschl., moderat/teuer. Traditionsreiches Lokal im Herzen der Stadt.
Mimì alla Ferrovia, Via Alfonso d'Aragona 21, Tel. 08 15 53 85 25, So und 10
Tage im August geschl., moderat/teuer.
Seit Jahrzehnten eine Institution, die ihre
hohe Qualität halten konnte.
Leon d'Oro, Piazza Dante 48, Tel. 08 15 49
94 04, Mo Ruhetag, moderat. Schmackhafte neapolitanische Küche.
La Campagnola, Via Tribunali 47, Tel.
0 81 45 90 34, So Ruhetag, nur Mittags-
tisch, moderat/günstig. Deftige Hausmannskost im Hinterzimmer einer Eno-
thek, einst Stammlokal von Joseph Beuys.
Trianon, Piazza Colletta 46, Tel. 08 15 53
94 26, So mittag geschl., günstig. Eine der
besten Pizzerien der Stadt.

Die Bezirke Fuorigrotta (Ausstel-
lungsgelände Mostra d'Oltremare,
Stadion San Paolo), Ciaia-San Fernando-
Posillipo (elegantestes Viertel mit Fischerhafen Santa Lucia), Vomero mit Museum
San Martino (Via T. Angelini, Tel. 08 15 78
17 69, tgl. außer Mo 9–19.30 Uhr) und
Castel Sant'Elmo (Largo San Martino, Tel.
08 15 78 40 30, tgl. außer Mo 9–19 Uhr)
sowie Vicaria-San Lorenzo, Pendino-Mer-
cato und Avvocata Montecalvario San Giuseppe, drei Bezirke, die die Altstadt und Hafen

umfassen. Am Stadtrand liegen Park und Schloß von Capodimonte mit dem großartigen Museum (Parco di Capodimonte, Tel. 08 17 49 91 11, tgl. außer Mo 8.30–19.30 Uhr). Weitere wichtige Museen und andere Sehenswürdigkeiten: Archäologisches Nationalmuseum (Piazza Museo, Tel. 0 81 44 01 66, tgl. außer Di 9–19.30 Uhr), Palazzo Reale (Piazza Plebiscito, Tel. 08 17 94 40 21, tgl. außer Mi 9–20 Uhr), Museo Principe Aragona Pignatelli Cortes (Möbel, Porzellan; Riviera di Chiaia, Tel. 08 17 61 23 56, tgl. außer Mo 9–14 Uhr), Museo Civico di Castel Nuovo (Piazza Municipio, Tel. 08 17 95 20 03), Città della scienza (Italiens erstes Wissenschaftszentrum, eine faszinierende Wunderwelt; Via Coroglio 104, Tel. 08 17 35 21 11, tgl. außer Mo 9–17 Uhr), Cappella Sansevero (Via De Sanctis 19, Tel. 08 15 51 84 70, an Werktagen außer Di 10–17, im Sommer bis 19 Uhr, Sonn- und Feiertage 10–13.30 Uhr), Museum und Klostergarten Santa Chiara (Via Santa Chiara 49, Tel. 08 17 97 12 56, an Werktagen 9.30–13 und 15.30–17.30 Uhr, Sonn- und Feiertage nur vormittags), Ausgrabungen unter San Lorenzo Maggiore (Piazza San Gaetano, Tel. 08 12 11 08 60, Mo–Fr 9–13 und 15–17.30, Sa 9–17.30, So 10–13.30 Uhr), Ausgrabungen unter der Kathedrale (Via Duomo, an Werktagen 9–12 und 16.30–19, Sonn- und Feiertage 9–12 Uhr).

Für die Nutzung der **öffentlichen Verkehrsmittel** (Straßenbahn, Bus, Metro) empfiehlt sich der Kauf der *Art-Card,* die auch freien, bzw. ermäßigten Eintritt in sechs Museen sowie weitere Vergünstigungen umfaßt. Die Karte um 13 € für Erwachsene und 8 € für Jugendliche (18–25 Jahre) ist 60 Stunden ab Entwertung gültig und – zusammen mit einem genauen Plan der städtischen Linien – am Flughafen, Hauptbahnhof, in Hotels, Museen, Reisebüros und den Fremdenverkehrsstellen erhältlich.
Flughafen Napoli Capodichino (7 km nordöstlich), Flugauskunft 08 17 89 62 59 und 8 48 88 87 77, info@gesac.it. Busse der Gesellschaft C.I.P. verkehren alle 20 Minuten zwischen Flughafen und Piazza Municipio, die städtische Buslinie 14 verbindet die Piazza Garibaldi (Hauptbahnhof) und den Flughafen.

Nardò (Apulien)

Lage: Vordere Umschlagkarte J 5.
PLZ 73048. Lebhaftes Barockstädtchen im Salento.
Atmosphäre: in jeder Hinsicht barock.

 Pro Loco, Loc. Boncore, Tel. 08 33 56 51 06.

 Riviera, Loc. Santa Maria al Bagno, Via E. Filiberto 172, Tel. 08 33 57 32 21, Fax 08 33 57 30 24, günstig. Modernes Strandhotel.
Tourist, Loc. Boncore, Tel. 08 33 56 69 42, Fax 08 33 56 09 03, sehr preiswert. Einfaches Provinzhotel für Anspruchslose.
Agriturismo: **Masseria Salmenta**, Strada Provinciale Leverano, Porto Cesareo, Tel. Handy 34 76 32 85 61. Zwölf komfortable Apartments.

 Kathedrale (Benediktinergründung 1090) mit Fassade aus dem 17. Jh.; Piazza Salandra mit schönen Barockbauten; in der Umgebung Masserien (befestigte Gehöfte); 10 km nördlich Copertino, das durch seinen ›fliegenden Mönch‹ Berühmtheit erlangte (s. S. 232).

Nicótera (Kalabrien)

Lage: Vordere Umschlagkarte F 2.
PLZ 88034. Bergstädtchen am Golf von Gióia. Atmosphäre: verschlafen.

 Pro Loco, Via Pozzo, oder siehe AAT Cosenza.

 Valtur, Loc. Martelletto, Tel. 0 96 38 15 88, Fax 0 96 38 11 53, moderat/teuer. 900-Betten-Ferienclub mit guter Infrastruktur.
Santa Lucia, Loc. S. Nicola, Tel. 09 63 60 07 22, Fax 09 63 60 05 66, moderat. Nettes Haus der Mittelklasse.

Miragolfo, Via Corte 63, Tel. 0 96 38 14 70, Fax 0 96 38 17 00, sehr preiswert. Einfaches Familienhotel mit eigenem Strand in Nicótera Marina.

Gabbiano, Viale Stazione 35, Tel. 0 96 38 17 32, wechselnde Ruhetage, günstig/moderat. Einfache Trattoria in schöner Panoramalage.
Da Vittoria, Viale Stazione 16, Tel. 0 96 38 13 58, kein Ruhetag, günstig. Klassische Hausmannskost eines Landgasthauses.

Kathedrale (1785); Diözesanmuseum (Piazza Duomo 10, Tel. 0 96 38 13 08, Mo–Sa 9.30–12.30 und 16.30–19.30, So 10.30–12.30 Uhr); Museo Civico Archeologico mit Museo del Folclore (Corso Umberto I, Tel. 09 63 88 61 66, Winter: Di–Sa 8–14, Sommer: Di–Sa 9–12 und 16–20 Uhr, So, Mo geschl.).

Festa dell'Immacolata mit Umzug und Feuerwerk (8.12.).

Ostuni (Apulien)

Lage: Vordere Umschlagkarte H 6. PLZ 72017. Weißes Städtchen am Rande der Murge. Atmosphäre: touristisch.

APT, Corso Mazzini 6, Tel. 08 31 30 12 68.

Masseria Santa Lucia, Loc. Ostuni Marina, SS 379, km 23,5, Tel. 08 31 35 60, Fax 08 31 30 40 90, teuer. Spitzenhotel der Gegend mit führendem Restaurant.
Incanto, Via dei Colli, Tel. 08 31 30 17 81, Fax 08 31 33 83 02, moderat. Modernes, gut geführtes Hotel in Grünlage mit Panoramablick.
Lo Spagnulo, Contrada Spagnulo, Tel. 08 31 35 02 09, Fax 08 31 33 37 56, moderat. Ehemaliges Landgut von 1600, heute ein kleines komfortables Hotel, Restaurant, Tennis, Reitstall.
Novecento, Contrada Ramunno, Tel. 08 31 30 56 66, Fax 08 31 30 56 68, günstig. Kleine, intime Villa mit komfortablen Zimmern.

Agriturismo: **Il Frantoio,** SS 16, km 874, Tel./Fax 08 31 33 02 76. Zauberhaftes Landgut (8 Gästezimmer) in einem Olivenhain, gute Küche, Reiten, Radfahren.

Osteria del Tempo Perso, Via G. Tanzarella Vitale 47, Tel. 08 31 30 33 20, nur abends geöffnet, Mo Ruhetag, moderat. Bodenständige, kreative Küche und hervorragende apulische Weine.
Porta Nova, Via G. Petrarolo 38, Tel. 08 31 33 89 83, Mi sowie von Mitte Januar bis Mitte Februar geschl., moderat. Im Inneren eines aragonesischen Turmes werden phantasievolle Gerichte zubereitet.
Vecchia Ostuni, Largo Lanza 9, Tel. 08 31 30 33 08, Mo Ruhetag, moderat. Lokale Spezialitäten in der Altstadt.

 Mittelalterlicher Stadtteil rund um die Ende des 15. Jh. erbaute Kathedrale.

Otranto (Apulien)

Lage: Vordere Umschlagkarte J 5. PLZ 73028. Östlichste Stadt Italiens. Adria-Hafen (Autofähren nach Griechenland). Atmosphäre: beschaulich-friedlich.

IAT, Piazza Castello, Tel. 08 36 80 14 36.

Daniela, Conca Specchiulla, Tel. 08 36 80 66 48, Fax 08 36 80 66 67, moderat/teuer. Großer Hotelkomplex in Meernähe.
Degli Haethey, Via F. Sforza 33, Tel. 08 36 80 15 48, Fax 08 36 80 15 76, moderat. Bequeme Zimmer in einem Neubau nahe Zentrum.
Rosa Antico, SS 16, Abzweigung nach Lecce, Tel. 08 36 80 15 63, Fax 08 36 80 21 06, günstig. Hübsche Villa im Grünen.
Albania, Via S. Francesco di Paola 10, Tel. 08 36 80 11 83, sehr preiswert. Kleines Haus (10 Zimmer) in zentraler Lage.
Agriturismo: **Torre Pinta,** Via delle Memorie, Tel. Handy 3 60 26 31 27. 20 Gästebetten, Reiten, Radfahren.

Acmet Pascià, Lungomare degli Eroi, Tel. 08 36 80 12 82, außerhalb der Saison Mo Ruhetag, teuer. Frische apulische Gerichte, Meerterrasse.
Sergio, Via Garibaldi 9, Tel. 08 36 80 14 08, außerhalb der Saison Mi Ruhetag, teuer. Alles, was das Meer hergibt, wird hier im Herzen der Altstadt serviert.
Vecchia Otranto, Corso Garibaldi 96, Tel. 08 36 80 15 75, außerhalb der Saison Do Ruhetag, moderat. Küche der Region, mit Liebe zubereitet im historischen Zentrum.

Kathedrale aus dem 11. Jh. mit einzigartigem Fußbodenmosaik; byzantinische Kreuzkuppelkirche San Pietro (10. Jh.) mit Fresken (für Besichtigung Piazza del Popolo Nr. 1 fragen); Aragonesenkastell; Diözesanmuseum (Sommer: tgl. 10–12 und 16–20 Uhr, Winter: Sa 15–18, So 10–12 und 15–18 Uhr), eine 1992 eingerichtete Dokumentation von Geschichte und Kunst des Salento.

Padula (Kampanien)

Lage: Vordere Umschlagkarte E/F 5.
PLZ 84034. Städtchen auf einem Hügel über dem Diano-Tal.
Atmosphäre: friedlich.

Pro Loco, Viale Certosa, Tel. 0 97 57 85 61.

La Certosa, Viale Certosa 41, Tel./Fax 0 97 57 70 46, günstig. Einfaches Landhotel, Sportmöglichkeiten.

Il Certosino, Viale Certosa 15, Tel. 09 75 77 83 31, außerhalb der Saison Di Ruhetag, günstig/moderat. Pasta- und Fleischgerichte der regionalen Küche.

Chiesa dell'Annunziata; Certosa di San Lorenzo (Oktober bis März 9–16.30, April–Sept. 9–18.30 Uhr), eines der prächtigsten Baudenkmäler des Mezzogiorno mit dem Museo Archeologica della Lucania Occidentale (Tel. 0 97 57 71 17, Öffnungszeiten wie Kartause).

Frittata delle Mille Uova, das Fest der 1000-Eier-Omelette (10.8.) in Erinnerung an den Besuch Karls V. 1535 nach dessen Sieg über die Sarazenen bei Tunis.

Paestum (Kampanien)

Lage: Vordere Umschlagkarte E 5.
PLZ 84063. Sensationelle Archäologische Zone und schöne, im Sommer überfüllte Strände. Atmosphäre: außerhalb der Saison recht beschaulich.

AA, Via Magna Grecia 151/155, Tel. 08 28 81 10 16, Fax 08 28 72 23 22.

Mec Paestum Hotel, Licinella, Via Tiziano 23, Tel. 08 28 72 24 44, Fax 08 28 72 23 05, teuer. Luxushotel mit Sportmöglichkeiten.
Esplanade, Contrada da Ponte di Ferro, Via Sterpinia, Tel. 08 28 85 10 05, Fax 08 28 85 16 00, moderat. Komfortables Haus der Best-Western-Kette in Strandnähe.
Oleandri Residence, Via Laura, Tel. 08 28 85 18 76, Fax 08 28 85 17 30, moderat. Große Ferienanlage im Grünen nahe Strand, großer Pool.
Villa Rita, Via Principe di Piemonte, Tel. 08 28 81 10 81, Fax 08 28 72 25 55, günstig. Grünlage nahe der Archäologischen Zone.
Agriturismo: **Azienda Seliano,** Tenuta Seliano, Tel. 08 28 72 36 34, Fax 08 28 72 45 44. Gepflegtes Landhaus mit 14 Gästezimmern, Pool, Reitparcours, ausgezeichneter Küche (Büffelfleisch, Mozzarella; Vorbestellung erforderlich).

Da Nonna Sceppa, Via Laura, Tel. 08 28 85 10 64, außerhalb der Saison Do Ruhetag, moderat/teuer. Ideenreiche Küche mit frischen Produkten.
La Pergola, Capaccio Scalo, Via Nazionale 1, Tel. 08 28 72 33 77, außerhalb der Saison Mo Ruhetag, moderat. Regionale Spezialitäten nach alten Rezepten.
Nettuno, Via Principe di Piemonte 2, Tel. 08 28 81 10 28, Mo und Weihnachten geschl., moderat. Lokale Gerichte, von der Sommerterrasse Blick auf die Tempel.

Tips von Ort zu Ort

317

Archäologische Zone (9 Uhr bis eine Stunde vor Sonnenuntergang); Museo Archeologico Nazionale (Via Magna Grecia, Tel. 08 28 81 10 23, tgl. 9–19 Uhr, jeden 1. und 3. Mo im Monat geschl.).

Festa del Carciofo (Artischocken-Fest) mit Verkostungen, Folklore (Ende April).

Palinuro (Kampanien)

Lage: Vordere Umschlagkarte E 4.
PLZ 84064. Hübscher Badeort mit großem Freizeitangebot. Atmosphäre: in der Saison turbulent, sonst ruhig.

Pro Loco, Piazza Virgilio 1, Tel. 09 74 93 81 44, Fax 09 74 93 11 47.

San Pietro, Corso C. Pisacane, Tel. 09 74 93 14 66, Fax 09 74 93 19 19, teuer. Eleganz und Komfort in Meereslage.
San Paolo, Via S. Paolo, Tel. 09 74 93 83 04, Fax 09 74 93 12 14, moderat. Kleines Hotel (37 Zimmer) im Grünen.

Da Carmelo, Loc. Isca, SS 562, Tel. 09 74 93 11 38, außerhalb der Saison Mi Ruhetag, moderat/teuer. Rustikaler Familienbetrieb in schöner Lage, stets frische Meeresfrüchte.

Ausflüge zur Grotta Azzurra (10 Min. per Boot), zum Arco Naturale (natürlicher Felsbogen, per Auto auf der Küstenstraße Richtung Marina di Camerota) und zu der antiken Ausgrabungsstätte der Griechenstadt *Elea* (Velia, tgl. 9 Uhr bis eine Stunde vor Sonnenuntergang).

Palmi (Kalabrien)

Lage: Vordere Umschlagkarte F 1.
PLZ 89015. Moderne Stadt in schöner Lage über dem Tyrrhenischen Meer.
Atmosphäre: ärmlich.

Pro Loco, Piazza I Maggio 4/5, Tel. 0 96 62 21 92.

Arcobaleno, Loc. Taureana, Via Provinciale 70, Tel. 09 66 47 93 80, Fax 09 66 47 94 60, günstig/moderat. Modernes Haus in prachtvoller Panoramalage, mit reichem Sportangebot und Beautycenter.
Sant'Orsola, Via Trento e Trieste, Tel. 0 96 62 44 31, Fax 0 96 62 4823, sehr preiswert. Stadthotel der unteren Mittelklasse.

Lampara, Marina di Palmi, Via Tonnara, Tel. 09 66 47 92 88, Mi (außer Juli/August) und September geschl., moderat. Einfache, schmackhafte Küche, schöne Lage am Meer.
La Quiete, Loc. Scinà di Palmi, Tel. 09 66 47 94 00, außerhalb der Saison Mo Ruhetag, moderat. Familienrestaurant im gleichnamigen Feriendorf, gute Fischgerichte.

 Museo Civico di Etnografia e Folclore (Casa della Cultura, Via F. Battaglia, Tel. 09 66 26 22 50, Mo–Fr 8–14, Mo und Do auch 15–18 Uhr, Sa, So geschl.), eines der interessantesten Volkskunde-Museen Italiens.

Páola (Kalabrien)

Lage: Vordere Umschlagkarte F 3.
PLZ 87027. Wallfahrtsort und beliebtes Seebad.
Atmosphäre: lebhaft.

Siehe APT Cosenza.

Alhambra, SS 18, Tel. 09 82 58 22 40, Fax 09 82 58 27 90, günstig. Kleines Hotel im spanischen Stil, eigener Strand.

 Geburtshaus des hl. Francesco di Páola (1416–1507) in der Via XXIV Maggio; 2 km außerhalb des Städtchens Kloster und Wallfahrtskirche.

Pèschici (Apulien)

Lage: Vordere Umschlagkarte F 8.
PLZ 71010. Altes Städtchen mit maleri-
schem Zentrum und schönen Badesträn-
den. Atmosphäre: gepflegt, aber nicht her-
ausgeputzt.

Ufficio Turistico, Corso G. Garibaldi
59, Tel. 08 84 96 27 96.

D'Amato, Loc. Valle Clavia, SS 89,
km 83, Tel. 08 84 96 34 15, Fax 08 84
96 33 91, günstig. Haus im mediterranen
Stil, mit eigenem Strand.
Peschici, Via San Martino 31, Tel./Fax 08
84 96 41 95, günstig. Nettes kleines Hotel
in Panoramalage, 600 m zum Strand.
Timiama, Viale Libetta 71, Tel. 08 84 96 43
21, Fax 08 84 96 27 43, günstig. Komfortable Gartenvilla mit Freizeiteinrichtungen.

La Grotta delle Rondini, Via Porto
68, Tel. 08 84 96 40 07, Oktober bis
Ostern geschl., teuer. Raffiniert zubereitete
Gerichte, serviert in einer Grotte.
La Collinetta, Loc. Madonna di Loreto,
Tel. 08 84 96 41 51, Anfang Oktober bis
Mitte März geschl., moderat. Regionale
Küche auf Fischbasis.

Mittelalterliche Festung und Altstadt
mit zahlreichen Keramikläden; Foresta Umbra, 30 km auf einer Panorama-
straße.

Pisticci (Basilikata)

Lage: Vordere Umschlagkarte G 5.
PLZ 75015. Bekannt für seine strahlend
weißen Häuser.
Atmosphäre: freundlich.

Siehe APT Matera.

Degli Argonauti, Loc. Lido di
Macchia, Tel. 08 35 47 02 42,
Fax 08 35 47 02 40, moderat/teuer.
Modernes Strandhotel der gehobenen
Klasse.

Motel Agip, Pisticci Scalo, SS Basentana,
Tel./Fax 08 35 46 21 29, moderat. Einfach
und sauber.
Agriturismo: **San Teodoro Nuovo,** Loc.
S. Teodoro, Tel./Fax 08 35 47 00 24. Drei
nette Apartments und 10 Gästezimmer,
Mindestaufenthalt eine Woche.

Kirche Santi Pietro e Paolo (1542);
Ruinen eines 1035 errichteten
Kastells (schöne Aussicht); 1,5 km östlich
Abbazia di Santa Maria del Casale.

Pizzo (Kalabrien)

Lage: Vordere Umschlagkarte F 2.
PLZ 88026. Malerisches Fischerdorf und
Badeort. Atmosphäre: heiter, lebendig.

Pro Loco, Piazza della Repubblica 56,
Tel. 09 63 53 72 00, Fax 09 63 53 13 10.

Grillo, Riviera Prangi 10, Tel. 09 63
53 16 32, Fax 09 63 53 16 35, günstig. Schlichtes Strandhotel mit hübscher
Terrasse.
Murat, Piazza della Repubblica 41, Tel. 09
63 53 42 01, Fax 09 63 52 44 69, günstig.
Gemütliches kleines Hotel (12 Zimmer) in
einem Palazzo.

Isolabella, Riviera Prangi, Tel. 09 63
26 41 28, außerhalb der Saison Mo
Ruhetag, moderat. Meeresspezialitäten mit
Blick aufs Meer.
Casa Janca, Riviera Prangi-Marinella, Tel.
09 63 26 43 64, Mo (außer Juli/August)
Ruhetag, günstig/moderat. Rustikale Trat-
toria eines Landgutes.

Aragonesenkastell (1486); Kirche
San Giorgio mit schöner Barockfassade (1632).

Policoro (Basilikata)

Lage: Vordere Umschlagkarte G 5.
PLZ 75025. Hier befand sich einst das grie-
chische Heraclea (gegr. 433 v. Chr.).
Atmosphäre: geschäftig, laut.

Tips von Ort zu Ort

319

📖 Siehe APT Matera.

🛏 **Callà 2,** Via Lazio, Tel. 08 35 98 10 98, Fax 08 35 98 10 90, günstig. Kleines Haus im mediterranen Stil mit gutem Restaurant.
Heraclea, Lido di Policoro, Tel. 08 35 91 01 44, Fax 08 35 91 01 47, günstig. Modernes Ferienhotel, 200 m vom Strand entfernt.

👁 Archäologischer Park *Heraclea*, mit Demeter-Tempel (9 Uhr bis eine Stunde vor Sonnenuntergang); Museo Nazionale della Siritide (Via Colombo 8, Tel. 08 35 97 21 54, tgl. außer Di vormittags 9–20 Uhr) mit eindrucksvoller Dokumentation der antiken und mittelalterlichen Geschichte des Gebietes zwischen den Flüssen Agri und Sinni, in der Antike *Siritide* genannt.

Polignano a Mare (Apulien)

Lage: Vordere Umschlagkarte H 6.
PLZ 70044. Weißes Städtchen über dem Meer. Atmosphäre: heiter, angenehm.

📖 Pro Loco, Via F.A. Pace, Tel. 08 04 24 00 79.

🛏 **Castellinaria,** Loc. Cala S. Giovanni, SS 16, km 832, Tel./Fax 08 04 24 02 33, moderat. Entzückendes Gartenhotel, elegante Einrichtung, hervorragendes Restaurant.
Covo dei Saraceni, Via Conversano 1/A, Tel. 08 04 24 11 77, Fax 08 04 24 70 10, günstig. Schöne Lage am Meer, gutes Fischrestaurant.

🍴 **Grotta Palazzese,** Via Narciso 59, Tel. 08 04 24 06 77, kein Ruhetag, teuer. Einzigartiges Ambiente: man speist in einer von Meereswellen umspülten Grotte.
Da Tuccino, Via S. Caterina 69/F, Tel. 08 04 24 15 60, Juli/August nur abends geöffnet, Mo Ruhetag, teuer. Stets frische Meeresfrüchte, liebevoll zubereitet.

👁 Chiesa Matrice (1295, mehrmals erneuert) mit Steinkrippe (15. Jh.) und hölzernem Chorgestühl (17. Jh.).

Pompei/Pompeji (Kampanien)

Lage: Vordere Umschlagkarte D 6.
PLZ 80045. Typisch süditalienische Stadt, international berühmt für ihren Archäologischen Park, national vielbesucht wegen eines Marienheiligtums.
Atmosphäre: turbulent, aber trotz Besuchermassen überwältigend.

📖 AA, Via Sacra 1, Tel. 08 18 50 72 55, Fax 08 18 63 24 01.
Informationsbüros, Piazza Porta Marina Inferiore 11, Tel. 08 18 61 09 13; Via Colle San Bartolomeo, Tel. 08 18 50 32 32.

🛏 **Amleto,** Via Bartolo Longo 10, Tel. 08 18 63 10 04, Fax 08 18 63 55 85, moderat. Gute Mittelklasse, zentrale Lage.
Bristol, Piazza Vittorio Veneto 1/3, Tel. 08 18 50 30 05, Fax 08 18 63 16 25, günstig. Sympathisches Familienhotel zu vernünftigen Preisen.
Forum, Via Roma 99, Tel. 08 18 50 11 70, Fax 08 18 50 61 32, günstig. Modernes 24-Zimmer-Haus zwischen Wallfahrtskirche und Ausgrabungen.
Villa dei Misteri, Via Villa dei Misteri 11, Tel. 08 18 61 35 93, Fax 08 18 62 29 83, günstig. Nur 200 m zum Eingang der Archäologischen Zone.

🍴 **Il Principe,** Piazza Longo 8, Tel. 08 18 50 55 66, außer Juli/August So abends und Mo geschl., sehr teuer. Spitzenrestaurant im Schatten der Basilika, doch Qualität hat ihren Preis.
President, Piazza Schettini 12, Tel. 08 18 50 72 45, außerhalb der Saison So abends und Mo geschl., teuer. Lokale Küche, mit Raffinesse verfeinert; elegantes Ambiente.
Zi' Caterina, Via Roma 20, Tel. 08 18 50 74 47, Di Ruhetag, moderat. Gute neapolitanische Küche, auch vegetarische Gerichte.
Bacco e Arianna, Via Villa dei Misteri 6, Tel. 08 15 36 22 82, im Winter Mo Ruhetag,

günstig/moderat. Rustikales Ausflugsrestaurant bei der Mysterienvilla.

👁 Santuario della Madonna del Rosario (1875), vom Glockenturm gewinnt man den besten Überblick über die Ausgrabungen des antiken Pompeji *(Pompei Scavi,* 9 Uhr bis eine Stunde vor Sonnenuntergang); Museo vesuviano (Via Colle S. Bartolomeo 10, Tel. 08 18 50 72 55, tgl. außer So 9–14 Uhr) mit mineralogischer Sammlung.

Positano (Kampanien)

Lage: Vordere Umschlagkarte D 5.
PLZ 84017. Einer der berühmtesten und elegantesten Badeorte an der Amalfi-Küste. Atmosphäre: besonders malerisch mit internationalem Flair.

🛏 AA, Via del Saracino 4, Tel. 0 89 87 50 67, Fax 0 89 87 57 60.

🛏 **Le Sirenuse,** Via C. Colombo 30, Tel. 0 89 87 50 66, Fax 0 89 81 17 98, sehr teuer. Sympathisches Haus der Luxusklasse; ausgezeichnetes Restaurant.
Poseidon, Via Pasitea 148, Tel. 0 89 81 11 11, Fax 0 89 87 58 33, teuer. Romantik-Hotel in traumhafter Panoramalage.
Casa Albertina, Via della Tavolozza 3, Tel. 0 89 87 51 43, Fax 0 89 81 15 40, moderat. Ruhiges Haus im Mittelmeerstil.
Pupetto, Via Fornillo 37, Tel. 0 89 87 50 87, Fax 0 89 81 15 17, moderat. Familienhotel in ruhiger Lage.

🍽 **La Cambusa,** Piazza Amerigo Vespucci 5, Tel. 0 89 87 54 32, November bis März geschl., teuer. Verfeinerte neapolitanische Küche, vorwiegend Fisch.
Capitano, Via Pasitea 119, Tel. 0 89 81 13 51, außerhalb der Saison Do Ruhetag, im August nur abends geöffnet, teuer. Ein gastronomisches Fest.
Le Tre Sorelle, Via del Brigantino 23/25, Tel. 0 89 87 54 52, außerhalb der Saison Do Ruhetag, teuer/moderat. Traditionsreiches Lokal am Hafen.

Chez Black, Via del Brigantino 19, Tel. 0 89 87 57 96, kein Ruhetag, moderat. Hier wird Fisch nach der einfachen Art zubereitet.
Da Costantino, Via Corvo 107, Tel. 0 89 87 57 38, außerhalb der Saison Mi Ruhetag, moderat. Fisch und Fleisch in rustikalem Ambiente.

👁 Kirche Santa Maria Assunta, in der ein byzantinisches Marienbild (13. Jh.) verehrt wird; daneben Glockenturm mit langobardischem Relief; Piazza Flavio Gioia; weithin sichtbar die Kuppelkirche Chiesa Nuova, die vom Strand aus über viele Treppen erreichbar ist; pittoreskes Winkelwerk im historischen Zentrum.

Potenza (Basilikata)

Lage: Vordere Umschlagkarte F 5/6.
PLZ 85100. Am höchsten liegende Regions- und Provinzhauptstadt des Festlands. Atmosphäre: provinziell.

🛏 APT, Via Cavour 15, Tel. 09 71 41 18 39, Fax 0 97 13 61 96.
Informationsbüro: Via Alianelli 4, Tel. 0 97 12 18 12.

🛏 **Grande Albergo,** Corso XVIII Agosto 46, Tel./Fax 09 71 41 02 20, günstig. Moderner Bau in der Altstadt mit Panoramablick.
Motel Agip Potenza, Superstrada Basentana, Tel. 09 71 47 22 04, Fax 09 71 47 08 12, günstig. Komfortable Zimmer, Lärmschutz.
Tourist, Via Vescovado 4, Tel. 0 97 12 59 55, Fax 0 97 12 14 37, günstig. Hotel im Stil der 1960er Jahre, ideale Lage im historischen Zentrum.

🍽 **Antica Osteria Marconi,** Viale Marconi 233, Tel. 0 97 15 69 00, So abends und Mo geschl., moderat. Gilt als eines der besten Restaurants der Basilikata, bodenständige Küche mit Pfiff.
Due Torri, Via Due Torri 6–8, Tel. 09 71 41 16 61, So Ruhetag, moderat. Probieren Sie Schweinefilet in Pfeffersoße

Tips von Ort zu Ort

(filetto di maiale in salsa rossa al pepperone)!
La Fattoria, Via Verderuolo Inferiore 13, Tel. 0 97 13 46 80, moderat. Hausgemachte Pasta, Lammspezialitäten.

 Stadtzentrum; Kirchen San Francesco und San Gerardo; Museo Archeologico Provinciale (Via Ciccotti, Tel. 09 71 44 48 33, tgl. außer Mo 9–13, Di, Do auch 16–19 Uhr).

Pozzuoli (Kampanien)

Lage: Vordere Umschlagkarte C 6.
PLZ 80078. Hafenstadt im Zentrum der Phlegräischen Felder.
Atmosphäre: sehr süditalienisch.

 AA, Via Campi Flegrei 3, Tel. 08 15 26 50 68, Fax 08 15 26 14 81.

 Solfatara, Via Solfatara 163, Tel. 08 15 26 26 66, Fax 08 15 26 33 65, moderat. Ruhige Lage am Golf von Pozzuoli.
Santa Marta, Loc. Arco Felice, Via Licola Patria 28, Tel. 08 18 04 24 04, Fax 08 18 04 24 06, günstig. Hotel (34 Zimmer) im Herzen der Phlegräischen Felder, mit Restaurant und Pizzeria.

 Cucina Flegrea, Via Monteruscello 20, Tel. 08 15 24 74 81, Mo und August geschl., teuer.
Qualität bringt Gäste, daher Tischbestellung erforderlich.
La Ninfea, Via Italia 1, Tel. 08 18 66 13 26, außerhalb der Saison Di Ruhetag, teuer. Hervorragendes Fischlokal mit Terrasse und Garten.
La Tripergola, Via Milliscola 165, Tel. 08 18 04 21 20, moderat. Regionale Küche mit Schwerpunkt Fisch.

 Fischmarkt am Vormittag; Serapeo (antiker Markt); Altstadt Rione Terra mit Dom und Resten antiker Tempelanlagen; Anfiteatro Flavio (tgl. 9 Uhr bis eine Stunde vor Sonnenuntergang); Solfatara (= Schwefelgrube) mit ellipsenförmigem Krater (Tel. 08 15 26 23 41, tgl. 8.30 Uhr bis eine Stunde vor Sonnenuntergang); Chiesa di San Gennaro.

Praia a Mare (Kalabrien)

Lage: Vordere Umschlagkarte F 4.
PLZ 87028. Beliebter Badeort an der Zedernküste. Atmosphäre: sehr touristisch.

 Pro Loco, Via Amerigo Vespucci, Tel. 0 98 57 23 22.

 Garden, Via Roma 8, Tel. 0 98 57 28 28, Fax 0 98 57 41 71, günstig. Modernes Strandhotel.
La Casetta Bianca, Loc. Fiùzzi, Via Petroni 49, Tel./Fax 09 85 77 92 65, sehr preiswert. Kleiner Familienbetrieb in Strandnähe.

 Blu Eden, SS 18, Loc. Foresta, Tel. 09 85 77 91 74, moderat. Familienbetrieb, gute Hausmannskost.

 Insel Dino (Bootsrundfahrten); Wallfahrtsstätte Madonna della Grotta in einer Höhle.

Pròcida (Kampanien)

Lage: Vordere Umschlagkarte C 3.
PLZ 80079. Insel vulkanischen Ursprungs im Golf von Neapel.
Atmosphäre: im Vergleich zu Capri und Ischia ruhig und abgeschieden.

 AA, Via Roma (Stazione Marittima), Tel. 08 18 10 19 68.

 Crescenzo, Via Marina Chiaiolella 33, Tel. 08 18 96 72 55, Fax 08 18 10 12 60, günstig. Gemütliches Haus am Hafen mit guter Trattoria (Fischspezialitäten).

 Pròcida mit mächtigem Kastell (nicht zu besichtigen) und Chiesa San Michele (17. Jh.); Terra Murata, höchste Erhebung; Inselchen Vivara, Naturschutzgebiet des WWF (WWF, Sezione di Ischia e

Procida, Casella Postale 34, 80077
Ischia/NA, Tel. 0 81 90 05 54).

Ravello (Kampanien)

*Lage: Vordere Umschlagkarte D 5.
PLZ 84010. Von den Römern gegründetes
Städtchen über der Amalfi-Küste.
Atmosphäre: bezaubernd.*

 AA, Piazza Vescovado 1, Tel. 0 89 85 70 96, Fax 0 89 85 79 77.

Caruso Belvedere, Viale S. Giovanni del Toro 2, Tel. 0 89 85 71 11, Fax 0 89 85 73 72, teuer.
Einzigartiges Hotel in einem Palast aus dem 12. Jh.; Garten, traumhafte Fernsicht, haubengekröntes Restaurant.
Bonadies, Piazza Fontana 5, Tel. 0 89 85 79 18, Fax 0 89 85 85 70, moderat.
Familiäre Künstlerherberge mit schönem Meerblick.
Giordano, Via SS. Trinità 14, Tel. 0 89 85 72 55, Fax 0 89 85 70 71, moderat. Einfach, in Grünlage, gutes Restaurant.

Palumbo, Via San Giovanni del Toro 18, Tel. 0 89 85 72 44, Januar bis März geschl., kein Ruhetag, teuer.
Klassisch-elegantes Restaurant im gleichnamigen Fünf-Sterne-Hotel.
Salvatore, Via Boccaccio 2, Tel. 0 89 85 72 27, Mo und November bis März geschl., teuer. Mittelmeerküche, serviert auf Panoramaterrasse.
Cumpa' Cosimo, Via Roma 44, Tel. 0 89 85 71 56, außerhalb der Hochsaison Mo Ruhetag, moderat.
Typische Trattoria-Pizzeria neapolitanischen Stils.

Dom (11. Jh.) mit Bronzetor (1179), Kanzel auf Säulen mit Mosaiken und Reliefs von Niccolò di Bartolomeo da Foggia (1272) und Ambo mit Mosaikdarstellung (1130); Dommuseum (Piazza Duomo, Tel. 0 89 85 72 12, tgl. 9.30–13 und 15–19 Uhr); Museo del Corallo ›Camo‹ (Piazza Duomo 9, Tel. 0 89 85 74 61, Mo–Do, Sa 9.30–12 und 15–17.30 Uhr auf Anfrage, Fr,

So geschl.) mit einzigartigen Beispielen der Kunst der Korallenverarbeitung; Villa Rufolo (13. Jh.) mit Antiquarium und prachtvoller Gartenanlage (Piazza Duomo 1, Tel. 0 89 85 76 57, tgl. 9–18 im Winter, bzw. 20 Uhr im Sommer); Villa Cimbrone (Sommer: 9–20 Uhr, Winter: 9 Uhr bis kurz vor Sonnenuntergang) mit wundervollem Park und dem Belvedere Cimbrone mit atemberaubender Aussicht auf die Costa Amalfitana.

Reggio di Calabria (Kalabrien)

*Lage: Vordere Umschlagkarte F 1.
PLZ 89100. Lebhafte Provinzhauptstadt an der Meerenge von Messina. Atmosphäre: laut, geschäftig.*

APT, Via Roma 3, Tel. 0 96 52 11 71, Fax 09 65 89 09 47.
Informationsbüro, Corso Garibaldi 329, Tel. 09 65 89 20 21.

Excelsior, Via Vittorio Veneto 66, Tel. 09 65 81 22 11, Fax 09 65 89 30 84, moderat/teuer. Komfortable Herberge beim Nationalmuseum.
Miramare, Gàllico Marina, Via Fata Morgana 1, Tel. 09 65 81 24 44, Fax 09 65 81 24 50, moderat. Gepflegtes Hotel im Stadtzentrum mit schönem Blick auf die Meerenge.
Primavera, Via Nazionale Pentimele 177, Tel. 0 96 54 70 81, Fax 0 96 54 71 21, günstig. Einfaches Haus der unteren Mittelklasse.

Baylik, Vico Leone 3, Tel. 0 96 54 86 24, Do Ruhetag, teuer. Klassische Mittelmeerküche, nicht ganz billig.
La Baita, Loc. Bocale Secondo, Via P. Renosto 4, Tel. 09 65 67 60 17, nur abends geöffnet, Di Ruhetag, moderat. Traditionelle Gerichte nach alten Rezepten.
Bonaccorso, Via N. Bixio 5, Tel. 09 65 89 60 48, So Ruhetag, moderat. Kalabresische Küche mit kreativem Einschlag.

 Museo Archeologico Nazionale (Piazza De Nava 26, Tel. 09 65 81 22 55, tgl. 9–20 Uhr, 1. und 3. Mo im Monat geschl.).

 Flughafen Aeroporto Minniti in Ravagnese (5 km südlich), Tel. 09 65 64 22 32. Bus Nr. 125 vom Hauptbahnhof.

Rionero in Vùlture (Basilikata)

Lage: Vordere Umschlagkarte E/F 6. PLZ 85028. Ausgangspunkt für Ausflüge in das Gebiet des Monte Vulture. Atmosphäre: langweilig.

 Pro Loco, Via di Mezzo, Tel. 09 72 72 19 82.

 Parco Eudrìa, SS 167 dei Laghi di Monticchio, Monticchio Bagni, Tel. 09 72 73 10 07, Fax 09 72 73 10 30, günstig. Bequemes Hotel mit Kur- und Sporteinrichtungen.
La Pergola, Via L. La Vista 27, Tel. 09 72 72 11 79, Fax 09 72 72 18 19, sehr preiswert. Günstige Übernachtungsmöglichkeit in Zentrumsnähe, gutes Restaurant.

Di Lucchio, Via Monticchio 15, Tel. 09 72 72 10 81, Do und zwei Wochen im Juli geschl., moderat. Kräftige heimische Küche.

Monte Vulture (1326 m), ein erloschener Vulkan; Monticchio-Seen (10 km westlich) mit der Abbazia di San Michele.

Rivello (Basilikata)

Lage: Vordere Umschlagkarte F 4. PLZ 85040. Besterhaltenes unter den mittelalterlichen Bergstädtchen der Basilikata, wegen seiner Authentizität in das Weltkulturerbe der UNESCO aufgenommen. Atmosphäre: bezaubernd.

 Pro Loco, Piazza Umberto I., Tel. 0 97 34 61 06.

L'Idea, Via Vallinoto 82, Tel. 0 97 37 70 72, sehr preiswert. Einfaches Zehn-Zimmer-Hotel mit Restaurant.
La Panoramica, Contrada Capo Elce, Tel. 0 97 34 62 21, sehr preiswert. Schlichter Landgasthof.
Agriturismo: **Tre Forni,** Contrada Campo di Monaco 1, Tel. 0 97 34 65 49. Vier nette Familienapartments, auch Camping möglich.

Zia Teresa, Contrada Sorba 22, Tel. 0 97 34 63 74, günstig. Rustikale Küche.

Gesamte Altstadt mit ihren engen Gässchen; Kirche S. Antonio (16. Jh., später barockisiert); im ehemaligen Kloster S. Antonio Museo Civico Archeologico (Tel. 0 97 34 60 04, Mo–Sa 8–13, Di, Do auch 16–18 Uhr, So, Feiertage auf Anfrage); Chiesa Madre (urspr. byzantinisch, im 17. Jh. barock erneuert).

Rossano (Kalabrien)

Lage: Vordere Umschlagkarte G 4. PLZ 87067. Altes Städtchen an den nördlichen Ausläufern der Sila Greca. Atmosphäre: sympathisch verschlafen.

 Pro Loco, Piazza Santi Anargiri 22, Tel. 09 83 52 11 37.

Europa Lido Palace, Rossano Scalo, Loc. Frasso, SS 106 Jonica, Tel. 09 83 51 20 95, Fax 09 83 53 03 36, günstig/moderat. Moderner Hotelbau, recht komfortabel, gutes Restaurant »L'Ulivo«.
Scigliano, Viale Margherita 257, Tel./Fax 09 83 51 18 46, günstig. Nette Zimmer, alle jüngst saniert.
Agriturismo: **Iti,** Contrada Amica, Tel. 09 83 51 24 48. Zwanzig Gästebetten, Verkauf von Bio-Produkten und Heilkräutern.

Antiche Mura, Via Prigioni 40, Tel. 09 83 52 00 42, Mi Ruhetag, moderat. Authentische Küche der Region im Herzen der Altstadt.

I Tre Moschettieri, Contrada Santa Caterina 4, Tel. 09 83 51 58 38, Mo Ruhetag, moderat. Reichhaltige Speisekarte, gute lokale Weine.

👁 Kirche San Marco Evangelista (11. Jh.); Diözesanmuseum (Piazza Duomo 25, Tel. 09 83 52 52 63, Juli–Sept. tgl. 9–13 und 16.30–20.30 Uhr, Okt.–Juni Di–Sa 9.30–12.30 und 16–19, So 10–12 und 16.30–18.30 Uhr, Mo geschl.) mit dem Codex Purpureus (6. Jh.); Abstecher nach Santa Maria del Patire (18 km), ein ehemaliges Basilianerkloster.

Ruvo di Puglia (Apulien)

Lage: Vordere Umschlagkarte G 6.
PLZ 70037. Seit dem Altertum für Keramikherstellung bekanntes Städtchen.
Atmosphäre: angenehm.

🛈 Pro Loco, Via Vittorio Veneto 48, Tel. 08 03 61 54 19.

🛏 **Pineta,** Via Carlo Marx 5, Tel. 08 03 61 15 78, Fax 08 03 61 13 51, günstig. Netter Familienbetrieb (25 Betten) in ruhiger Panoramalage.
Talos, Via R. Morandi 12, Tel. 08 03 61 16 45, Fax 08 03 60 26 40, günstig. Kleines Hotel mit ausreichend ausgestatteten Zimmern.
Agriturismo: **Modesti,** Contrada Lama d'Ape, Tel. 08 03 60 17 99. Fünf einfache Zimmer, Mindestaufenthalt zwei Nächte.

🍴 **L'Angolo Divino,** Corso Giovanni Jatta 11, Tel. 08 03 62 85 44, nur abends geöffnet, Mo Ruhetag, moderat. Traditionelle apulische Gerichte.
La Cemener, Via Garibaldi 20, Tel. 08 03 61 17 94, nur abends geöffnet, So Ruhetag, moderat. Frisches aus Meer und Garten, auch für Vegetarier.
Hostaria Pomponio, Vico Pomponio 3, Tel. 08 03 62 99 70, So Ruhetag, moderat. Deftige Fleischspeisen vom Grill.

👁 Kathedrale (frühes 13. Jh.); Museo Archeologico Nazionale ›Jatta‹ (Piazza Bovio 35, Tel. 08 03 61 28 48, So–Do

9.30–13.30, Fr, Sa 14.30–19.30 Uhr) mit 1700 antiken Vasen.

Salerno (Kampanien)

Lage: Vordere Umschlagkarte D 5/6.
PLZ 84100. Tor zur Costa Amalfitana.
Atmosphäre: südländisch lebhaft.

🛈 EPT, Via Velia 15, Tel. 0 89 23 04 11, Fax 0 89 25 18 44.
Informationsbüro, Piazza Ferrovia, Tel. 0 89 23 14 32, Fax 0 89 25 18 44.
AA, Via Roma 258, Tel. 0 89 22 47 44, Fax 0 89 25 25 76.

🛏 **Jolly,** Lungomare Trieste 1, Tel. 0 89 22 52 22, Fax 0 89 23 75 71, moderat. Zentrales, komfortables Hotel in Grünlage.
Fiorenza, Via Trento 145, Tel./Fax 0 89 33 88 00, günstig. Familienbetrieb, bequeme Zimmer, von Grund auf renoviert.
Hotel K, Via D. Somma 47, Tel. 0 89 75 27 20, Fax 0 89 72 38 15, günstig. Nettes Haus in Meernähe.

🍴 **Al Cenacolo,** Piazza Alfano I 4, Tel. 0 89 23 88 18, So abends, Mo und Mitte August geschl., teuer. Führendes Restaurant der Stadt, kreative bodenständige Küche.
Nicola dei Principati, Corso Garibaldi 201, Tel. 0 89 22 54 35, So und Mitte August geschl., moderat. Einfache salernitanische Küche von höchster Qualität.
Il Regno delle Due Sicilie, Viale Giuseppe Verdi 11, Tel. 0 89 33 17 38, Mo und im August geschl., moderat. Gerichte, Käse und Weine aus Sizilien.
Il Timone, Via Generale Clark 29/35, Tel. 0 89 33 51 11, Mo Ruhetag, moderat. Schmackhaftes aus der einheimischen Küche.

👁 Fußgängerzone in der Altstadt; Collezione di Ceramiche ›Alfonso Tafuri‹ (Largo Cassavecchia, Tel. 0 89 22 77 82, Mo–Sa 9–13, Do auch 16–19 Uhr, So geschl.) mit Keramikkunst von der Amalfitana vom 17. Jh. bis zur Gegenwart; Dokumentation der weltberühmten Medizinischen Schule in der ehemaligen Kirche San Gregorio (Via Mercanti 72, Tel. 0 89 24 12 92, Mo–Sa 9–13, 16–19, So 9–13 Uhr); Kathedrale San Matteo (1076–85) mit Dommuseum (Largo Plebiscito 12, Tel. 0 89 23 91 26, tgl. 9–18.30 Uhr); Museo Archeologico Provinciale (Via S. Benedetto 28, Tel. 0 89 23 11 35, tgl. außer So 9–20 Uhr); Castello di Arechi (0 89 22 72 37, tgl. außer Mo 8–17 im Winter, bzw. 19 Uhr im Sommer, Wechselausstellungen).

San Giovanni in Fiore (Kalabrien)

Lage: Vordere Umschlagkarte G 3. PLZ 87055. Malerisches Zentrum der Sila Grande. Atmosphäre: freundlich.

Pro Loco, Via XXIV Maggio 1, Tel. 09 84 97 01 22.

Dino's, Viale della Repubblica 166, Tel. 09 84 99 20 90, Fax 09 84 97 04 32, sehr preiswert. Neubau, nett eingerichtet, preisgünstiges Restaurant.

Badia Florense, Abtei aus dem 12. Jh.; in einem Seitentrakt Volks-kunde-Museum (Museo demologico della civiltà contadina, Tel. 09 84 97 00 59, Mitte September bis Mitte Juni nur Mo–Sa 8.30–18.30 Uhr, übrige Zeit auch So 9.30–12.30 und 15.30–18.30 Uhr).

San Giovanni Rotondo (Apulien)

Lage: Vordere Umschlagkarte F 7. PLZ 71013. Wallfahrtsort am Rande des Gargano. Atmosphäre: nüchtern und geschäftig.

IAT, Piazzale Europa 104, Palazzo Massa, Tel. 08 82 45 62 40.

Gran Paradiso, Via Aldo Moro, Tel. 08 82 45 48 94, Fax 08 82 45 28 46, günstig. Neuer 400-Betten-Hotelkomplex nahe der Basilica Padre Pio.
California, Viale Cappuccini 69, Tel. 08 82 45 39 83, Fax 08 82 45 41 99, sehr preis-

wert. Familienbetrieb in der Nähe des Hei-ligtums.
Parco delle Rose, Viale A. Moro 71, Tel. 08 82 45 61 61, Fax 08 82 45 64 05, sehr preiswert. Ruhige Grünlage und schöner Fernblick.

Da Costanzo, Via Santa Croce 27, Tel. 08 82 45 22 85, Mo und Oktober geschl., moderat. Kulinarische Oase in einem auf Massenabspeisungen ausge-richteten Ort.

Casa Sollievo della Sofferenza, ein Krankenhaus, das 1956 nur mit Spenden errichtet wurde; Convento Santa Maria delle Grazie, Kapuzinerkloster mit angeschlossenem modernem Heiligtum *(santuario)*; 9 km westlich die Ortschaft San Marco in Lamis, dominiert von dem Kloster San Matteo in Lamis (7–13 und 15 Uhr bis kurz vor Sonnenuntergang).

Sant'Agata sui Due Golfi (Kampanien)

Lage: Vordere Umschlagkarte D 5. PLZ 80064. Liebliche Ortschaft auf der sorrentinischen Halbinsel. Atmosphäre: friedlich.

www.massalubrense.it (auch deutsch) oder AA Sorrent.

Due Golfi, Via Nastro Verde 1, Tel. 08 18 78 00 04, Fax 08 18 08 04 41, moderat/teuer. Gepflegtes Haus im Orts-zentrum.
Sant'Agata, Via dei Campi 8/A, Tel. 08 18 08 08 00, Fax 08 15 33 07 49, sehr preis-wert. Nettes Mittelklasse-Hotel in mediter-ranem Stil.

Don Alfonso 1890, Corso S. Agata 11, Tel. 08 18 78 00 26, Fax 08 15 33 02 26, Mo, Di (außer Juni bis September) und Anfang Januar bis Ende Februar geschl., teuer.
Zählt zu den besten Restaurants Italiens, ein absoluter Höhepunkt für jeden Gour-met.

Pfarrkirche (17. Jh.) mit prachtvollem Marmoraltar.

Santa Maria Capua Vetere (Kampanien)

*Lage: Vordere Umschlagkarte D 6.
PLZ 81055. Kleinstadt mit Amphitheater und Mithras-Heiligtum.
Atmosphäre: wenig einladend.*

 Siehe APT Caserta.

 Milano, Viale De Gasperi 102, Tel./Fax 08 23 84 33 23, sehr preiswert. Ruhige Lage, schöne, neu gestaltete Zimmer.

 Ninfeo, Traversa Cappabianca, Tel. 08 23 84 67 00, So abends und Mo geschl., moderat. Fisch- und Fleischgerichte, mit Pfiff zubereitet.

 Anfiteatro Campano (9 Uhr bis eine Stunde vor Sonnenuntergang); Antiquarium (Öffnungszeiten wie Amphitheater); Mitreo (Mithräum), unterirdisches Mithras-Heiligtum aus dem 2. Jh. (Schlüssel hat der Aufseher des Amphitheaters); Museo Archeologico dell'Antica Capua (Via Roberto D'Angio 48, Tel. 08 23 84 42 06, tgl. außer Mo 9–20 Uhr). Für alle drei Sehenswürdigkeiten gibt es eine kombinierte Eintrittskarte.

Scalea (Kalabrien)

*Lage: Vordere Umschlagkarte F 4.
PLZ 87029. Populärer Badeort mit schönen Stränden an der Riviera dei Cedri.
Atmosphäre: heiter, im Hochsommer recht laut.*

 c/o Baiatour, Corso Mediterraneo 141, Tel. 09 85 92 04 14 oder APT Cosenza.

 Grand Hotel de Rose, Lungomare Mediterraneo 22, Tel. 0 98 52 02 73, Fax 09 85 92 01 94, moderat. Gepflegtes Urlaubshotel mit Strand und Pool, gutes Restaurant »I Faraglioni«.
Parco dei Principi, Lungomare Mediterraneo 459, Tel. 0 98 52 03 34, Fax 0 98 52 09 50, günstig/moderat. Großer Hotelkomplex mit Unterführung zum Strand.
Talao, Lungomare Mediterraneo 66, Tel. 0 98 52 04 44, Fax 09 85 93 98 93, günstig. Direkt am Meer, besonders kinderfreundlich.

Scilla (Kalabrien)

*Lage: Vordere Umschlagkarte F 1.
PLZ 89058. Fischerstädtchen an der Meerenge von Messina.
Atmosphäre: pittoresk.*

 Pro Loco, Via R. Minasi, Tel. 09 65 75 40 03 oder APT Reggio di Calabria.

 Del Pino, Loc. Melia, Via Boccata 11, Tel. 09 65 75 51 26, Fax 09 65 75 54 33, günstig. Nettes Familienquartier mit Pool.

 Glauco, Loc. Chianalea, Via Annunziata 95, Tel. 09 65 75 40 26, außer Juli/August Di Ruhetag, moderat. Solide regionale Küche, serviert auf einer romantischen Meerterrasse.
La Pescatora, Lungomare Cristoforo Colombo 32, Tel. 09 65 75 41 47. Mi (außer Juli/August) und Mitte Dezember bis Ende Februar geschl., moderat. Gutes Fischrestaurant am Meer.

 Chiesa dell'Immacolata, Gründung der Basilianer; Kastell (nicht zu besichtigen); Hafen und Stadtviertel Chianalea.

Tauchen: Scilla Diving Center, Via Annunziata, Tel. 09 65 75 45 85, Fax 0 96 54 55 67.

Serra San Bruno (Kalabrien)

*Lage: Vordere Umschlagkarte F/G 2.
PLZ 88029.* Bergstädtchen inmitten der prachtvollen Wälder der kalabrischen Serre. *Atmosphäre: ländlich.*

 Siehe AAT Catanzaro.

Certosa, Via Vittorio Emanuele, Tel. 0 96 37 15 38, sehr preiswert. Einfache Zimmer, aber sauber und nett. Restaurant und Pizzeria im Haus.

Chiesa San Biagio (1795) mit vier Statuen des deutschen Bildhauers David Müller (1611); Chiesa dell'Addolorata (1721) mit modernem Bronzetor in der barocken Fassade; Certosa di Serra San Bruno; Museo della Certosa (Tel. 0 96 37 06 08, Mai–Okt. tgl. 9–13 und 15–20, Nov.–April: tgl. außer Mo 9.30–13 und 15–18 Uhr) mit eindrucksvoller Dokumentation über die Geschichte des Kartäuser-Ordens.

Fest des hl. Bruno (Pfingstmontag).

Sibari (Kalabrien)

*Lage: Vordere Umschlagkarte G 4.
PLZ 87070.* Häßliches Straßendorf in der Crati-Ebene, gehört zum Gemeindegebiet von Cassano allo Jonio. Schön sind die 6 km entfernten Lagunen Laghi di Sibari und die Sandstrände am Meer. *Atmosphäre: keine.*

 Siehe APT Cosenza.

Sibari Golf Village, Contrada Salicette, Tel. 09 81 78 42 45, Fax 09 81 78 42 48, moderat. Riesiger Apartmentkomplex mit guter Infrastruktur direkt am Meer.
Oleandro, Via Laghi di Sibari, Tel. 0 98 17 91 41, Fax 0 98 17 92 00, günstig. Familienfreundliches Strandhotel, Sportmöglichkeiten.

Agriturismo: **Masseria Torre di Albidona,** 87075 Trebisacce, Contrada Piana delle Torre, Tel./Fax 09 81 50 79 44. Komfortable Apartments, gutes Restaurant, Pool, Privatstrand, Tennisplätze.

Il Cavallino, Contrada Salicette, Tel. 09 81 78 41 79, außerhalb der Saison Mo Ruhetag, Nov. Betriebsferien, moderat/teuer. Hier gibt es fangfrische Meeresfrüchte ebenso wie eine gute Pizza.

Parco Archeologico di Sibari (9–12.30 und 13.30 Uhr bis eine Stunde vor Sonnenuntergang); Museo Archeologico Nazionale della Sibarite (Contrada Casa Bianca, Tel. 0 98 17 93 91, tgl. 9–18 Uhr).

Sorrento/Sorrent (Kampanien)

*Lage: Vordere Umschlagkarte D 5.
PLZ 80067.* Einst eleganter Badeort am Golf von Neapel, heute leider eine Verkehrshölle.
Atmosphäre: laut und überlaufen.

 AA, Via De Maio 35, Tel. 08 18 07 40 33, Fax 08 18 77 33 97.

Bellevue Syrene, Piazza della Vittoria 5, Tel. 08 18 78 10 24, Fax 08 18 78 39 63., teuer. Ein Paradies mit Garten und eigenem Strand.
Rivage, Via del Capo 11, Tel. 08 18 78 18 73, Fax 08 18 07 12 53, moderat. Sympathisches Hotel, ruhige Zimmer mit Meerblick.
La Tonnarella, Via del Capo 31, Tel. 08 18 78 11 53, Fax 08 18 78 21 69, moderat. Liebevoll restaurierte Villa im Grünen mit Lift zum Privatstrand.
La Minervetta, Via del Capo 25, Tel. 08 18 07 30 69, Fax 08 18 77 30 33, günstig. Netter Familenbetrieb, schöner Blick auf den Golf.

L'Antica Trattoria, Via Padre Reginaldo Giuliani 33, Tel. 08 18 07 10 82, Mo und im Februar geschl., teuer. Rustikal-elegantes Lokal im Stadtzentrum.

Caruso, Via Sant'Antonino 12, Tel. 08 18 07 31 56, Mo (außer Juli/Aug.) geschl., teuer. ›Phantasien aus Neapel und Sorrent‹ – unter diesem Motto steht die Speisekarte.
Emilia, Marina Grande, Tel. 08 18 07 27 20, Di und November geschl., moderat. Urige Trattoria am Hafen.

Piazza Tasso; Sedile Dominova, Loggia aus dem 15. Jh. mit Kuppel aus dem 17. Jh.; Dom (16. Jh.) mit Campanile (vier antike Säulen); Museo ›Correale di Terranova‹ (Via Correale 50, Tel. 08 18 78 18 46, tgl. außer Di 9–14 Uhr): Bilder, Möbel, Waffen, Glas, Porzellan; Museo della Tarsia Lignea (Palazzo Pomarici-Santomasi, Via S. Nicola 28, Tel. 08 18 77 19 42, tgl. außer Mo, April–Okt. 9.30–13, 16–20, Nov.–März 15–19 Uhr): Holzintarsien, vorwiegend 19. Jh.; Marina Piccola (Schiffe von und nach Capri und Neapel); Marina Grande mit Strandbädern.

Bootsfahrt (1 Std.) oder Spaziergang (2,8 km) über das Dorf Capo di Sorrento bis zum Kap. Am Meer liegt die Villa Romana, die der Dichter Papinio Stazio (54–96) als Besitz des Pollio Felice erwähnt. Hier befindet sich auch das Bagno della Regina Giovanna, ein von der Natur geschaffener Swimmingpool in den Klippen.

Squillace (Kalabrien)

Lage: Vordere Umschlagkarte G 2. PLZ 88069. Mittelalterliches Städtchen. Atmosphäre: liebenswert.

APT, 88068 Soverato, Via S. Giovanni Bosco 1, Tel. 0 96 72 54 32.

Porto Rhoca, Loc. Gebbiola, Tel. 09 61 91 08 29, Fax 09 61 91 04 31, günstig. 200-Betten-Feriendorf am Meer, gute Infrastruktur.

Castrum, Via G. Rhodio, Tel. 09 61 91 25 88, Mo (außer im Sommer) Ruhetag, moderat. Regionale Küche im historischen Zentrum.

Normannenkastell; Kathedrale; 150 m neben der Küstenstraße Parco Archeologico di Scolacium (Roccelletta di Borgia, 9 Uhr bis eine Stunde vor Sonnenuntergang) mit griechisch-römischen Ausgrabungen, Ruinen der Normannenkirche La Roccelletta del Vescovo di Squillace (vermutlich 11. Jh.) und dem Museo Archeologico (Tel. 09 61 39 13 56, derzeit nicht zu besichtigen).

 Buntes Volksfest der **Madonna del Carmine** (15./16.7.).

Stilo (Kalabrien)

Lage: Vordere Umschlagkarte G 2. PLZ 89049. Gebirgsort am Monte Consolino. Atmosphäre: im Kern romantisch.

Siehe APT Reggio di Calabria.

Città del Sole, Viale Roma, Tel. 09 64 77 55 88, Fax 09 64 77 57 00, günstig. Nettes Mittelklassehotel in Zentrumsnähe, gutes Restaurant.
San Giorgio, Via Citarelli 8, Tel. 09 64 77 50 47, Fax 09 64 73 14 55, sehr preiswert. Familiäre Atmosphäre im Palazzo Lamberti (17. Jh.), komfortabel.

Spätbarocke Chiesa San Francesco; Dom mit gotischem Portal (13. Jh.); Cattolica (10. Jh.) mit den Resten originaler Fresken.

Taranto/Tarent (Apulien)

Lage: Vordere Umschlagkarte H 5. Stadtplan: S. 216 PLZ 74100. Wegen des Archäologischen Nationalmuseums einen Besuch wert. Atmosphäre: Trotz wunderschöner Lage manchmal deprimierend.

APT, Corso Umberto I 113, Tel. 09 94 53 23 92, Fax 09 94 52 04 17.

Grand Hotel Delfino, Viale Virgilio 66, Tel. 09 97 32 32 32, Fax 09 97 30 46 54, moderat. Komfortables Stadthotel am Meer.
Plaza, Via d'Aquino 46, Tel. 09 94 59 07 75, Fax 09 94 59 06 75, günstig. Zentrale Lage nahe Nationalmuseum, ruhige, modern eingerichtete Zimmer.

Al Faro, Via Galeso 126, Tel. 09 94 71 44 44, So Ruhetag, teuer. Meeresspezialitäten in klassisch-modernem Ambiente.
Le Vecchie Cantine, Loc. Lama, Via Girasoli 23, Tel. 09 97 77 25 89, Mo Ruhetag, moderat/teuer. Authentische Regionalküche.
Monsieur Mimmo, Viale Virgilio 101, Tel. 0 99 37 26 91, außerhalb der Saison Di Ruhetag, moderat. Exquisites Fischrestaurant, reichhaltige Weinkarte.
Il Caffè, Via d'Aquino 8, Tel. 09 94 52 50 97, Di Ruhetag, günstig/moderat. Beliebter Treffpunkt im Herzen der Stadt, Restaurant und Pizzeria.

Museo Archeologico Nazionale (wegen Renovierung im Ausweichquartier Palazzo Pantaleo, Corso Vittorio Emanuele, Tel. 09 94 58 17 15, tgl. 8.30–19 Uhr); Aragonesenkastell (1480) neben einer Drehbrücke (1886); Kathedrale San Cataldo, der älteste Normannendom Apuliens; Chiesa San Domenico Maggiore, barock gestaltet, vom Original ist noch das gotische Portal erhalten.

Taverna (Kalabrien)

Lage: Vordere Umschlagkarte G 3.
PLZ 88055. Gefälliges Städtchen in der Sila Piccola. Atmosphäre: freundlich.

Siehe APT Catanzaro.

Villa Maria, Loc. Villaggio Mancuso, Tel. 09 61 92 20 50, Fax 09 61 92 20 60, günstig. Modernes Haus mit sauberen Zimmern und Apartments im zauberhaften Villaggio Mancuso.
Villa Marinella, Contrada Savuchello, Tel. 09 61 92 20 08, Fax 09 61 92 20 18, sehr preiswert. Netter Landgasthof (16 Zimmer).

Mittelalterlicher Stadtkern mit kleinen Palästen; Kirche San Domenico mit Altarbildern des Barockmalers Mattia Preti, des berühmtesten Sohnes der Stadt; Villaggio Mancuso, Feriendorf und Wintersportort am Rande eines Naturschutzgebietes.

Tiriolo (Kalabrien)

Lage: Vordere Umschlagkarte G 2/3.
PLZ 88056. Bergstädtchen in einzigartiger Lage. Atmosphäre: freundlich.

Siehe APT Cosenza.

Due Mari, Via Seggio, Tel. 09 61 99 10 64, Mo Ruhetag, moderat. Terrasse, Spezialität sind Hähnchen vom Grill.

Antiquarium Comunale (Viale Pitagora 4, Tel. 09 61 99 10 04, Mo–Fr 9–14, Di und Do auch 15–18 Uhr): Heimatmuseum; Monte Tiriolo (823 m), 30 Gehminuten, herrlicher Blick auf zwei Meere.

Torre Annunziata (Kampanien)

Lage: Vordere Umschlagkarte D 6.
PLZ 80058. Dicht besiedelte Stadt an den Hängen des Vesuv.
Atmosphäre: schäbig.

Pro Loco, Via dei Sepolcri 16, Tel. 08 18 62 31 63.

Villa Imperiale di Oplonti (Via dei Sepolcri; 9 Uhr bis eine Stunde vor Sonnenuntergang); Vesuv (10 km über Boscotrecase bis Parkplatz in 1050 m

Höhe, dann ca. 20 Min. steiler Fußweg zum Kraterrand).

Torre del Greco (Kampanien)

*Lage: Vordere Umschlagkarte D 6.
PLZ 80059. Hektische Großstadt. Atmosphäre: laut und geschäftig.*

Pro Loco, Via Vittorio Emanuele 208, Tel. 08 18 81 46 76.

Marad, Via S. Sebastiano 24, Tel. 08 18 49 21 68, Fax 08 18 82 87 16, moderat. Gartenhotel, schöne Aussicht, kinderfreundlich.

El Morisco, Via A. De Gasperi 127, Tel. 08 18 47 39 87, Di Ruhetag, moderat/teuer. Eine der besten Adressen für Fischliebhaber rund um Neapel.
Le Bateau, Via Nazionale 761, Tel. 08 18 47 36 76, Di Ruhetag, moderat. Trotz des französischen Namens einheimische Küche.

Museo del Corallo (Piazza Luigi Palomba 6, 08 18 81 13 60, tgl. außer So 9–12.30 Uhr): Korallenzauber mehrerer Jahrhunderte.

Trani (Apulien)

*Lage: Vordere Umschlagkarte F/G 7.
PLZ 70059. Bezauberndes Hafenstädtchen.
Atmosphäre: fröhlich-sympathisch.*

IAT, Piazza Trieste 10, Tel. 08 83 58 55 30, Fax 08 83 58 88 30. Informationsbüro im Sommer, Piazza Repubblica, Tel. 0 88 34 32 95.

Regia, Piazza Adazzi 2, Tel. 08 83 58 44 44, Fax 08 83 50 65 95, moderat. Entzückendes 10-Zimmer-Haus in Nachbarschaft zur Kathedrale, gutes Restaurant (Mo Ruhetag).
Royal, Via De Robertis 29, Tel. 08 83 58 87 77, Fax 08 83 58 22 24, moderat. Jugendstil-Haus, zentral.

Trani, Corso Imbriani 137, Tel. 08 83 58 80 10, Fax 08 83 58 76 25, günstig. Modernes Hotel mit bequemen Zimmern.

Il Patriarca, Lungomare C. Colombo 36/40, Tel. 08 83 48 59 04, Di Ruhetag, teuer. Lokale Gerichte, vorwiegend Fisch, serviert auf einer Terrasse am Meer.
Torrente Antico, Via E. Fusco 3, Tel. 08 83 48 79 11, So abends und Mo geschl., teuer. Elegantes Restaurant im historischen Viertel, kreative Küche, ausgezeichnete Weine.
Da Caruso, Corso Vittorio Emanuele 248, Tel. 08 83 48 22 24, Mo Ruhetag, moderat. Einfach Trattoria mit schmackhaften Gerichten.

Kathedrale (1097); Diözesanmuseum (Piazza Duomo, Tel. 08 83 58 24 70, tgl. außer Di 10–12.30, nachmittags auf Anfrage; Kastell (1233–49, im 16. Jh. umgebaut); Chiesa di Ognissanti (12. Jh.).

Tremiti-Inseln (Apulien)

*Lage: Vordere Umschlagkarte E 8.
PLZ 71040. Archipel, der sich aus vier Inseln zusammensetzt.
Atmosphäre: Natur pur.*

www.isoletremiti.it und APT Foggia.

San Dòmino: **Gabbiano,** Piazza Belvedere, Tel. 08 82 46 34 10, Fax 08 82 46 34 28, moderat. Komfortables Hotel mit vielen Sportmöglichkeiten, außerhalb der Saison günstige Sonderpreise. Bestes Restaurant des Archipels.
Kyrie, Tel. 08 82 46 32 41, Fax 08 82 46 34 15, moderat. Schöne Zimmer und Bungalows in einem ruhigen Pinienwäldchen.
San Dòmino, Via dei Cameroni, Tel. 08 82 46 34 04, Fax 08 82 46 32 21, moderat/günstig. Hübsches Gartenhotel für Urlaubsreife.

San Dòmino: **Pirata,** Cala delle Arene, Tel. 08 82 46 34 09, Novem-

ber bis März geschl., moderat. Familienbetrieb mit apulischer Küche.

👁 San Nicola: Ortschaft San Nicola di Tremiti, mit einem im 16. Jh. ausgebauten Kastell, Resten eines Klosters und der Kirche Santa Maria (Renaissanceportal). San Dòmino: zahlreiche schöne Grotten (Besichtigung mit Boot).

Troia (Apulien)

Lage: Vordere Umschlagkarte E 7.
PLZ 71029. Agrargemeinde am Westrand
des Tavoliere. Atmosphäre: sehr ländlich.

🏛 Pro Loco, Via Regina Margherita 64, Tel. 08 81 97 82 45.

🏨 **Alba d'Oro,** Viale Kennedy 28, Tel. 08 81 97 09 40, sehr preiswert. Schlichtes 10-Zimmer-Hotel.

👁 Kathedrale (1093–1169); Diözesanmuseum (Via Ospedale 2, Tel. 08 97 00 81, Besichtigung auf Anfrage); Museo Civico (Palazzo d'Avalos, Via Regina Margherita 80, Tel. Comune/Gemeinde 08 81 97 82 45, Besichtigung auf Anfrage).

Tropea (Kalabrien)

Lage: Vordere Umschlagkarte F 2.
PLZ 88038. Kalabriens elegantester Badeort. Atmosphäre: quirlig, lustig, locker.

🏛 Pro Loco, Piazza Ercole, Tel. 0 96 36 14 75.

🏨 **Rocca Nettuno,** Via Annunziata, Tel. 09 63 99 81 11, Fax 09 63 60 35 13, moderat/teuer. Riesiger Ferienklub – eine Urlaubswelt für sich.
La Pineta, Via Marina 150, Tel. 0 96 36 17 00, Fax 0 96 36 22 65, günstig. Nette Hotelpension nahe dem Touristenhafen.
Virgilio, Viale Tondo, Tel. 0 96 36 19 78, Fax 0 96 36 23 20, günstig.
Freundliches 50-Zimmer-Haus mit gutem Restaurant.

🍽 **Pimm's,** Corso V. Emanuele 2 (Largo Migliarese), Tel. 09 63 66 61 05, außerhalb der Saison Mo sowie Januar geschl., teuer. Saftige Preise für frische Meeresspezialitäten.

👁 Verträumte Altstadt mit Normannenkathedrale (11. Jh.); Piazza Ercole; Chiesa Santa Maria dell'Isola auf einer Felsen-Halbinsel am Fuß des Städtchens.

Venosa (Basilikata)

Lage: Vordere Umschlagkarte F 6.
PLZ 85029. Eine der interessantesten
Städte der Basilikata. Atmosphäre: im
alten Teil romantisch, sonst provinziell.

🏛 Pro Loco, Palazzo Bisceglia, Piazza Orazio Flacco 12, Tel. 0 97 23 13 60, außerhalb der Saison c/o Municipio, Piazza Municipio, Via Vittorio Emanuele, Tel. 0 97 23 16 55.

🏨 **Il Guiscardo,** Via Accademia dei Rinascenti 106, Tel. 0 97 23 23 62, Fax 0 97 23 29 16, günstig. Modernes Hotel mit kleinem Garten und gutem Restaurant.
Orazio, Corso Vittorio Emanuele 142, Tel. 0 97 23 11 35, Fax 0 97 23 14 64, sehr preiswert. Stilvoll, einfach, in einem Palast des 17. Jh.
Agriturismo: **Carpe Diem,** Contrada Boerano Pod. 56, Tel. 0 97 23 59 85. 16 Gästebetten, Reitmöglichkeiten.

🍽 **Taverna Ducale,** Piazza Municipio 2/3, Tel. 0 97 23 69 44, außerhalb der Saison Mo Ruhetag, moderat. Schon im Mittelalter haben sich Reisende hier gelabt, jüngst renoviert, Fisch- und Pilzspezialitäten.

👁 Castello Pirro del Balzo (1470) mit Museo Archeologico Nazionale (Tel. 0 97 23 60 95, tgl. außer Di vormittags 9–20 Uhr); Piazza Orazio Flacco mit Bronzestatue des Horaz (1898); Kathedrale (1470–1502); Casa di Orazio, das angebliche Wohnhaus des Dichters; Abbazia della Trinità; Parco Archeologico (Piani di San

Rocca, tgl. 9 Uhr bis eine Stunde vor Sonnenuntergang); Katakomben (Besichtigung auf Anfrage im Archäologischen Museum).

Vieste (Apulien)

Lage: Vordere Umschlagkarte F 8.
PLZ 71019. Beliebter Badeort am Gargano.
Atmosphäre: sehr touristisch.

IAT, Corso Fazzini 28,
Tel. 08 84 70 74 95.
Informationsbüro, Piazza Kennedy,
Tel. 08 84 70 88 06, Fax 08 84 70 71 30.

Pizzomunno Vieste Palace,
Lungomare di Pizzomunno,
Tel. 08 84 70 87 41, Fax 08 84 70 73 25,
sehr teuer. Die absolute Luxusherberge des Gargano.
Mediterraneo, Via Madonna della Libertà 46, Tel. 08 84 70 70 25, Fax 08 84 70 89 34, moderat. Gartenhotel in unmittelbarer Strandnähe, Pool, Tennis- und Kinderspielplatz.
Seggio, Via Vesta 7, Tel. 08 84 70 81 23, Fax 08 84 70 87 27, moderat. Bequeme Zimmer in einem Palast aus dem 17. Jh. in der Fußgängerzone.
Vela Velo Club, Lungomare Europa 19, Tel. 08 84 70 63 03, Fax 08 84 70 14 62, günstig. Kleines Sporthotel (Segeln, Surfen, Mountainbiking).

Locanda Dragone, Via del Duomo 8, Tel. 08 84 70 12 12, außerhalb der Saison Di Ruhetag, moderat/teuer. Apulische Spezialitäten, vorwiegend Fisch.
Degli Archi, Via Ripe 2, Tel. 08 84 70 51 99, Mo Ruhetag, moderat. Rustikal-gemütliches Fischrestaurant.
San Michele, Viale XXIV Maggio 72, Tel. 08 84 70 81 43, Mo Ruhetag, moderat. Restaurant im Stadtzentrum, Meeresfrüchte in allen Variationen.

Malerische Altstadt mit Stauferkastell (schöne Aussicht); Kathedrale (12. Jh., umgebaut im 18. Jh.); Museo Archeologico Civico (Via Celestino V. 67,

Tel. 08 84 70 85 78, im Sommer tgl. 17–23 Uhr, im Winter geschl.).

Vietri sul Mare (Kampanien)

Lage: Vordere Umschlagkarte D 5/6.
PLZ 84019. Zentrum der Keramikherstellung am Golf von Salerno.
Atmosphäre: freundlich.

Centro Turistico CTA, Piazza Matteotti, Tel./Fax 0 89 21 12 85 (Zimmervermittlung für die gesamte Amalfiküste, Infos über Verkehrsbeschränkungen für Busse auf der Küstenstraße; man spricht deutsch).

Lloyd's Baia, Via De Marinis 2, Tel. 08 97 63 31 11, Fax 08 97 63 36 33, moderat/teuer. Komfortables Großhotel 80 m über dem Meer, Lifte zum Privatstrand.
Raito, Loc. Raito, Via Nuova, Tel. 0 89 21 00 33, Fax 0 89 21 14 34, moderat/teuer. Modernes Haus mit Komfort.
La Lucertola, Via C. Colombo 29, Tel. 0 89 21 08 37, Fax 0 89 21 02 55, moderat. Gemütlicher Familienbetrieb in Panoramalage mit Abgang zum eigenen Strand.

Sapore di Mare, Via G. Pellegrino 104, Tel. 0 89 21 00 41, So abends und Do geschl., teuer. Hervorragendes Fischrestaurant, serviert wird nur, was die Nacht zuvor gefangen wurde.
La Sosta, Via Costiera 6, Tel. 0 89 21 17 90, Mi geschl., moderat. Gutbürgerliches Lokal mit großer Speisenauswahl, abends gibt's auch Pizza.

Keramikfabriken, z. B. Ceramica Artistica Solimene (Via Madonna degli Angeli 7, Tel. 0 89 21 02 43); in Raito (2,5 km) Museo della Ceramica (Via Nuova, Tel. 0 89 21 18 35, tgl. außer Mo Okt.–April 9–13, 15–18, Mai–Sept. 9–13, 16–19 Uhr).

Tips von Ort zu Ort

333

Reiseinformationen von A bis Z

Ein Nachschlagewerk – von A wie Anreise über N wie Notrufnummern bis V wie Verkehr – mit vielen nützlichen Hinweisen, Tips und Antworten auf Fragen, die sich vor oder während der Reise stellen. Ein Ratgeber für die verschiedensten Reisesituationen.

Anreise

■ ... mit dem Auto

Durchgehende Autobahnverbindung (A 1) von der italienischen Nordgrenze über Rom bis Neapel und Salerno (gebührenpflichtig) und über die *Autostrada del Sole* weiter bis Reggio di Calabria (gebührenfrei). Nach Apulien nimmt man entweder die Autobahn von Neapel nach Bari (A 16) oder ab Bologna die Adria-Autobahn (A 14) über Ancona und Pescara (beide gebührenpflichtig).

Entfernungen bis Neapel: von München (über Brenner) 1130 km; von Basel (über St. Gotthard) 1115 km; von Wien (über Graz, Klagenfurt, Tarvis, Udine) 1365 km. Neapel–Salerno–Cosenza–Reggio di Calabria: 500 km. Bologna–Bari–Tarent: 740 km.

■ ... mit dem Flugzeug

Der internationale Flughafen von Neapel-Capodichino wird von zahlreichen Chartermaschinen aus ganz Europa und u. a. von folgenden ausländischen Liniengesellschaften mit Verbindungen aus Amsterdam, Barcelona, Brüssel, London, München, Nizza und Paris angeflogen: Lufthansa (www.lufthansa.de), British Airways und Air France. Die Fluggesellschaft Alitalia (www.alitalia.it) verbindet Neapel entweder in Direktflügen oder via Rom, bzw. Mailand mit allen wichtigen europäischen Städten. Aus dem Ausland erreicht man mit Alitalia über Rom und Mailand auch die Flughäfen von Bari und Brindisi (Apulien), Lamezia Terme und Reggio di Calabria (Kalabrien). Im inneritalienischen Flugverkehr sind weiters die regionalen Gesellschaften Meridiana (www.meridiana.it), Air Europe (www.aireurope.it), Alpi Eagles (www.alpieagles.it) und Air One (www.air-one.it) im Einsatz.

Ein Helikopterservice bringt Passagiere in wenigen Minuten vom Flughafen Neapel-Capodichino nach Capri und Ischia (mehrmals tgl., aber nur in der Saison).

■ ... mit der Bahn

Kurswagen fahren von Düsseldorf, Frankfurt, Stuttgart und München nach Neapel und Brindisi, sonst heißt es in Bologna, Mailand oder Rom umsteigen. Fahrzeit ab München oder Wien bis Neapel oder Bari: zwischen 13 und 20 Std. Von Rom gibt es beinahe stündlich Zugverbindungen nach Neapel und Bari (2–3½ Std).

■ ... mit dem Bus

Ganzjährig gibt es mehrmals pro Woche direkte, sehr preiswerte Busverbindungen zwischen einer Reihe deutscher Städte (u. a. Berlin, Hamburg, Hannover, Düsseldorf, Köln, Frankfurt/Main, Stuttgart, München) und Süditalien. Die Fahrzeit beträgt 24 bis 32 Stunden. Informationen und Buchungen bei Deutsche Touring, Am Römerhof 17, 60486 Frankfurt/Main, Tel. 0 69/79 03 53, Fax 0 69/79 03 160, www.deutsche-touring.com.

Auskünfte

Das – leider oft schwerfällig-bürokratische – **Staatliche Italienische Fremdenverkehrsamt ENIT** informiert im Internet unter

www.enit.it. Ein Callcenter der ENIT gibt –
auch in deutscher Sprache – Auskunft zu
allen Italiens Tourismus betreffenden Fragen
(aus dem Ausland Tel. 00 39/06 87 41 90 07,
aus Italien zum Nulltarif Tel. 8 00 11 77 00). In
Deutschland gibt es eine gebührenfreie Ser-
vicenummer für Anfragen unter Tel. 0 08 00
00 48 25 42.

Die **ENIT-Büros:**

10178 Berlin, Karl-Liebknecht-Str. 34
Tel. 0 30/2 47 83 97 od. 98
Fax 0 30/2 47 83 99

60329 Frankfurt, Kaiserstr. 65
Tel. 0 69/25 91 26, Fax 0 69/23 28 94

80336 München, Goethestr. 20
Tel. 0 89/53 13 17, Fax 0 89/53 45 27

1010 Wien, Kärntnerring 4
Tel. 01/5 05 16 39, Fax 01/5 05 02 48
gebührenpflichtige Nummer für Prospekt-
material Tel. 09 00 97 02 28

8001 Zürich, Uraniastr. 3
Tel. 01/2 11 30 31, Fax 01/2 11 38 85

Detailinformationen erhält man auch
direkt bei den Regional- und Provinz-Tou-
rismusbüros sowie bei den lokalen Frem-
denverkehrsämtern (s. ›Adressen und Tips
von Ort zu Ort‹).

Weitere Infos im **Internet:**

www.dumontreise.de: Wichtige Infos, kurz
und bündig.
www.initaly.com/regions (englisch),
www.italiavacanze.com (auch deutsch),
www.medivia.sele.it (auch deutsch): Allgemeine Tourismusinformationen.
www.itwg.com, www.hotelsuche.it
(deutsch), www.kalabrien-reisen.de
(deutsch): Hotelempfehlungen.
www.bbitalia.it (auch deutsch): Privatquartiere (Bed & Breakfast), Infos und Buchungen.
www.agriturist.it (auch deutsch),
www.agriturismo.net (auch deutsch),
www.agriturismo.com (auch deutsch):

Agriturismo (Urlaub auf Landgütern, Bau-
ernhöfen und in Ferienwohnungen).
www.parks.it (auch deutsch): Italiens Nationalparks und andere Naturschutzgebiete.
www.trenitalia.it (auch deutsch): Eisenbahn: Fahrpläne und Fahrpreise.
www.italybus.it: Fahrpläne der wichtigsten
Überland-Buslinien (nicht Lokalverkehr).
www.museionline.it und www.benicultu
rali.it (beide auch englisch): Alle Museen
Italiens mit Kurzbeschreibung, Adressen
und Öffnungszeiten.

Autofahren

■ Leihwagen
… sind an den Flughäfen, in allen Provinzhauptstädten und größeren Fremdenver-
kehrsorten erhältlich, auch von internationalen Firmen. In der Hochsaison ist eine
Vorbestellung zu empfehlen. Die Preise liegen im europäischen Durchschnitt, allerdings sind die Versicherungsgebühren
etwas höher. Man beachte Sonderange-
bote!

■ Pannenhilfe
… des Automobilclubs ACI ist unter der
Telefonnummer 80 31 16 (von ausländischen Handys aus unter 8 00 11 68 00) zu
erreichen und gebührenpflichtig, sofern
man nicht den Schutzbrief eines Autoclubs
besitzt. In jedem Ort aber finden sich Auto-
werkstätten, deren Mechaniker wahre Meister im Improvisieren sind.

■ Straßen und Autobahnen
Süditalien verfügt über ein äußerst dichtes
Netz an Straßen und Autobahnen. In den
Städten herrscht an Werktagen ein perma-
nentes Verkehrschaos, Parkplätze sind
äußerst rar. Es empfiehlt sich daher, hier
auf den eigenen Wagen zu verzichten und
auf öffentliche Verkehrsmittel umzustei-
gen, bzw. in den historischen Zentren zu
Fuß zu gehen. Auch auf bewachten und
gebührenpflichtigen Parkplätzen (in Neapel etwa am Hafen bei der Piazza Municipio) sollte man keine Gegenstände im
Wagen zurücklassen, da trotz Bewachung
höchste Einbruch- und Diebstahlgefahr

Infos von A bis Z

335

besteht. Eine Haftung wird nur in Ausnahmefällen übernommen.

Zwischen März und Oktober dürfen keine Fahrzeuge (ausgenommen jene der Bewohner) auf die Insel Capri gebracht werden. Von Ischia verbannt sind im Juli und August alle Fahrzeuge mit neapolitanischem Kennzeichen, deren Besitzer nicht auf der Insel leben.

■ Tankstellen

… haben meist an sechs Tagen der Woche in der Zeit von 8 bis 20 Uhr – mit einer langen Mittagspause zwischen 12.30 und 16 Uhr – geöffnet. Einige Tankstellen in den Provinzhauptstädten und sämtliche Zapfsäulen an den Autobahnen stehen rund um die Uhr zur Verfügung. Bleifreies Benzin *(senza piombo)* ist allgemeiner Standard.

■ Tempolimit und andere Vorschriften

In Ortsgebieten gilt im allgemeinen Tempo 50, auf Staats-, Regional- und Gemeindestraßen Tempo 90, auf Schnellstraßen Tempo 110. Auf Autobahnen darf normalerweise maximal 130 km/h gefahren werden, ab 2003 auf geraden, dreispurigen Autobahnen mit Pannenstreifen bis zu 150 km/h. Die Einhaltung der Geschwindigkeitsbegrenzung wird seit einiger Zeit streng kontrolliert. **Achtung:** Auch in Italien besteht **Gurtpflicht,** für motorisierte Zweiradfahrer **Helmpflicht.** Auch **Alkoholkontrollen** (Höchstgrenze: 0,5 Promille) werden neuerdings ziemlich rigoros durchgeführt. Weiters **neu** ab 2003: Auf Autobahnen muß auch bei Tag mit **Abblendlicht** gefahren werden.

■ Versicherung

Ausreichender Versicherungsschutz (vor allem gegen Diebstahl) sei jedem motorisierten Italienbesucher ans Herz gelegt. Auch mit dem Leihwagen fährt es sich vollkaskoversichert ruhiger.

Behinderte

Hinweise auf behindertengerechte Einrichtungen finden sich in den offiziellen Hotelverzeichnissen der regionalen Fremdenverkehrsämter. Bei Bedarf sollte man auch die Kataloge renommierter Reiseveranstalter zu Rate ziehen. Probleme für Behinderte können sich vor allem in den Bergstädtchen ergeben, in denen unzählige Gässchen in Treppen ohne Rollstuhlrampen münden. Bis auf eigens gekennzeichnete Parkplätze hat man in Süditalien bisher noch kaum etwas für Behinderte getan.

Benehmen

Kein Italienbesucher sollte vergessen, daß er – Europa hin, Europa her – Gast in einem Land mit anderen Sitten und Gebräuchen ist, auf die er Rücksicht zu nehmen hat.

Jeder Mezzogiorno-Neuling möge sich hüten, die Zeichen- und Gebärdensprache der Einheimischen nachzuahmen, es könnte sonst zu peinlichen Missverständnissen kommen. Man prostet sich ausnahmslos mit dem Glas in der rechten Hand zu, mit der Linken würde man seinem Gegenüber Unglück wünschen. Speziell ältere Frauen auf dem Land scheuen die neugierige Linse eines Fotografen wie der Teufel das Weihwasser. Knipser, die es trotzdem nicht lassen können, sollten daher entweder höflich um Erlaubnis fragen oder aus sicherer Entfernung mit Teleobjektiven arbeiten.

Kirchen sind in erster Linie Orte des Glaubens und nicht bloß Kunstdenkmäler. Entsprechend dezente Kleidung sollte eine Selbstverständlichkeit sein. Und eine Messfeier ist eine sakrale Handlung, die nicht durch Umhergehen gestört werden darf.

Camping

In ganz Süditalien, speziell an den Küsten, gibt es ein dichtes Netz von Campingplätzen. Auf der Insel Capri ist Camping generell verboten. Gegen ›wilde Camper‹ wird seit einigen Jahren rigoros vorgegangen, auch Übernachtungen in Wohnwagen direkt vor Sehenswürdigkeiten sind untersagt. Entsprechende Verbotstafeln sollte man beachten.

Diplomatische Vertretungen (Konsulate)

■ Deutschland
80121 Neapel
Via Crispi 69
Tel. 08 12 48 85-11, Fax 08 17 61 46 87

70121 Bari
Piazza Umberto I 40
Tel./Fax 08 05 24 40 59

■ Österreich
80138 Neapel
Corso Umberto I 275
Tel./Fax 0 81 28 77 24

70123 Bari
Via Bruno Buozzi 88
Tel. 08 05 62 62 34, Fax 08 05 62 66 00

■ Schweiz
80121 Neapel
Via dei Mille 16
Tel. 08 14 10 70 46, Fax 0 81 40 09 47

Einkaufen

Offiziell haben Geschäfte Mo–Sa zwischen 9 und 12.30 oder 13 Uhr und zwischen 15.30 und 19.30 Uhr geöffnet, in Neapel neuerdings durchgehend. Die Ladenschlußzeiten werden aber sehr individuell gehalten.

In eleganten Geschäften und in Kaufhäusern gibt es fixe Preise, in kleineren Läden und auf Märkten sollte man das übliche Handeln nicht vergessen. In Neapel findet man pittoreske Märkte im Viertel zwischen Corso Umberto und Corso Garibaldi, in der Forcella und in der Via della Sanità. Ein Flohmarkt wird jeden Sonntagvormittag in der Via Foria in der Nähe des Nationalmuseums abgehalten.

Achtung: Die italienischen Finanzgesetze schreiben für jeden Einkauf, aber

auch für die Dienstleistung beim Friseur und die Konsumierung im Restaurant zwingend die Ausstellung einer Quittung vor. Kontrollen bis einige hundert Meter vom Geschäft (Restaurant etc.) entfernt werden stichprobenartig durchgeführt. Wer ohne Quittung ertappt wird, muß Bußgeld zahlen.

Feiertage

1. Januar:	*Capodanno/Neujahr*
Ostermontag	
25. April:	*Giorno della Libera-zione/*Tag der Befrei-ung
1. Mai:	*Festa del lavoro/*Tag der Arbeit
15. August:	*Ferragosto/*Mariä Himmelfahrt
1. November:	*Ognissanti/*Allerheili-gen
8. Dezember:	*L'Immacolata/*Mariä Empfängnis
25. Dezember:	*Natale/*Weihnachten
26. Dezember:	*Santo Stefano/*Tag des hl. Stefan

Feste

Jedes Dorf feiert das Fest seines Schutzpatrons mit großem Aufwand. Schon Tage zuvor werden die Straßen mit elektrischen Lichtgirlanden prächtig geschmückt. Am Festtag selbst gibt es Jahrmarktbuden, Umzüge, Platzkonzerte und – sofern es die Gemeindekasse erlaubt – ein Feuerwerk. Grund zum Feiern bieten aber auch durchaus profane Anlässe wie Jagd, Fischfang oder Ernte. So begeht man zum Beispiel in der Provinz Potenza im August das Fest des Pecorino, des würzigen Schafskäses, und im Oktober ein Kastanienfest. Viel Phantasie entwickelt man im Mezzogiorno auch im Karneval, die älteste Tradition hat hier das apulische Putignano – es muß nicht immer Venedig sein. Hier nur eine kleine Auswahl der spektakulärsten Festivitäten:

Infos von A bis Z

337

17. Januar: Karnevalsbeginn bei der Kirche San Antonio Abate in Neapel. Bunte Umzüge in ganz Süditalien.

Settimana Santa (Karwoche): Besonders eindrucksvolle Karfreitagsprozessionen u. a. in Sorrent, Procida, Bari, Tarent und im südlichen Kalabrien, wo noch in manchen Ortschaften Flagellanten an die Geißelung Christi erinnern (Palmi, Polistena).

1. Wochenende im Mai: Fest des San Gennaro im Dom von Neapel.

7. bis 10. Mai: Nikolausfest in Bari und Fest des San Cataldo in Tarent.

8. Mai: Wallfahrt zum Heiligtum am Monte Sant'Angelo (auch am 29. September), Fest des Rosenkranz-Heiligtums in Pompeji (auch am 1. Oktober-Sonntag).

14. Mai: Fest des San Constanzo in der Marina Grande (Capri).

17. bis 19. Mai: Fest der Santa Restituta mit Bootsprozession, Jahrmarkt und Feuerwerk (Lacco Ameno, Ischia).

29. Mai: Farbenprächtiger ›Umzug der Türken‹ in Potenza.

8 Tage nach Fronleichnam: *Festa dei Quattro Altari* (Fest der vier Altäre) mit Umzügen in Torre del Greco.

13. Juni: Fest des San Antonio (Ischia und Anacapri).

20. bis 23. Juni: *Festa dei Gigli* (Lilienfest) in Nola (nördlich des Vesuv).

24. Juni: Tanz der *Ndrezzata* (Figurentanz) in Buonopane (Ischia).

27. Juni: Fest des Sant'Andrea mit Bootsprozession (Amalfi).

29. Juni: Fest der Heiligen Pietro e Paolo in Cetara (Amalfitana), bei dem die Statue der Apostel ins Meer getragen wird.

2. Juli: Volksfest der *Bruna* (der fruchtbaren braunen Erde) in Matera.

1. Sonntag im Juli: Bootsprozession in Sorrent.

15./16. Juli: Fest der Carmine in Neapel, bei dem Lichteffekte einen Brand des Turmes der Kirche Santa Maria del Carmine vortäuschen.

26. Juli: Fest der Sant'Anna (Sorrent und Fiaiano, Ischia).

Letzter Sonntag im Juli: Historischer Umzug und Ritterturnier in Barletta.

15. August (Mariä Himmelfahrt): ›Sarazenenschlacht‹ mit Feuerwerk in Positano.

1. Sonntag im September: Fest des San Giovanni Giuseppe della Croce mit Bootsprozession von Ischia Ponte nach Ischia Porto. Fest der Madonna della Libertà in Capri.

7. bis 9. September: Fest der Madonna von Piedigrotta, das größte und farbenprächtigste Volksfest Neapels.

17. September: Bauernfest in Manfredonia.

19. September: Fest des San Gennaro in Neapel (mit Blutwunder im Dom).

30. November: Fest des Sant'Andrea in Amalfi, bei dem eine überlebensgroße Büste des Heiligen im Laufschritt durch die Stadt getragen wird.

8. Dezember: Fest der Madonna Immacolata mit Prozession (Torre del Greco).

11. bis 24. Dezember: Puppenmesse in Lecce.

Geld und Banken

Auch in Italien ist der Euro – wie in Deutschland, Österreich und neun weiteren EU-Ländern – seit 2002 offizielle Währung. Die aktuellen Umrechnungskurse zum Schweizer Franken – 1 € entspricht etwa 1,60 sFr – entnehmen Sie bitte den Ankündigungen von Banken und Wechselstuben oder den Tageszeitungen.

Banken haben im allgemeinen Montag bis Freitag von 8.30 bis 13 Uhr geöffnet, einige auch nachmittags von 15 bis 16 Uhr. Beim Geldwechsel und beim Einlösen von Reise- und Euroschecks wird die Vorlage eines Personalausweises verlangt. In allen größeren Ortschaften gibt es Bankomaten mit den Funktionen Maestro und Cirrus, bei denen man pro Tag bis zu 250 € abheben kann. Die gängigen Kreditkarten (Visa, Mastercard, American Express, Diners) werden in besseren Restaurants, in nahezu allen Hotels und in vielen Geschäften, auch großen Supermärkten, akzeptiert, ebenso immer häufiger auch Bankomatkarten.

Gesundheit

Die medizinische Versorgung in Süditalien entspricht dem europäischen Standard. Internationale Krankenscheine von Mitgliedern gesetzlicher Krankenkassen aus EU-Ländern und der Schweiz werden anerkannt, müssen jedoch vor dem Arztbesuch bei der lokalen Krankenkassenfiliale in einen Behandlungsschein umgetauscht werden, was eine recht mühsame Prozedur ist. Viele Touristenorte sorgen daher in den Sommermonaten für eine kostenlose ärztliche Betreuung der Urlauber und lindern damit gleichzeitig auch das Problem der Mediziner-Arbeitslosigkeit. Notfallbehandlungen in Spitälern werden ebenfalls gratis durchgeführt.

Die Apotheken sind gut sortiert und zum Teil preiswerter als in Deutschland, Österreich oder der Schweiz. Außerdem wird die Rezeptpflicht eher locker gehandhabt. Medikamente haben allerdings häufig andere Namen. Daher sollte man die deutschen Beipackzettel mitnehmen, auf denen die Inhaltsstoffe angegeben sind.

Klima und Reisezeit

An den Küsten herrscht typisch mediterranes Klima. In der regenreichen Winterzeit kann es ungemütlich feucht werden, in den Bergen sogar bitterkalt mit heftigen Schneefällen. Die Sommermonate sind jedoch allgemein trocken und heiß. Die Hitze wird vor allem auf den Inseln durch eine frische Meeresbrise gemildert.

Die ideale Reisezeit für Besichtigungstouren sind die Monate April bis Juni und Mitte September bis Mitte November, der Hochsommer ist nur für Badeaufenthalte und gegebenenfalls für Bergwanderungen (z. B. in der kalabrischen Sila) geeignet.

Durchschnittstemperaturen der Küstenregionen: Winter: 5–10 °C, Frühjahr: um 15 °C, Sommer: 25–30 °C, Herbst: 18–20 °C, in Kalabrien jeweils um einige Grade höher. Die mittleren Wassertemperaturen liegen bei 18 °C im Mai, 21 °C im Juni, 24 °C im Juli, 25–26 °C im August, 23 °C im September und 21 °C im Oktober.

Kriminalität

In den großen Städten, vor allem im Ballungszentrum Neapel, muß man damit rechnen, daß innerhalb von wenigen Sekunden alles aus dem Auto verschwindet, was darin zurückgelassen wurde (inklusive eingebautem Radio). Türen und vor allem Kofferraum sollten auch während der Fahrt immer versperrt sein. Nichts auf dem Rücksitz oder auf der Heckablage verstauen, denn Scheiben sind flott eingeschlagen, Gegenstände wie Fotoapparate und Taschen werden selbst aus fahrenden Autos blitzschnell entwendet.

Fußgänger sollten auf Flughäfen, Bahnhöfen, vor Hotels und in der Umgebung von Sehenswürdigkeiten besonders vorsichtig sein, Handtaschen- und Kameradiebstahl ist bei Sorglosigkeit fast obligat, doch braucht man selbst in den finstersten Gassen von Neapel oder Bari kaum um Leib und Leben zu bangen, da Eigentumsdelikte als (meist lebensnotwendige) Einnahmequelle von mörderischen Aggressionen frei bleiben. Wer unbelastet durch die Straßen spazieren will, läßt Fotoausrüstung und Handtasche im Hotel und signalisiert auch durch seine Kleidung, daß bei ihm nichts zu holen ist. Urlaubsgeld und Wertsachen – samt Personalausweis, Bahn- oder Flugkarten und anderen Reisedokumenten – sind am besten im Hotelsafe aufgehoben. Für alle Fälle sollten wichtige Unterlagen in Fotokopie getrennt aufbewahrt werden.

Im Falle eines Falles nutzt dem Opfer eines Diebstahls der Weg zur Polizei so gut wie nichts und ist nur sinnvoll, wenn man eine Bestätigung für die Versicherung benötigt. Geld und Wertsachen sind ohnehin auf Nimmerwiedersehen verschwunden, bei persönlichen Gegenständen (Pässe, Fotos, Briefen etc.) besteht mit entsprechend eindringlicher Klage in der dem Tatort nächstliegenden Bar (»Die einzige Erinnerung an meine verstorbene Mama«, »Das liebste Spielzeug meiner Kinder« und dergleichen) eine gewisse Chance, diese wiederzuerhalten.

In ländlichen Gegenden und auf den Inseln ist die Kriminalitätsrate wesentlich niedriger, doch sollte man auch dort stets Vorsicht walten lassen.

Literatur

Amandonico, Nikko: La Pizza – Ein Blick in die Seele von Neapel (Collection Rolf Heyne).

Braudel/Duby/Aymard: Die Welt des Mittelmeeres (S. Fischer, Frankfurt).

Bulwer-Lytton, Edward George: Die letzten Tage von Pompeji (Winkler, Düsseldorf).

De Crescenzo, Luciano: Also sprach Bellavista und Oi Dialogoi (beide Diogenes, Zürich).

D'Orta, Marcello: Am liebsten Neapel (Rotbuch).

Etienne, Robert: Pompeji – Das Leben in einer antiken Stadt (Reclam, Ditzingen).

Goethe, Johann Wolfgang von: Italienische Reise (Insel-TB).

Gregorovius, Ferdinand: Wanderjahre in Italien (Beck, München).

Gründel, Eva/Tomek, Heinz: Richtig Reisen Golf von Neapel (DuMont, Köln).

Höcker, Christoph: Kunstführer Golf von Neapel und Kampanien (DuMont, Köln).

Levi, Carlo: Christus kam nur bis Eboli (Europa, Hamburg).

Morante, Elsa: Arturos Insel (Wagenbach, Berlin).

Munthe, Axel: Das Buch von San Michele (dtv, München).

Nette, Herbert: Friedrich II. von Hohenstaufen (rororo Monographien).

Niola, Marino: Totem und Ragù. Neapolitanische Spaziergänge (Luchterhand, München).

Peterich, Eckart: Italien, zweiter Band (Prestel, München).

Rösch, Eva und Gerhard: Kaiser Friedrich II. und sein Königreich Sizilien (Thorbecke).

Rotter, Ekkehart: Kunstreiseführer Apulien (DuMont, Köln), Friedrich II. von Hohenstaufen (dtv, München).

Savinio, Alberto: Capri – Eine Reiseerzählung (Insel-TB)

Schönau, Birgit: Der älteste Nabel der Welt – Entdeckungen in Neapel und Kampanien (Picus, Wien).

Seume, Johann Gottfried: Spaziergang nach Syrakus im Jahre 1802 (dtv, München).

Naturschutzgebiete/ Nationalparks:

In den vier südlichen Festlandregionen Italiens wurden bisher sechs Nationalparks, unter ihnen die zwei größten des Landes, eingerichtet. Dazu kommen acht Regionalparks, 50 staatliche und elf regionale Naturschutzgebiete sowie Feuchtgebiete, Unterwasser-Reservate und andere Schutzzonen. Allgemeine Informationen unter www.parks.it (zum Teil auch deutsch), detaillierte Auskünfte bei den jeweiligen Ente Parco Nazionale.

Parco Nazionale dell'Aspromonte: 76 000 ha mit dem Montalto (1955 m) als höchster Erhebung; wildes, in seiner Ursprünglichkeit weitgehend erhaltenes Bergland (Info: 89050 Gambarie di Santo Stefano in Aspromonte, Via Aurora, Tel. 09 65 74 30 60, Fax 09 65 74 30 26).

Parco Nazionale della Calabria: Umfaßt ein naturbelassenes, kaum besiedeltes Gebiet von 12 690 ha in der Sila Grande und Sila Piccola (Info: 87100 Cosenza, Viale della Repubblica 26, Tel. 0 98 47 67 60, Fax 0 98 47 10 93).

Parco Nazionale del Cilento e Vallo di Diano: Mit 181 048 ha zweitgrößter Nationalpark Italiens, erstreckt sich von der tyrrhenischen Küste bis zum Fuß des Apennins (Info: 84078 Vallo della Lucania/SA, Via Marsilio, Tel. 09 74 71 99 11, Fax 0 97 47 19 92 17).

Parco Nazionale del Gargano: 121 118 ha mit dem großen Waldgebiet Foresta Umbra und den Feuchtbiotopen der Lagunen von Lesina und Varano (Info: 71037 Monte Sant'Angelo, Via Sant'Antonio Abate 121, Tel. 0 88 45 68 90, Fax 08 84 56 13 48).

Parco Nazionale del Pollino: Mit 192 565 ha größter Nationalpark Italiens, urwüchsige Natur im hier nur 60 km breiten Stiefel zwischen dem Tyrrhenischen und dem Ionischen Meer (Info: 85048 Rotonda/PZ, Via Mordini 20, Tel. 09 73 66 16 92, Fax 09 73 66 78 02)

Parco Nazionale del Vesuvio: 8 482 ha an den Hängen des berühmten Vulkans, mit Biosphären-Reservat unter UNESCO-Schutz (Info: 80040 San Sebastiano al Vesuvio/NA, Piazza Municipio 8, Tel. 08 17 71 09 11, Fax 08 17 71 82 15).

Notrufnummern

Polizei: 112
Rettungs-Notdienst: 113
Feuerwehr: 115
ACI-Pannendienst: 80 31 16 (für Mitglieder bzw. für Schutzbriefinhaber kostenlos)

Post und Telefon

Normale Postsendungen können zuweilen Wochen unterwegs sein. Es empfiehlt sich daher, Briefe und Karten auf der Post gegen einen 50%-Aufpreis mit dem Prioritäts-Aufkleber *(posta prioritaria)* versehen zu lassen. Wirklich dringende und wertvolle Briefe oder Pakete sollten besser mit privaten Kurierdiensten, Nachrichten per Telefon, Fax oder E-Mail übermittelt werden.

Vom Hotel aus zu telefonieren ist teuer. Öffentliche Fernsprecher sind durchweg auch für Telefonkarten *(scheda telefonica)* eingerichtet, die man in Postämtern und vielen Tabakläden erhält. Das Mobilfunknetz ist auf der ganzen Insel fast lückenlos.

In Italien zählt die Ortsvorwahl inklusive der Null zum festen Bestandteil jeder Telefonnummer, gleich, ob man vom Ausland anruft oder innerhalb eines Ortsnetzes wählt. Von der Regelung ausgenommen sind Notfall-, Service- und sämtliche Handy-Vorwahlnummern, sie alle beginnen *nicht* mit einer Null. Die internationale Vorwahl nach Italien lautet 00 39. Das Telefonieren von Italien ins Ausland bleibt unverändert, wie üblich entfällt die Null der Ortsvorwahl nach der Landeskennzahl

(Deutschland 00 49, Österreich 00 43, Schweiz 00 41).

Sehenswürdigkeiten

Öffnungszeiten: Generelle Angaben lassen sich für Sehenswürdigkeiten schwerlich machen. Die meisten Museen (mit Ausnahme des Archäologischen Nationalmuseums in Neapel und einiger Privatmuseen) sind montags geschlossen. An den übrigen Werktagen sind sie im allgemeinen von 9 bis 14 Uhr, sonn- und feiertags von 9 bis 13 Uhr geöffnet. Kirchen schließen über Mittag für einige Stunden. Die Ausgrabungsstätten (Pompeji, Herculaneum, Paestum) sind täglich von 9 Uhr bis eine Stunde vor Sonnenuntergang (eine äußerst vage Zeitangabe) für Besucher zugänglich.

Tip: In lokalen Tageszeitungen findet man die aktuellen Öffnungszeiten der Museen und Archäologischen Zonen. Die offizielle Website des Kulturministeriums (www.museionline.it) informiert ebenfalls über die Museen des Landes (mit Adressen, Telefonnummern und Öffnungszeiten).

Freier Eintritt: EU-Bürger unter 18 und über 65 Jahre haben in allen staatlichen Einrichtungen (Museen, Ausgrabungen, etc.) freien Eintritt. Altersnachweis durch einen Lichtbildausweis ist erforderlich.

Souvenirs

Zentren des Keramikhandwerks (und industrieller Produkte) sind Vietri sul Mare an der Amalfitana bei Salerno, Grottaglie in der apulischen Provinz Taranto und Seminara in Kalabrien (Provinz Reggio di Calabria). Korallen, Gemmen und Kameen werden in der Gegend von Torre del Greco hergestellt, Glaswaren u. a. in Castellana Grotte (Provinz Bari). In Sorrent findet man hübsche Holzgegenstände, in Amalfi kostbares Büttenpapier, auf Ischia Souvenirs aus Bast und Stroh, in Martina Franca (Apulien) und Grassano (Basilikata)

Infos von A bis Z

Schmiedeeisen-Kunst, in Gerace (Kalabrien) und in den albanischen Gemeinden Webarbeiten und Stickereien.

Sport

Angeln

Wer seine Angelschnur entweder vom Ufer oder von einem Boot aus ins Meer halten will, kann sich dieser Leidenschaft ohne weitere Genehmigung hingeben. Für Binnengewässer allerdings bedarf es eines Angelscheins, der nach Überwindung zahlreicher bürokratischer Hürden gegen Gebühren von den lokalen Behörden ausgestellt wird. Infos bei den örtlichen Touristenbüros.

Gokart

Die Pista Salentina in Apulien (73059 Marina di Ugento/LE, Via Ugo Giannuzzi 143, Tel./Fax: 08 33 93 13 11) ist eine anspruchsvolle Rennstrecke, auf der auch internationale Wettbewerbe ausgetragen werden.

Golf

Zwei der schönsten Golfplätze Süditaliens (18 Loch) finden sich in Apulien und in der benachbarten Basilikata: Die Anlagen Riva dei Tessali (mit Golf-Hotel) in 74011 Castellaneta (TA) und der nur 15 Minuten entfernte Golf Club Metaponto. Infos unter Tel. 09 98 43 18 44, Fax 09 98 43 90 01 und www.rivadeitessali.it.

9-Loch-Plätze gibt es in Kalabrien (Porto d'Orra, 88063 Catanzaro Lido, Tel./Fax 09 61 79 10 45 und San Michele, 87022 Cetraro, Tel. 0 98 29 10 12, Fax 0 98 29 14 30), und in Kampanien (Circolo Golf Napoli, 80078 Pozzuoli, Via Campana, Tel. 0 81 66 07 72, Fax 0 81 66 95 66).

Radfahren

Radverleihstellen gibt es nur in größeren Urlaubsorten, in Ferienclubs und einigen Agriturismo-Betrieben, wobei die Drahtesel meist alt und klapprig sind. Wer größere Touren plant, muß sich schon sein Fahrrad selbst mitbringen. Romantische Strecken auf kleinen, asphaltierten Nebenstraßen gibt es vor allem in Apulien (Trulli-Gebiet, Salento), für Mountainbiker bieten sich die kalabrischen Berge, insbesondere das Aspromonte-Gebiet an.

Reiten

Zahlreiche Agriturismo-Betriebe haben Reitställe angeschlossen, die nicht nur Hausgästen Erlebnisse im Sattel ermöglichen. Ein Verzeichnis der wichtigsten Reitzentren findet man im Internet unter www.sitogea.net/sud.htm und www. equinet.it. Informationen auch bei den örtlichen Touristenbüros.

Segeln/Surfen/Tauchen/Wasserski

Alle größeren Badeorte Süditaliens verfügen über Wassersportschulen, die auch das entsprechende Gerät verleihen. Auch viele Ferienclubs und Campingplätze halten für ihre Gäste zumindest Surfbretter bereit und ermöglichen das Nachfüllen von Tauchflaschen. Beim Tauchen sollte man unbedingt auf Unterwasser-Schutzgebiete achten, in denen das Harpunieren von Meeresgetier streng verboten ist.

Tennis

Auf Sand oder gar Rasen muß man meist verzichten, Hartplätze, vielfach mit Flutlichtanlagen, um der großen Hitze des Tages zu entkommen, stehen den Urlaubern aber in fast allen Ferienorten und natürlich auch in größeren Hotels und Ferienclubs zur Verfügung.

Wandern

In Süditalien können Wanderer noch viel Einsamkeit und unberührte Natur genießen. So gut markierte Wege wie in Mitteleuropa gibt es allerdings nur in Ausnahmefällen. Immer mehr Ferienorte aber haben kleine Wegbeschreibungen (auch deutsch) und Wanderkarten ihrer Umgebung aufgelegt. Infos – auch über geführte Trekking-Touren – in den lokalen Touristenbüros. Die schönsten Wandergebiete sind die Foresta Umbra (Gargano), die Trulli-Zone und der Salento in Apulien, der Cilento in Kampanien, sowie das Massiv des Monte Pollino, die Sila und der Aspromonte in Kalabrien, alle drei Nationalparks. Gute Ausrüstung und ausreichend Proviant sind unabdingbare Voraussetzungen. Daß der Hochsommer für Trekking wenig geeignet ist, versteht sich eigentlich von selbst. Die idealen Jahreszeiten sind Frühjahr und Herbst.

Sprache

Offiziell italienisch; zahlreiche Dialekte, die ein Römer, geschweige denn ein Mailänder kaum mehr versteht. Dennoch bemüht man sich im Mezzogiorno Fremden gegenüber um eine deutliche Aussprache, notfalls gibt es eine Verständigung mit Gesten und Gebärden. In den Touristenzentren stehen Deutsch und Englisch an der Spitze der Fremdsprachen.

Theater, Musik, Festspiele

Neapel
Teatro San Carlo (Opern, Konzerte): Via San Carlo, Tel. 08 17 97 23 31 und 08 17 97 24 12 (Kartenbüro 10–13 und 16.30–18.30 Uhr, Mo geschl.). Spielplaninformationen und Kartenreservierungen unter www.teatrosancarlo.it (auch englisch). Teatro Mercadante (Oper, Schauspiel, Ballett): Piazza Municipio, Tel. 08 15 51 33 96. Teatro Diana (Musik, Schauspiel, Shows): Via Luca Giordano 64, Tel. 08 15 56 75 27. Nuovo Teatro Nuovo (Bühnenexperimente, Musik, Film): Via Montecalvario 16, Tel. 0 81 42 59 58.

Martina Franca
Internationales Musikfestival (Konzerte, alte Opern) im Hof des Palazzo Ducale (Juli/August).

Matera
Luglio Materano – Internationales Festival für Theater, Ballett und Dichtkunst (Juli).

Pompei
Jeden Sommer klassische Konzerte sowie Ballett- und Opernaufführungen im Teatro Grande des antiken *Pompeji* (Juli/August).

Ravello
Internationales Musikfestival im Garten der Villa Rufolo (Juni, Juli, September).

Trinkgeld

In Restaurants sind etwa 10% des Rechnungsbetrages üblich. Im Hotel dürfen der Chefkellner bei Halbpension und das Zimmermädchen pro Person und Nacht 5 € erwarten, ein Kofferträger 0,50 € pro Gepäcksstück. Nach Rundreisen sollten – sofern das Trinkgeld nicht ausdrücklich im Gesamtpreis inbegriffen ist – die Reiseleitung mit 12–15 € und der Chauffeur mit 8–10 € pro Person und Woche belohnt werden. Beim Tanken gibt man für das Reinigen der Scheiben oder die Ölkontrolle etwa 0,50 €, für die bloße Bedienung des Zapfhahnes aber nichts.

Unterkunft

■ Agriturismo
Der Urlaub am Landgut – Bauernhöfe im klassischen Sinn gibt es im Mezzogiorno aufgrund seiner ehemaligen Feudalstrukturen auch nach verschiedenen Landreformen kaum – erfreut sich steigender Beliebtheit, sowohl bei Gästen als auch bei Gastgebern. Letztere durften schließlich für den touristischen Ausbau ihrer Anwesen kräftig EU-Subventionen kassieren. Und die Fremden genießen die alternative Urlaubsform, die rustikale Küche und die frischen landwirtschaftlichen Produkte (Wein, Käse, Olivenöl, Obst, Gemüse etc.), die sie vor Ort erstehen können.

Zimmer und Apartments sind mit einfachem Interieur sowie meist mit Bad und WC ausgestattet, entsprechen also durchaus gängigem Standard.

Halb- oder Vollpension werden fast immer angeboten, außerdem häufig auch Sportmöglichkeiten wie Reiten, Mountainbiking und Trekking. Die Mindestaufenthaltsdauer liegt zwischen zwei bis drei Tagen und einer Woche. Informationen bei den lokalen Touristenbüros sowie unter

Infos von A bis Z

www.agriturist.it (auch deutsch), www.
terranostra.it und www.turismoverde.it.

■ Hotels

In ganz Süditalien, vor allem jedoch in den
vom Fremdenverkehr erschlossenen
Küstengebieten, stehen den Reisenden
Hotels und Pensionen aller Kategorien zur
Verfügung, wobei die absolute Luxus-
klasse (Fünf-Sterne-Häuser) eher rar ist.
Für die Hauptreisezeiten sollten unbedingt
Reservierungen vorgenommen werden.
Hotelempfehlungen in ›Tips von Ort zu
Ort‹.

Ein Rat für alle, denen Hotelbetten zu
weich sind und zu weit durchhängen, was
in Italien leider häufig der Fall ist: Alle
guten Hotels haben Bretter *(tavole)*
vorrätig, die zwischen Lattenrost und
Matratze geschoben werden.

Verkehr

■ Bahn

Achtung: Wer in Italien mit der Bahn reist,
muß seine Fahrkarte vor dem Einsteigen
am Bahnhof bei den entsprechenden
Automaten entwerten.

Die wichtigste Eisenbahnlinie Süditali-
ens verläuft entlang des Tyrrhenischen
Meeres – von Mailand, Bologna, Florenz
und Rom kommend – über Neapel,
Salerno, Sapri, Paola, Lamezia Terme und
Villa San Giovanni nach Reggio di Calabria. Hier verkehren in dichten Intervallen
Regional- und Intercity-Züge. Eine andere
Hauptstrecke führt entlang der Adria über
Bologna und Ancona nach Foggia, Bari,
Brindisi und Lecce. Schon wesentlich
weniger flott geht es auf der großenteils
eingleisigen, wenn auch landschaftlich
recht reizvollen Jonischen Linie von Reg-
gio di Calabria über Catanzaro Lido, Crotone, Sibari, Metaponto und Taranto nach
Brindisi und Bari weiter. Und vollends in
Geduld fassen muß man sich auf den vielen kleinen Nebenlinien, deren Bum-
melzüge häufig nur zwei- bis dreimal pro
Tag durch die Gegend zuckeln.

Einige Fahrzeiten: Neapel–Salerno:
30–40 Minuten; Neapel–Potenza (über
Salerno, Battipaglia): 2.30–3 Stunden; Neapel–Cosenza (Umsteigen in Paola):
3.30–4.30 Stunden; Neapel–Reggio di Calabria: 4.30 Stunden; Neapel–Benevent
(meist Umsteigen in Caserta): 1.10–1.30
Stunden; Neapel–Foggia (Umsteigen in
Caserta): 2.30–3 Stunden; Neapel–Bari
(über Foggia, Umsteigen in Caserta):
3.30–4.30 Stunden; Reggio di Calabria–Crotone (direkt oder über Lamezia
Terme, Catanzaro Lido): 3–4 Stunden; Reggio di Calabria–Taranto (über Jonische
Strecke oder Paola, Cosenza, Sibari):
6–6.45 Stunden; Reggio di Calabria–Bari
(über Jonische Strecke, Taranto): 7.30–8.30
Stunden; Lecce–Gallipoli: 70 Minuten;
Bari–Matera (meist Umsteigen in Altamura): 1.30–2.30 Stunden.

■ Bus

Das dichte Netz öffentlicher Busse umfaßt
auch die kleinste Ortschaft Süditaliens,
wenn auch die Verkehrsfrequenz bisweilen
sehr zu wünschen übrig läßt und bei den
lokalen Linien »sonntags nie« als Regel
gelten darf. Als Betreiber fungiert eine
Vielzahl privater Busgesellschaften, deren
Fahrpläne leider nicht immer aufeinander
abgestimmt sind. Wann wer wohin ver-
kehrt, erfährt man am besten bei den örtlichen Fremdenverkehrsstellen. Über die
schnellen Überland-Buslinien, manchmal
schneller als die Eisenbahn, informiert das
Internet unter www.italybus.it.

Abbildungs- und Quellennachweis

Archiv für Kunst und Geschichte, Berlin S. 49, 116, 194
Raffaele Celentano/laif, Köln   S. 251
Rainer Hackenberg, Köln   S. 24
Markus Kirchgeßner, Frankfurt am Main S. 19 (links), 27, 31, 34, 55, 59 (rechts), 68/69, 76, 80, 85, 102/103
Reinhardt Scholz, Düren   Titelabb., hintere Umschlaginnenklappe, S. 91, 115, 127, 129, 168/169, 193, 204/205, 207, 212, 228, 231
Thomas Stankiewicz, München   S. 17, 70, 255, 262/263, 280/281
Martin Thomas, Aachen   Umschlagrückseite, S. 16, 51, 58 (rechts), 75, 81, 92/93, 107, 137, 138, 142/143, 145, 162/163, 165, 173, 174, 176, 181, 184, 189, 200, 225, 226, 227, 258, 265, 284, 286
Fulvio Zanettini, Köln   S. 36/37, 106, 141, 154

Alle übrigen Abbildungen stammen von den Autoren.

Die Zitate auf S. 20, 37 wurden mit freundlicher Genehmigung übernommen aus: Dominique Fernandez, Süditalienische Reise, übers. von Julia Kirchner, Copyright © Insel Verlag, Frankfurt am Main 1988.
Das Zitat auf S. 35 wurde übernommen aus: Ann Cornelisen, Frauen im Schatten, © Ann Cornelisen 1976, © deutsche Ausgabe Fischer Taschenbuch Verlag GmbH, Frankfurt am Main, 1978.
Die Zitate auf S. 59, 187, 206, 283f. wurden übernommen aus: Eckart Peterich, Italien II, Rom und Latium, Neapel und Kampanien, Prestel Verlag, München 1996.
Die Zitate auf S. 91, 125f. wurden übernommen aus: Stefan Andres, Sehnsucht nach Italien, © Langen Müller Verlag in der F. A. Herbig Verlagsbuchhandlung GmbH, München.
Das Zitat auf S. 101f. wurde übernommen aus: Elsa Morante: Arturos Insel, © Verlag Klaus Wagenbach, Berlin 1997.
Das Zitat auf S. 136 wurde übernommen aus: Ernest Hemingway, Der alte Mann und das Meer, übers. von A. Horschitz-Horst, © Rowohlt Verlag GmbH, Hamburg 1952.
Die Zitate auf S. 146f., 160f., 164f. wurden übernommen aus: Carlo Levi, Christus kam nur bis Eboli, © Giulio Einaudi Editore 1945, © deutschsprachige Ausgabe Europa Verlag A. G., Zürich 1947.
Die Zitate auf S. 151, 153, 232, 248, 263 wurden übernommen aus: Norman Douglas, Reisen in Süditalien, Apulien-Basilicata-Kalabrien, Prestel Verlag, München 1986.
Das Zitat auf S. 157 wurde übernommen aus: Camilla Cederna, Italien gestern, Italien heute, © Arnoldo Mondadori Editore, Milano; deutsche Ausgabe © Beck & Glückler Verlag, Freiburg.
Die Zitate auf S. 179f. wurden übernommen aus: H. V. Morton, Süditalien, © Societätsverlag, Frankfurt am Main.

Karthographie:
artic,
Karlsruhe
© DuMont Reiseverlag, Köln

Register

■ **Personen- und Sachregister**

Alberada 153
Alfons I. von Neapel-Sizilien 47, 85
Alvarez de Toledo, Antonio, Herzog von Alba 82
Andres, Stefan 91, **125**
Äneas 107, 139, 229, 249
Anjou **42f.**, 54, 74, 85, 194, 221, 240, 245
Antonello da Messina 271
Aquino, Maria von (›Fiammetta‹) 78
Araber 41, 52, 186, 195
Aragon 42f.
Archytas 217
Arioti, Beppa 36
Augustus, Kaiser 40, 93, 96, 97f., 106, 152, 199
Autostrada del Sole 13, 52, **260f.**

Badoglio, Pietro 131, 220
Barisano da Trani 188
Basilianer 148, 264, 284
Bassolino, Antonio 10, 26, **68ff.**
Bellini, Vincenzo 79
Bergamotten **271**
Berlusconi, Silvio 50
Bernini, Pietro 77
Bianchi, Pietro 80
Bizamano, Donato 189
Boccaccio, Giovanni 42, 78
Bohemund von Hauteville 153, 191f., 225
Bossi, Umberto 46
Brancaccio, Rinaldo 76
Bulwer-Lytton, Edward 121
Byzantiner **40f.**, 153

Campanella, Tommaso 284f.
Caracciolo, Battistello 285
Cassa per il Mezzogiorno 24, 50
Cassiodorus, Flavius Magnus **264**
Cavagna, Giambattista 77
Cavour, Camillo Benso di, Graf 48
Cederna, Camilla 157
Cilea, Francesco 267
Cino, Giuseppe 224
Claudius Marcellus 153
Clemens IV., Papst 47
Codex Purpureus Rossanensis 13, **254**
Coelestin V., Papst 79
Corea, Pietro 261
Cornelisen, Ann 35

Croce, Benedetto 24, 46, **75**, 182f.
Crocco, Carmine Donatello 49

De Crescenzo, Luciano 59
De Nittis, Giuseppe 190
Del Balzo, Pirro Graf 153
Desa, Giuseppe 231, **232f.**
Dieffenbach, Karl Wilhelm 96
Dohrn, Anton 88
Donadio, Giovanni 77
Donatello 76
Donatone, Guido 70
Dorso, Guido 24
Douglas, Norman 95, 151, 153, 232, 248, 262, 263
Drogo von Hauteville 41, 131, 153

Eleatische Schule 139
Elisabeth von Parma 90
Enzio, ›König von Sardinien‹ 198

Fanzaga, Cosimo 79
Farina, Gianmaria 271
Feminis, Giovanni Paolo 271
Ferdinand, König von Neapel 226
Ferdinand I., König beider Sizilien 43, 50, 80, 90, 104, 258
Ferdinand II., König beider Sizilien 285
Fernandez, Dominique 20, 36f.
Fibonacci (Leonardo von Pisa) 196
Filangieri, Gaetano, Fürst von 84
Fiore, Tommaso 24
Fiore, Vittore 24
Fiorelli, Giuseppe 112, 115
Fontana, Domenico 47, 80
Foti, Giuseppe 273, 274
Franz II., König beider Sizilien 44
Friedrich II., römischer Kaiser und deutscher König 12, 21, 42, 47, 54, 88, 131, 154, 155, 170, 180, 181, 182, 184, 188, 190, 92, 193, 194, 195, **196ff.**, 201f., 203, 221, 238
Fries, Ernst 92, 94
Fucini, Renato 127f.

Galeni, Gian Dionigi 246
Garibaldi, Giuseppe 44, 45, 48, 49, 50, 282
Genovesi, Antonio 283
Gioacchino da Fiore 250
Giacomo da Lentini 198
Gian Girolamo II., Graf 206
Gioia, Flavio 127

346

Giordano, Luca 77, 90
Giordano, Umberto 171
Giotto di Bondone 42
Giuliano, Salvatore 49
Goethe, Johann Wolfgang von 13, 94, 117
Gregor VII., Papst 41f., 132
Gregor IX., Papst 181, 194, 198
Gregorovius, Ferdinand 94, 192ff.
Griechen **39**, 41, 51, 109, 229, 246ff., **276f.**

Hannibal 190, 191
Harnack, Adolf von 254
Heinrich IV., römischer Kaiser und deutscher König 41, 132
Heinrich VI., römischer Kaiser und deutscher König 42, 194, 196
Heinrich VII., König von Sizilien, deutscher König und Herzog von Schwaben 238
Hemingway, Ernest 136f.
Hindenburg, Paul von 190f.
Homer 39, 267
Horaz 13, 108, 131, 139, 144, **151f.**
Humfried von Hauteville 41, 131

Ibykos 40, 269
Imperium Romanum **39f.**, 47, 94, 107
Innozenz III., Papst 194
Innozenz IV., Papst 194, 195, 199
Isabella von Aragon 238
Isabella von England 192

Januarius s. San Gennaro
Jason 135
Jolanda von Brienne 192, 221
Joseph Bonaparte 43, 50, 90

Karl I. von Anjou 42, 47, 85, 154
Karl II. von Anjou 42, 75, 79, 83, 181
Karl III. von Bourbon 43, 47, 50, 81, 82, 90, 104, 111f., 134, 141
Karl V., Kaiser 221, 223, 224, 225
Karl VI., Kaiser 43, 50
Konradin, Herzog von Schwaben 42, 47, 88, 194
Konstanze, Kaiserin 42, 194, 196
Kopisch, August 92, 94
›Krieger von Riace‹ 13, 236, 266, **271ff.**

Langobarden **40f.**, 105, 130, 223, 227
Laurana, Francesco 85
Leo IX., Papst 41, 47
Leo X., Papst 236
Leoncavallo, Ruggiero 81, **240f.**
Leopardi, Giacomo 90
Levi, Carlo 146f., 150f., **160ff.**
Lombardi Satriani, Luigi M. 274
Loren, Sophia 110
Lucia Partenna, Herzogin von Floridia 90
Ludendorff, Erich 190f.

Maecenas 152
Mafia 10, 20, **26ff.**, 36, 246, 248f., 266, 269, 270
Magna Graecia 10, **39**, 47, 51, 106, 138, 166, 216, 249, 264, 271, 273, 276, 277, 282
Manfred, König von Sizilien 42, 47, 171f., 190
Marées, Hans von 88
Maria Amalia von Sachsen 90
Maria Caroline 43, 104
Mariottini, Stefano 272, 274
Martini, Simone 42, 241
Mazzoni, Guido 82
Mercadante, Francesco Saverio 202
Meridionalisten 24ff.
Michael, Erzengel 141, 175, **177ff.**
Michael Scotus 196
Michelozzo di Bartolommeo 76
Molinari, Tanja 36
Montorsoli, Giovanni 257
Morante, Elsa 101f.
Morton, H. V. 175, 179f.
Müller, David 285
Munthe, Axel 95, 96
Murat, Joachim 43f., 50, **258**

Naccherino, Michelangelo 77
Napoleon 43, 50
Nero, Kaiser 110, 112
Niccolini, Antonio 90
Nikolaus II., Papst 154
Normannen 12, **41ff.**, 53f., 88, 130f., 151, 153, 170, **186**, 227, 264, 265

Odoaker 40, 177
Oliveri, Fabio 227

Padre Pio 170, 177, **179f.**
Padula, Vincenzo 283
Paisiello, Giovanni 79, 213
Palumbo, Franco 149, 150
Parmenides 139
›Parthenopäische Republik‹ 43, 44, 50
Pasolini, Pier Paolo 148
Peter III., König von Aragon 42, 47
Peterich, Eckart 59, 187, 206, 284
Petrarca, Francesco 42, 78
Petrus von Vinea 195
Petrus Waldus 277
Phalantos 216
Pisacane, Carlo 141
Pius X., Papst 33
Platen, August von 94, 239
Plinius der Jüngere 111
Polybios 278
Polykrates 109, 269
Pontano, Giovanni 79
Poppaea Sabina 112f.
Preti, Mattia 79
Primario, Gagliardo 74
Procida, Giovanni da 102

Prodi, Romano   50
Pythagoras   40, **166f., 246ff.**, 253

Quintilian   152
Quintus Ennius   223

Raith, Werner   29
Ramondino, Fabrizia   35
Risorgimento   48
Rizzoli, Angelo   100
Robert der Weise, König von Neapel   42, 71, 74, 83
Robert ›Guiscard‹ von Hauteville   **41f.**, 47, 131, 132, 153, 154, 198, 278
Roger I. von Hauteville, Graf von Sizilien   32, 41, 42, 131, 276, 278
Roger II. von Hauteville, König von Sizilien   42, 47, 196
Romano, Pasquale   49
Römer   11, 97, 100, 108, 109f., 151, 220, 223
Romualdo   192
Romulus Augustulus   47
Ruffo, Fabrizio   43
Ruffo, Nicola   279
Ruggero von Melfi   192
Ruiz de Castro, Don Fernandez, Vizekönig   80

Salvemini, Gaetano   24
Sammartino, Giuseppe   76
San Bruno   30, **32f.**
San Francesco di Páola   237ff.
San Gennaro   30, **31f.**, 83, **84**, 110
San Gerardo   33f.
San Lorenzo   140
San Matteo   132
San Nicola di Bari   30, **182**, 185
San Nicola di Trani   188
San Nilo   254
San Oronzo   224
San Pietro a Maiella   79
Sangineto, Filippo, Graf von Altomonte   240
Sangro, Placido di, Herzog von Martina   90
Sansevero, Don Raimondo di Sangro, Fürst von   76
Sant'Alfonso (Alfonso Maria de Liguori)   30, **33**
Sant'Andreas   126
Santi Cosma e Damiano 274, 279ff.
Sarazenen   s. a. Araber   41, 126, 128, 137, 180f., 227, 246, 279
Schiller, Friedrich von   269
Sciascia, Leonardo   26, 28, 30
Seume, Johann Gottfried 55
Sibyllenkult   106f.
Sica, Domenica   27
›Sizilianische Vesper‹   42, 47, 102
Skanderbeg (Georg Kastriota)   277
Spartakus   51f., 106
SSC Napoli   45, 88, **89**
Staufer   **42**, 227
Steinbeck, John   125

Stendhal   55, 128
›Stier von Papasidero‹   39, 51, **243**
Strabon   217
Summo, Giuseppe   49

Tankred von Hauteville   41
Tankred von Lecce, König von Sizilien   186, 221, 223
Tanucci, Bernardo   43
Tasso, Torquato   122
Telesio, Bernardino   238
Terentius Varro   190
Themistokles   252
Tiberius, Kaiser   93, 96
Tino da Camaino   84
Trulli   12, 170, **203ff., 208f.**

Urban II., Papst   188, 220

Valentino, Rodolfo   218, **219**
Vanvitelli, Luigi   82, 104
Variboba, Giulio   277
Vergil   88, 90, 106, 133, 220, 249
Viktor Emanuel II., König   44, 48
Viktor Emanuel III., König 206

Wagner, Cosima   128
Wagner, Richard   128
Waldenser   277
Wertmüller, Lina   36
Wilhelm von Hauteville   41, 131, 153
Willburger, Peter   60f.
Willemsen, Carl A.   187, 188

Xenophanes   40, **139**

Zeffirelli, Franco   190
Zenon   139
Zeuxis   249
Zimbalo, Giuseppe   224

■ Ortsregister

Acciaroli   136, 138
Acerenza   156
Acri   251
Alberobello   12, **207ff.**
Aliano   147, 156, **160ff.**
Altamura   12, **201f.**
Altomonte   240f.
Amalfi   123, **126ff.**
Amalfitana   s. Costa Amalfitana
Andria   12, **192**
Apulien *(Puglia)*   10, **12, 15**f., **168ff.**
Ascea   138
Aspromonte   13, **19, 266ff.**
Avellino   133
Aversa   41

Bagnoli   22
Baia *(Baiae)*   40, **108**
Bacoli   109
Bari   15, 20, 22, **182ff.**
– Chiesa della Valisa   185
– Kastell   184
– Kathedrale San Sabino   12, 53, **184**
– Palazzo della Provincia   186
– Palazzo dell'Ateneo   186
– San Gregorio   185
– San Marco   185
– San Nicola   182, 184f.
– Teatro Petruzzelli   182, 185f.
Barletta   12, 53
Basilikata *(Basilicata)*   10f., **13, 16, 142ff.**
Belvedere Marittima   13
Benediktinerabtei San Michele   155
Benevento   12, 41, 133
Bisceglie   12, 51, 53, **186f.**
Bisignano   251f.
Bitonto   12, 53, **200**
Bosco Santa Maria   s. Serra San Bruno
Bova Marina   276, 277
Brindisi *(Brundisium)*   20, **220f.**
Byzanz   s. a. Konstantinopel   41, 47, 53, 276, 277

*C*alabria   s. Kalabrien
Camigliatello   250
Campania   s. Kampanien
Camposele   33
– San Gerardo Maiella (Santa Maria Materdo-
   mini)   33f.
Cannae   **190f.**
Canosa di Puglia   53, **191f.**
Capo Colonna   249f.
Capo di Sorrento   123
Capo d'Orso   128
Capo d'Otranto   229
Capo Palinuro   139
Capo Santa Maria di Leuca   12, **230**
Capri   11, 40, 66, **91ff.**
– Anacapri   96
– Arco Naturale   96
– Capri   95
– Certosa di San Giacomo 95f.
– *Grotta Azzurra* (Blaue Grotte)   92, 94, 97
– Faraglioni   94, 96
– Marina Grande   95
– Monte Solaro   96
– Parco Augusto   96
– Punta di Tragara   96
– Villa Jovis   96
– Villa San Michele   95, 96
Capua *(Casilinum)*   105
Caserta   12, **104f.**
– Palazzo Reale 104f.
Caserta Vecchia   105
Castel del Monte   12, 54, 182, **193ff.**
Castel Lagopesole   155

Castellabate   138
Castellammare di Stabia   *(Stabiae)*   122
Castellana Grotte   212
Castellaneta   218, 219
Castro   230
Castrovillari   241f.
Catanzaro   17, **263f.**, 269
Caulonia   283
Cetara   128
Cilento   137ff.
Conversano   213
Copertino   231, 232f.
Cosenza   **238f.**, 269
– Kastell   238
– Kathedrale   54, 238
– San Francesco di Páola   238
– Università della Calabria   269
Costa Amalfitana   12, 66, 111, **123ff.**
Costa dei Gelsomino   18, 279
Costa dei Saraceni   279
Costa Maratea   13, **157ff.**
Crotone   246ff.
Cuma *(Cumae)*   106f., 107, 252

Diamante   13, **245**
Dikaiarchia (Pozzuoli)   39, 109

Eboli   164
Egnazia *(Gnathia)*   211
Elea (Velia)   138f.
Erchie   128
Ercolano   s. Herculaneum

Fasano   211
Ferdinandea   285
Foggia   21, **170f.**, 196
Foresta Umbra   175
Francavilla Fontana   220

Gallipoli   229, **230f.**
Gargano   12, 170ff.
Gerace   13, **278f.**
Gioia del Colle   203
Gnathia (Egnazia)   211f.
Golf von Policastro   140
Golf von Squillace   13
Gravina in Puglia   203
Grotta del Romito   s. Papasidero
Grotta dello Smeraldo (Smaragdgrotte)   97,
   126

Herakleion (Lacco Ameno)   100
Herculaneum   11f., 40, 47, 50, 51, **111, 112,
   114f.**
Hydruntum (Otranto)   39, 225

Ischia   11, 39, 91, 93, **97ff.**
– Barano d'Ischia   100
– Casamicciola Terme   99f.
– Castello Aragonese   99

Register

349

– Forio   100
– Kathedrale dell'Assunta   99
– Kirche Immacolata   99
– Lacco Ameno   100
– San Pietro a Pantaniello   99
– Sant'Angelo   100
– Serrara Fontana   100
Isola di Capo Rizzuto   246

Kalabrien *(Calabria)*   10f., **13, 16f., 234ff.**
Kallipolis (Gallipoli)   39, 229
Kampanien *(Campania)*   10, **11f., 15, 64ff.**
Konstantinopel   41
Kroton (Crotone)   39, 166, **248**, 253, 278
Kyme (Cuma)   39, 47, **106f.**

Laghi di Monticchio   154
Lago d'Averno   107f.
Lamezia Terme   259
Lecce *(Lupiae, Lycium)*   12, 52, 54, 170, **221ff.**
– Amphitheater   224
– Bischofspalast   224
– Colonna di San Oronzo   224
– Duomo   224
– Kastell   224
– Palazzo del Seggio   224
– Porta Napoli   224
– San Marco   224
– Santa Croce   224
– Santa Maria delle Grazie   224
– Santi Nicolo e Cataldo   223, 225
– Seminarspalast   224
Locorotondo   12, 209, **211**
Longobucco   250f.
Locri   *(Locri Epizephiri)*   39, 271, 278
Lucera   52, **180f.**

Maida   265
Manfredonia   171f.
Maratea   **157ff.**
Marina di Camerota   140
Martina Franca   211
Massafra   217f.
Matera   **144ff.**
– Palazzo Lanfranchi (Centro Carlo Levi)   150, 165
– Ridola-Nationalmuseum   150
– Sassi   13, **144ff.**
Melfi   13, 21, **153f.**
Metaponto *(Metapont)*   39, **166f.**, 248
Molfetta   12, 53, **186**
Monasterace Marina   282
Monópoli   212
Montalto Uffugo   240f.
Monte Pollino   13, 17, **19**, 242
Monte Sant'Angelo   175, **177ff.**
Monte Vulture   154, 155
Monticchio Bagni   155
Morano Calabro   242
Murgia dei Trulli   203ff.

Nardò   231
Neapel *(Napoli)*   10, 11, 15, 20, 23, 32, 43, 45, 47, 54, **66ff.**, 91
– Accademia di Belle Arti   83
– Aquarium   88
– Cappella della Pietà   77
– Cappella Pontano   79
– Cappella Sansevero   75f.
– Castel dell'Ovo   47, **88**
– Castel Nuovo   85
– Castel Sant'Elmo   70, 71
– Dom   32, **83f.**
– Galleria Umberto I   81
– Gesù Nuovo   74
– Grab des Vergil   90
– Guglia di San Domenico   76
– Mergellina   90
– Museo Archeologico Nazionale   83
– Museo Civico Filangieri   84
– Museo Nazionale della Ceramica – Villa Floridiana   90
– Museo Nazionale di Capodimonte   90
– Museo Nazionale di San Martino   70, 71
– Palazzo del Monte di Pietà   76f.
– Palazzo Filomarino   75
– Palazzo Marigliano   77
– Palazzo Petrucci   75
– Palazzo Reale   80f.
– Palazzo Venezia   75
– Piazza Dante   82
– Piazza dei Martiri   88
– Piazza del Plebiscito   79f.
– Piedigrotta   88, 90
– Posillipo   90
– *Quartieri bassi*   66, **67**, 70
– *Quartieri spagnoli*   67, **71ff.**, 82
– San Domenico Maggiore   75
– San Francesco di Páola   80
– San Gregorio Armeno   77
– San Lorenzo Maggiore   77f.
– San Paolo Maggiore   79
– San Pietro a Maiella   79
– Santa Chiara   74
– Santa Maria del Carmine   84
– Santa Maria del Carmine alle Fontanelle   83
– Santa Maria della Sanità   83
– Santa Maria Maggiore   79
– Sant'Angelo a Nilo   76
– Sant'Anna dei Lombardi   82
– Spaccanapoli   11, 67, 71, 74
– Statue des Nils   76
– Teatro San Carlo   81
– Valle della Sanità   83
– Villa Comunale   88
– Vomero   70f.
– Zoologische Station   88
Neapolis (Neapel)   39, 71, 77
Nicótera   266
Nymphengrotte (›Antro delle Ninfe‹)   **256**

Ogliastro 138
Ostuni 211
Otranto   s. a. *Hydruntum*   12, 53, **225f.**

Paestum   12, 39, 50, 51, 124, 132, **133ff.**, 252
Padula, Kartause San Lorenzo   12, 130, **140f.**
Palaeopolis 39
Palmi 266f.
Páola 236ff.
Papasidero 242f.
– *Grotta del Romito*   39, 51, **243**
Parco Nazionale della Calabria   s. Aspromonte, Monte Pollino, Sila Grande, Sila Piccola
Peschici 175
Phlegräische Felder   11, 107, 109
Pisticci 166f.
Pithekoussai (Pithaecusa; Ischia) 97
Pizzo 258f.
Polignano a Mare   212f.
Pollino   s. Monte Pollino
Pompei 122
Pompeji   11f., 40, 47, 51, 66, **111f.**, **114ff.**
– Mosaik der ›Alexanderschlacht‹ 82, 83, 121
– Mysterienvilla 117, **120**
Porto Badisco 229
Poseidonia (Paestum) 133
Positano 123, **124ff.**
Potenza 16, 144, **156**
Pozzuoli   s. a. *Dikaiarchia, Puteoli* 31, 109f.
Práia a Mare 13, 243
Praiano 125
Procida 91, 93, **101ff.**
Puglia   s. Apulien
Punta Licosa 138
Puteoli (Pozzuoli) 109f.

Raito 60
Ravello 128
Reggio di Calabria   *(Rhegion, Rhegium)* 47, 52, 269ff.
– Museo Nazionale di Reggio Calabria 13, 236, **271**, 273, 282
Riace   s. a. ›Krieger von Riace‹ 279ff.
Rionero in Vulture 155
Rivello 158
Riviera dei Cedri 13, **243ff.**
Roccaforte del Greco 276
Roghudi 276
Rom 41, 132
Romito   s. *Grotta del Romito*
Rossano 13, **254**
Rudiae 223
Ruvo di Puglia 12, 53, **199f.**

Salento *(Peninsula Salentina)* 226ff.
Salerno 41, **130ff.**
– Kathedrale San Matteo 53, **132**
San Basile 277
Serra San Bruno 285
– Certosa di Serra San Bruno 285

San Cesarea Terme 229
San Gerardo Maiella   s. Camposele
San Giorgio Albanese 277
San Giovanni in Fiore 250
San Giovanni Rotondo 170, 177, **179f.**
Santa Lucia 88
Santa Maria Capua Vetere 12, 51, 41, **105f.**
Santa Maria Materdomini   s. Camposele
Sant'Agata sui Dui Golfi 123
Sapri 140
Scalea 244f.
Scario 140
Serra San Bruno 33
– Bosco Santa Maria 33
Sibari   s. a. *Sybaris* 246, 249, 253f.
Sila Grande 13, 19, 246ff.
Sila Greca 250ff.
Sila Piccola 13, 19, 257ff., 260ff.
Siponto 177
– San Leonardo di Siponto 173
– Santa Maria di Siponto 172f.
Sorrent *(Sorrento)* 12, **122f.**
Sparta 39, 216
Spezzano Albanese 252
Squillace   s. a. Golf von Squillace 264
– Santa Maria della Rocella 265
Stabiae (Castellammare di Stabia) 47
Stignano 284
Stilo
– *Cattolica* 13, 53, 236, **283f.**
Sybaris (Sibari) 39, 133, 166, 248, **252ff.**

Tarent   *(Taras, Taranto)* 20, 21, 22, 39, 47, 170, **213ff.**
– Kastell 215
– Museo Nazionale 215
– Neptun-Tempel 215
– San Cataldo 215
Taverna 260
Tavoliere 170ff.
Tiriolo 263
Torre Annunziata
– Villa Oplontis 112
Torre del Grecco 114
Trani 187f.
– San Nicola Pellegrino 53, **187f.**
Tremiti-Inseln (Isole Tremiti) 175, **176**
Troia 12, **181**
Tropea 13, **257**

Valle d'Itria 206
Vallone di Furore 126
Velia 138f.
Venosa *(Venusium)* 13, 52, 144, **151ff.**
– Abbazia della Trinità 13, **153**
Vesuv 11f., 47, 111
Vieste 172, **175**
Vietri sul Mare 52, **129**
Villaggio Mancuso 260ff.
Vivara 103

Titelbild: Die Marina Grande von Sorrent
Umschlaginnenklappe: In der Altstadt von Gallipoli
Umschlagrückseite: Spaziergänger in Tropea

Über die Autoren: Eva Gründel, geboren 1948 in Wien, Promotion in Publizistik und Kunstgeschichte. Heinz Tomek, geboren 1939 in Wien, Studium der Rechts- und Staatswissenschaften. Die Autoren leben als freie Journalisten und Fotografen in Wien und auf Sizilien und publizierten bei DuMont bereits mehrere ›Richtig Reisen‹-Bände: Neapel, Sizilien, Prag und Tschechien.

Für unsere Freundin Elfi Baumann-Pucher

© DuMont Reiseverlag
3., aktualisierte Auflage 2002
Alle Rechte vorbehalten
Satz und Druck: Rasch, Bramsche
Buchbinderische Verarbeitung: Bramscher Buchbinder Betriebe

Printed in Germany   ISBN 3-7701-4351-5